国家出版基金项目
NATIONAL PUBLICATION FOUNDATION

 欧亚历史文化文库

总策划 张余胜

兰州大学出版社

欧亚与西北研究辑

丛书主编 余太山

韩中义 著

图书在版编目（ＣＩＰ）数据

欧亚与西北研究辑 ／ 韩中义著. －－ 兰州 ：兰州大
学出版社，2014.8
　（欧亚历史文化文库 ／ 余太山主编）
　ISBN 978-7-311-04543-2

　Ⅰ．①欧… Ⅱ．①韩… Ⅲ．①社会科学－文集 Ⅳ.
①C53

中国版本图书馆CIP数据核字(2014)第207442号

策划编辑　施援平
责任编辑　施援平　张雪宁
封面设计　张友乾

书　　名　欧亚与西北研究辑
作　　者　韩中义　著
出版发行　兰州大学出版社　（地址:兰州市天水南路222号　730000)
电　　话　0931-8912613(总编办公室)　0931-8617156(营销中心)
　　　　　0931-8914298(读者服务部)
网　　址　http://www.onbook.com.cn
电子信箱　press@lzu.edu.cn
印　　刷　兰州人民印刷厂
开　　本　700 mm×1000 mm　1/16
印　　张　25.75
字　　数　338千
版　　次　2014年10月第1版
印　　次　2014年10月第1次印刷
书　　号　ISBN 978-7-311-04543-2
定　　价　78.00元

（图书若有破损、缺页、掉页可随时与本社联系）
淘宝网邮购地址:http://lzup.taobao.com

出 版 说 明

随着 20 世纪以来联系地、整体地看待世界和事物的系统科学理念的深入人心，人文社会学科也出现了整合的趋势，熔东北亚、北亚、中亚和中、东欧历史文化研究于一炉的内陆欧亚学于是应运而生。时至今日，内陆欧亚学研究取得的成果已成为人类不可多得的宝贵财富。

当下，日益高涨的全球化和区域化呼声，既要求世界范围内的广泛合作，也强调区域内的协调发展。我国作为内陆欧亚的大国之一，加之 20 世纪末欧亚大陆桥再度开通，深入开展内陆欧亚历史文化的研究已是责无旁贷；而为改革开放的深入和中国特色社会主义建设创造有利周边环境的需要，亦使得内陆欧亚历史文化研究的现实意义更为突出和迫切。因此，将针对古代活动于内陆欧亚这一广泛区域的诸民族的历史文化研究成果呈现给广大的读者，不仅是实现当今该地区各国共赢的历史基础，也是这一地区各族人民共同进步与发展的需求。

甘肃作为古代西北丝绸之路的必经之地与重要组

成部分,历史上曾经是草原文明与农耕文明交汇的锋面,是多民族历史文化交融的历史舞台,世界几大文明(希腊—罗马文明、阿拉伯—波斯文明、印度文明和中华文明)在此交汇、碰撞,域内多民族文化在此融合。同时,甘肃也是现代欧亚大陆桥的必经之地与重要组成部分,是现代内陆欧亚商贸流通、文化交流的主要通道。

基于上述考虑,甘肃省新闻出版局将这套《欧亚历史文化文库》确定为2009—2012年重点出版项目,依此展开甘版图书的品牌建设,确实是既有眼光,亦有气魄的。

丛书主编余太山先生出于对自己耕耘了大半辈子的学科的热爱与执著,联络、组织这个领域国内外的知名专家和学者,把他们的研究成果呈现给了各位读者,其兢兢业业、如临如履的工作态度,令人感动。谨在此表示我们的谢意。

出版《欧亚历史文化文库》这样一套书,对于我们这样一个立足学术与教育出版的出版社来说,既是机遇,也是挑战。我们本着重点图书重点做的原则,严格于每一个环节和过程,力争不负作者、对得起读者。

我们更希望通过这套丛书的出版,使我们的学术出版在这个领域里与学界的发展相偕相伴,这是我们的理想,是我们的不懈追求。当然,我们最根本的目的,是向读者提交一份出色的答卷。

我们期待着读者的回声。

总　序

　　本文库所称"欧亚"(Eurasia)是指内陆欧亚,这是一个地理概念。其范围大致东起黑龙江、松花江流域,西抵多瑙河、伏尔加河流域,具体而言除中欧和东欧外,主要包括我国东三省、内蒙古自治区、新疆维吾尔自治区,以及蒙古高原、西伯利亚、哈萨克斯坦、乌兹别克斯坦、吉尔吉斯斯坦、土库曼斯坦、塔吉克斯坦、阿富汗斯坦、巴基斯坦和西北印度。其核心地带即所谓欧亚草原(Eurasian Steppes)。

　　内陆欧亚历史文化研究的对象主要是历史上活动于欧亚草原及其周邻地区(我国甘肃、宁夏、青海、西藏,以及小亚、伊朗、阿拉伯、印度、日本、朝鲜乃至西欧、北非等地)的诸民族本身,及其与世界其他地区在经济、政治、文化各方面的交流和交涉。由于内陆欧亚自然地理环境的特殊性,其历史文化呈现出鲜明的特色。

　　内陆欧亚历史文化研究是世界历史文化研究中不可或缺的组成部分,东亚、西亚、南亚以及欧洲、美洲历史文化上的许多疑难问题,都必须通过加强内陆欧亚历史文化的研究,特别是将内陆欧亚历史文化视做一个整体加以研究,才能获得确解。

中国作为内陆欧亚的大国,其历史进程从一开始就和内陆欧亚有千丝万缕的联系。我们只要注意到历代王朝的创建者中有一半以上有内陆欧亚渊源就不难理解这一点了。可以说,今后中国史研究要有大的突破,在很大程度上有待于内陆欧亚史研究的进展。

古代内陆欧亚对于古代中外关系史的发展具有不同寻常的意义。古代中国与位于它东北、西北和北方,乃至西北次大陆的国家和地区的关系,无疑是古代中外关系史最主要的篇章,而只有通过研究内陆欧亚史,才能真正把握之。

内陆欧亚历史文化研究既饶有学术趣味,也是加深睦邻关系,为改革开放和建设有中国特色的社会主义创造有利周边环境的需要,因而亦具有重要的现实政治意义。由此可见,我国深入开展内陆欧亚历史文化的研究责无旁贷。

为了联合全国内陆欧亚学的研究力量,更好地建设和发展内陆欧亚学这一新学科,繁荣社会主义文化,适应打造学术精品的战略要求,在深思熟虑和广泛征求意见后,我们决定编辑出版这套《欧亚历史文化文库》。

本文库所收大别为三类:一,研究专著;二,译著;三,知识性丛书。其中,研究专著旨在收辑有关诸课题的各种研究成果;译著旨在介绍国外学术界高质量的研究专著;知识性丛书收辑有关的通俗读物。不言而喻,这三类著作对于一个学科的发展都是不可或缺的。

构建和发展中国的内陆欧亚学,任重道远。衷心希望全国各族学者共同努力,一起推进内陆欧亚研究的发展。愿本文库有蓬勃的生命力,拥有越来越多的作者和读者。

最后,甘肃省新闻出版局支持这一文库编辑出版,确实需要眼光和魄力,特此致敬、致谢。

余太山

2010 年 6 月 30 日

目录

3

序言　欧亚大陆中的西北之地

本是请人为这部集子写序的,以添彩增色,但又怕辱没了作序人的声名,于是只好自己操刀完成。笔者的人生历程中一直以来没有脱离西北之地,生于斯,长于斯,又劳作于斯。了然中回望西北这块充满魅力,又带着一点酸涩的土地,绵绵的情感总是挥之不去,总是让人难以割舍。那浩瀚的沙漠、绵延的山脉、迢迢的古道、土夯的长城、遗落的故址、曲淌的河流、美丽的草原、多元的文明、多彩的文化、不同的民族、悠远的历史,总让人荡气回肠,流连忘返,但又充满着荒芜、干旱、战争、饥饿、贫穷、血腥、杀戮、死亡、折磨、煎熬,总让人感到畏惧和绝望。其实生活无不充满矛盾的色彩,任何一个人都不想平庸地度过自己的一生,而西北就是这种充满矛盾之地。蓦然回望历史,西北往往会在两种状况下引起高度重视:一是国家危机时;一是国家昌盛时。前一例莫过于近代的"海防""塞防"之争,其结果是众所周知的,今天我们每个人都分享了"塞防"之胜的荫惠。后一例则是汉唐大元之强盛,尽有西土极边之地。历史总让人感慨万千,但历史中又会出现相似的场景。今天我们正在走向强大,走向昌盛,于是西北这块带有一点悲剧色彩的土地,又迎来了历史最美好的时光。的确,我们无法改变西北固有的地理位置,但我们可以为她增添色彩。

那一条从长安出发的道路,曾经将中国名贵的瓷器、丝绸、麝香运往西方,又将罗马、佛林、巴格达、亚历山大、阿拉伯半岛、印度、撒马尔罕的奢侈品运到中国,驼铃悠悠,长途漫漫。于是,达官贵人享受着袅袅香烟、玲玲宝玉,而驮夫倒毙路途,客死异乡。生与死,灵与肉,爱与恨,变得如此苍白,最后化作路边的野草、随风飞舞的沙尘。抹去历史的烟云,今天这条道路又焕发了勃勃生机,风驰电掣的火车,纵横南北

·欧·亚·历·史·文·化·文·库·

东西的高速公路,蓝天上飞过的客机,于是距离突然变短,时空陡然浓缩,路途的煎熬已随时间而消散。这里变成了通往世界的通衢。西北成为中国的前沿,欧亚的腹地。

历史如星斗转移,曾经的盛世又重新再现。无论历史如何变换,时间如何更替,西北一直是充满色彩之地。只要漫步在西北这块神奇的土地,就会被色彩斑斓的文化所折服——宛若朗丽的星汉,犹如漫步于海滩,俯拾遗落的珍贝,惊叹不已。无论是早已从我们的视线中消失的祆教文明、摩尼教文明、粟特文明,还是高耸入云的宣礼塔、风铃幽幽的佛堂、洁白如雪的藏地佛塔,无不预示着多元文明在这里交汇互映,在这里发芽生根,在这里生生不息,在这里和睦相处,在这里薪火相传,在这里增添绚丽。如果没有这些曾经的文明和现存的文明,那么中国文明会感到十分孤独,如同进入到色彩单调的花园,很快就会造成视觉疲劳。

尽管现实不会那么浪漫,但历史的乐章依然在我们耳边回荡。因为历史常常会和我们开一些无伤大雅的玩笑,一笑了之之后很长时间难以想起。等到我们回过头来时,时间已经过去了一千年,历史的印迹变成残垣剩塔,有人偶然的邂逅会在残墙上留下几句极其荒诞的话语。这也许是对历史的一种感叹,或者有一种被人记住的强烈欲望。幡然醒悟之后,这里还有历史,这里还有曾经的波澜壮阔,于是那些趣味盎然的考古的人或者学者拿来一点壁画或者墓碑什么的,作为噱头去吆喝一番,博取一些声名,而气势磅礴的宫殿早已荡然无存,只留下几枚柱基,暗示着这里曾经的不凡。开了玩笑的历史又回过头来对着我们微笑,那微笑中带着淡淡的哀伤。因为历史哪怕经过一万年,也不会从头再来,也不会重复过去的印辙。但是拨开这淡淡哀伤的雾霭,背后则是丽日晴天,于是便会想到唐人那句"东边日出西边雨"的诗句,那曾给人多少希望啊。这块曾经占居中国历史上最核心的地域又一次被人想起,而这里的人好像刚刚大梦初醒,朦朦胧胧,又一次被推到浪花之上。其实,这里的人们从来没有割断梦想,从来也没有抛舍希望,他们像任劳任怨的老牛一样在耕耘、在积淀、在等待收获,而贫瘠的土地不断地泼来一瓢又一瓢冷水,但他们一直牢牢地抓住希望的绳索,没有放松,因为他们知道这里曾是秦皇汉武之地,这里曾是大唐王朝盛世华章之地,这里曾是繁华帝都之地,这里曾是世界向往之地。

这里,我自己拿出一些不成体统的拙文劣作,似歪瓜劣枣,给这块文明添加一丝分量,哪怕像是几粒沙子,也算是聊以自慰吧。的确,我们努力了,但和这块神奇土地的历史相比,自然望尘莫及。可不管怎么说,这些劣文中对历史上曾发生过的印迹做了粗浅的解读,或许借此可以回味曾经悠远的历史、遗忘的历史、多元的历史、学习的历史、包容的历史、宽厚的历史、知性的历史、多彩的历史、交流的历史、自在的历史,由此看到了川流不息的历史,这是流淌在我们血液里的历史。因而,需要读读西北。只有读懂了西北,才会读懂中国历史,才会读懂世界历史。也许有人会说,这有点夸张。其实,一旦进入西北,就如同走入了历史文化的迷宫。或许此言不虚。

韩中义自序于2013年12月28日

星期六凌晨0:12雁塔校区寓所

第一编　小经文字研究

1 本土化文明传承的载体

——拼音字母体系的"小经"文字
调查与保护[1]

1.1 小经基本概况及其名称

小经是我国回族等穆斯林创造的一种拼音文字,用来拼写汉、东乡、撒拉等语,尤以拼写回族使用的汉语为广泛,该文字使用的分布范围包括甘肃、青海、宁夏、河南、云南、新疆、陕西、内蒙古等地。小经采用阿拉伯字母体系,并略有损益。在拼写方式上也采用阿拉伯字母体系的风格,字母本身不标元音,而是通过音标符号来表示长短,复合元音,并不标注声调。小经的特点将在后文做详细探讨。小经有不同的名称,学者(包括民间学者)对此有过探讨。现在大致有两派:一派称小经;一派称"消经"。此外,还有人称其为"小儿锦""小儿经""狭经"[2]。目前,小经、"消经"之名,使用较为普遍,前者影响更甚,民间出版物,学者著作多采用此名[3]。而这两种名称仍有探索的余地。笔者个人认为小经是"学经"之音转。"学"在西北方音读为"xiao"。我们在张家川田野调查时常听到当地人说:用xiaojinger(学经儿)xiao(学)一xiao(学),

〔1〕本文得到 2012 年度国家社会科学基金项目"伊斯兰教民间小经文献研究"资助(12XZJ012)。

〔2〕纳国昌:《经学先河源远流长——纪念胡登洲忌辰 400 年》,载于西安市伊斯兰文化研究会编:《伊斯兰文化研究》,宁夏人民出版社,1998 年,第 73-90 页。

〔3〕刘迎胜:《关于我国部分穆斯林民族中通行的'小经'文字的几个问题》,载《回族研究》,2001 年第 4 期,第 20-26 页。

或称他拿"xiaojinger（学经儿）xiao（学）着哩"。由此初步推断 xiaojing（学经）应是拼写经典之意，以便学经生用拼音文字记录阿訇讲授的内容，而这些内容都是汉语讲授的，学经生又多不识汉文，于是只好用拼音做记录，以便能掌握所学内容。在调查中发现，那些会汉文的学经生，多不使用小经拼写；反之，则用之。正因如此，小经和经堂教育有着瓜葛，凡提及经堂教育不无涉及小经。正如王怀德先生所言："'经堂语'和'小经'的使用，使学生在课堂上听得懂，记得下，课后又能加以复习巩固，具有明显的回族穆斯林宗教教育的特点。"[1]

小经是不完全拼音文字，往往会出现一音多字的现象，将其转写成汉文时，所选汉字自然有多个，而且最初选字也有很大的随意性，出现同音不同义的汉字亦属正常。反向再去分析汉字，名称的歧义更大，与本义亦相远。笔者个人认为分析小经名称汉字没有多大意义，原因很简单，小经名称是从拼音转化来的，而不是汉文本字，因而笔者认为小经的正音是 xiaojing（学经）[2]。小经不是相对于大经而得的名称。"消经""狭经"不过是 xiaojing（学经）这词的俗词源学的解释。"小儿锦""小儿经"是 xiaojing（学经）的儿化，它和锦缎没有任何关系，也不是小孩学的经[3]。有学者对"消经""狭经""小儿锦""小经"做解释称："所谓'消经'，是说典籍消化了，然后把心得体会用这种拼音文字写出来。以'消经'指代'消经'时所使用的文字。'狭经'，是说把学习典籍的心得体会写于典籍原文之后，因而使每页原文在视觉上空间变狭。以'狭经'指代'狭经'时所使用的文字。所谓'小经'，相对于《古兰经》等'大经'而言，用这种拼音文字写的心得体会只能算'小经'。以'小经'指代'小经'时所使用的文字。至于'小儿锦'这一称呼，可能晚出，有雅化的意

---

[1] 王怀德：《伊斯兰教育民族化刍议》，载于西安市伊斯兰文化研究会编：《伊斯兰文化研究》，宁夏人民出版社，1998年，第112-124页。

[2] 按：此看法有些牵强和过时，但保持文章之原貌，未加改订，有关小经之名称，笔者另文专论，不复赘语。作者谨识，2013年11月25日星期一。

[3] 刘迎胜：《关于我国部分穆斯林民族中通行的'小经'文字的几个问题》，该文中称，临夏大祁寺女学的王忠义及女儿，该女校校长王菊芳有此看法，载《回族研究》，2001年第4期，第20-26页。

味在内。'小儿锦'曾在回族少数人中流行过。"[1]这些解释似乎很透彻，其实犯了汉字解释拼音文字的错误，因而也是没有多少根据的。

尽管如此，学术界大多使用小经之名，为了行文方便，本文仍采用小经之名。小经何时出现及其如何演变，今天还没有一致的结论，但目前保留较早的小经材料则是明初中期，至于更早的材料还有待于挖掘，有关专家的具体意见和笔者个人的探索将在正文中讨论。

小经作为一种文字，在以回族为主体的中国穆斯林社区中，尤其在汉语教育欠发达的地区使用已得到了认可，且成了一种简单易行的掌握文化的工具与穆斯林间书面交际的工具。同时，小经也是传播文化的一种载体。小经写成的作品存有大量的宝贵文献，内容涉及语言、宗教、哲学、文学、社会生活等，是研究中国穆斯林、伊斯兰教的重要资料，但长期以来没有进行充分的挖掘。因之，研究小经及其文献是极具学术意义的。

1.2 研究目的及研究意义和方法

1.2.1 目的

研究小经，可以更深入地了解穆斯林的社会生活、宗教信仰、伦理观念、文化教育、学术发展、文字变革等。利用小经材料研究中国伊斯兰教，不仅可以弥补文献材料的不足，而且还可以将这一研究往前推进一大步。这是其学术层面。小经是中国文化百花园中的一朵奇葩，其研究与宣传工作将会引起社会广泛的注意，从而达到保护文化遗产的目的。在我们既往的社会调查中发现，这种文字已处于濒危状态，即将消亡，对它的抢救和保护势在必行。通过解读小经文献，可以更广泛地了解以回族为主体的穆斯林的社会生活、精神价值、文化取向，增进不同文化、不同族群间的沟通。尽管不同族群具有不同的文化，但可以经过相互了解而达到相互理解、消除相互误解的目的。

---

[1]寅住：《经堂语与小儿锦》，载于《中国伊斯兰研究》，中华书局，1996年，第150-153页。

·欧·亚·历·史·文·化·文·库·

1.2.2 意义

首先,小经是汉语拼音化史的有机组成部分。对小经的研究实际就是对汉语拼音发展史的研究。有人认为唐代居住在我国的阿拉伯、波斯人开始用阿拉伯字母拼写汉字[1],但今天还没有发现具体实证材料来证明这一看法。从现存的资料看,明末已经有人尝试着用拉丁字母来拼写汉语[2]。而小经已在此之前的元末明初使用(此点后文论及),并成为拼写汉字获得成功的一个范例,其在以回族为主体的穆斯林中使用具有一定的群众基础。这对汉语的拼音化发展有一定的借鉴意义。

其次,随着现代化教育的发展,小经的"领地"越来越小,使用得越来越少。据我们在2003年1月调查发现,小经的使用者大体上局限于阿訇、满拉和较少受过汉文教育的人群,包括许多中年以上的妇女,使用的地区主要在偏远山区,像宁夏南部山区泾源、西吉、海原、固原,甘肃的平凉、张家川、临夏、东乡,青海的化隆、循化以及在西部和中原其他地区像郑州市的女寺。这就引发一个令人深思的命题:现代化不应意味着消灭传统文化。这就需要考虑如何将现代化和传统有机地协调起来,共存共活。因而,任何有价值的遗产都应列于保护之中,而将小经作为文化遗产加以保护,其意义是十分深远的。

其三,小经作为回族等穆斯林使用的语言文字,在交际、日常生活(如记账记事)、教育等方面发挥着重要作用。通过对小经的研究,可以更全面地了解回族等穆斯林的社会生活、精神活动、价值观念。

其四,小经及其文献对研究伊斯兰教有重要的价值。已发现的小经文献有百余种,内容丰富,有待挖掘的材料很多,这可以弥补伊斯兰教研究文献上的不足。研究小经可以推动中国伊斯兰教研究向前发

---

〔1〕白剑波:《经堂口语译天经古朴典雅经学风——初读马振武阿訇经堂语译〈古兰经〉》,载于西安市伊斯兰文化研究会:《伊斯兰文化论丛》,宗教文化出版社,1997年,第145—157页。

〔2〕耶稣会士金尼阁(Nicelas Trigault)1626年著有《西儒耳目资》(文字改革出版社,1957年)。根据王力先生的意见,金尼阁所记为山西口音。王力:《汉语史稿》(上册),中华书局,1980年,第135页注3。

展。

　　小经不仅是一种文字,而且拥有大量的文献材料和较长的历史,但长期没有得到深入的研究。因此需要挖掘小经文献,充分展示其文化价值。正如冯增烈先生所言:小经"应该载入汉语拼音史,也应该写入中国伊斯兰教史和中阿文化交流史中去。"[1]

1.2.3　方法

　　本文以理论和实际相结合,充分吸收历史学、文献学、语言学、宗教学和其他学科有价值的成果,来探讨小经及其文献的学术价值和文化价值。

1.3　小经文字研究史

1.3.1　国内研究的状况

　　最早对小经关注的学者是白寿彝先生,1952年他在小经《记纪》译文按语中称:"小儿锦是我国回教教师用阿拉伯字母拼写的一种文字,基本上是汉语底拼写,并包含着阿拉伯语、伊朗语底词汇,有时也夹杂地写上一两个汉字。"[2]这一描述是相当准确的。专门的学术研究始于20世纪80年代,冯增烈先生著有《"小儿锦"初探——介绍一种阿拉伯字母的汉语拼音文字》一文[3]。该文对小经历史做了简要叙述,认为小经在元代就存在,胡登洲(1522—1597年)时代教经堂里广泛使用,紧接着介绍了小经在现当代的使用情况以及其拼写规则,并就其在汉语拼音发展史中的地位,提出了自己的看法。著者也承认小经的"研究尚未开始,其全貌尚未显现,它究竟是什么样子,存在哪些规律,有什么优缺点,如何评价它的作用,还有待于专家们进一步去研究"。此文在小经研

---

　　[1]冯增烈:《"小儿锦"初探——介绍一种阿拉伯字母的汉语拼音文字》,载《阿拉伯世界》,1982年第1期,第37—47页。

　　[2]白寿彝编:《回民起义》第3册,神州国光社,1952年,第238页。

　　[3]冯增烈:《"小儿锦"初探——介绍一种阿拉伯字母的汉语拼音文字》,载《阿拉伯世界》,1982年第1期,第37—47页。

欧·亚·历·史·文·化·文·库·

究史上具有重要地位。该文以实证方法探讨了小经的有关问题,有较高的参考价值,但对小经的拼写、语言本身以及所存材料未做深入研究。

1986年甘肃省民族研究所马克勋发表了《谈借用"消经"注音识字的可行性——在甘肃一些少数民族中扫盲的一个措施》[1]。文章对小经的注音以及小经在扫盲中的作用提出了具有实用价值的见解。考察小经的社会价值是有参考意义的。1989年安继武发表了《小儿锦——回族的一种拼音文字》[2],文中对小经及其在回族中的使用做了介绍。1992年东乡族学者陈元龙发表了《回族"消经"文字体系研究》一文[3],文中探讨了小经字母、符号体系以及用其拼写存在的问题,并对实物材料进行了研究。该文是研究小经须参考的重要文章,使小经研究往前推进了一步。1992年邱树森主编的《中国回族大词典》辟有小经条[4]。1993年陈元龙发表了《东乡族的"消经"文字》一文[5],文章探讨了小经在东乡族中的使用状况,使我们对小经的使用范围有了更深的了解。同年陈元龙又发表了《"消经"文字与汉语拼音比较》一文[6],该文的价值在于将小经和汉语拼音进行了对比研究,这对研究汉语的拼音发展史具有参考价值。1994年出版的《中国伊斯兰百科全书》[7]有专门介绍小经的词条。1995年安继武发表了《忾达尼与回族语言文字》[8],文中介绍了用小经拼写的《忾达尼》、小经的使用以及对东干文的影响。此文的价值在于用具体的文献分析小经,并探讨了其与东干文的关系。这对研究文献材料有一定的帮助,并提出"语言的底层成分是我们研究

---

〔1〕马克勋:《谈借用"消经"注音识字的可行性——在甘肃一些少数民族中扫盲的一个措施》,载《甘肃民族研究》,1986年第4期,第72-75页。

〔2〕安继武:《小儿锦——回族的一种拼音文字》,载《新疆教育学院学报》,1989年第1期,第109-112页。

〔3〕陈元龙:《回族"消经"文字体系研究》,载《民族语文》,1992年第1期,第2-32页。

〔4〕邱树森主编:《中国回族大词典》,江苏古籍出版社,1992年,第77页。

〔5〕陈元龙:《东乡族的"消经"文字》,载于甘肃文史资料选辑第50辑《中国东乡族》,甘肃人民出版社,1999年,第87-90页。

〔6〕陈元龙:《"消经"文字与汉语拼音比较》,收于许寿椿编论文集《文字比较研究——电脑化时代的新观察》,中央民族大学出版社,1993年。

〔7〕杨克礼主编:《中国伊斯兰百科全书》,四川辞书出版社,1994年,第613页。

〔8〕安继武:《忾达尼与回族语言文字》,载于《回族研究》,1995年第4期,第80-82页。

回族语言发展变化的重要环节,而《氕达尼》则为我们提供了文字依据,应该纳入古籍整理研究的计划之内"。1995年杨占武著有《回族语言文化》[1]一书,有一章专门介绍小经,但该文基本因袭了冯增烈的研究成果。1996年寅住著《经堂语与小儿锦》[2],对小经名称、产生的时代等问题进行了探讨。1997年林松提交给第二届西安伊斯兰文化研讨会论文《抚今追昔继往思开来——纪念胡登洲太师归真400年》[3],其中有一小节谈及小经。作者认为小经是"对通用汉语而不识汉文的阿訇、'海里法'来说,这是一套'为我服务'、帮助书写、简单方便的'汉语拼音方案'",并认为它是随着经堂教育发展而出现的,很不完善,但在实际生活中发挥着重要作用。作者认为小经是我国较早的汉语拼音文字,明清时期在中国穆斯林中使用的工具。1999年陈元龙再次发表了《东乡族的"消经"文字》[4],作者认为东乡族"消经"文字产生是受到回族小经的影响。2000年东乡族学者马自祥、马兆熙编著的《东乡族文化形态与古籍文存》[5],对小经做了介绍。

2001年刘迎胜师发表了《关于我国部分穆斯林民族中通行的'小经'文字的几个问题》[6]和《从回回字到'小经'文字》[7]。前一篇文章重点讨论了小经的名称、意义、前人研究、小经读物、小经工具书等。刘迎胜师认为小经是在我国部分回族、东乡族与撒拉族穆斯林中流行的一种以阿拉伯文与波斯文字母为基础拼写的文字。小经"从语言上讲,并不是一种文字",使用于部分穆斯林中,尤以中、老年妇女为多。汉语小

---

〔1〕杨占武:《回族语言文化》,宁夏人民出版社,1995年,第78-85页。

〔2〕寅住:《经堂语与小儿锦》,载于《中国伊斯兰研究》,中华书局,1996年,第150-153页。

〔3〕林松:《抚今追昔继往思开来——纪念胡登洲太师归真400年》,载于西安市伊斯兰文化研究会编:《伊斯兰文化研究》,宁夏人民出版社,1998年,第60-72页。

〔4〕陈元龙:《东乡族的"消经"文字》,载于甘肃文史资料选辑第50辑《中国东乡族》,甘肃人民出版社,1999年,第87-90页。

〔5〕马自祥、马兆熙编:《东乡族文化形态与古籍文存》,甘肃人民出版社,2000年,第123-128页。

〔6〕刘迎胜:《关于我国部分穆斯林民族中通行的'小经'文字的几个问题》,载《回族研究》,2001年第4期,第20-26页。

〔7〕刘迎胜:《从回回字到'小经'文字》,载于南京大学民族研究所、暨南大学中国文化史籍研究所、香港教育学院社会科学系编:《元史及民族史研究集刊》(第14辑),南方出版社,2001年,第153-165页。

欧·亚·历·史·文·化·文·库·

经也并非一种统一的文字,"其拼写随人的口音而异",文风亦因人而异,并加杂有阿拉伯语、波斯语和经堂语,很难读懂。对小经之名,评说诸家后,赞同采用"小经"二字,并提出了"汉语小经"的概念。刘迎胜师评述了前人研究的成果后,认为小经在学术上具有很重要的意义,而后对收集到的小经、工具书的名称转写、著者、版本、出版地、出版年代等做了研究。对于小经的现状,刘迎胜师提出小经"不是一种死文字,而是一种使用至今的活文字,主要用于中国伊斯兰经学"。并认为不仅在今西北各穆斯林聚居区经学书店随处可见各种小经文字的出版物,而且当今甘宁青新地区一些阿訇还在不断编写各种小经读物。"当前在西北地区'小经'文字主要在一些清真寺举办的'女学'中教习,学习者多为中年以上穆斯林各族妇女",并称小经不仅用于经学教育,而且历来在世俗生活中亦有使用。刘迎胜师认为小经与汉语拼音、东干文的关系也是值得注意的问题。最后,提出小经文字"虽长期在我国穆斯林群众中流行,但随着我国现代社会的发展,掌握这种文字的人已越来越少。收集整理'小经'文献应成为一项基础性研究课题"。刘迎胜师后一篇文章主要讨论了从回回字到小经文字的传承过程。文中提出唐元以降,以入华的西域人为主体形成的回回民族中,有相当部分母语为波斯语。"在回回人尚处于从外来移民至新形成的少数民族阶段,波斯语在中国既是一种外语,也是一种少数民族语言,即回回人的共同语。经过数百年与汉民杂处的过程,回回人逐渐接受了汉语作为自己民族的共同语。"在此基础之上又讨论了元代的回回字,明代回回馆的《回回馆杂字》《回回馆译语》,认为这对认识回回人先民的语言提供了不可多得的资料。并进一步探讨了小经的历史演变,在波斯文材料中寻找到许多汉语词汇,且进行了比较研究,得出结论说:"回回人中的部分知识分子自元初入华定居至明初已有一个多世纪,其语言中虽已掺杂了一些汉语词汇,但尚能流利地书写波斯文。而降至明中期以后,就是在回回馆中讲授波斯语的教师,其母语也变成了汉语,已不能正确地书写波斯语,相形之下,一般普通回回人百姓的语言状况可想而知了。"通过与波斯本土文献比较,认为《回回馆杂字》《回回馆译语》、明成祖致沙哈鲁国书的波斯译本和《回回馆来文》均是在华写成的,其中出现的波斯文字母拼写的汉语词汇可视为小经的前身。这些文献"在拼写汉语词汇时,多拼写出元音,而'小经'则多循阿拉伯文拼写规则,不写元音,代之以元音符号,不符合元代与明初入华回回人的共同语是波斯语的状况。由此判断,'小经'的产生不会太早,当在明中期以后"。接着对小经的拼写规则以及特点进行了研究。这两篇论文是研究小经需参考的极重要成果。首先提出了"汉语小经"的概念。其次用不同文献、语音特点得出结论称小经出现于明中期以后。这一结论是对小经研究关键性的突破,对以后研究小经具有重要的参考价值。

20多年来的小经研究虽取得不少成绩,但除冯增烈先生、安继武先生、陈元龙先生、刘迎胜师外,大多处于对小经的介绍阶段,对其反映出来的语言特点、宗教理念、社会生活、学术发展等问题还没有进行深入、细致的研究。本文试图在前人研究的基础上做一些工作。

1.3.2 国外对小经的研究

国外研究小经的主要机构是东京外国语大学[1]。该大学专门成立了小经课题研究小组,主持人是町田和彦,组成人员包括东京大学研究生院三年级博士生(2002年)黑岩高、日本学术振兴会特别研究员安藤润一郎、东京外国语大学讲师菅原纯(2002年)。2002年派遣黑岩高、安藤润一到北京、甘肃、青海,从事小经调查。

1.4 小经字母与拼写、拼读体例

1.4.1 小经的声母、韵母及相关符号

小经一般由36个辅音字母(包括半元音和零声母"ا")和以元音符号表示的韵母组成。36个辅音字母列举如下:

---

〔1〕此节为日本网站上公布的材料整理而成。材料是由刘迎胜师提供。日文是由南京大学历史系2000级博士生郭万平先生翻译的,特此表示谢意。

欧·亚·历·史·文·化·文·库·

（1）ا [aɣ][1] دا [tA]，daa"大"，77[2]。

（2）ب [p] بو [pu]，puu"布"，78。

（3）ت [t'] تا [t'A]，taa"他"，79。

（4）ث [cs] ثيا [cia]，thiyaa"下"，79。

（5）پ [p'] پو [p'uvi] [p'ɣi]，puwi"陪"，80。

（6）ج [tʂ] ﺝ [tʂɣn(ŋ)][3]，zhin"正"79。

（7）چ [tʂ] ﭺ [tʂɣn(ŋ)]，chin"成"，89。

（8）ح [ħ] حكم [ħukum]，hukum音译"乎昆"，意译"判定"，89。

（9）خ [x] خو [xuwi]，khuwi"会"，89。

（10）د [t] دى [tai]，"带"，89。

（11）ذ [ts] مذلل [mutsillu]，al-mudhillu"遏制的"，2。

（12）ر [r] قدر [ɣadir]，qadir，音译"盖德尔"，意译"前定"，7。

（13）ز [ts] زى [tsai]，zay"在"91。

（14）ژ [jh, z] ژو [zu]，zuu"如"，91。

（15）س [cs] سا [san]，saan"三"，91。

（16）ش [ʂ] شو [ʂio]，shio"手"91。

（17）ص [s] باصو [bansuɣ]，baan suo"搬唆"，38。

（18）ض [ts] فرض [far tsa]，farza音译"法雷则"，意译"伊斯兰教法确定的"，50。

（19）ض [ts'] ضا [ts'a]，chaa"擦"，89。

（20）ط [t'] طو [t'io]，tio"头"，93。

（21）ظ [ts] ظو [tsuɣ]，zuwo"做"，89。

（22）ع [i,] ﻉ [ə]，er"二"，93。

（23）غ [ŋ,ɣ] غفار [ɣafaru]，al-ghafār"饶恕的"，2。

（24）ع [ŋ] عم [ŋɣmun]，ŋe nun"我们"，97。

---

〔1〕音质问题，参考了陈元龙《回族"消经"文字体系研究》一文。此处所标国际音标为宽式音标。

〔2〕"[ ]"表示音质，数字表示字例取自《经海拾贝》（下册）的页码，以便查阅核对。该书是民间印行，未做特别说明，字例均引此书。

〔3〕此处前后鼻音不分。

（25）ف [f] فان [faŋ], faang"方", 95。

（26）ق [k,γ] قوي [ku ji], ghuu yi"故意", 96。

（27）کـ [k',tc'] کی [k'ai], kay"开"95。ک [tc'], qi"七", 95。

（28）گ [k', g] کیچو [k'ai tʂu], kay chuu"开除"[1]。

（29）ک [tc] کیا [tcijan], jiyaan"件", 93。

（30）ل [l] ل [li], li"里", 93。

（31）م [m] میا [mijan], miyaan"面", 95。

（32）ن [n] نا [nan], naan"男", 95。

（33）ه [h,c,e,γ] تیه [t'ijγ], tiyeh"贴", 95。

（34）و [w,u,o] وی [wai], way"外", 93。فو [fu], fuu"夫", 95, یو [juo], yuo93。

（35）ۇ [y] ۇ [yi], yi"与"91。

（36）ی [j, i] یو [jao], yao"要", 93。

其他几个特创的用来拼写后鼻音的字母, 其上加如句号的小圈, 如ن [n]ن [neŋ], "能", 104。د [t]د [teŋ], "登（澄）", 77。ل [l]ل, ling"冷", 89。这些字母是否是辅音字母有待于进一步探讨。除上述所列的辅音字母（包括半元音和零声母"ا"）外, 还有一些变体。由于打印方面的原因, 未罗列。此处还要说明的是小经拼写和汉语拼音不完全一致。这一方面是因方音的不同造成, 另一方面是小经的拼写习惯造成的。具体问题将在后文进行讨论。其次, 有一些字母音质是重复的, 如"ت""ط"发音均为[t'];"ذ""ز""ض"音为[ts];"س""ث""ص"音为[s]。有一些字母多音质, 如"ا [Aγ]""ث [c s]""ژ [jh, z]""س [c s]""ع [i,]""غ [ŋ, γ]""ق [k, γ]""ﻍ [ŋ, γ]""ه [h, c, e, γ]""و [w, u, o]""ی [j, i]"。还有一些字母是专用来拼写阿拉伯、波斯语, 如"ح [ħ]""ر [r]""گ [g]"。其三, "ض [ts']""ک [tc]""ع [ŋ]""ۇ[y]", ن [ŋ]等字母上加三点仅用来拼写小经, 不拼写阿拉伯、波斯语。但其中的有些字母不是小经的独创, 而是在察合台文和《回回馆

---

[1]田玉祥作, 虎嵩山题:《波文之源》, 第79页, 同心清真北大寺, 1988年。

13

杂字》中已有字母上加三点的情形,如"و [y]""ﺼ [tc]""ع [ŋ]"[1]。

小经字母本身不表韵母,而是用附加符号来表示。如果没有这些符号就无法拼读。现将韵母符号分列如下("—"代表一个字母):

"—":表示静符。静符只表字母音质,如اﻠ—[an(ŋ)]、ﻰ—[i]。

"—":表示开口符,如[γ、e],ا—[A],اﻠ—[an(ŋ)]、ﻰ—[ai],و—[ao]。

"—":表示齐齿符,如[i]、[ĭ]、[î]。و—[io]。

"—":表示合口符,如[u]、و—[ui]、و—[uγ]、و—[uo]、[u]。

"ا—":表示开口双音符,韵母[an]。

"—":表示齐齿单音符,韵母[in]或[n]。

"—":表示合口双音符,韵母[un]。

需要说明的是所有鼻音符号表示的韵母都有鼻音化倾向,"an"应该用"añ"表示更准确。尽管如此,在绝大多数的情况下,前后鼻音是不分的。这给拼读小经者带来不少的麻烦。前后鼻音不分是西北方音,特别是回族西北方音的重要特征之一,这在小经资料中有明显的反应。

1.4.2　小经拼写、拼读规则

小经拼音有自身的规律。尽管各地方音有差别,但拼音的基本准则是一致的,在拼读时,是根据汉文、阿拉伯语、波斯语的特点进行拼音的。其拼音分为两大系统:小经汉文拼音拼写之法和阿拉伯语波斯语拼音拼写之法。以下对两个系统做一简要的探讨。

1.4.3　小经汉文拼写、拼读之法

汉字不是拼音文字,而是用一个一个单个的符号表示音和意。而小经是拼音文字,用阿拉伯、波斯和另创的一些字母系统进行拼音,以利阅读。小经拼写、拼读汉字时,只表音,不表声调。所以不同声调的同为一类,如"是""实""事"都用"ﺶ"[ṣi]。单独的一个字出现在文本中,如果不联系上下语境,就无法区分该字的具体含义。尽管如此,小经拼音之法仍有其独创性,而且至今还在使用,尤其在农村地区,甚至

---

〔1〕《华夷译语》东洋文库(乙种)本《回回馆杂字·身体门》。此据胡振华、胡军先生《回回馆译语》影印本第41页,中央民族大学东干研究所,2000年。

成为一种书面交际工具。

1.4.4　小经的汉语拼写、拼读类型

小经的汉语拼写、拼读有如下几种：

（1）单字体的拼写、拼读，如："ﯨﻮ"yi [ji]，"与"96。"ﯨﻮ"代表半元"y"
"—"代表"齐齿"符号，合拼"y"为齿音"ﯨﻮ yi"，而汉语普通话拼为"yü"。
"ﻋﻎ（上三点）"ŋe[ŋɣ]，"我"81。"ﻋ"代表"[ŋ]"舌面鼻音。"—"代表"开口"
符号。汉语普通话拼为"wo"。"ﻣ"，"命"*17。"ﻣ"代表"m"。"—"代表齐齿
双音符，合拼为"min"。汉语普通话拼为"ming"。小经文献前后鼻音是
不分的。再如"ﺟ"jin，"真"83，汉语普通话拼为"zhen"。因此"—"齐齿
鼻音代表前、后鼻音，这反映了小经文献的地域特点。西北地区讲汉语
时，常常前后鼻音不严格区分，但有特例，"شان"shaang[ʂaŋ]，"上"83，"
ﺵ"代表"sh"，"ﻥn"的静符"—"与"ﺍa"合为 aang，汉语普通话拼写为
shang。总体看，小经单字拼音拼写比较简单，一般为声母中加韵母。

（2）二合字拼音。二合字的提法是受到满文拼写的启发，满文二合
字是指有两个元音结合的字（还有三合字）[1]。清代的二合字文献较
多，如《西域同文志》。而小经二合字含义同于满文，就是将两个字的音
合为一个音读。二合字拼音之法，既有小经标音的特征，又有汉语传统
的标音特点。字如例："ﻅﻮ"zui，"罪"60，是由两部分组成："ﻅ"zu 和"ﻮ"
wi。而"ﻅ"Z 和合口符号"—"组成。"ﻮ"Wi 是"ﻮ"w 和齐齿符号"—"组
成。"ﻅ"zu 与"ﻮ"wi 两者形成一个读音"zui"。这里带有切音的特点，但
不完全一致。前字取声母和韵母，后字取韵母，而不取声母。"شو"Shao
[ʂao]"少"，100，同样是由两部分组成："ﺵ"sha[ʂa]和"ﻮ"[o]。而"ﺵ"sha
是由"ﺵ"和开口符号"—"组成，合为"ﺵ"[ʂa]。"ﻮ"wo 是由辅音"ﻮ"（w）和
静符符号"—"组成。也是取前字的声母和韵母，取后字的韵母，构成一
个读音。从这里不难发现反切的某些特点，但和反切不尽相同。反切
是取反切上字和反切下字，构成一个音节。如"空，苦红切"[2]；"寒，胡

---

〔1〕北京满文书院编：《满文讲义》，1984年，第4—5页。

〔2〕〔宋〕陈彭年等编：《宋本广韵》影印本，江苏教育出版社，2002年，第5页。

15

安切"[1]。所以虎学良先生在《波文之源》序言中说:"附消经(小经),切音,以利阿拉伯语和汉文水平不高者,学习有关知识[2]。"虎先生是经学大师,又对汉学有极高的造诣。他的评述虽为中的,但对小经拼读问题未做进一步分析,是为缺憾,而他的阐述对后人的研究多有启迪。我们2003年1月在河南郑州做小经调查中发现,郑州市北大寺女寺杜淑贞女阿訇拼读小经时,就是先将前字进行拼读,而后将后字进行拼读,然后两字合音,成为一个音,读出本字音。在她的启发下,笔者思考是否和汉字的切音有关呢?恰好在虎学良先生的著述中发现了一些蛛丝马迹。由此可见,这种拼读注音之法是将前字和后字的声母韵母书写出来,但拼读时又舍弃后字的声母。

(3)多字体拼读。小经中的多字体是由三个以上的单字体组合成一个字的读音。字如例:"كيو"juyuwi [tcui]"举",87。它是由"ﻙ(字母上有三点)"[tci]、"ى"[ju]和"و"[wi]组合而成。前两字"ﻙ(ji)"和"ى(yu)"先合拼成一个声母和韵母[tcu],表现出典型的反切类型,再加一个"و(wi)"构成"Jui",而汉语普通话拼为"ju",但小经中多了一个"i"介音。这里体现了西北方言的典型特点。如果没有汉字,仅拼读小经,又不谙熟西北方音,的确很难读出"举"之音。再如:"شيان"shiyaang[ʂiaŋ],"想",100。这也是由三部分组成,即"ش"shi[ʂi]、"يا"ya[ja]和"ن"拼为aang [aŋ]。"ش"是由"ش"[ʂ]和齐齿音符号"—"组成。"يا"是由"ى"(y)的长音符号"ا"(a)和开口音符组成。"ن"是由"ن"(n)和静符号"—"组成。三部分合起来读音为"shiyaang",带有鼻音。所以小经一般多不区分前后鼻音,但是像"想""شان"shaang [ʂaŋ],"上(shang)等,若后有"ن"和元音有"ا"(a,不管中间有无介音i)多半是要带后鼻音的。从上述的字例发现,三合字拼为一字音时,切音仍起作用,一般取反切上字的声母、韵母、中字的韵母和后字的韵母或韵尾。这种拼法在中国文献中拼写少数民族语言或其他语音拼写汉字是常见的。明代的回回馆来文中将"王"拼字

---

〔1〕〔宋〕陈彭年等编:《宋本广韵》,影印本,第33页。

〔2〕田玉祥作,虎嵩山题:《波文之源》,同心清真北大寺,1988年,第2页。

为"وانک"[waŋ][1]。只不过此处将后鼻音字母"g"写出来了。相比较,小经的"وان"waang [waŋ]"往",79"王",就不难发现两者前半部分是完全一致,只是小经最后少了一个"g"字。小经将"服"拼为"فو(fuu)"[fu]99,而回回馆来文将"服"拼为"فو(fuu)"[2]。回回馆来文用开口符号,而小经用合口符,笔者怀疑来文符号可能书写出现了错误。除此符号外,其他的字母和书写形式完全一样,这充分证明小经在明代中期已经存在,而且在回回馆中得到了较广泛的使用,并且这种拼写一直延续至今。再如"大明"写为"دايمينک",音转写为Daiming"[3]。因此可知从明代到清代至当代,合拼切音是经常使用的,而小经合拼切音一方面保留原有阿拉伯语、波斯语的拼音之法,另一方面受到了汉语本身切韵的影响。所以小经的拼音方法,既吸收了回族等穆斯林祖先保留的文化遗产,同时也吸收了汉语音韵学的知识,并加以改造,以适宜小经的拼音之法。由此看来,小经文献中表现出了文化的继承性和吸收性,体现了回(族)等穆斯林在保持自己传统的同时,并没有排斥所谓汉族"异教"的文化。这充分体现小经本身的文化价值和小经的使用者的开放态势。看来,小经是回族等穆斯林学习汉语汉文的中介体。通过它,既可掌握一般的穆斯林需求的宗教知识,又可以学习更多的汉文化。

(4)连写体拼读。小经文献中往往将两个汉字连在一起拼写,这在方块汉字书写中较难做到。字如例:"شݣ"小经转写为"shin(g)rin","圣人",42,汉语拼音为shengren。"لِبِيان"libiyan,"里边",43,汉语拼音为libian。"نقݣ"小经转写为"na ge rin","那个人"44,汉语拼音为nageren。这类拼写虽然并不很多,但仔细探寻发现,这种拼写实际受到阿拉伯、波斯语的影响。众所周知,穆斯林进入中国时,多操阿拉伯语、波斯语,当然还有其他语种。尽管其在长期居住中国以后,形成了回族,并失掉了自己的母语,转而操起汉语,但是阿拉伯、波斯语作为他们的母语,潜在

[1]《回回译语》东洋文库(乙种)本《回回馆杂字·身体门》,第100页。

[2]《回回译语》东洋文库(乙种)本《回回馆杂字·身体门》,第105页。

[3]《回回译语》东洋文库(乙种)本《回回馆杂字·身体门》,第107页。

地影响着他们,在所谓的底层文化中保留下来[1]。这种保持是隐形的,而不是显形的。只有当仔细研究一些特殊的文化现象后,才能发现它具有固有文化的痕迹。这些痕迹尽管经过比较长历史时期的涤荡,但仍没有完全脱落于原有的母体文化。按通常的汉语拼音体例应是一字拼写一字的音读,连写体当是不合体例的,可是不合体例的现象毕竟出现了。这种现象不是无源之水,而是长期的文化延续造成的,即处于一种文化的惯性运动状态,到了一定阶段,前母体文化的诸多方面虽然逐渐在消失,而有些文化现象则继续在运动和延续。因此,小经的连写体反映了这种文化惯性运动状态。从适应主流文化的趋势判断,再发展一段时间,这种连写体很可能会消失。小经的连写体例看起来是特例,但实际上有其存在的理由。

1.4.5　阿拉伯语、波斯语拼写、拼读体例

1.4.5.1　阿拉伯语拼写、拼读

中国穆斯林自唐代入中国直至明代,阿拉伯语是其主要的语言之一。阿拉伯语广泛使用于社会生活各个方面,今天看到的《泉州伊斯兰石刻》收有大量有关阿拉伯文铭文,在元代陶宗仪的《书史会要》中保留了当时被称为回回字的阿拉伯字母,清代的诸多回族学者用阿拉伯文著书立说,今天阿拉伯语仍是中国回族等穆斯林的主要宗教用语。可以说阿拉伯语从来没有在中国穆斯林的社会生活中离开过。由此观之,小经中保留的大量阿拉伯语词汇,实际是中国穆斯林先民语言的保留,而不是一种外来语,它们是在长期历史发展中沉淀在小经文献和穆斯林日常用语中的。在此,笔者不妨从小经文献中选出一些字例,以求资证。阿拉伯语"سورة",转写为"Sūrat",54,小经照写为"سورة""sūrat",汉文音译为"苏热",意为《古兰经》中的每个章。"رمضان"阿拉伯语转写为"ramazān",小经转写为"ramazāna"(رمضان小经读为开口符,阿拉伯语读为静符),汉文音译为"热麦匝乃",意为"斋月",66。"حديث"(hadīth),小经照录为حديث(hadīth)"哈迪斯",意为"先知穆罕默德的言

---

[1]安继武:《怯达尼与回族语言文字》,载《回族研究》,1995年第4期,第80-82页。

语",一般指伊斯兰教的第二大经典"圣训"。47。"علام"('ālim),小经转写为"'ālim",汉文音译为"阿林",意为"有知识的人",*42[1]。"علم"('il-ma,按,正确"m"是静符,而不是开口符),小经转写为"'ilma",汉文音译为"尔林",意为"知识",*54。"حارم"harāmu(harāmu,按,正确拼写为"m"是静符,而不是合口符),小经转写为"harāmu",汉文音译为"哈拉母",其意为"禁止"(一切不合伊斯兰教的内容),*166。"كافر"(kāfir)小经转写为"kāfir",汉文音译为"卡非日",意为"不信教者"或"异教徒",*133。如果阅读小经文本就会发现,这些词汇都注明了元音符号,这一点很重要,说明学习小经的人,阿拉伯水准不高,或者这类小经是为初学者而编的。也不难发现,在小经与汉文对照时,这些词汇是音译,而不是意译。这一点也说明穆斯林群众经常使用这些词汇,不需要做任何的注解,仅是不会拼读而已。从上述列出的阿拉伯词汇例证来看,不论是书写体例还是拼写体例完全是阿拉伯式的,而不是中国式阿拉伯语。汉文音写"主麻"(星期五)转写为小经时,不可能拼写为"جوما"Zhu-ma,也不会把"阿林"拼写成"عال"`aalin。这说明撰写小经的人具有较高的阿拉伯语知识水准。

小经文本中拼写阿拉伯语时,有时也不标元音符号,这种情形在小经文献中也是常见的,但这种书写体例多出现在世俗文献和阿拉伯原著中。

1.4.5.2 波斯语拼写、拼读体例

波斯语曾是我国回族等穆斯林使用的一种语言,它不仅使用于宗教生活,也使用于日常生活。波斯语在元明时代是官方对外交流的主要语言。明代的《回回馆来文》《回回馆杂字》就是历史见证。

波斯语的拼写体例有两种:一是标元音音符的波斯文,二是不标元音符号的波斯文。

先探讨标注元音符号的波斯文。这类波斯文很多,凡举几例。

"بامداد"(bāmdād)音译为"班达",意为"晨礼"*136。"نماز"(namāz)音译为"乃玛孜",音译为"礼拜"*136。"دوزخ"(dūzakh)音译为"多灾海"

〔1〕打"*"号表示字例取自《经海拾贝》(上册)的页码。

(音译可谓信达雅),意为"地狱"。"أستاذ"(ūstāz,本是阿拉伯语)音译为"吾斯塔孜",意为"老师、导师"*160。"دوشنبه"(du shanbe)音译为"都善拜",意为"星期一"*171。从小经拼写体例中看出,它和阿拉伯语基本相同。但是也有例外,如"پیشنبه"(piyshanbe)(音译为"撇善拜","星期四"*171)的拼法和维吾尔语"پهيشهنبه"相同,其正确的波斯语拼法为"پنجشنبه"(panjshanbe),说明回族等穆斯林在使用该波斯语时可能受到突厥语的影响,或者他们可能曾属操突厥语的族群。

其次是不标注元音符号的波斯语拼读体例,这种体例在日常生活和历史文献中是常见的。以下以《回民起义》(3)中的"纪事"有小经文本,可作范例。

"سال"(sāl)意为"年"。"چهارماه"(chahār māh)意为"四月"。"خانه"(khāneh)意译为"房子"。"دوهشت"(du Hasht),"دو"(du),意为"二"。"ت هش"(hasht)为"八",合意"二八"[1]。

这种拼读法在小经俗文献中是比较常见的,说明波斯语对回族等穆斯林的影响在某些方面,如记账、写信等方面可能大于阿拉伯语。这种小经文献我们在2003年1月在张家川等地调查时采集到了几份。

从上述小经拼写、拼读体例,不难发现小经的拼读受到母体文化和中原汉文化的双重影响。通过研究小经拼写、拼读体例,找到隐藏于小经背后的内容,是非常重要的。说明小经的拼写、拼读规则有一个历史的延续和发展过程,并逐步形成今天比较统一的文本拼写体例。这种体例的价值正如前所述的那样,意蕴十分深远。如果研究小经仅停留在表面,只留于介绍,那么小经研究永远是肤浅的,也不含有多少学术价值和现实意义。

---

[1]白寿彝主编:《回民起义》(3)附录《〈纪事〉原稿底一叶(图片)》(庞士谦藏),神州国光社,1952年。按:duhasht为中国式洋泾浜波斯语,母语为波斯语的人从不这样说,正确的用法是bist-wahasht(读作bist-o-hasht)。此为刘师提示。

1.5 小结

　　笔者对小经及其文献做了初步的概述与探讨,旨在对此议题有更深一步的了解。通过前述研究状况和介绍看,直至目前,除少数的学者外,多停留在对小经的介绍阶段。就严格意义论,我国多数学者并没有进入文本中,更谈不上深入研究,自然对其价值评判也较肤浅,有时还有失公允。因之,小经文献对研究穆斯林的社会生活、文化变迁、思想表达提供了新的视角,但中国的穆斯林学者尚未对此予以足够的重视。而环顾海外,日本学者已经在资料的收集上走出了坚实的一步,这是值得深思的。

　　(此文收入《中国非物质文化遗产保护论坛论集》,文化艺术出版社,2006年,第312-325页)

2 经堂语气及其相关问题[1]

2.1 关于经堂语气[2]

经堂语气是一种文体形式,也是一种表达方式。界定经堂语气,至少有3条标准:(1)使用特有的小经词汇;(2)有较多的语气助词和特定句法形式。如果文中仅有阿拉伯语或波斯语词汇不能视为经堂语气,因穆斯林著译作品中经常可以看到一些阿拉伯或波斯词汇。在元杂剧、文集和典章中也有一些阿拉伯或波斯词汇,由此,不能说其文体就是经堂语气。(3)同理,有语气助词也不能视为经堂语气。因在元、明、清白话小说中,有大量的语气助词。所以判定经堂语气至少符合3条标准中两条,否则不能视为经堂语气。

"经堂语气"一语较早见于刘智著作。他称:"是书(《天方典礼》引者注)语气与经堂语气既不相合,则不能不起物议,然而无庸议也。是书非为不知文者作也。盖不知文者,经师遵经训之,无须是书。而须是书者,必通习三教,未知吾教之礼者。"[3]刘智所言即为经书和经师使用的语气不合,并对此做了解释。说明经堂语气和所谓的"儒语"不相类。有的汉文穆斯林著作中也称"海里法语"[4]。经堂语气中夹杂有较多的语气助词,语序也不完全按汉语规则。为了直观地了解经堂语气,

〔1〕本文得到2012年度国家社科基金项目"伊斯兰教民间小经文献研究"资助(12XZJ012)。

〔2〕本文的小经文献转写是按照 *The Encyclopaedia of Islam*(leyden E. J. Brill 1978)转写的,并非实际音读。

〔3〕[清]刘智:《天方典礼》,北京清真书报社民国十一年刊本,第7页。

〔4〕马有林:《择要注解杂学》,此据1982年6月中国伊斯兰教协会研究部影印光绪清真堂新刊本,第47页。

凡举几例：

> 的实，习学阿林是俊美的。与服信阿林是阿八答忒。与记想
> 阿林是塔思必哈。与将领阿林是征战。与阿林哈教给不知道的人
> 是撒得格。与因为家下着，习学上进是临近安拉乎塔阿里。你晓
> 谕着，阿林是造天堂的路的……凭阿林着，安拉乎塔阿里升高品级
> 里。阿林是行毒之上活给的。一些眼睛黑暗上耀亮的。升七品阿
> 林着，羸弱上得利的。与班德凭着阿林着，他得一些干好事的人的
> 品位里。凭着阿林着，东雅、阿黑剌忒里边得清高的品位里。阿林
> 里边惨悟是就像闭若斋的人[1]。

这段经堂语气极浓厚的材料中夹杂着较多的阿拉伯语词汇——阿
林[2]、阿八答忒[3]、塔思必哈[4]、安拉乎塔阿里[5]、东雅[6]、阿黑剌忒[7]。
波斯语词汇——撒得格[8]、班德[9]、若斋[10]和小经汉语词汇——的实
（确实）、习学（学习）、俊美（美好）、服信（信服、相信）、记想（背记）、征战
（战争）、家下（家庭）、上进（勤奋、勤快）、晓谕（知道）、行毒（使坏）、活给
（使活）、黑暗（看不见）、耀亮（光明）、羸弱（弱，卑微）、得利（获益）、一些
（一切）、参悟（感悟、冥思）。加之有较多的语气助词——哈、着，阅读起
来十分困难。如果不熟悉经堂语气、不熟悉西北方音、不熟悉阿拉伯
语、波斯语常用词汇，是无法通读的，也不甚明了其意，甚至在有些人眼
里，这根本不是汉语，但研究元史的学者会经常遇到类似的生硬汉语。

为明了其意，转写如下的标准现代汉语，比较两者间的关系。

---

〔1〕佚名：《探比海》（*Tanbīhal-ghāfilīn* 意为"惩罚的忽视"），民间影印本，第53页。笔者怀疑此
本为清或民国印本，因"海"字加口旁，1949年后无此写法。

〔2〕Ilm 知识，阿拉伯语。

〔3〕Ibādah 崇信，阿拉伯语。

〔4〕Tasbīh 赞美、赞颂，穆斯林用的数珠，阿拉伯语。

〔5〕Allāhta`ali` 清高的真主，阿拉伯语。

〔6〕Dunyā 今世，世界，阿拉伯语。

〔7〕Ahirah 后世，来世，阿拉伯语。

〔8〕Sadaqi 施舍，布施，波斯语，源于阿拉伯语 Sadaqatan。

〔9〕Bandi 奴隶，仆人，鄙人，波斯语。

〔10〕Roza 斋日，封斋，波斯语。

23

确实,学习知识是美好的。相信知识就是信仰。背记知识就是赞美。掌握知识就是征服。将知识传授给不知者是施舍。由于关照家庭,学习勤奋就会接近至高的真主。你应知,知识是通向天堂之路的钥匙……凭着知识,至高的真主会升高其品级。知识是解毒的良药。给眼前黑暗者,带来光明。因升高七品知识,使弱者获益。由于信教者凭着知识,他会获得一切行善者的品格。凭着知识,今世和后世会获得崇高的品位。在知识中感悟,如同持斋戒的人。

原文中不乏名言名句,由于浓重的经堂语气,阅读起来使人感觉到语不尽义。在转写中,笔者基本忠实于原文,但做了适当调整,再观之,行文朗丽清新,通顺练达。

陕西派小经的经堂语气,由于文中有较多波斯语、阿拉伯语词汇以及独特的表达习惯,和上文典型的河州派小经的经堂语气有所差异。为了使读者对陕西派文体有所了解,引一段材料,并将原文用拉丁字母和汉文转写如下:

Wo mun(men) guwi sin(xin) ka, 人 baa khao 'amali wun(wen) jiyaan(juan) gi(gei) gi(gei) yuo dust, 人 baa day 'amal wun(wen) jiyaan(juan) gi(gei) gi(gei) zuwo dust. 人 az bun(ben) ghiy(gai) zhi chuu taa mun(men) di zuo dust. Wo mun(men) sin(xin) ka, niyaan wun(wen) jiyaan(juan) chen chen paan si(shi) zhen di. Bar taa libiyaan chen ham bandi khao day. Agar taa di khao chen paan si(shi) zhuwun(zhong) di naa daan si(shi) 人, taa de tuwo li 人. Wa khao chen paan qiyin(qing) di naa dan si(shi) 人, Taa si(shi) shuwo(shu) yi(yu) she bun(ben) di 人.[1]

我们归信此事,人把好阿玛里[2]问卷给给右手,人把歹阿玛里

---

〔1〕《正教基础》,河南郑州北大寺女寺杜淑贞藏,第22页。

〔2〕'Amal行为,行动,波斯语,引文指"事,行,干办"。该词阿拉伯语为'Amila。西北苏非派举行"尔曼里"就是波斯语'Amal的音译。"尔曼里"见马通:《中国伊斯兰教派与门宦制度史略》,宁夏人民出版社,1995年,第305页。

问卷给给左手。人从本该止住他们的左手。我们归信此事,念问卷称称盘,是真的。在它里边,称全部班德(仆人)好歹。假若他的好称盘是重的,那但是(那些)人,他得脱离人。与好称盘轻的那但是人,他是属于折本的人。

从拉丁字母转写不难发现文中有较多的阿拉伯语、波斯语词汇,尤其波斯语词汇更多。尽管这些波斯语词汇多为常使用的词汇,但陕西派小经往往赋予特定的含义。阅读和理解时,按其派的特点来处理,单靠字典有时不能解决问题。经过稍加翻译的波斯语词汇后,文理通顺,含义明确。其和河州派小经相比,文中较少出现不常用的汉语词汇和语气助词,但句法在形式上保留了波斯语原句的特点。

这种经堂语气具有延续性,在今天的有些论著中仍然可以找到其影响痕迹。在《回族人物志》(下)有一段经堂语气浓郁的话语:

> 王岱舆、张中和伍遵契,在译著上所走的路数,显然不同。王岱舆是自有看法,自立间架,而把材料组织起来;张中是就原书的材料,原来的间架,而把自己的意思表达出来;伍遵契在译述以外,不肯轻易表达自己的意见。三位经学家的学风,可以说是不大相同的[1]。

一般人阅读这段文字觉得有些特别,而词汇使用也有其特点。笔者揣摩文中"走"就是"使用、采用"。"路数"今天多指"门道、路子",文中指"方法、方式"。"间架"就是"结构";"意思"就是"看法、想法";"不肯"就是"不愿意,不乐意";"意见"就是"观点";"学风"就是"风格"。

经堂语气作为一种文化现象影响着穆斯林的思维方式和表达习惯。从《回族人物志》背景作者看,均曾接受过高等教育,且也未在经堂中长期就学,为什么在其著作中显现经堂语气?可能的解释就是先辈文化在传承,并不自觉地显露出来。但上文作者自己看其文没有什么特别之处,而从未接触过经堂语气者或者汉文化影响较深者就可以探出其差异。所以经堂语气不仅是一个语文学问题,而且也是一个文化学问题。经堂语气从表面上看已基本废弃了,但废弃不等于消失。这

〔1〕白寿彝主编:《回族人物志》(下),宁夏人民出版社,2000年,第925页。

·欧·亚·历·史·文·化·文·库·

是有待进一步探讨的有趣问题。

2.2 经堂语气来源

对经堂语气的来源,学者有几种观点:第一种观点认为阿拉伯语、波斯语语气被继承和保留并和汉语词汇结合形成。林松先生持此种观点,他称:"这种(经堂语)由许多源于不同语种的词汇按汉语结构连缀成的句式,陌生者或教外人看起来、听起来,确实吃力费解;何况有些译句要照原文的句型构造或语气口吻,七拐八绕,一般读者更觉深奥莫测,甚至不知所云。"[1]第二种观点认为"从起源上说,经堂语不过是通过宗教用语的形式将回回人在语言演变过程中的遗存保存了下来,因而其语言现象主要是双语制和混合语遗存。"[2]第三种观点认为"经堂语的源头是元末明初口语"。[3]这些观点有些含混。实际上经堂语气有两种类型:一是纯汉文经堂语气。这类语气的代表作有《归真要道》《四季清》《耳目德汉译精华》等。二是纯小经经堂语气。其代表作有《开达尼》《探比海》《正教基础》、*Fauz annajāt nāme* 等。对经堂语气的来源要具体化,不能笼统言之,因经堂语气类型差异,来源也有别。本文重点探讨的是纯小经经堂语气,兼及汉文经堂语气。

经堂语气的来源有如下几种:

一是汉语,主要为当地口语,尤其和历史上的元明清初的白话有密切关系。为了说明经堂语气和元明清初白话的关系,以一段小经文献材料为例:

〔1〕〔阿拉伯〕穆罕默德·舍里夫丁·蒲绥里:《清真诗经译讲》,马良骏译,校勘影印本,天津古籍出版社,1992年,第13-14页。

〔2〕李兴华、秦惠彬、冯今源、沙秋真:《中国伊斯兰教史》,中国社会科学出版社,1998年,第516页。

〔3〕杨占武:《回族语言文化》,宁夏人民出版社,1995年,第62页。

圣人弥剌只[1]的晚间,在七层阿斯麻[2]里边,我听见了一个瞎雷(闷雷)。与我看见了一个电光,与我看见了一伙人。他们的多数是蛇、虫、蟒的那个方儿。然后我问了哲卜来利[3],这一伙是如何样的?哲卜来利说了,他们是一些吃利巴[4]的人。与确实,利巴是七十二个大罪。他的至歹的罪恶是连他的母亲奸一遭。利巴的一文钱是比七十个女儿哈行奸至歹。什么叫利巴里?一物儿还一物儿,属于利巴。赊欠是利巴。比如一斤麦子还一斤麦子[5],属于利巴。赊欠利巴,总义是银钱还银钱;粮食还粮食;物儿还物儿。赊欠利巴属于利巴。相反真斯[6]着属于使得。赊欠是利巴,圣人说了,你们很言四个物儿着。它是最大的大罪。清高的真主凭着噶忒易叶阿耶提[7]的得力里[8]着,决定的。(1)自那[9]。(2)称不公。(3)量不公。(4)利巴。这一些歹在一些的人上常川的时候,百辣[10]打该里。就像多余上一子儿不下来;征战喊乱;连穆斯林的弟兄其中为对,不说话。万物的遭难,世界不安。歹人高贵,好人低弱。男女相挽。哎!阿丹之子,你们很那个戒贪着。至高的真主把威仑[11]的多灾海(地狱)哈,因为一些因干大罪的人哈,设立了。像吃利巴、自那、饮酒作乐、称量不公等等。与你们害怕盖雅麦提(复活)的日子的阿扎卜[12]着。它的阿扎卜是很厉害的。常

---

〔1〕mi`rāj弥剌只,阿拉伯语,登霄,见《古兰经》17:1,60,18:110,48:27,53:2-18。中国社会科学出版社,1982年。

〔2〕āsmān阿斯麻,波斯语,天。

〔3〕jibrīl哲卜来利,四大天使之一。

〔4〕ribā利巴,阿拉伯语,利息,高利贷。

〔5〕文义为收一倍之物。

〔6〕jins,真斯,阿拉伯语,种类,血统,人类。

〔7〕qat`iyy噶忒易叶,阿拉伯语,最终,明确的。āyat阿耶提,阿拉伯语,原义为迹象,奇迹。此处指《古兰经》的一节。

〔8〕dalīl得力里,阿拉伯语,证据。

〔9〕zinā自那,阿拉伯语,通奸。

〔10〕balā`百辣,阿拉伯语,灾难。

〔11〕wail威仑,阿拉伯语,苦难。

〔12〕azāb阿扎卜,阿拉伯语,痛苦,苦恼。本处指罪孽。

·欧·亚·历·史·文·化·文·库·

川饮酒的,除过清高的真主,一人不能够。与我们常川作讨白[1]着,说情告饶着。因为五个物儿着,清高的真主承领讨白里。(1)在自己的本身上招认孤纳赫[2]。(2)过了的一些孤纳赫上要懊悔。(3)孤纳赫上埋怨自决的本性。(4)过了的孤纳赫上,奔忙作讨白。(5)清高的真主的刺赫麻提[3]上甭勿忘。[4]

这种语气在汉文穆斯林著述中也可看到。《归真总义》有如下的内容,和上文作比照。

> 承领二字,勿轻看。不是承领别事,乃是荷担真主一切尊名,一切动静耳。依斯了目(或译为伊思兰)一切教法,悉此中流出。故曰:"真主断法。"而与苦夫尔[5]、嗑废尔[6]毫无干涉。

> 看来,今日所行教门,即圣人所谓风俗而已,不得谓之依斯了目。夫依斯了目从真主要为中来,绝不与纳福私[7]把持者是也。故称顺命人,为穆斯理麻纳[8]。凡一应我见、人为之事,皆属苦夫尔(kufr,不信神,罪孽——引者)。苦夫尔即指当人纳福私说,试察我之眼、耳、鼻、舌、身、意,总不识真主,亦不顺天命。一味各图其所好,乃至自相背戾。如口不顾体,气不顾命之类是也[9]。

从上述两段材料看,尽管采用的文字有差异,前者使用小经书写,而后者使用汉文书写,文体形式与表达方式有相同之处,说明经堂语气具有传承性。这种语气在王岱舆的著述中也能发现蛛丝马迹。由此说传统的经学教育(所谓的经堂教育)在延续,但这不能说明经堂语气的最终源头。因为这种语气剔除阿拉伯语、波斯语词汇和较特别句法形式,在元明白话中有较相同的表达形式。通过资料可以证实此看法。

---

[1]tawbah 讨白,阿拉伯语,懊悔,忏悔。

[2]ghunāh/gunāh 孤纳赫,波斯语,罪,罪行。

[3]rahmat 刺赫麻提,阿拉伯语,怜悯,仁慈。此处指慈悯。

[4]佚名:《探比海》,第35-37页。

[5]kufr 苦夫尔,阿拉伯语,不信教,无信仰。

[6]kāfir 嗑废尔,阿拉伯语,不信教者,异教徒。

[7]nafs 纳福私,阿拉伯语,欲望,自身。

[8]Muslmān 穆斯理麻纳,波斯语,即穆斯林。

[9][印度]阿世格:《归真总义》,[清]张中译,民国十二年刊本,第52-53页。

《秘书监志》卷4《纂修》至元二十二年六月二十五日，扎马剌丁奏：

> 太史院历法做有，大元本草做里体例里有底，每一朝里自家地面里图子都收拾来，把那的做文字来。圣旨里可怜见，教秘书监也做者，但是路分里收拾那图子，但是画的路分、野地、山林、里道、立堠，每一件里稀罕底，但是地生出的把那的做文字呵，怎生？[1]

关于元代硬译公牍文体，亦邻真先生有过精辟的论述，但不是本文要讨论的问题[2]。有兴趣的可阅其著。而笔者关注的就是剔除那些蒙古语句法形式，仍然发现白话文体的特点，况且扎马剌丁是回回人，他尽管用硬译公牍文体在写奏折，但还是能窥视到回回人的思维逻辑。此句"每一朝里自家地面里图子都收拾来，把那的做文字来"中动词后置在小经文献中较常见，说明这种文体的文化多元性。

《元曲》中也保留有白话文体。从中可知经堂语气和元代的白话有历史渊源关系。

经堂语气和元末明初的白话更加接近。《水浒传》可以说是元末明初白话"实录"。此书可以提供活证据。《水浒传》第二十二回：

> 宋太公道："'……不孝之子宋江，自小忤逆，不肯本分生理，要去做吏，百般说他不从；因此，老汉数年前，本县官长处告了他忤逆，出了他籍，不在老汉户内人数。他自在县住居，老汉自和孩儿宋清在此荒村守些田亩过活。他与老汉水米无交，并无干涉。老汉也怕他做出事来，连累不便；因此，在前官手里告了，执凭文帖在此存照。老汉取来教上下看。'众公人都是和宋江好的，明知道这个是预先开的门路，苦死不肯做冤家。"[3]

《水浒传》的白话基本接近当时的口语，而讲经宣道必须使听者能明白，那么只能使用口语。经堂语气与元明白话有一定的承继关系，但经堂语气不等于元明白话，因其还受到回回人前母语的影响，主要为波

〔1〕〔元〕王士点、商企翁编次，高荣盛点校：《秘书监志》卷4《纂修》，浙江古籍出版社，1992年，第72-73页。

〔2〕亦邻真：《亦邻真蒙古学文集》，内蒙古人民出版社，2001年，第583-605页。

〔3〕〔明〕施耐庵：《水浒传》，人民文学出版社，1972年，第246页。

斯语。

二是经堂语气来源于波斯语。在元代,波斯语成为回回人交往的共同语。但随着回回人的本土化,回回人逐渐操起了汉语,但波斯语没有退出语言舞台,以讲经注经语言保留之。陕西派小经在继承前波斯语的传统上,形成了具有自身特点的小经,至今以西安为中心辐射到华北、华中等地,在语气上表现了汉语和波斯语混合的特点,还夹杂了阿拉伯语的表达习惯。关于后一点将在后文中述及。所谓混合特点既表现了汉语的表达方式,又表现了波斯语的表述习惯。小经文献可以说明此点。

Wo mun(men) guft zhe jiyaan gār hin(xin) ji jiyao shi shen mā?

Zhe ge bun(ben) shi shiyaang yin(g) ān kasī. taa az ham hāram bālā hin(xin) ji jiyao, zhi zi taa zhuwaan chin(cheng) hin(xin) taghwīli. taa shi ji jiyao wa kasīhi(ci) di, khuway zhe shi ān kasī shiyaan yin(g) taa az bakhīl bālā hin(xin) ji jiyao. Ji raan ru thi(ci), agar yin wi(wei) shuu shin(shen) shin(shen) ti barshi fuwun (feng) zhu bālā. taa buu shi she māl, taa buu shi kasī thi (ci) di kasī. Zun(zong) raan baa taa jiyao min(g) kasī thi(ci) ye baa. Ni zhi dao ke kasīthi(ci) di yi zun(zong). Wa himmati wa li wu shi wi(wei) du bay zhu di kasīwa wi(wei) ham hin(xin) ji jiyao di kasī. kasī pin(g) zhe ān luwo liyaang gi(gei) gi(gei) bay zhu di kasī. kasī baa na ge luwo liyaang ye gi(gei) gi(gei) kasīthi(ci) di kasī. wa chuu she zhaang yi di kasī yin wi (wei) zhe ge shi ān li hiyan(xian) zi. yin wi(wei) daan kasī. taa shi ba(y) zhu di kasī. taa shi hin(xin) ji jiyao di kasī. taa baa zhu di dushman daang hin(cheng) dushman. dunā shi zhu di dushman.[1]

我们说这件事,寻计较什么?

这个本是相应这个人。他从所有的哈剌木(禁止)上寻计较,直至他转成行隐昧里。它是计较(权衡,考虑)与仁慈。或者是这人相应他从吝啬上寻计较。既然如此,如果因为舒心身体在侍奉

---

〔1〕*Haqāyiqu*,河南郑州北大寺书社印,1993年12月,第106-107页。

主上。他不施舍财帛,他不是仁慈的人。纵然把他叫名仁慈也罢。你知道此事,仁慈的一总。与虔诚与礼五时惟独拜主的人与全寻计较的人。人凭着这个耀亮给给拜主的人。人把那个耀亮也给给仁慈的人。与出舍仗义的人因为这个是这里限制。因为但是人,他是拜主的人;寻计较的人。他[1]把主的对头当成对头。东雅(今世)是主的对头。

从上述文献不难发现,此段小经文献本是从原波斯文转译而来的,在转译中基本保留了原来的语句顺序和连接词,诸如 wa(与)、agar(如果)、yin wi(wei)。词汇不完全是照搬原文,但加进了简单的波斯语词汇 ān(这个)、bālā(上)、az(从)、kasī(人的)及小经和波斯语混合造的词——kasī thi(ci)(仁慈)。kasī 本义为"人的",造词时采用了同音异义法,与 thi(ci)合成"仁慈"。在句法上具有波斯语的特点,而词法上遵循了陕西派小经风格。尽管和汉语白话相比有一定的差距,但翻译者译成句子时尽量遵循汉语表达习惯,并不觉得特别生硬、乖戾,文义大致清楚。其说明这种语气有自身内化过程。从原来的文本转译时,是直译结合意译,结果形成了两可的语气。由此,其成为经堂语气的来源之一。

三是经堂语气来源于阿拉伯语。小经的功能之一就是通过较通俗的语言传扬宗教。而任何一位穆斯林学习和了解自己的宗教要从基本信仰开始,如下文字反映的就是伊斯兰教的基本信仰。这段文字是直接从阿拉伯语原文翻译而来的,行文中经堂语气较为浓郁。这为我们提供了经堂语气和阿拉伯语间关系比较的有价值的资料。

Raan khio(hou) sin(xing) akhirati di luu di ren A! niy daa shi (xi) shiyuo ʿaqāyid ilmi shaang. yu jiyao dao taa. yu chun(chong) fuu niyaan taa shaang,bao fun(fen) liy. zhiy zi niy daa kufri shaang de tuwo liy niy. Yu rin(ren) ping zhe wu zhiy zhe, buu zhung (zhun) niy di ghuo. zay ijmāli di imān sifati libiyaan di luu dao shi duo di. yu siy(sui) raan ziy yun yiy di luu dao, yu zhiy yun yiy jin(g) jiy di shi ciy shi zhin(zhen) sin(xin) di mūʾmin shuo chin(chen) sin(xin)

[1]指拜主的人。

allāh, ping zhe taa zhe, ming le wo di na ge. yu taa daa taa shaang jin ziy le di na ge, zai tatār khāniyyat libiyaan ruu ciy. Yu yio (yao) tafsīl di imān di sifati shi ciy shi, taa shuo wo ghuwiy sin(xin) zhin(zhen) zhuu. wo guwiy sin(xin) taa di yi qiyeh titaan thiyaan(xian). yu wo guwiy sin(xin) taa di yi qiyeh jin(g) jiyuwaan. yu wo guwiy sin(xin) taa di yiy qiyeh qin cay. yu wo guwiy sin(xin) qadar, taa di khao yu taa di day yi zun(zong) shi cong qin(gao) ghao di zhuu shaang di. yu wa guwiy sin(xin) wu chaang zi khio(hou) di fuu khuo. yu wo chin (cheng) sin(xin) zay qiyāmati di re(ri) zi libiyaan, daa suwaan yu chin (chen) chin (chen) puwaan yu tiyaan taang yu doozakh, taa di yi zun (zong) shi shi. yu qin(g) ghao di zhu shi du yi di. zay taa di zāti yu taa di yi qiyeh sifati libiyan wu yuo liyaan zuwo khuwo di yi rin (ren). taa shi wu qiyuo ji di, na ge du yi di zhuu, buu qiyuo ji taa di ghair di na ge sayyid.[1]

　　然后信阿黑剌忒(后世)的路的人啊! 你打习学阿噶伊德(诚信)的尔林(知识)上,与教导他,与重复念它,不要分离。直至你打库夫尔(罪行)上,得脱离(解脱)呢。与人凭着无知着,不准你的过(过错)。在伊集玛里(总)的伊玛尼(信仰)的随法提(根本)里边的路道是多的。与虽然至容易的路道,与至精确的是此事。真实的穆民说,与诚信安拉,凭着他着,明了我的那个。与他打他上禁止了的那个,在塔塔里(接续)罕尼亚(放舍)里边如此。与要明塔夫随里(细分)的伊玛尼的随法提(根本)是此事。他说,我归信真主。与我归信他的一切的天仙。与我归信他地一切经卷。与我归信他的一切钦差。与我归信后世的日子。与我归信盖底尔(前定),他的好,与他的歹一总是从清高的主上的。与我归信无常之后的复生。与我诚信在盖雅麦提(复活)的日子里边,打算,与称称盘,与天堂,与多灾海(地狱)的一总是实。与清高的主是独一的。在他的咱提(本然),与他的一切随法提(德性)里边,并无有连他做

[1]佚名:《开达尼》(*Kaidān Kitāb*上海本),上海穆民经书公司刊本,1954年,第6-8页。

伙(同伴)的一人。他是无求己(利己)的。那个独一的主不求己的盖里的那个赛德。

这段小经文献从句法上基本照着原阿拉伯语的句式,读来有些生硬拗口,有些句义不甚明了。此句"真实的穆民说,与诚信安拉,凭着他着,明了我的那个"是照译原句,是一个倒装句,应为"真实的穆民说,明了我的那个,与诚信安拉,凭着他着"。"他说,我归信真主……与我归信无常之后的复生"是一个主从复合句,是原句顺序,但在从句中语义比较清楚。这说明译者对原句复句的把握还欠功力。在词汇上,有些在元明白话中常见——"习学""路道""无常";有些为小经中特有词汇——"脱离"即"得救,进入天堂";"过"即"过失";"打算"即"清算";"求吉"即"吉祥"。转写阿拉伯语词汇时,不顾原文的修饰关系,一律照录。这些词akhirati, qiyāmati, zāti均有齐齿音"I",说明它和前后词之间有修饰关系。本来转写小经时应省去"I",照写阿拉伯语原词akhirat, qiyāmat, zāt,而译者对这些语法细节不作关注,说明译者刻意"照录",实际并没有完全理解语法关系,由此出现了特别的阿拉伯语词汇。翻译为汉语时,这些阿拉伯语词汇和前后词之间的语法关系不明,结果导致了整个句子意义含混。文中使用语气助词"啊""着""呢",连词"与""连"和介词"在""里边""打……上",使整个文本内容增添自身特点。从这几个方面看,阿拉伯语对经堂语气有明显的影响。

看来,对经堂语气的来源不可孤立去研究,因为它的形成是多方面的。那么,经堂语气是何时形成的? 一般学者认为是和经堂教育同时产生的,即16世纪[1]。这一看法有讨论的余地。今天研究经堂教育的有些学者认为胡登洲是经堂教育的倡兴者[2]和集大成者[3]。此看法无疑是正确的。众所周知,穆斯林的传统教育方式就是靠清真寺附设经

---

〔1〕杨克礼主编:《中国伊斯兰教百科全书》,四川辞书出版社,1994年,第263页。

〔2〕李兴华:《经堂教育与伊斯兰教在中国的学说化》,载西安伊斯兰文化研究会编:《伊斯兰文化研究》,宁夏人民出版社,1998年,第1-20页。

〔3〕丁宏:《东干文化研究》,中央民族大学出版社,1999年,第130页。

欧·亚·历·史·文·化·文·库·

堂延续的,中国的穆斯林也不例外。胡登洲以前已存在经堂教育[1]。如果经堂语气是经堂里用的语气(笔者不赞同这种说法),那么在胡登洲以前这种语气自然会存在,其产生的时间当在16世纪以前。笔者个人以为经堂语气是回回人所操元明清初白话,尤其是口语,且夹杂有原母语——波斯语和经学语言——阿拉伯语词汇,后来这种语气在经堂里保留较多,则冠之经堂语气。实际上这种语气在西北、华北穆斯林日常口语中仍使用。因此,经堂语气应产生于元末明初。这可以和前文的词汇、句法和语气得到印证。

此处又涉及一重要的问题,即经堂语气和小经产生的时间关系问题。这是一个比较难解的问题。因史料几乎阙载两者关系,但可知,正如笔者有文所论[2],小经的发轫是用阿拉伯字母体系拼写的一些汉字,作为一种较成熟的文字是明中后期,所以笔者以为经堂语气比小经出现的要早。有一可能的原因就是回回人失掉了前母语,但需要交流,尤其书面交流以及记账、记录讲经内容等,操汉语,而还没有完全掌握汉文,这样为小经的出现创造了社会环境。今天看到的所谓"七拐八绕"的汉语是通过经堂教育、穆斯林社会以及小经文献将回回人较早的口语保留下来,这些口语当然不是原来的样子,但历时的共时性还是有轨迹可寻的。

2.3 小结

经堂语气是一种独特的语言表达方式,原来学界长期认为是在教经堂中形成的,并对其做了相当有益的研究,对后来学者的进一步研究提供重要的路径,但这些研究显然存在一些不甚令人满意之处,为此笔者对此问题作一探讨。笔者个人的研究和结论认为经堂语气是元、明

[1]赛发生:《中国经堂教育的形成、发展及其特点》,载于《伊斯兰文化论丛》,1997年,第207-215页。

[2]《文明的本土化及其传承载体——中国阿拉伯字母体系汉语拼音"小经"文字历史演变考论》,载《南京大学学报(哲学·人文科学·社会科学版)》,2006年第3期,第57-65页。

白话与阿拉伯语、波斯语混杂后形成的一种表达方式,从中反映了当时语言发展的基本状况,也反映语言历时的共时性,而小经文献恰恰为研究者提供了绝佳的材料,由此发现语言的历史沉淀。所以笔者以为经堂语气就是元、明时代我国穆斯林所说的一种汉语白话,最初非经堂所使用的语言,但后来随着穆斯林本土化加深,这种表达习惯被边缘化,最后更多地保留在了讲经用语和经堂中,而在当时却是大众语言。

(此文原刊于《"第二次回族学国际学术研讨会"论文汇编》,宁夏人民出版社,2010年,第378-385页)

3 历史文献
——小经《纪事》初探

《纪事》这份资料最初被收录在白寿彝先生主编的《回民起义》第3册扉页,但可惜仅存影印片段,并非全文,原件由著名的阿訇庞士谦(1900—1958年)所藏。该文由庞士谦先生转录为汉文,收录于《回民起义》第3册第237-240页。转写的汉文内容要比扉页影印内容大约多出两倍,说明原文内容可能在四到五页之间。

3.1 小经《纪事》年代考

在《纪事》中并无确切的写作年代,但值得细究。

白寿彝先生在题记中说:“这篇记事,不知写成在甚么时候。”[1]但读庞士谦先生转写的内容发现,这篇《纪事》中存有其书写年代的线索,其文末记曰:

> 到了九年,京里派出左大人到陕西安抚回民别反了。回民都是善良之人,有家有业。左官保安抚了陕西,大家得了平安。有一位叫白彦虎,是六十四坊的头领,一切男女老幼都跟他到外国俄罗斯。到甘肃来的有七省兵马:四川、湖南、湖北、河南、山东、太原省(山西)、陕西。打伏十年才做买卖,做庄稼。[2]

这里有几个时间点需值得注意:

一是“九年”,应指同治十年(1870年)。查《清实录》同治八年(1869

[1]白寿彝编:《中国近代史资料丛刊》第4种《回民起义》(3),上海神州国光社,1952年,第238页。

[2]佚名:《纪事》,载于白寿彝主编:《中国近代史资料丛刊》第4种《回民起义》(3),第240页。

年)三月己卯,左宗棠的奏折中称:"董志原回匪经官军惩创。""沿途贼巢一律肃清。"[1]可知,1869年清军攻占了董志原,其意味着陕西回民起义基本被镇压下去了。在《平回志》中也称同治八年(1869年)三月基本平定了陕西回民起义,于是"纵横数百里有宁宇"。[2]这显然是夸大之辞。其实,还有一些回民起义军活动于清水(今张家川)、金积堡一带,直到同治十年(1871年)十一月"陕境肃清"。[3]《纪事》中记九年"大家得了平安"和当时正统史籍相差一年,这可能是由于民间纪年习惯造成的,或记录有误,但时间上颇为接近。

二是"十年",当指同治十年间(1861—1871年)的战争,而同治十年是清军攻占金积堡,处死马化龙和河州等地回民"求降"的时间[4],但甘肃回民起义完全被镇压下去是同治十二年(1873年)九月。从这一时间应推知,该小经文献的作者不应是甘肃西部的人,因西部战争不止十年。

三是白彦虎逃亡沙皇俄国的时间,经查为1877年。

由此可以判定,这篇小经《纪事》的写作时间不会早于1877年。

至于其作者及其背景,文字中虽未提及,但从小经《纪事》的口吻观之,作者当为甘肃人。从《纪事》小经写作的体系与风格来看,作者应接受过陕西派小经系统的教育。从记事地点来看,以陕西关中为中心,辐射甘肃,西安事尤详。从收藏者为庞士谦阿訇来看,不排除庞先生本人或其经师,或与之相关者为其作者的可能性。从庞先生比较熟练转写来看,他已掌握了陕西派小经书写风格,其求学经历也证明这一点。他曾游学于西北陕西派小经流行地,可为上述推测的参考佐证之一。总而言之,作者应是甘肃东部人,曾就学于西安一带,《纪事》由其辑录所见或所闻而成。由此看,这篇小经文献是对陕西回民起义的真实记录,

〔1〕《清穆宗实录》卷254,中华书局影印本,1986年,第11页。

〔2〕杨毓秀:《平回志》卷2,载于白寿彝主编:《中国近代史资料丛刊》第4种《回民起义》(3),第99页。

〔3〕杨毓秀:《平回志》卷2,载于白寿彝主编:《中国近代史资料丛刊》第4种《回民起义》(3),第105页。

〔4〕杨毓秀:《平回志》卷5,载于白寿彝主编:《中国近代史资料丛刊》第4种《回民起义》(3),第175页。

具有极高的史料价值。

3.2 小经《纪事》原文转写与
庞士谦先生汉字录文比对

现存小经《纪事》仅有19行,245个字和一个标题(意为《故事的故事》或《故事的纪事》)。小经原文以木笔[1]书写,文句内使用不少阿拉伯字、波斯等词汇,并有汉字。行文按陕西派小经系统的传统纪事,读解起来颇为费力。加之书写不规范,给辨认带来许多的困难。因此不少字无法转写,只能存疑。好在庞先生已将其内容转录成了汉文,为笔者按图索骥再次转写提供不少的方便。受输入条件限制,其小经内容只能以拉丁文转写的形式出现。以下是笔者对这段小经《纪事》内容逐字逐句的转写,并将有关阿拉伯语、波斯语和小经词汇简释及相关内容附后,以便查阅。

3.2.1 转写

Qissi Khikayat[2]

故事的故事(纪事)

(1)Shaan(g) maqrib Tun(Tong) Zhiy 元 sāl siy Jiyaan(jia) zi sāl du hashit māh

(2)Yin wiy shaa kār ham kāfir yi huo shan(g) ghaan du sin(sheng) mū`min bu liyao

(3)ham kāfirūn san(suan) liyao sih sad kāfirūn naa(da?) yak mū'min taa mun dil jiyan liyao yi

(4)kāfirūn taan luwaan jam'a kasī dīd mū`min na chuu qatl liyao bao amir

(5)Zhaang, bu ghuwaan 二月 taan luwaan qatl mū'min zhi zi rasīd j(ch)ahār māh

---

〔1〕木笔:穆斯林一般称"盖兰",即 Ghalam,阿拉伯语。

〔2〕小经是按原来书写使用的字母,转写成拉丁字母,并非实际读音。

（6）Tun(tong) zhuo(zhou) fuu, mālik zamīn, yu dah sih ghe jamāʾat nakhust shio t(gh)aan (?) yu

（7）dah sih khāna jamāʾat mūʾmin ibtidaʾī liyao dast, qātl ham kāfirūn

（8）Hatta wiy naan h(x)iyaan lin tun(tong) h(x)iyaan ghao lin(g) h(x)-iyaan sih 元 h(x)iyaan

（9）Kitāb Khurshīd h(x)iyaa(n) Allāh taʾali yar(ī) dīn minīg lin(g) pin (bing) yuwaan shuwiy

（10）Ulamāʾy hasht sad rād dar āz(az) mashrighi zhi tun(tong) amir

（11）Maghrib zhi bād shiyang fuu, naan zhi naan kūh shimāl zhi shimāl kūh

（12）Maghrib ghaan fuu balad naan balad maghrib yu(you) shishum dah j(ch)ahār jamāʾat masjid

（13）Panj māh dah j(ch)ahār rūz(ruz) shab ham kāfirūn ghe(ge) khāna qatl ghe(ge) khāna

（14）Ham mūʾmin na yu(you) di naan, yi guft zard balad ghin(g) (gen) hiyaa(xia) ham mūʾmin muqatūl

（15）Khao kao(?) shaang tao bīrūn kasījamaʾ liyao yu(you) sih hazār mard yu(you) yak mard

（16）Nām khānd shen(g)(sun) yi bao lin(g) bīrūn kūh n(b)arānd(?) khaa yu(you) li mu(o) yuo liy (lai) mūˋmin

（17）Bar s(h)ahīd kāfir khuwiy(hui) khuwiy(hui) shaan(shaa) waan li-yao khaa yu(you) taa guft khuwiy(hui) khuwiy(hui)

（18）Bārān ghuu? shimāl wiy(wei) balad waan khuwiy(hui) khuwiy (hui) zhaan(zhaa) daa yin(g) b(p)aan khuwiy(hui) khuwiy(hui) bisyār

3.2.2　简释

　　现将小经《纪事》波斯语、阿拉伯语和部分的小经词汇按出现先后为序罗列,可发现其特点。

波斯语词汇：

（1）sāl 年。（2）dū 二。（3）hast 八。（4）māh 月。（5）kār 干。（6）ham 全部。（7）sih 三。（8）sad 百。（9）yak 一。（10）sil 心。（11）kasī 人。（12）dīd 看见（过去分词）。（13）zamīn 大地，土地。（14）rasīd 到达（过去分词）。（15）j（ch）ahār 四。（16）dah sih（sizdah）十三。（17）nahust 首先，第一。（18）khāna 房屋。（19）ibtida' 最初（波）。（20）hatta 至于，甚至。（21）dast 手。（22）khurshīd 太阳。（23）hasht sad 八百。（24）rād 宽。（25）dar 在……（26）āz（az）从。（27）yar（ī）朋友（帮助）。（28）bād 风。（29）kūh 山。（30）balad 城，城堡。（31）shashum 第六。（32）dah j（ch）ahār（chahārdah）十四。（33）panj 五。（34）ruz 日，天。（35）shab 夜，夜晚。（36）na 无，没有？（37）guft 说（过去词干）（38）zard 黄，黄色。（39）bīrūn 外，外面。（40）hazar 千。（41）mard 男人，好汉。（42）nam 名，姓名。（43）khand 读（过去词干）。（44）n（b）arānd（?）朝……到?（45）bar 在……之上。（46）bārān 雨。（47）bisyār 非常，很多。

阿拉伯语词汇：

（1）khikayat 故事。（2）qissi 故事。（3）maghrib 西，西面。（4）mu'min 穆民。（5）kāfirūn（复数）异教徒，信仰伊斯兰教者，信徒。单数 kāfir。（6）jama'ah 集合，汇集。（7）qatl 杀。（8）amir 指挥，将领（异密）、大臣等。（9）jama'at 聚礼，寺坊。（10）mālik 拥有者，统治者，主人。（11）kitāb 书，经，《古兰经》。（12）Allāh 安拉，真主。（13）ta'a li 最高的。（14）dīn 宗教。（15）kashrigh 东，东方。（16）masjid 清真寺，寺院。（17）shimāl 北，北方。（18）muqutl 被杀。（19）shahid 殉教者，烈士。

小经词汇：

（1）狭（小）事。（2）卡非尔。（3）一伙。即一群。（4）穆民，信仰伊斯兰教者。（5）算，谋算，算计。（6）官长。上司，官吏。（7）不管，不理会。（8）坊。穆斯林以清真寺为中心形成的社区（9）动（?）手。行动。（10）干，做，行动。（11）初（出）了手，行动。本篇小经指"起义"。（12）学者。本义指著名学者，此篇指阿訇。（13）无有，没有。（14）难。灾难。

小经拼写具有非常明显的如下自身特点：

（1）陕西派小经习惯上用阿拉伯文/波斯文词汇的汉意表示相应汉语的同义词，类似"写白字"。如：文中记"潼关"为 tun（Tong）amir。amir 本意指挥，后指将领、大臣等。汉文历史文献译为"异密"。我国内地穆斯林通常译为"官长"，简约为"官"，以"官"代"关"。将十三坊的"坊"记为波斯语 khāna，即"房屋"的"房"。"凤翔"记为 bād shiyang（xiang）。bād 为波斯语，意为"风"。陕西派小经习用汉义同音字表达法，但不完全顾其本意如何。上文的"官"和"关"；"房"和"坊"；"风"与"凤"同音异义。所以将"潼关"记为"潼官"；"十三坊"记为"十三房"；"凤翔"记为"风翔"。陕西派小经习惯上有时以阿拉伯文/波斯文词汇的同义词取代汉语词，即此派在写小经时有时采用意译法。如："三元（原）"为 sih 元，波斯字 sih 意为"三"。"北山"记为 shimāl kūh，阿拉伯文 shimāl 意为"北"，波斯字 kūh 意为"山"，合而意为"北山"。

（2）此派小经在记十位以上数字时，习惯上将两个数词相加使用，如将"十三"书为波斯字 dah sih 即"103"。所有数字相加即为得数，而不用正确的波斯语 sizdah。这种记数方法今甘肃张家川县一带在回族老年人中仍在使用。

（3）在语法上，有时为纯汉语表达式。有时直接采用阿拉伯语或波斯语的混合表达法，并夹杂有小经，如：Allāh ta'ali yar dīn minīg（第九行）（崇高的安拉是教门）。Allāh ta'ali 是阿拉伯文，意为"最高的安拉（真主）"。波斯字 yar，意为"朋友"，按，原文"r"后缺"i"，应为"yarī"，意为"帮助"，才合原意。阿拉伯（波斯）文 dīn，意"宗教"。

3.2.3　比对

笔者在拉丁转写的基础之上，与庞士谦先生的录写进行比较。

原文对应汉字新录写如下：

陕西同治元年是甲子年二（个）八月，因为狭（小）事，全部卡非尔一伙（？）陕甘两省穆民不料全部（被）算了。三百卡非尔拿一个穆民。他们心（兴）建了一卡非尔团练，集合人们，见穆民拿住杀了，报官长，不

41

管。二月团练杀穆民直至到四月。同州府有地方,有十三个坊先手干(了)。与十三房(坊)寺坊穆民初(出)了手,杀全部(波)卡非尔,直到渭南县、临潼县、高陵县、三元县、经(泾)(阳)县。至高真主帮助宗教。领兵元帅(是)学者。八百(里)宽(秦川),从东至潼官(关)西至风(凤)翔府,南至南山[1],北至北山[2],西安府城南城西有(第)六十四寺坊清真寺。五月十四日晚,全部卡非尔各房(坊)杀(了),各房(坊)全部穆民无有的难。一(?)说黄(隍)城根下,全部穆民被杀。火口(?)上逃外边,人们集合了,有三千人。有一名读(叫)孙义宝领外边山朝到(上?)。还有哩,没有来。穆民在殉教卡非尔(上)。回回散(杀)完了。还有,他说回回雨(于)北渭城湾回回占(扎)大营盘非常……

庞士谦转写文如:

> 同治元年甲子闰八月因为细故,陕甘两省回民不料被汉人计算了,三百汉人打了一个回民。他们立了一个团练,招兵聚将,见回民就杀了,杀了报官。由二月,汉人团练就开始杀害回民,直到四月。同州府境内由十三各清真寺,这十三方被迫一齐动手来自卫,与渭南、临潼、高陵、三元、泾阳之汉人战。安拉襄助教门,领兵元帅都是阿衡,战争蔓延到八百里秦川,东至潼关,西至凤翔,南至南山,北至北山。西安城南城西共有六十四方。五月十四日夜间,汉人动了手,城附近的回民无辜被杀。所逃出的人,共有三千。一人名孙义宝,领了出来。其余的回回杀完了。在渭河北魏城湾,回回扎了大营盘……

显然,庞文已被润色,语句练达通顺,和原文表达形式产生了一定的距离。从庞文中几乎看不到小经文献所具有的独特的感情色彩和表达习惯。此处不妨做比对:庞文将小经原文 kāfirūn 译为"汉人"。kāfirūn 本意为"不信宗教的人们"。本篇中指不信仰伊斯兰教的人们,

---

[1]渭河南岸山区,即终南山。
[2]北山在三元县境内。《平回志》卷2载:同治六年(1868年)九月至十月"捻贼在三原(元)富平间者,被官四军面截击窜入北山"。见白寿彝主编:《中国近代史资料丛刊》第4种《回民起义》(3),第82页。

具有浓厚的对比色彩。庞文将 Mū`min 译为"回民",原文指信仰伊斯兰教的人,即穆民,增强了信仰认同感。庞文将 Mū`min Bar s(h)ahīd kāfir 译为"其余回回杀完了"。原文却是"穆民在殉教卡非尔(上)",即穆民同异教徒作战中成为殉教者。显然,穆民的死去,具有了特殊的等级,隐含的意思就是他们是为正义而战死的。庞文中看不出这层含义。庞文将原文"报官长,不管",转译为"报官"。原文表达的是一种无奈的心情,在庞文中体验不到。在表达习惯中,也有自身的特点,常将阿拉伯、波斯字和小经混用。这在后文简释中将作说明。

3.3　小经《纪事》与汉文史料比对

3.3.1　起义事因和时间

《纪事》称因琐事,300个汉人拿(打)了一回民,后来又建了团练,杀害回民。由此,同州府(今大荔县)在四月起事,事因是汉人杀回民。西安于五月十四日起事。《纪事》甚简,几乎看不出起事的具体原因。但汉籍和后来马长寿先生调查说明,起事的原因是具体的。同治元年(1862年)四月捻军在陕西一带活动[1],清政府担心当地回民和捻军联合,上谕称:"至陕省西、同两府属回匪人众性悍,历年械斗抗官之案不一而足,诚恐该回民乘机蠢动,托明阿等饬领地方官严密防范,并令安分良回向该回众妥为开导,助兵剿贼,庶不至勾通粤逆。"[2]并令瑛棨、张芾"务饬各属官绅整齐团练,释其私怨,自相保卫,并责成哈连升设法将该回民激励,俾为我用"。[3]导致起事的真正根源是政治上的压迫,并将回民视为异类,加以提防,一旦反抗便采取高压政策。但清政府自相矛盾又说:"汉回皆朝廷赤子,断不可因系回民,心存歧视,又蹈滇南覆

---

[1]曾毓瑜:《征西记略》卷1,载于白寿彝主编:《中国近代史资料丛刊》第4种《回民起义》(3),第23页。

[2]《清穆宗实录》卷26,中华书局影印本,1986年,第49-50页。

[3]《清穆宗实录》卷27,第33-34页。

辙。""朝廷毫无成见,但问是非,不问回汉。"〔1〕但实际操作中,常是非曲直不分。这些是非曲直起初大都是一些细小的问题,可最终竟酿成事端。同州府起事为砍竹事。《平回志》卷一称捻军西侵,各地团练望风解散,其中有一些回民亦在解散之列,"行至华州之小张村,回数十人斫民竹为军械。村民哄逐之,毙其二人"。〔2〕这和马长寿先生的调查相合,称"起义先发动于同州。回民因逃荒砍了汉人的竹竿,汉人杀了回民的老幼,壮年才跑到渭南。渭南起事于同治元年五月十二,到五月十七才反及于西安"。〔3〕还有争地〔4〕、辱回〔5〕等事为导火索。西安起事的时间是"五月二十七日。五月十三日汉团就有磨刀会,声言要洗回回"。〔6〕这和小经《纪事》相差十三日,但五月十三风传是回民"动手"的直接原因。临潼县起义也是细事。《临潼纪事》称:"陕西临潼县回汉素不相能。回庄报赛演戏,汉民往看。及汉庄演剧,预贴告条,不准回民往看,回民不往观。有稚回担负果实售卖,为汉民攒殴,受伤甚重。群回不服,赴县申诉,县令倪印垣不管。控至第三次,反加扑责。"〔7〕小经《纪事》中也称"见穆民拿住杀了,报官长,不管"。虽非同一事,但回汉辞讼不公是显而易见的。张集馨感慨称:"余闻此事,颇猛浪。向来地方官,偏袒汉民,凡争讼斗殴,无论曲直,皆抑压回民。汉民复恃众欺凌。"〔8〕这次殴斗的结果是"回民杀汉民十三人,汉民杀回民六人。杀伤不能相当。汉民又于大道,截杀蓝田回民三人"。〔9〕渭南县起事因"是有回民

---

〔1〕《清穆宗实录》卷30,第34—35页。

〔2〕杨毓秀:《平回志》卷1,载于白寿彝主编《中国近代史资料丛刊》第4种《回民起义》(3),第60页。

〔3〕马长寿主编:《同治年间陕西回民起义历史调查记录》,载《陕西文史资料》第26辑,陕西人民出版社,1993年,第165页。

〔4〕马长寿主编:《同治年间陕西回民起义历史调查记录》,第102—103页。

〔5〕马长寿主编:《同治年间陕西回民起义历史调查记录》,第102页。

〔6〕马长寿主编:《同治年间陕西回民起义历史调查记录》,第164页。

〔7〕张集馨:《临潼纪事》,载白寿彝主编《中国近代史资料丛刊》第4种《回民起义》(3),第17页。

〔8〕张集馨:《临潼纪事》,第17页。

〔9〕张集馨:《临潼纪事》,第17页。

的羊吃了汉人的麦田开始的"。[1]羊田之争,在道光时业已存在[2]。起义的起因均为细小问题,但官吏解决这些细小问题时并没有按"但问是非,不问回汉"的原则行事,也没有估计到其严重后果。清政府也承认:"陕西西安、同州两府属汉回匪民平日积有嫌隙,往往寻衅互斗,地方有司办理不善,存心姑息,诸事宽纵,遇有滋事回民延阁不办,又或意存欺视,因系互民一切从严,不辨是非曲直,以致汉回民心均怀不服,私图报复,日肆凶顽。"[3]并强调"国家抚育黎元,汉、回均系赤子,一视同仁,从未尝稍存歧异"。[4]但效果甚微。

3.3.2 陕西回民起义领导人

小经《纪事》未提及同州回民起义的领导人。小经《纪事》又说:"领兵元帅(是)学者。"在《平回志》中说同州回民起义领导人为郝明堂等人,称:"其回目之悍勇者,郝明堂、任老五、马世贤、洪兴、马龙、马四元、乜代荣、乜代恩、邸元魁、大瓜蛋、哈哈娃。首祸者,则郝明堂、任老五也。"又说:"两人者,咸丰七八年间,尝倡乱云南未果,逐逃仓渡,潜于礼拜寺造军械旗帜,谋不轨,各巢回皆听命焉。"[5]马长寿先生也认为是郝阿訇(明堂)。并说:"郝阿訇的威信很高,对穷人照顾周到,很得回众的拥护。"[6]庞文后段中提到郝明堂,说:"有一阿衡名叫郝明堂,回回人把他救出来,这阿衡有学问有道德。"[7]后郝明堂转战甘肃固原(今宁夏)、金积堡和庆阳,与官军战[8]。后归降清军,又叛[9]。笔者在这里愿意提

---

[1]马长寿主编:《同治年间陕西回民起义历史调查记录》,第36页。

[2]马长寿主编:《同治年间陕西回民起义历史调查记录》,第59页。

[3]《清穆宗实录》卷30,第45页。

[4]《清穆宗实录》卷30,第45-46页。

[5]《平回志》卷1,载于白寿彝主编:《中国近代史资料丛刊》第4种《回民起义》(3),第60页。

[6]马长寿主编:《同治年间陕西回民起义历史调查记录》,载《陕西文史资料》第26辑,第123页。

[7]佚名:《纪事》,载于白寿彝主编:《中国近代史资料丛刊》第4种《回民起义》(3),第240页。

[8]邱树森主编:《中国回族大词典》,江苏古籍出版社,1992年,第292页。

[9]同治三年七月记:"初,陕回郝明堂为雷正绾招降,安置黑城子。近复招聚回众至八九千人。雷营叛将胡大贵等,勾结郝明堂及穆三、杨大娃子,各拥马贼千余,由镇原、宁州、崇信三路图陕疆。"(《平回志》卷1,载于白寿彝主编:《中国近代史资料丛刊》第4种《回民起义》(3),第75页。)

出,应当考虑小经《纪事》未提及名字,但称"领兵元帅(是)学者"的同州回民起义的领导人是这位郝明堂的可能性问题。

西安起义的领导人为孙玉宝(庞文为孙义宝)。"孙义保(孙玉宝)在固原僭称大汉正西王,伪封节度、总制、元帅等官。"[1]调查也称:"回军的首领是孙玉宝,自号'大汉镇西王',系长安城南屠户出身。"[2]曾和郝明堂联合打击清军。后孙玉宝战死,余众共推禹得彦为首领[3]。禹也是同治元年回民起义首领之一。白彦虎也是陕西回民起义的主要领导人。曾转战于陕西、甘肃、青海和新疆,光绪三年(1877年)十一月逃到沙俄[4]。实际上陕西回民领导人较多,还有余彦禄、马生彦、毕大才、杨文治、陈林、崔伟、马正和等人,但看来没有最高领导[5]。

3.3.3 陕西回民起义波及地区和失败的时间

小经《纪事》说:"他们心(兴)建了一卡非尔团练,集合人们。"这里当指张芾办团练事。这和汉籍记录是一致的,史载:"及闻回变,省中文武大臣惊惶不知所措。(同治元年)五月派员劝导回汉息争。渭河南北,团练大臣张芾等任之。"[6]最初起义波及地,小经《纪事》提到:"有十三房(坊)寺坊穆民初(出)了手,杀全部卡非尔,直到渭南县、临潼县、高陵县、三元(原)县、经(泾)(阳)县。"史籍载:同治元年五月"回攻同州,知府朱元庆等守九昼夜。回连陷渭南、高陵、华州、华阴,围西安"。七月"回遂围泾阳,犯三原,攻咸阳,扑凤翔"。[7]后延及"八百(里)宽(秦川),从东至潼官(关)西至凤(凤)翔府,南至南山,北至北山"。[8]实际陕西回民起义军遍及陕西全境,而且蔓延到甘肃平凉、清水(今张家川

---

〔1〕《平回志》卷1,载于白寿彝主编:《中国近代史资料丛刊》第4种《回民起义》(3),第119页。

〔2〕马长寿主编:《同治年间陕西回民起义历史调查记录》,载《陕西文史资料》第26辑,第123页。

〔3〕《平回志》卷2,载于白寿彝主编:《中国近代史资料丛刊》第4种《回民起义》(3),第87页。

〔4〕《征西纪略》,载于白寿彝主编:《中国近代史资料丛刊》第4种《回民起义》(3),第48页。

〔5〕邱树森主编:《中国回族史》(下),宁夏人民出版社1996年,第596页。

〔6〕《征西纪略》,载于白寿彝主编:《中国近代史资料丛刊》第4种《回民起义》(3),第24页。

〔7〕《征西纪略》,载于白寿彝主编:《中国近代史资料丛刊》第4种《回民起义》(3),第24页。

〔8〕佚名:《纪事》,载于白寿彝主编:《中国近代史资料丛刊》第4种《回民起义》(3),第239页。

县）、灵州（今宁夏灵武县），并在董志原建十八大营[1]。余部扩及甘肃西部、青海和新疆。人数最多时，达几十万人[2]。在清政府的不断镇压下，1869年平定陕西，陕甘交界还有不少的起义军在活动，直到1871年，清军占领了金积堡。声势浩大的陕西回民宣告失败。清政府将"求抚"人员安置在甘肃平凉、泾源一带。所以《纪事》说："到了九年（1871年，时间显然有误），京里派出左（宗棠）大人到陕西安抚回民别反了。回民都是善良之人，有家有业。左宫保安抚了陕西，大家得平安。""打仗十年才做买卖，做庄稼。"[3]

3.4　小结

留存今天的小经史料，少之又少。因此，能阅读到记述历史的小经资料尤显珍贵，而小经《纪事》提供了另一层面特别的资料。这其中反映了记述者浓重的情感色彩，它们和正统史籍比照，具有不同的特点。在清代史料中，将起义的回民一律指为"回匪""回贼"，但小经文献中称"穆民"，而将汉民称"卡非尔"，说明了一种对立情绪。由此，他们用手中的笔表达着自己的情感与思想。这在汉文正统历史资料中是绝难看到的。对比历史资料，会发现许多有趣的现象。同一事件，不同资料具有迥然不同的看法，仅参阅汉文史料，无法了解当时起义回民的复杂心态，但阅读小经资料后就会发现回民作为弱势群体对无辜被杀的恐惧和无奈之中的反抗。所以，回民和其他民族一样不是生来好斗和有"反骨"，但面对压迫的时候，他们愤然举起义旗。这表面上看来是民族与民族之间的冲突，实际是被统治者与统治者之间的利益冲突。

研究近代史、回族史不仅要阅读汉文史籍，而且还要挖掘像小经《纪事》这样的珍贵资料，但五十多年过去了，学者对此种资料并没有引起足够的重视。这是一件憾事。笔者企图对这些资料做一研究，但毕

---

[1]《平回志》卷2，载于白寿彝主编《中国近代史资料丛刊回民起义》(3)，第97页。

[2]《平回志》卷2，载于白寿彝主编：《中国近代史资料丛刊》第4种《回民起义》(3)，第88页。

[3]佚名：《纪事》，载于白寿彝主编《中国近代史资料丛刊》第4种《回民起义》(3)，第240页。

竟学力有限,只做初步探索,起到抛砖引玉的作用,望方家以后在这一领域有更多的作为。

（此文原刊于《西北民族论丛》(第 4 辑),中国社会科学出版社,2007 年,第 199-213 页）

4 文明的本土化及其传承载体

——汉语拼音字母"小经"文字历史演变考论

"小经"文字是我国回族等信仰伊斯兰教的民族创造和使用的一种拼音文字,采用阿拉伯字母体系,且字母本身不标识元音,而以元音符号来表示;流传于西北和华北等地,使用群体主要为偏僻农村的回族、撒拉族、东乡族等民众和未完全掌握汉文的穆斯林宗教人士,使用人数实难确定。

早在 20 世纪 50 年代,学术界已经开始关注和研究"小经"文字。1952 年白寿彝先生在小经《纪事》译文按语中称:"小儿锦是我国回教教师用阿拉伯字母拼写的一种文字,基本上是汉语底拼写,并包含着阿拉伯语、伊朗语底词汇,有时也夹杂地写上一两个汉字。"[1]这一描述是相当准确的。但是关于"小经"文字的专门学术研究到 20 世纪 80 年代才开始。1982 年冯增烈先生发表的《"小儿锦"初探——介绍一种阿拉伯字母的汉语拼音文字》是代表性的文章[2]。该文以实证方法探讨了"小经"文字有关问题,有较高的参考价值,但对"小经"文字的拼写、语言本身以及所存材料未做深入研究。1992 年东乡族学者陈元龙发表《回族"消经"文字体系研究》一文[3],探讨了"小经"文字字母、符号体系及其拼写存在的问题,并对实物材料进行了研究。1993 年陈先生又发表《东乡族的"消经"文字》一文[4],探讨了"小经"文字在东乡族中的使用状

---

[1]白寿彝:《回民起义》,第 3 册,神州国光社,1952 年,第 238 页。

[2]冯增烈:《"小儿锦"初探——介绍一种阿拉伯字母的汉语拼音文字》,载《阿拉伯世界》,1982 年第 1 期,第 25-32 页。

[3]陈元龙:《回族"消经"文字体系研究》,载《民族语文》,1992 年第 1 期,第 25-32 页。

[4]陈元龙:《东乡族的"消经"文字》,载《甘肃文史资料选辑》,第 50 辑,甘肃人民出版社,1999 年,第 87-90 页。

况。同年陈先生还发表了《"消经"文字与汉语拼音比较》一文[1]，该文的价值在于以"小经"文字和汉语拼音进行对比研究。1999年陈元龙再次发表了《东乡族的"消经"文字》[2]，认为东乡族"消经"文字的产生受到了回族"小经"文字的影响。2001年刘迎胜师发表了《关于我国部分穆斯林民族中通行的"小经"文字的几个问题》[3]和《从回回字到"小经"文字》[4]。前一篇文章重点讨论了"小经"文字的名称、意义、前人研究、"小经"文字读物、"小经"文字工具书等；后一篇文章主要讨论了来华穆斯林语言文字的变化传承过程。

国外研究"小经"文字的主要机构是东京外国语大学。该大学专门成立了"小经"课题研究小组，主持人为町田和彦，组成人员包括东京大学研究生院博士生黑岩高、日本学术振兴会特别研究员安藤润一郎、东京外国语大学讲师菅原纯。黑岩高、安藤润一郎曾到北京、甘肃、青海等地从事"小经"调查[5]。但他们的研究似乎只停留在"小经"文献收集和介绍阶段，尚未深入文本本身。

20多年来国内外学者对"小经"文字研究虽取得了不少的成绩，但也存在明显的不足。除少数学者如冯增烈先生、陈元龙先生、刘迎胜师的论文具有较高的学术价值外，绝大多数研究仍停留在对"小经"文字的介绍上。就是那些有较高学术价值的研究对"小经"文字出现时代的问题虽有讨论，但实证材料略显牵强，而且其研究也未将"小经"文字纳入更广阔的穆斯林语言文字演变史角度加以考察；对"小经"文字与文

---

〔1〕陈元龙：《"消经"文字与汉语拼音比较》，载许寿椿：《文字比较研究——电脑化时代的新观察》，中央民族大学出版社，1993年。

〔2〕陈元龙：《东乡族的"消经"文字》，载《甘肃文史资料选辑》第50辑，甘肃人民出版社，1999年，第87-90页。

〔3〕刘迎胜：《关于我国部分穆斯林民族中通行的"小经"文字的几个问题》，载《回族研究》，2001年第4期，第20-26页。

〔4〕刘迎胜：《从回回字到"小经"文字》，载《元史及民族史研究集刊》，第14辑，南方出版社，2001年，第153-165页。

〔5〕参见《2001年度出張报告小児锦について的基的知识と今後の展望》，www. aa. tu fs. ac. jp /～kmach / xiaoerjin / repFY01 / index.htm-21k，2003年2月，南京大学历史系2000级博士研究生郭万平先生翻译，特此致谢。

明的本土化及其传承的关系问题,未做深入的探讨。

　　针对上述问题,笔者试图从"小经"文字产生的历史背景、出现时代以及"小经"文字对文明传承的价值等三个方面加以考察。笔者认为,一种具有广泛民众性的文字的出现,需要经历一个相当漫长的历史时期,"小经"文字也是如此,因此有必要从来华穆斯林不同时期所使用的语言文字及其演变来考察和分析"小经"文字出现的历史背景。因唐至明穆斯林使用的是阿拉伯字母体系的文字,所以"小经"文字采用该体系是顺理成章的;而元末明初移居到中国的穆斯林处于文化切换时期,这为"小经"文字的出现造就了历史环境。因此本文提出"小经"文字出现的时间是元末明初。考证该文字的出现问题并不是撰写此文的目的,真正意图是通过研究穆斯林所使用文字的演变史来说明西来文明的本土化以及"小经"文字作为文明载体所体现的价值和意义。

4.1 "小经"文字产生的历史背景考察

　　"小经"文字的出现和穆斯林历史上所使用文字有直接的联系,而来华穆斯林语言文字的产生大致可以分为两个阶段。

　　第一个阶段是唐宋来华穆斯林的阿拉伯语时期。学术界一般认为唐永徽二年(651)大食国遣使来华是穆斯林阿拉伯人到达中国的开始,后往来不断[1]。作为客居长安的胡人之一,大食和其他外族一样要"各服其服,无得效华人"。[2]当时长安的大食人多自陆路入华,但其究竟是阿拉伯人,还是阿拉伯统治的其他民族,尚不得而知。其他地区亦有大食人活动,如史载扬州亦有胡商大食。[3]当时的大食人应操阿拉伯语。1980年在扬州唐墓中出土的一件灰青釉绿彩背水壶上即有一组阿

---

　　[1]白寿彝:《中国伊斯兰史存稿》,宁夏人民出版社,1983年,第93页。

　　[2]〔宋〕司马光:《资治通鉴·唐纪四十一》,卷15,中华书局,1996年,第7265页。

　　[3]《旧唐书·邓景山传》记曰:田神功"至扬州,大掠居人资产,鞭笞发掘略尽,商胡大食、波斯等商旅死者数千人"。中华书局,1975年,第3313页。

拉伯文字[1]。不过这一时期侨居此地的波斯胡商的语言状况还有待进一步研究。

侨居中土的大食人与中国人交往时会学习使用汉语,但他们并未完全华化,阿拉伯语仍是其族内的交际语。《中国印度见闻录》称广州大食商人云集,这些人依据《古兰经》和伊斯兰教法事,且由一位穆斯林来管理。[2]由此可知,当时大部分入华大食人仍使用阿拉伯语(文),保持着自己的宗教信仰。而唐朝因之采取了"各依本俗法"[3]的开放开明政策,使得其语言、文化得到充分的保持和保留。由于阿拉伯语(文)在大食帝国内占据统治地位,遂成入唐穆斯林移民最重要的通行语言文字。

以现存文献观之,宋代不但对大食人的记载增多,且多处提及阿拉伯语词汇。《诸番志》称:吉慈尼国有礼拜堂,举行"厨(或作除)幰"[4]。"厨幰"即为阿拉伯文"Juma'ah"的音译,今多译为"主麻",即穆斯林星期五的聚礼。又如《宋会要辑稿·蛮夷四》称大食首领为"阿弥"[5]。"阿弥",唐代音译为"暾密",今译为"埃米尔",其原字乃阿拉伯语"amīr",意为亲王、大臣。从称号来看,当指"Amir al-Mūm'in",为黑衣大食的最高统治者。《宋史·大食传》称,大食国王为"诃黎佛"[6],即今所译之哈里发(Khalifa),意为继承人。

虽然仅凭这些词汇不能断言宋代来华穆斯林的语言,但存留至今的宋代伊斯兰教石刻却是很好的证明。这些石刻主要集中于当时海外贸易最为繁盛的港口城市泉州。《泉州伊斯兰教石刻》收录的碑文中主

〔1〕参见朱江《伊斯兰教文化东渐扬州始末》,甘肃民族研究所编:《伊斯兰教在中国》,宁夏人民出版社,1982年。笔者为了证实这点,于2004年3月4日到扬州实地考察,在普哈丁园陈列室看到了实物图片。虽字迹漫漶,但可以确定是阿拉伯文。

〔2〕穆根来、汶江、黄倬汉译《中国印度闻见录》:"中国长官委任一个穆斯林,授权他解决这个地区各穆斯林之间的纠纷;这是照中国君主的特殊旨意办的。每逢节日,总是他带领全体穆斯林做祷告,宣讲教义,并为穆斯林的苏丹祈祷。此人行使职权,做出的一切判决,并未引起伊拉克商人的任何异议。因为他的判决是合乎正义的,是合乎尊严无上的真主的经典的,是符合伊斯兰法度的。"中华书局,2001年,第7页。

〔3〕〔唐〕长孙无忌:《唐律疏议》卷6,刘俊文点校,法律出版社,1998年,第144页。

〔4〕〔宋〕赵汝适:《诸番志校释》合刊本卷上,中华书局,2000年,第112页。

〔5〕〔清〕徐松辑:《宋会要辑稿·蕃夷四》,中华书局,1957年,第7714页。

〔6〕〔元〕脱脱:《宋史·外国六·大食》,中华书局,1977年,第14118页。

要为阿拉伯文。[1]这些碑文反映了当时阿拉伯文在入华胡商中的使用状况,说明阿拉伯语(文)在宋代仍是入华穆斯林移民的主要书面语言。

第二个阶段是元明回回人的波斯语时期。关于元代波斯语的使用,学者已有详论。[2]总之,随着蒙古人的西征和波斯、中亚等地穆斯林人口大批入华,元代社会的民族构成与分布呈现出复杂的局面,入华穆斯林的内部需要以及与不同民族的交流,使得族际交际语的生成成为可能,为波斯语成为元代汉地穆斯林间通行的族际语言创造了有利条件。除了文献记载,考古资料也证明波斯语有广泛的影响。[3]需指出的是,阿拉伯语在入华穆斯林社会生活中的主导地位被打破后,在华穆斯林的阿拉伯语时代随之结束,但并不等于阿拉伯语在华的消失,阿拉伯语没有完全退出中国穆斯林的精神生活[4],而仅是在日常生活中退居于次要地位,但在宗教生活中仍起主导作用。

明初至明中期,波斯语在回回人的日常生活和国家对外交流中仍占重要地位。兹作简要讨论。

首先,值得一提的是回回馆之设。回回馆是明四夷馆所属八馆(后改为十馆)之一馆,它既是明政府中负责翻译西北周边诸番贡表的机构,也是一所官办波斯语学校。波斯语在明初政治生活,尤其在对外交流方面具有重要作用。[5]

其次,波斯语在回回医方中有许多使用。成书于明初的《回回药方》残卷中保留了许多波斯语。例如卷12"众风门"中一则医治"诸风脑

〔1〕泉州海外交通史博物馆:《泉州伊斯兰教石刻》,宁夏人民出版社、福建人民出版社,1984年,第57页。

〔2〕刘迎胜:《"小经"文字产生的背景——关于"回族汉语"》,载《西北民族研究》,2003年第3期。

〔3〕〔俄〕科兹洛夫《蒙古、安多和故城哈拉浩特》称:"在这里(黑城)找到了几片波斯文手稿。"陈柄应译:《西夏文物研究》,宁夏人民出版社,1985年,第485—508页。

〔4〕刘迎胜:《〈回回馆杂字〉与〈回回馆译语〉研究序》,载《元史及民族史研究集刊》,第15辑,南方出版社,2002年,第208—225页。

〔5〕盖耶速丁·纳哈昔撰,何高济译《海屯行记鄂多立克东游录沙哈鲁遣使中国记》(合刊本)称:判官穆拉纳·哈吉·玉素甫担当波斯语翻译。这个人懂得"阿拉伯语、波斯语、突厥语、蒙古语和汉语。翻译时用汉语上奏,然后翻译成波斯语"。中华书局,2002年,第126页。

病半身不遂"等症的方子中有"马准西里撒(ma'jūn-ishīlthā)",即西里撒糖浆,内有一味草药名"可剌夫子",其后注波斯文"kamkarafsh"[1],意为"少许芹菜"。[2]所以宋岘先生说:"《回回药方》字里行间充满了波斯文化之痕迹……这表明,《回回药方》的编撰者中有波斯人。"[3]

第三,波斯语也见于明代回回天文历法。明洪武十五年(1382)召钦天台郎海达儿、阿答兀丁、回回大师马沙亦黑、马哈麻等人翻译天文阴阳历象书籍。[4]从明钦天监官员贝琳所修的《七政推步》[5]看,月份和七曜日均有波斯文音译,[6]可知波斯语在明代回回天文历法中广为使用。

第四,波斯语使用于经堂教育。明代穆斯林民间经堂教育中使用波斯语,这种教育从元明时期一直持续到今天。明末清初回族学者常志美借用波斯语撰写过世界上最早的以波斯语、"小经"文字解释的波斯语法书 Minhāj al-talab,[7]意为《寻者之路》,为回族学者所悉知。穆斯林民间经堂教育使用的波斯语经典有《古勒塞托呢》《米而撒特》[8]等。

第五,波斯语在穆斯林社会生活中的使用。明代还有相当一部分回回人在社会生活中仍使用波斯语,20世纪90年代在山东发现的《赛典赤家谱》就是用波斯语写的。明代回回人所立碑刻中有些碑文是用波斯语书写的。波斯语也是民间穆斯林对外交流的工具。[9]

在上述两个阶段,来华的穆斯林不论是讲阿拉伯语、用阿拉伯文,

[1]宋岘:《回回药方考释》影印本,中华书局,2000年,第150页。

[2]宋岘:《回回药方考释》影印本,中华书局,2000年,第153页。

[3]宋岘:《回回药方考释》影印本,中华书局,2000年,第30页。

[4]马明达,陈静:《中国回回历法辑丛·明译天文书·序》,甘肃民族出版社,1996年。

[5]马明达,陈静:《中国回回历法辑丛·明译天文书·序》,甘肃民族出版社,1996年,第516页。

[6]有关月份与曜日转写见刘迎胜:《"小经"文字产生的背景——关于"回族汉语"》,载《西北民族研究》,2003年第3期,第61—70页。

[7]常志美:Minhāj al-talab—kuhan tarī dastūr zabān fāsī,意为《寻求之路——最古老的波斯语法》(伊斯法罕,1981年)。

[8][清]赵灿:《经学系传谱》,青海人民出版社,1989年,第34页。按:"古勒塞托呢"为13世纪波斯著名抒情诗人撒地所作《蔷薇园》(Gulistān)的音译。

[9][清]赵灿:《经学系传谱》,青海人民出版社,1989年,第59页。

还是讲波斯语、用波斯文,都是以本族原语言文字作为交流的工具。但元代末年大批上层穆斯林开始逐渐华化,从汉风习儒业,交往于鸿儒之间,往来于官宦之门,由此导致忘本于"西域之学",逐渐遗忘了原先的母语。虽说"忘本",但有利于其融入主流社会,并获得更多的进学升迁的机会,使自身得到更多选择和发展。这种风气也影响到穆斯林底层人民,促进他们学习汉语的热情和步伐。此外,西迁至中原的穆斯林到元末,经过几代人的生活,同当地汉族之间在经济、文化、商业、日常生活中的交流日益频繁,在这种大背景下,学习汉语成为一种趋势和时尚。掌握了语言就会有更好的交流渠道和更多的生财之道,也使得邻里之间相处更加和睦。但是掌握了汉语并不意味着掌握了汉文字。因汉文是一种较难掌握的文字,上述外来诸族不可能在短时间内所有人都掌握汉文字,但掌握汉语,又熟知阿拉伯字母,就给拼写汉语提供了较大方便。况且,当时仍有一部分穆斯林操波斯语、突厥语、阿拉伯语,虽然为了交流他们也学说当时通行的"国语"汉语,但用阿拉伯字母记录汉语的方法,非常适合他们。这应该说是"小经"文字在元代后期顺利出现的历史背景。

尤其值得指出的是,在明代,波斯语虽然在某种程度上用于政治生活,同时在穆斯林社会生活中也使用,但随着回族的形成,波斯语作为穆斯林主要交际语的地位完全丧失。加之,明初统治者采用强行同化政策,规定不得说胡语、穿胡服,使那些仍操波斯语的穆斯林群体加快了改操汉语的步伐。这时回回等民族虽已改操汉语,但其多数,特别是底层百姓仍不会使用汉文。正是上述元末明初穆斯林所处的文化、政治、生活环境,为一种新文字——"小经"文字的出现造就了历史环境。

4.2 "小经"文字出现时间考

关于"小经"文字产生的年代问题,学界主要有三种观点:即(1)唐

· 欧 · 亚 · 历 · 史 · 文 · 化 · 文 · 库 ·

宋时代说[1];(2)元代说;(3)明中叶说。

第一种观点应是一种推测,到目前为止尚无实物资料和历史资料得以证实。

第二种和第三种看法均具有一定的可靠性和合理性,但仍有探讨的必要。第二种观点是冯增烈先生提出的,依据是西安市大学习巷清真寺一块颂扬修建清真寺善举的阿拉伯文碑,碑文中用阿拉伯文字拼写了有关人员的名字、撰文者的姓名和籍贯。冯先生据此断言:"值得注意的是,该文撰写于回历740年。这证明,在十三、十四世纪之交,'小儿锦'就已在回族民间的一定范围内流行了。""由此可见,'小儿锦'即'消经'的发轫,最晚不迟于元代。"[2]但问题的关键是此碑何时刻立并未作交代,笔者亦未曾寓目,不敢妄断。因此难以接受冯先生提出的"小经"文字出现于元代的观点。

第三种观点的提出者为刘迎胜师。他在《从回回字到"小经"文字》和《"小经"文字产生的背景——关于"回族汉语"》二文中认为"小经"文字的产生不会太早,当在明中期以后。[3]但这是他仅通过相关文献的比较所做的大致推测,且未对自己提出的观点做实证性的论述,因而还不能令人信服。

笔者在前人研究的基础上,疏理史料和检索实物,初步认为"小经"文字出现时代当在元末明初。主要依据如次:

第一,所谓"伊本·库斯·德广贡墓碑石"铭文。此碑1974年发现于福建泉州通淮门外法石乡社员家中,现存于泉州海外交通史博物馆。陈达生先生调查称:"该碑原址为法石乡光堂宫(已毁)和天堂井(又称卖花井,已毁填)的东侧,俗称'柳公砌',又称'棋盘穴'的墓地。"又说:该"碑额正中部阴刻一行波斯文,译文为:'伊本·库斯·德广贡·纳姆'。

〔1〕冯增烈:《"小儿锦"初探——介绍一种阿拉伯字母的汉语拼音文字》,载《阿拉伯世界》,1982年第1期,第25—32页。

〔2〕冯增烈:《"小儿锦"初探——介绍一种阿拉伯字母的汉语拼音文字》,载《阿拉伯世界》,1982年第1期,第25—32页。

〔3〕刘迎胜:《"小经"文字产生的背景——关于"回族汉语"》,载《西北民族研究》,2003年第3期。

碑右上角阴刻小篆体汉文'惠'、'白奇',左上角刻'晋'、'坡庭';正中竖刻汉文:'元郭氏世祖坟茔'。"陈达先生加按语说:"这是波斯文的人名。'纳姆(nam)'在波斯文中另一含意为'著名的',因此这行波斯文又可译为'著名的库斯·德广贡之子'。"[1]

笔者初读此碑也以为是波斯文。幸而《泉州伊斯兰教石刻》附有该碑图片,所谓的"波斯文"清晰可读。笔者将这行"波斯"文转写为"Iun ghuu sar de ghaan ghun nām"。"Iun"的"I"为阿拉伯字母体系的"A","u"为"y"的合口符,但连写中缺两点,这种草写体在阿拉伯字母书写体系中是允许的;"n"为"n"的静符。三字母合读为"Iun",即"yun",当为汉字"元"的音译,而非陈先生所称的阿拉伯文"Ibn伊本(子)"。"ghuu sar"的"ghuu",当为姓氏"郭"字之回回字转写。"sar",波斯语意为"头""始"等。二字合为"郭头""郭始"。"de ghaan ghun"即为"德广公"。"nām"为"名、名目、名叫……的人"。再参照汉文,笔者认为这篇所谓波斯文墓碑实际上是用"小经"文字拼写的。碑文中"ghuusar"中的"sar"取"头""首"之意,则ghuu sar应为"郭始祖",恰与汉文碑记相合;"sar",取"始"之意,因"始"与"氏"同音,则ghuu sar应为"郭氏",这种借用同音字,即"写白字"的风格恰是陕西派"小经"文字的造词法。据此,笔者认为这是迄今所见最早的"小经"文字。如此说不误,在发现其他更早的物证之前,此碑应被视为"小经"文字出现的标志物,故而此碑立于何时是解决"小经"文字何时出现问题的关键所在。

从汉文碑记来看,刻碑时间应该在元代以后,否则汉文碑文一般不会书为"元郭氏世祖坟茔"。明确了该碑是元代之后所刻后,还需考察该碑是明代还是清代所刻,这又成了问题的关键。首先,要从郭氏族谱中寻找答案。较著名的郭氏族谱有明郭萌修《泉州郭氏族谱》,清丁惠之重修《郭氏奇山义房家谱》(1896),郭其五撰《郭氏外引分支世系》(1891)。从家谱看,郭氏始祖在元代行商到泉州。郭德广子郭子洪

---

〔1〕泉州海外交通史博物馆:《泉州伊斯兰教石刻》,宁夏人民出版社、福建人民出版社,1984年,第57页。

（？—1367）之第二子郭泰迁居惠安县白奇乡,迁居时间应在明初,[1]说明此碑应在明初,或中期所刻。其次,从泉州所出土的伊斯兰教石刻来看,明中叶后阿拉伯文或所谓的波斯文碑记绝少,而汉文碑记较多,说明阿拉伯文或波斯文影响减弱。第三,从明正德（1506—1522）以后泉州所保存的一些其他姓氏家谱来看,多从汉人习俗,诸如建立祠堂,祭祖使用猪肉、酒等。[2]这些现象间接地亦说明泉州的回族伊斯兰教信仰在减弱。这又可以反证此碑为明初、中期所刻。从此碑中可知,明初、中期,此地已使用"小经"文字,并用于社会生活。而且该文字已相当成熟,并具有陕西派"小经"文字的特点。这是"小经"文字出现于元末明初的初步证据。因一种文字的出现不是瞬间发生的,而是有一个渐变的过程。由此可推知"小经"文字出现的大致年代。

第二,《回回馆译语》中所见阿拉伯字母体系拼写的汉语。《回回馆译语》由《回回馆杂字》和《回回馆来文》两部分组成。回回馆设于明朝建国59年后,即永乐五年（1407）。《回回馆译语》中保留了用阿拉伯字母体系拼写的汉字以及一些特别构词法和新增的字母。正如刘迎胜师所言:"《回回馆译语》和《回回馆杂字》这两部字书,对探求13~14世纪回回先民的语言状况,以及对伊朗学、中外关系史、中国伊斯兰教史、中国古代外来文化、明代汉语语音、元明时代汉语中外来词汇的复原和中国穆斯林语文学教育史等专项研究,都有重要的意义。"[3]这一论断完全正确,尤其提出"探讨13~14世纪回回先民语言状况"的问题,值得借鉴。

在刘迎胜师研究的启发下,笔者重新仔细翻检了《回回馆译语》,特别是《回回馆来文》,并进行深入考察,发现文中汉字的拼写和构词法与"小经"文字拼写较为一致,尤其构成与今天的陕西派"小经"文字完全一致。[4]例如《回回馆来文》中以回回字拼写的汉语有:du du"都督"、

〔1〕杨克礼:《中国伊斯兰百科全书》,四川辞书出版社,1994年,第185页。

〔2〕参见泉州历史研究会编《泉州回族谱牒资料选编》(油印本,1979年)有关明代的内容。

〔3〕刘迎胜:《〈回回馆杂字〉与〈回回馆译语〉研究序》,载《元史及民族史研究集刊》,第15辑,南方出版社,2002年,第208—225页。

〔4〕韩中义:《小经拼写体系及其流派》,载《西北第二民族学院学报》,2005年第3期,第10-16页。

suuzhiyio"肃州"、diy"的"、waang"王"、daayming"大明"、chaayah"茶叶"。[1]从构词看,"二只"为Duzhiy。前字为波斯字,取字义;后字为汉字拼音。"小经"文献中,"两个"为duge。[2]从语序看,所谓的波斯语"来文"基本采用汉语语序,如"撒马儿罕使臣阿力大明皇帝前进贡驼二只"。[3]转写文为samarqand īl(ch)ī a'lī pīsh daayming khān tagdīm u'shtur duzhiy。[4]从此文本看,波斯文基本和汉文一一对应,而未遵循波斯语语法习惯。如果阅读陕西派"小经"文献后,再反观"来文",就可发现两者在语序上基本相同。所以刘迎胜师称:"这些'来文'虽然以波斯字写成,但语法和词序基本是汉语的,说明书写者不懂动词变格和人称变位。可见明中期以后,即使是专职教授波斯文的教师,亦已不能正确地书写波斯文。相形之下,一般回回百姓的语言状况就可想而知了。"[5]这是仅从《回回馆来文》语法特点而言,但从回回人语言角色转换角度而言,回回人虽已使用汉语,但波斯语汇并未完全退出其社会生活,于是就出现了以汉语语法书写的波斯文,同时还羼杂了汉语词汇,这就是今天所能见到的《回回馆来文》中那种"洋泾浜"式"波斯语"的基本特征。这说明回回人已开始用阿拉伯字母体系拼写汉语,而且和今天的"小经"文字拼写基本一致,且绝大部分拼写的汉字都标出了元音符号,这和前揭"郭氏"碑文书写也是一致的。四夷馆设于明初,而《回回馆来文》是明中期以来"来文"的汇集。如前所述,用阿拉伯字母体系拼写波斯语和汉语,并具有汉语语法特点的拼写不可能一夜之间发生,而是要有较长时间的转变过程,也就是说它是与回回人改操汉语的历史相一致的。只有操汉语,用汉语思维才能出现如此形式的波斯语和汉语拼

---

[1]胡振华,胡军:《回回馆译语》(东洋文库影印本),中央民族大学东干研究所(内部印),2000年,第98~99、109页。

[2]王洪祥:《伟噶业前两册带字字典》,1937年,第13页。

[3]胡振华,胡军:《回回馆译语》(东洋文库影印本),中央民族大学东干研究所(内部印),2000年,第123页。

[4]此为笔者重新转写,和原转写有差异。导致这种差异是因为转写者并不完全了解用阿拉伯字母体系拼写的习惯。

[5]刘迎胜:《"小经"文字产生的背景——关于"回族汉语"》,载《西北民族研究》,2003年第3期,第61~70页。

写,否则就不可能。所以笔者通过"来文"认为元末明初,回回人开始用阿拉伯字母体系拼写汉语,这为"小经"文字出现于元末明初提供了又一证据。

第三,《回回药方》残卷。宋岘教授考证认为《回回药方》"之成书当在明初期的洪武年间"[1]。笔者赞同宋先生所称《回回药方》明初成书说,但怀疑现存的残卷非明初之刻本。从《回回药方》残卷中,可以找到较多拼写汉字的例证。如卷30"杂症门"有"蓖麻子油方",其中有一味草药名"福黎(fūlī)"[2],"小经"文字转写为 fuuliy,阿拉伯字应拼写为 fūlliyūn,是一种出产于叙利亚的植物。[3]宋教授解释说,由于《药典》的解释和拼写差异,因此,福黎为茉莉花,"又可能是别的什么。待详考。"[4]这就是说,因拼写的差异而造成考释的困难。但如果换一个角度思考,是否有可能汉文名称之后的回回字,并非阿拉伯/波斯语原名,而是以回回字写出的汉字音读?笔者在《回回药方》中还找到一些耐人思考的例证:

(1)与上述"福黎(fūlī)"的情形相似,有些草药名称汉字后所谓的阿拉伯或波斯文,是按照汉字读音拼写上去的,如《回回药方》卷30"杂症门"收有一则"马竹尼可撒吉别拿只方",即加乳香、附子的膏子药方。其中有一味药名"木阿西(muwāsī)",[5]"小经"文字可转写为 mu-waasiy。同字形波斯语词汇 mawāsī,意为"剃刀",文义与原文不合。而宋岘教授以阿拉伯文 mughāth"野石榴根"当之。[6]如此说成立,则 muwāsī("小经"为 muwaasiy)是《回回药方》重编者所体现的汉字"木阿西"的读音而已。

(2)回回人以回回字书写时,其传统的拼写方式是对每个拼出的汉

---

[1]宋岘:《回回药方考释》影印本,中华书局,2000年,第31页。

[2]宋岘:《回回药方考释》影印本,中华书局,2000年,第314页。

[3]Francis Joseph Steingass, *A Comprehensive Persian-English Dictionary*, Routledge & K. Pau, 1892, pp.942.

[4]宋岘:《回回药方考释》影印本,中华书局,2000年,第263页。

[5]宋岘:《回回药方考释》影印本,中华书局,2000年,第300-301页。

[6]宋岘:《回回药方考释》影印本,中华书局,2000年,第254页。

字标出元音符号。《回回药方》卷12"众风门"中有一个"双诃子散"方,有一味药名"伯思把牙(basābā)",[1]原文应转写为 bas-pay-āk,意为"多足"。[2]宋岘先生解释为"水龙骨"。[3]这和"小经"文献中拼写的阿拉伯、波斯字完全一致。

(3)拼写时常标出长音符号。《回回药方》现存残卷中的一些回回字是按汉字读音拼写的,且许多字加了长元音符号。这种现象并非罕见。如卷34"金疮门"中"莫尝膏",其中有一味药名"祖夫的(zūfūdī)"("小经"转写为 zuufuudiy),[4]是一种制膏药的药物,宋岘先生未作考释。残卷同页又有"大把西里公膏药",有一味药名"祖夫忒",药理同"祖夫的(zufta)",宋岘先生转写为 zift,[5]两者似应是同一种药物。上述"祖夫的(zūfūdī)"拼写和现所见到"小经"文字相类。《回回药方》中本字添加长元音符号,并不表明该字汉语读法为长元音,而是起到区别书写或者隔音的作用,并非实际音读。所以有些读者不熟悉"小经"拼写,在阅读《回回药方》时以为那些带长音符号的词汇,和无长元音符号的词汇可能有区别。实际两者之间的区别为,无长音符号的是阿拉伯/波斯语原字,而与之对应的有长元音符号的词汇则是重编者在使用阿拉伯字母体系拼写中,按汉字音读将元音加上去的,也即按汉字音译不正确地还原的所谓"原文"。

有些药方,宋教授无法做出考释,原因在于汉字本身可能有误,再加之按阿拉伯字母体系拼写,故而在任何一本波斯语、阿拉伯语字典中绝难查到。如卷12"众风门"中收有一个"过药丸子"方,其中有一味药名"夫加(fūjā)"[6],"小经"转写为 fuujaa。其含义迄今未有学者考

---

〔1〕宋岘:《回回药方考释》影印本,中华书局,2000年,第233页。

〔2〕Francis Joseph Steingass, *A Comprehensive Persian-English Dictionary*, Routledge & K. Pau, 1892, pp.185.

〔3〕宋岘:《回回药方考释》影印本,中华书局,2000年,第163页。

〔4〕宋岘:《回回药方考释》影印本,中华书局,2000年,第393页。

〔5〕宋岘:《回回药方考释》影印本,中华书局,2000年,第298页。

〔6〕宋岘:《回回药方考释》影印本,中华书局,2000年,第137页。

出。[1]可能原书本字书写有误。笔者曾试图找出其错误,以便探寻解决问题的途径。但笔者翻检《回回药方》全书,未发现任何药方中存在类似的笔误例证,只得存疑,留待将来再行考索。这一点说明,研究《回回药方》时,熟悉回回人的拼写方法是必要的。从《回回药方》残卷看,"小经"文字拼写法显然是存在的,这对"小经"文字的出现年代提供了有力佐证。

第四,有些词汇本身也提供了旁证材料。这一点将在另文论及,此处从略。

从以上四点,可以初步认为"小经"文字出现的年代应在元末明初。但这一问题还需要挖掘新资料,寻找新证据,以进一步论证。今天在新发现历史文献已极其困难的情形下,欲完全理清"小经"文字的历史演变过程及其产生的时代,是十分困难的。尽管如此,笔者相信上述探讨,对进一步研究"小经"文字本身以及对研究汉语拼音史仍具有重要价值。

4.3 "小经"文字对文明传承的价值

穆斯林先民入华迄今已有1300多年的历史,其所操语言从阿拉伯语、波斯语转为汉语,经历了渐变的缓慢过程,并形成了具有自身特色的语言和文字。这种演变具有显明的历史继承性。这在保留至今的"小经"文献中有所反映。因此,研究"小经"文字历史演变具有重要的意义。

首先,历史继承性表现在阿拉伯语、波斯语语汇拼写中。以"小经"文字拼写这些词汇时,除个别特例外,严格按阿拉伯文、波斯文的规范拼写。这说明前母语或共同语潜在地影响着"小经"使用者。如果这些语言只是一种借词,那么应在语音、拼写上发生较大的变化,但在"小经"文字中并未发生根本性的变化。这也是本文从唐宋开始考察"小经"文字历史演变的原因所在。作为对照体系的具有官方色彩或背景

---

[1]宋岘在索引与注释中未录其阿拉伯原文与拉丁文转写,《回回药方考释》第153、330页。

的少数民族文字,如契丹大字与小字、女真大字和小字等,其创制可以说是突兴的。而纯民间的文字,如"小经"文字,其形成必然是漫长的,同时具有历史继承性。这是文字本身的出现过程和使用功能所决定的,而不是强行的文化政策决定的。[1]

其次,研究"小经"文字的历史演变,使人们清楚地看到入华回回人书面语所经历的过程:从单一文字、二元文字转向多元文字。"小经"文献体现了阿拉伯文、波斯文和汉文的结合,这种结合已显本土化。本文中所谓的"本土化"就是指使用阿拉伯文、波斯文时,并不完全顾及原来语言的语法特点,如单复数、修饰关系等。

第三,"小经"文字演变史,实际就是内地穆斯林文化变迁史的一个缩影。"小经"文字的出现,体现了文化的归属感,即回回人从移民群体转向了本土居民,而其文化也从移民文化转为本土文化,由此兼备了伊斯兰文化和汉文化的特点,因此"小经"文字所代表的语言主体为汉语。

第四,"小经"文字演变史也为汉语演变史的研究提供了宝贵的资料,尤其是音读、词汇等。这些内容汉语中已难觅,而"小经"文献则以文字的形式保留了元明时代的汉语特点,尽管这些特点在有些方音中仍然保留着,但以文献形式留存者,则为数不多。"小经"文献无疑对汉语研究提供了有价值的资料。

第五,"小经"文字演变史也对研究不同文化的交流和传承具有重要价值。在穆斯林所使用文字的演变过程中,"小经"文字是阿拉伯、波斯文明和儒家文明相互交流的结晶。没有上述文明之间的深入交流,不可能产生具有深远影响的文字。同时,"小经"文字也是外来文明逐渐本土化的具体体现。这种本土化说明了"异"文化已扎根于中华文化的沃土,并汲取了丰富的养料,展现着其独特的魅力。今天所寓目的"小经"文献具有浓郁的儒家文化色彩,如印本方式、装帧图式、文本书写等。这些也恰恰说明了穆斯林文化从移民文化转向"本土"文化的指归。一种文字虽已创立,却不能沿用而成为"死"文字,那么它的使用价

---

〔1〕中亚当代回族人使用的文字本来自于"小经",但其推行具有行政强制的痕迹,使之得到了统一和规范。

63

值则需要打一定的折扣,而"小经"文字从出现到现今一直承载着文明,并将其延续。今天发现的"小经"文本内容十分丰富,包括宗教、历史、字书、记账、婚书、诗歌、文学故事、传记、语言、楹联、家训、家谱等。更有意义的是"小经"文字还在一些人群中使用,尤其在偏僻农村、年长的穆斯林中使用。"小经"文字的这种承载方式对文明延续仍发挥着重要作用。

概而言之,"小经"文字演变史的研究要与回族语言演变史的研究相结合。如果割断历史,孤立地去研究"小经"文字产生的时代,那么对"小经"文献中反映的诸多问题是无法解决的,且把握"小经"文献的价值也会出现偏差。

作者附记:(1)本文得到了业师刘迎胜教授、学术前辈华涛教授的指导,特致谢。(2)本文中有些波斯文、阿拉伯文和"小经"是有原文和音标符号的,但因打印技术方面的问题,只好割舍。

(此文原刊于《南京大学学报》,2006年第3期,第57-65页)

5　小经拼写体系及其流派初探

　　小经是我国回族等穆斯林创造的一种拼写形式,采用阿拉伯字母体系,并略有损益。在拼写方式上也采用阿拉伯字母体系的风格,但字母本身不标注元音,而是通过音标符号来表示长短复合元音,且不标注声调,文本中有时夹杂有汉字。该文字用以拼写汉、东乡、撒拉等语,尤其以拼写回族使用的汉语最为广泛。其使用分布范围包括甘肃、青海、宁夏、河南、云南、新疆、陕西、内蒙古等地。

　　小经有不同的名称,学者(包括民间学者)对此有过探讨。现在大致有两派:一派称小经;一派称"消经"。此外,还有人称(其为)"小儿锦""小儿经""狭经"[1]。目前,小经、"消经"之名使用较为普遍,前者影响更甚,民间出版物,学者著作多采用此名[2]。实际上这两种名称仍有探索的余地。笔者个人认为小经是"学经"之讹音,"学"在西北方音读为"xiao"。我们在张家川调查时常听到当地人说:用 xiao jinger(学经儿)xiao(学)一 xiao(学),或称他拿 xiao jinger(学经儿)xiao(学)着哩。看来 xiao(学)和"拼"意义相同,那么 xiao jing(学经)应是拼经,就是学经生用拼音文字记录阿訇所讲授的内容。而这些内容都是汉语讲授的,学经生又多不识汉文,于是只好用拼音作记录,以便能掌握所学内容。在调查中发现,只要会汉语的学经生,就不使用小经记录,反之则用。因此,小经和经堂教育有密切联系,一旦提及经堂教育不无涉及小经。正如王怀德先生所言:"'经堂语'和'小经'的使用,使学生在课堂

<hr>

〔1〕纳国昌:《经学先河,源远流长——纪念胡登洲忌辰400年》,载西安市伊斯兰文化研究会编:《伊斯兰文化研究》,宁夏人民出版社,1998年,第73—90页。

〔2〕刘迎胜:《关于我国部分穆斯林民族中通行的'小经'文字的几个问题》,载《回族研究》,2001年第4期,第20—26页。

·欧·亚·历·史·文·化·文·库·

上听得懂,记得下,课后又能加以复习巩固,具有明显的回族穆斯林宗教教育的特点。"[1]因小经是不完全拼音文字,往往会出现一音多字的现象,将其转写成汉文时,所选汉字自然有多个,而且最初选字也有很大的随意性,出现同音不同义的汉字亦属正常。反向再去分析汉字之义,造成更大的歧义,自然与本义亦相去甚远。因而,笔者认为分析小经名称汉字字义并无多大价值,原因很简单,小经名称是从拼音转化来的,而不是汉文本字。且笔者认为小经的正音是 xiao jing(学经)[2]。小经不是相对于大经而得的名称。"消经""狭经"不过是 xiao jing(学经)这一词俗词源学的解释。

但为了行文方便,本文仍采用小经之名。小经作为一种文字,在以回族为主体的中国穆斯林社区,尤其在汉语教育欠发达的地区使用,且成了一种简单易行的掌握文化的工具与穆斯林间书面交际的工具。同时,小经也是传播文化的一种载体,用小经撰写有大量的珍贵文献,内容涉及语言、宗教、哲学、文学、社会生活等,是研究穆斯林生活、伊斯兰教育的重要资料,但长期以来未作充分的挖掘。因此,研究小经及其文献极具学术价值。

5.1　小经字母、拼写和拼音[3]

5.1.1　小经汉文拼写拼读之法

汉字不是拼音文字,而是用单个的符号表示音和义。而小经是拼音文字,用阿拉伯语、波斯语和新增的一些字母系统进行拼音,以便阅读。小经拼写拼读汉语时,只表拼音,不表声调。所以不同声调的同为

---

〔1〕王怀德:《伊斯兰教育民族化刍议》,载西安市伊斯兰文化研究会编:《伊斯兰文化研究》,宁夏人民出版社,1998年,第112-124页。

〔2〕按:此看法有些牵强和过时,但为保持文章之原貌,未加改订,有关小经之名称,笔者另文专论,不复赘语。作者谨识,2013年11月25日。

〔3〕该部分文中本来有阿拉伯、波斯字母,因打印方面原因而省略(编者)。笔者又按,因此出现了文不对题的问题,相关内容,可参考《本土化文明传承的载体——阿拉伯字母体系的拼音"小经"文字调查与保护》一文,作者,2013年11月25日。

一类。如"是""实""事"都用"ش(shi)"[ṣi]。单独的一个字出现在文本中，如果不联系上下语境，就无法区分该字的具体含义。尽管如此，小经拼音之法仍有其独创性，而且目前仍在使用，尤其在农村地区，甚至成为一种交际工具。

5.1.2 阿拉伯语、波斯语拼写拼读体例

（1）阿拉伯语拼写拼读。今天阿拉伯语仍是中国回族等穆斯林的主要宗教用语。小经中保留了大量的阿拉伯语词汇拼写，多将元音符号标示出来。阿拉伯语为"ramazān"，小经转写为"ramazāna"（رمضان小经最后一个字母读为开口符，阿拉伯语读为静符），汉文音译为"热麦匝乃"，意为"斋月"。Hadīth，小经照录为（hadīth）"哈迪斯"，意为"先知穆罕默德的言语"，一般指伊斯兰教的第二大经典"圣训"。"kāfir"小经转写为"kāfir"，汉文音译为"卡非尔"，意为"不信教者"或"异教徒"。小经文本中拼写阿拉伯语时，有时也不标元音符号，这种情形在小经文献中也是常见的，但这种书写体例多出现在世俗文献和阿拉伯原著中。

（2）波斯语拼写拼读体例。波斯语的拼写规则有两种：一是标元音音符的波斯文，二是不标元音符号的波斯文。

先探讨标注元音符号的波斯文。Bāmdād音译为"班达"，意为"晨礼"。Namāz音译为"乃玛孜"，汉译为"礼拜"。Dūzakh音译为"多灾海"（音译可谓信达雅），意为"地狱"。从小经拼写体例看，它和阿拉伯语基本相同。但是也有例外，如Piyshanbe（音译为"盼闪拜"，"星期四"）的拼法和维吾尔语基本相同。其正确的波斯语拼法为Panjshanbe，说明回族等穆斯林在接受该波斯语时可能受到操突厥语的影响，或者他们可能曾属操突厥语的族群。

其次是不标注元音符号的波斯语拼读规则。这种规则在日常生活和历史文献中是常见的。Sāl意为"年"。Chahārmāh意为"四月"。Khāneh意译为"房子"。Duu，意为"二"，Hasht为"八"，Duuhasht合意

"二八"[1]。这种拼读法在小经俗文献中比较常见,说明波斯语对回族等穆斯林的影响在某些方面,如记账、写信等方面可能大于阿拉伯语。这种小经文献,我们于2003年1月在张家川等地调查时采集到几份。

5.2 小经的演变及其流派

5.2.1 穆斯林移民的阿拉伯语时期——唐宋时代

唐与大食保持着密切的政治、商业交往。大食人作为胡人的一种客居长安,并"各服其服,无得效华人"。[2]扬州亦有商胡大食[3],这些大食人无疑是讲阿拉伯语的。1980年在扬州城北郊蜀岗唐墓中出土一件高为18.5厘米的灰青釉绿彩背水壶,有一组阿拉伯文字[4]。侨居中土的大食人与中国人交往当使用汉语,但并没有完全华化,阿拉伯语是他们本族内的交际语。在岭南、福建、扬州,"除舶脚、收市、进奉外,任其往来通流,因为交易,不得重加税率"。据《唐大和尚东征传》记载,广州也有大量阿拉伯人活动[5]。这些人被称为"蕃客"[6]。域外史料也对阿拉伯人在唐朝境内活动有所记述。《中国印度闻见录》记述称广州商人云集[7]。这些人依据《古兰经》和伊斯兰教法办事,获得阿拉伯人的认可。而且由一位穆斯林管理阿拉伯商人,这说明并不是所有人会汉语,对于这点日本学者也有相同的看法[8]。《唐律疏议》载:"诸化外人同

〔1〕白寿彝主编:《回民起义》(3)附录《〈纪事〉原稿底一叶(图片)》(庞士谦藏),神州国光社,1952年。按,duhasht为中国式洋泾浜波斯语,母语为波斯语的人从不这样说,正确的用法是bist-wahasht(读作bist-o-hasht)。此为刘师提示。

〔2〕[宋]司马光:《资治通鉴·唐纪四十一》,中华书局,1996年,第7265页。

〔3〕《旧唐书·邓景山传》卷110。记曰:田神功"至扬州,大掠居人资产,鞭笞发掘略尽,商胡大食、波斯等商旅死者数千人"。中华书局,1975年,第3313页。

〔4〕朱江:《伊斯兰教文化东渐扬州始末》,收入《伊斯兰教在中国》,甘肃民族研究所编,宁夏人民出版社,1982年,第24-41页。笔者为了证实这点,于2004年3月4日到扬州实地考察,在普哈丁园陈列室看到了实物图片。虽字迹漫漶,但可以确定是阿拉伯文。

〔5〕真人元开:《唐大和尚东征传》,中华书局,1979年,第74页。

〔6〕《全唐文》卷75,中华书局本,第14页。

〔7〕《中国印度闻见录》,穆根来、汶江、黄倬汉译,中华书局,2001年,第7页。

〔8〕《中国印度闻见录》,穆根来、汶江、黄倬汉译,中华书局,2001年,第31页。

类自相犯者,各依本俗法;异类相犯者,以法律论。"并议曰:"'化外人',谓蕃夷之国,别立君长,各有风俗,制法不同。"[1]这种"各依本俗法"的开放态势,使得阿拉伯语成为入唐穆斯林移民重要的通行语言之一。

5.2.2　宋之阿拉伯语

宋代对大食人(阿拉伯人)的记载更多,而且对阿拉伯语词汇有记载。《宋会要辑稿·蛮夷四》[2]《宋史·大食》[3]保留了一些阿拉伯语词汇,如"阿弥",通常译"异密"或"埃米尔",即阿拉伯语"amir"之音译,意为亲王、大臣,指 Amir al-Mū'min,即为大食的最高统治者。诃黎佛,即今译哈里发(Khalifah),意为继承人。阿拉伯人在广州、泉州、杭州一带行商坐贾,形成了"番坊",置"番长一人"。笔者认为,"番坊"和华人社区间需交流,因为番坊人多不会汉语,只能通过番长来沟通,处理事务。这说明阿拉伯语在番坊中是主要的交际语。当时的清真寺里就书有阿拉伯文[4]。穆斯林习惯将《古兰经》经文书于寺院内,或者碑文中[5]。岳珂所说"异书"当为《古兰经》的阿拉伯经文(节录)。《癸辛杂识·回回送终》条称葬礼时,"意止令全回颂经"[6],"颂经"即为颂《古兰经》。存留至今的宋代伊斯兰刻石也反映了当时阿拉伯语的使用状况。《泉州伊斯兰教石刻》收录了宋时阿拉伯文碑文[7]。这些墓碑的存在说明阿拉伯语在宋代是入华穆斯林移民中的主要语言。

随着蒙古人的西征和波斯、中亚等地的穆斯林大量入居中国,阿拉伯语在中国穆斯林社会生活中的主导地位被打破,让位于波斯语,中国穆斯林移民的阿拉伯语时代随之结束。但这种结束并不等于阿拉伯语

---

〔1〕〔清〕长孙无忌:《唐律疏议》,刘俊文点校,法律出版社,1998年,第144页。

〔2〕〔清〕徐松辑:《宋会要辑稿·蕃夷四》卷20523,中华书局,1957年,第7759页。

〔3〕《宋史·外国六·大食》,中华书局,1977年,第14118页。

〔4〕〔宋〕岳珂撰:《桯史》卷11,称:"堂中有碑,高袤数丈,上皆刻异书如篆籀,是为像主,拜者皆向之。"中华书局,1997年,第125页。

〔5〕马士年:《周密杂著所记回族史、伊斯兰教史资料初探》,收入《中国伊斯兰教研究》,青海人民出版社,1987年,第9~43页。

〔6〕〔宋〕周密撰:《癸辛杂识》(续集上),中华书局,1997年,第143页。

〔7〕福建省泉州海外交通史博物馆编,主撰陈达生:《泉州伊斯兰教石刻》,英文翻译陈恩明,宁夏人民出版社,福建人民出版社,1984年,第15页。

在华的消失,而只是退居于次要地位,却在宗教生活中仍然发挥着较大的作用。

5.2.3 波斯语时期——元与明

(1)波斯语在元代。元代从西域入华的波斯人、突厥人较多,当然还有阿拉伯人。于是,波斯语逐渐替代了唐宋时期在穆斯林中占统治地位的阿拉伯语,考古资料也证明波斯语有广泛的影响[1]。但是阿拉伯语没有完全退出中国穆斯林的生活[2]。波斯语的这种地位一直保持到明代中期。

(2)波斯语在明代。明代初中期波斯语在中国穆斯林的日常生活和国家的对外交流中占重要地位。

首先,回回馆的设立说明波斯语在政治生活,尤其在对外交流中具有重要作用。这可以从1475年盖耶速丁·纳哈昔撰写的《沙哈鲁遣使中国记》得到反映[3]。

第二,波斯语在社会生活中有重要的影响。《回回药方》残卷中保留了许多波斯语。"可剌夫子"(芹菜)[4],其波斯语拼为"Kamkarafsh、karafs"[5],波斯语意为"少许芹菜(子)"。"沙黑肥烈知"[6],Shākh 为"部分,块、片等。"Farajh 为"大黄",合为"大黄梗",或"大黄块"[7]。

第三,波斯语在明代天文历法中之应用。明洪武十五年(1382年)秋九月,召钦天台郎海达儿、阿答兀丁、回回大师马沙亦黑、马哈麻等人

---

[1]〔俄〕科兹洛夫:《蒙古、安多和故城哈拉浩特》,收入陈柄应译:《西夏文物研究》,宁夏人民出版社,1985年,第485-508页。文中称:"在这里(黑城)找到了几片波斯文手稿。"

[2]刘迎胜:《〈回回馆杂字〉与〈回回馆译语〉研究》,刊于南京大学历史系元史研究室编:《元史及北方民族史集刊》,第12-13期,1989年10月至1990年2月,第147-179页。

[3]盖耶速丁·纳哈昔撰:《海屯行记鄂多立克东游录沙哈鲁遣使中国记》(合刊本)。该作者1420年12月14日到1421年5月18日(永乐十八至十九年)停留在北京。其间,"判官穆拉纳·哈吉·玉素甫担当波斯语翻译。这个人懂得阿拉伯语、波斯语、突厥语、蒙古语和汉语。翻译时用汉语上奏。然后翻译成波斯语"。中华书局,2002年,第126页。

[4]宋岘:《回回药方考释》,中华书局,2000年,第150页。

[5]宋岘:《回回药方考释》,中华书局,2000年,第146页。

[6]宋岘:《回回药方考释》,中华书局,2000年,第357页。

[7]宋岘:《回回药方考释》,中华书局,2000年,第283页。

翻译天文阴阳历象书籍[1]。说明明初回回人兼通本音,即波斯语。从明钦天监官员贝琳所修的《七政推步》[2]看,每月份和七曜日均有波斯文音译,有关月份与曜日转写见《"小经"文字产生的背景——关于"回族汉语"》一文[3],可知明代波斯语在天文历法中使用。

第四,波斯语在经堂教育中的使用。明代经堂教育中使用波斯语,这种教育从元明时期一直持续到今天。常志美还用波斯语撰写过世界上最早的以波斯语、小经解释的波斯语法书——*Minhāj al-talab*[4],意为《寻求之路》。波斯语经典有《古勒塞托呢》《米而撒特》[5]等。除了回回人的民间教育中教授波斯语外,明政府也举办波斯语教学。这是上文"回回馆"的重要职能之一。这个机构主要培养外交人员,它和民间波斯语教育有区别,民间教育更多倾向于宗教教学方面。

从唐宋穆斯林主要使用阿拉伯语,到元明初使用波斯语,中国穆斯林内部出现了主要交际语言的转换过程。虽然波斯语成为主导性语言,但阿拉伯语在宗教教育中仍具有重要影响。外来穆斯林的本土化和使用汉语,为另一种拼写方式——小经的出现营造了环境。

5.2.4 小经出现的年代问题

关于小经出现的年代问题,依笔者所见,学界主要有三种观点:①唐宋时代说;②元代说[6];③明中叶说[7]。笔者在前人研究的基础上,疏理史料和检索实物,初步认为小经出现在元末明初,理由如下:

第一,所谓"伊本·库斯·德广贡墓碑石"。笔者初读此碑和先前的

[1]马明达:《中国回回历法辑丛》,陈静辑注,甘肃民族出版社,1996年,第2页。

[2]马明达:《中国回回历法辑丛》,陈静辑注,甘肃民族出版社,1996年,第516页。

[3]本文载于《西北民族研究》,2003年第3期,第61—70页。

[4]*Minhāj al-talab—kuhan tarī dastūr zabān fāsī*,意为《寻求之路——最古老的波斯语法》,伊斯法罕,1981年。

[5][清]赵灿:《经学系传谱》,青海人民出版社,1989年,第34页。按:"古勒塞托呢"为13世纪波斯著名抒情诗人撒地所作《蔷薇园》(*Gulistān*)的音译。

[6]上述观点均见冯增烈:《"小儿锦"初探——介绍一种阿拉伯字母的汉语拼音文字》,载《阿拉伯世界》,1982年第1期,第37—47页。

[7]刘迎胜:《"小经"文字产生的背景——关于"回族汉语"》,载《西北民族研究》,2003年第3期,第61—70页。

学者一样,也以为是波斯文。而《泉州伊斯兰教石刻》附有该碑图片,所谓的"波斯文"清晰可读。笔者将这行"波斯"文转写为"Iun ghuu sar de ghaan ghun nām"。"Iun"的"I"为阿拉伯字母体系的"A";"u"为"n"的合口符,但连写中缺两点,这种草写体在阿拉伯字母书写体系中是允许的;"n"为"n"静符。三字母合读为"Iun",即"yun",当为汉字"元"的音译,而非陈达生先生所谓的"伊本(子)"。"ghuu sar"的"ghuu",当为姓氏"郭"字之转写。"sar",波斯语意为"头""始"等。二字合为"郭头""郭始"。照小经波斯字的经堂解释,或同音异义,拼写皆同的原则,应将"郭头""郭始"转写为"郭氏"。"de ghaan ghun"即为"德广公"。"nām"为"名、名目、名叫……的人"。再参照汉文"元郭氏世祖坟茔",这篇所谓波斯文碑文实际上是用小经拼写的墓碑。笔者认为这是迄今所见最早的小经文字。如此说不误,在发现其他更早的物证之前,此碑应被视为小经文字出现的标志物。

第二,《回回馆译语》中所见阿拉伯字母体系拼写的汉语[1]。《回回馆译语》中保留了用阿拉伯字母体系拼写的汉字以及一些特别构词法和新增的字母。在刘迎胜师研究的启发下,笔者重新仔细翻检了《回回馆译语》,特别是《回回馆来文》,并进行深入考察,发现内中汉字的拼写和构词法与小经拼写较为一致,尤其与今天的陕西派小经完全一致。《回回馆来文》中拼写汉语为:du du"都督"、suu zhiyio"肃州"、diy"的"、waang"王"、daay ming"大明"、chaa yah"茶叶"[2]。这种拼写和小经一致。从构词看,"二只"为 Du zhiy。前字为波斯字,取字义,后字为汉字拼音。小经文献中,"两个"为 duge[3]。从语序看,"来文"基本采用汉语语序,如"撒马儿罕使臣阿力大明皇帝前进贡驼二只"[4]。转写文为 Samarqand īl(ch)ī'alī pīsh daay ming khān tagdīm'ushtur du zhiy。从此文本看,基本和汉文对应,而不是遵从波斯语语法习惯。如果阅读陕西派

〔1〕胡振华,胡军:《回回馆译语》(东洋文库影印本),中央民族大学东干研究所,2000年,第41页。
〔2〕王洪祥:《伟嘎业前两册带序字典》,1937年,第98—99、100页。
〔3〕王洪祥:《伟嘎业前两册带序字典》,1937年,第13页。
〔4〕王洪祥:《伟嘎业前两册带序字典》,1937年,第123页。

小经后,再反观"来文",两者在语序上基本相同。

第三,《回回药方》残卷。宋岘教授考证认为《回回药方》之成书当在明初期[1]。笔者发现《回回药方》残卷医方所用汉字和《回回馆译语》多有相同。《回回药方》"马哈麻的咱可里牙"药方[2]和《回回馆来文》"火只马黑麻"[3]中的人名均为"Muhammad"的音译。还有ba取"卜",dha或za取"咱",kh取"黑",ta取"忒"。取字一致,说明《回回药方》和《回回馆译语》之间有联系。从《回回药方》的语言来看,应是明代。这一点非常明显,因为元代翻译的白话文具有蒙古语语法的特点。从《回回药方》残卷看,小经拼写显然是存在的,这为小经出现年代提供了有力佐证。

第四,词汇也提供了旁证材料。笔者另文论及,此处从略。

从以上四点,可以初步认为小经出现的年代应在元末明初。但这一问题还需挖掘新资料,寻找新证据,来进一步考察。

5.2.5 小经流派考察

笔者在阅读小经文本时发现,有两种不同风格的小经。笔者初步定名为陕西派小经和河州派小经。第一种派别小经,从现在获得的资料看,以陕西为中心,辐射到河南、河北、安徽、福建、甘肃东部(陇东,包括平凉、张家川等地);第二种小经,以河州(今甘肃省临夏回族自治州)为中心,辐射到青海、新疆、中亚(今中亚的哈萨克斯坦,吉尔吉斯斯坦),使用民族有回族、东乡、撒拉、东干等族(具体使用人数尚不清楚)。这是笔者根据使用的范围和小经的特点提出的观点,在文献中并未记录。之所以冠以这种名称,是因为从今天分布的地域和文献看,两者特色十分鲜明,但最初的历史起源地是否是陕西和河州,仍需进一步考察。做此区分,一方面是基于小经文献本身所具有的特点而确定的,另一方面,也为研究小经文献提供了方便。陕西派小经的出现初步断定为元末明初,这可以从前文碑刻资料得到证明。而河州派小经最早能见到的文献是乾隆、嘉庆时期,比陕西派小经晚了400余年。笔者认

〔1〕宋岘:《回回药方考释》,中华书局,2000年,第31页。

〔2〕宋岘:《回回药方考释》,中华书局,2000年,第54页。

〔3〕宋岘:《回回药方考释》,中华书局,2000年,第97页。

为河州派小经应受到陕西派小经的影响。明末清初,陕西西安是穆斯林文化的教育中心,胡登洲及其弟子倡兴经堂教育,各地学子负笈求学于西安。胡门派的创始人也是在乾隆时期到西安求学[1]。所以西安作为中国穆斯林文化中心影响周边地区是情理之中的事,但咸丰、同治年间回民起义失败后,西安穆斯林文化中心地位丧失。而河州在历史传统的基础上,逐步确立了中国穆斯林文化中心地位,并延续至今。虽然陕西西安的中心地位丧失了,但作为一种流派并未因此而衰落,相反影响了陕西穆斯林的移居地,如平凉、张家川等。而作为新崛起的文化中心河州,在小经文献的翻译、出版中,不遗余力。今天看到的小经文献,绝大部分是出自河州(临夏)。因此,形成了两大流派的小经。

陕西派小经和河州派小经除了小经本身具有的一切特点外,其各自还有自身特点。

(1)陕西派小经特点:一是文本中使用大量的波斯语词汇,尤其波斯语介词、动词颇多。据不完全统计,有700~1000波斯词汇经常被使用。文本中有时一行几乎全是波斯语词汇。但这些词汇和《回回馆来文》的所谓"波斯文"一样,不遵循波斯语语法规则,而是遵循汉语语法规则。二是构词时,波斯词和小经(汉语)合拼,构成一个词。如"头畜"拼为"sar chuu"[2]。"sar",波斯语义为"头",即身体的最上(前)部分。"chuu"为汉语"畜",二字相合,构成一词。这种构成方式为"异音异义"法。汉语中"头"还有"首"之义,并且有词缀的功能,如"石头""木头",但陕西派小经根本不考虑这些"头"字与表示"首"之意的"头"的差别,仍以波斯语 sar 表示之,如 shiy(shi) sar 石头、tiy(ti) sar 剃头[3],均用"sar"(头),而前一词"头"为词缀;后词"头"为人体最上部分,含义有别。从取字看,"shiy sar"为"同音异义"法。此处的"同音"是指翻译后的汉字音读,而并非指波斯本字。上述类型的构词法是陕西派小经最显著的特点之一。阅读其文本,不可随意拆解词语,否则就无法了解其

〔1〕佚名:《哎布则的道路是古教》(油印本),胡门内部,1988年。

〔2〕王洪祥:《伟嘎业前两册带序字典》,1937年,第67页。

〔3〕王洪祥:《伟嘎业前两册带序字典》,1937年,第88页。

义。同时,还将波斯词义还原到此派所理解的语境之中,不可按现行字、词典的解释来理解,如"kitāb",现代词典解释为"书",而陕西派则解释为"经",那么"经典"就可以拼为"kitāb diyaan",而且凡是读音为 jin(g)的汉字,小经均书为"kitāb"。《回民起义》中的《纪事》,将"泾阳县"就书为"kitāb Khurshīd"[1],这种构词法较为独特[2],它是将波斯、阿拉伯语和汉语词汇结合而成。有时完全为波斯、阿拉伯语词汇,但不能按原词义去理解,而是翻译成汉语词汇音读去理解。这是读通陕西派小经最重要的一把钥匙。若是掌握了这条规律,阅读陕西派小经无疑带来诸多的便利。三是语法上喜用动词的过去词干,如"āmad"(来)、"guft"(说)等。整个句子连词喜用波斯语,如"agar"(如果)、"likin"(但是),而且句法有汉语和波斯语混合的特点。

从陕西派小经特点看,波斯语的影响要大于阿拉伯语,这和历史真实是相符的。因在陕西派经堂教育中,包括后来从陕西派分离出来的山东派,都重视波斯语教学,甚至有人专攻某一部波斯语经典。这也说明波斯语作为前母语潜在地影响着穆斯林。

如果读通了陕西派小经,反过来再读《回回馆来文》,会发现两者在语法、词汇和拼写上有共同性,说明陕西派小经和元明时代入华回回人传承的波斯语有一定渊源关系。

(2)河州派小经特点:一是文本基本按当地口语拼写。内中只有常用的波斯语词汇,如五时拜名称、七曜日名称等。几乎不使用波斯语动词和介词。二是相比之下,阿拉伯语词汇数量要比波斯语多,且不乏生僻的阿拉伯语词汇。三是构词时,阿拉伯语和小经(汉语)词汇结合,且阿拉伯语词义遵从原意,不发生大的变化。现代词典中解释的阿拉伯语词义就是小经文本表达的词义。阿拉伯语和小经词汇结合时,一般要用一个"di 或 diy"(的)连接,如 shin rin(按:表示普通话的 sheng ren,

---

[1]白寿彝:《回民起义》(3)扉页正文第9行。

[2]取同音字在明"四夷馆"和清"四译馆"是常见的。见刘迎胜:《〈回回馆课集字诗〉回回文研究》,载《文史》1999年第2辑,中华书局,1998年,第287—305页。

即圣人)di hadīth 圣人的哈迪斯(圣训)[1]、qiyāmah di reh(按:表示汉语拼音 ri,即日)zi 复生的日子[2]。四是语法基本遵从汉语的表达习惯,但受到阿拉伯语语法的影响。这说明在河州派小经中阿拉伯语的影响要大于波斯语。在河州经堂教育中以阿拉伯语为主,而只有少数学问精深者才会进一步学习波斯语。这一点恰在小经文本中有所反映。从今天获得的小经文献看,河州派小经通俗易读,适合于一般穆斯林对宗教基本知识的了解和生活、交往的需求。而陕西派小经则难读,必须掌握一定的波斯语、阿拉伯语和相关的拼写规则,否则读通是不可能的。由此,陕西派小经主要流行于阿訇和掌握一定波斯语、阿拉伯语的人群中。以此观之,河州派小经也可称之为"俗小经";陕西派小经也可称之为"雅小经"。

从历史上观之,陕西派小经和元明波斯语有一定的继承性。而河州派小经则远离原母语,是比较纯粹的阿拉伯字母体系的汉语拼音文字,早期的拼写文本中几乎不加入汉字。但陕西派小经则使用汉字。这说明陕西派小经使用者中,汉文的影响要比河州派小经大。

虽然两派有区别,但在拼写汉语的基本规则上是相同的,大致的书写也是一致的。了解两大派系的小经,对辨认、阅读、理解文本会提供诸多便利。

探讨小经的名称、拼写拼读方式、历史演变和形成的流派,使我们对其有了大致的了解,并为对其深入研究奠定了一定的基础。以往学者对小经做一般性的介绍,未深入小经文本之中,而笔者对所掌握的文献进行了初步的阅读,在此基础上做了探索性的研究,内中有许多不足之处,望学者批评指正。

(此文原刊于《西北第二民族学院学报》,2005 年第 3 期,第 10-16 页)

---

〔1〕佚名:《穆民教诲》(小经)(Al-nisa' al-nafīsah fi ikhwān al-'agfīdi salā lif dagh),第 4 页。末署 Iburāhīm bin bakir,1953 年 5 月 10 日,出版地不详,穆斯林书店 2000 年 10 月影印出版。

〔2〕佚名:《探比海》(阿文小经,Tanbīh al-ghāfilīn 意为"惩罚的忽视")民间印本,出版年月、时间不详,第 57 页。

6　关于经学文献印行的考察

——以小经《开达尼》版本为例[1]

通过民间文本方式传承伊斯兰教基本知识是中国穆斯林宗教知识的传播方式之一,承担着自身文化相沿的内在使命,进而延续着自身的文化血脉。《开达尼》是一部民间印行的宗教文本,学者发表过一些研究成果,但大都止步于介绍,学术价值不是很高。本文力图进入文本,对其文本的刊行、翻译、版本流变、校勘等相关问题加以探讨,借此说明中国穆斯林民间知识传播的传承方式。但由于我们学力有限,其中有些问题仍期待方家的后续研究。

6.1　《开达尼》名称及其相关问题

《开达尼》是一部反映伊斯兰教基本教义的著作,尤重于礼拜之法,流传的版本有五种以上。该书的阿拉伯文本何时辑成,仍没有一致的看法。而目前所能见到最早的小经《开达尼》是1898年刊印的,最晚为1988年的民间印本。

6.1.1　关于《开达尼》的名称问题

最初研究这一问题的是安继武先生。他称:"'忾达尼'一词在这里具有'汇集''辑录'等含义。"[2]但笔者查阅了相关的阿拉伯语、波斯语词典、百科全书,"Kaidān"(开达尼)[3]一词,未有此义,不知安继武先生

---

[1]本文得到国家社会科学基金项目"伊斯兰教民间小经文献研究"(12XZJ012)的资助。

[2]安继武:《〈忾达尼〉与回族语言文字》,载《回族研究》,1995年第4期,第80—82页。

[3]说明:有些阿拉伯文、波斯和小经文本原是有阿拉伯字母和音标符号拼写的,因打印技术问题,略之,请读者见谅。

所据何来。因此只好另寻答案了。

笔者在互联网搜索到了有关《开达尼》的一些信息,称这本书是由鲁式法刺·艾勒·那色费·艾勒·法底勒·艾勒·开达尼(Lutfallah al-Nasa-fi al-Fadil al-Kaidani)所著,称《开达尼教法之书》(*Kitāb Figh Kaidān*),从他的名称族谱可知其在粟特地区的那色波[1]开达尼村,其书名称为《开达尼》。瑞典仑德大学亚林(Jarring)新疆抄本文献藏品的内容提要中称开达尼殁于伊斯兰历750年(1349—1350年),至于作者经历、成书时间则没有更多的交代。亚林新疆抄本文献提要提到这本书的扉页还有维吾尔文,文本主要是用阿拉伯文书写,其次为波斯文。此外还提到有乌孜别克文译本。同时也介绍了大致的装帧。这个本子大约是19世纪晚期的抄本,该本子很可能就是《开达尼精华(*khulūsuh fiqh kitāb*)》转译本。《开达尼精华》是1689年奥斯曼突厥人阿卜杜·萨拉穆·阿扎克亚尼将《开达尼教法之书》中专门论述基本信仰和礼拜的内容撮为一书,在君士坦丁堡出版的[2]。但虎隆[3]认为《开达尼精华》就是后来流行的小经《开达尼》的“蓝本”(应是底本),实际上这种说法是不准确的[4],因在中亚有很多突厥语族语言抄本流行,很难说此本就是君士坦丁堡版的本子,本人未寓目此本,不敢妄断,但为察合台文(突厥语)本子是不误的。

前文19世纪晚期的抄本于20世纪30年代为若夫·古斯塔夫·阿伯特(Rev. Gustaf Ahlbert)在喀什所得,后转赠给古纳尔·亚林(Gunnar

---

〔1〕那色费说明作者为那色波人,而那色波见《新唐书·西域传》卷221,并称:“亦曰小史,盖为史所役属。”中华书局本。《元史·地理志·西北地附录》卷63作那黑沙不(Nakhshab),中华书局本。《世界境域志(*Hudūdal-ʻlam*)》第114页称:“那色波是有耕地的很舒适、惬意的城市。一条河穿城而过。”米诺尔斯基(Vladimir Minorsky)译,伦敦,1970年。由此可知,此人应该出生于那色波附近地区,不应像有些学者所说是在布哈拉附近。

〔2〕虎隆:《也谈“消经”开以达尼》,载《回族研究》,2007年第1期,第94–100页。《本土知识的全球意义:文明对话国际学术研讨会论文集》,内部资料,2006年。

〔3〕虎隆对本人的初稿提出了诸多批评意见,对进一步修改文稿有颇多裨益,同时我也吸收了他的研究成果,在此特别致谢。

〔4〕虎隆:《也谈“消经”开以达尼》,载《回族研究》,2007年第1期,第94页。《本土知识的全球意义:文明对话国际学术研讨会论文集》,内部资料,2006年。

Jarring），而后亚林在1982年捐献给了仑德大学。亚林新疆抄本文献藏品对文本本身的具体内容谈及不多[1]。而伦敦大学亚非学院、耶路撒冷犹太人与国民大学图书馆、伯明翰瑟利·奥科学院图书馆联合收集了大量有关伊斯兰教法方面的原始文献，并着力影印出版，《开达尼》也在其中。书名为 *Matalib al-musalli* 又称 *fiqh al-Kaidani*，即《开达尼教法》，作者就是鲁忒法剌·艾勒·那色费·艾勒·法底勒·艾勒·开达尼。该书保存于伯明翰瑟利·奥科学院图书馆，序号为明伽纳藏本 Mingana.ms. no.268（1061I）和 ms. no. 269（1061II）。前一藏本简称 MA 本，后者简称 MB 本。MA 本缩微胶卷序号为 Mf1，MB 本为 Mf1-2。MA 本的抄写时间为伊斯兰教历750年（1349年），也就是艾勒·开达尼去世的当年，应是初本。MB 本的抄写时间为伊斯兰教历1080年（1669—1670年）。MA 本共8页面（leaves），MB 本为76页面（leaves），二本均为阿拉伯文。MB 本附有闪萨丁·M·艾勒·库黑思滩·艾勒·撒马答尼的注释。此人卒于伊斯兰教历953年（1546年）。该书被归入哈乃斐派的教法书中[2]。从这两条材料大致可以推知《开达尼》成书于13世纪末到14世纪中叶。

从内容来看，*Matalib al-musalli* 是一本有关伊斯兰教基础的著作，因而又称 *fiqh al-Kaidan*——《开达尼教法》。这在《开达尼》小经各印本中有反映。灵州本（塔什干本）、上海本和民间本称"*Kaidān kitāb*"，意应为"开达尼之书"。而民国本（有1981年翻印本）和胡门本汉字书为"废各亥·开达泥"，阿拉伯文为"*Kaidānī fiqh*"，意为"教义学之书"。民国本扉页阿拉伯文又书为"*khulūsuh fiqh kitāb*"，意为"精华教法之书"。从16世纪闪萨丁的注释来看，中世纪的穆斯林学者较重视此典籍。闪萨丁阿拉伯文注释本于1884年在塔什干翻译成波斯文并出版。

笔者虽未寓目上述 MA 本和 MB 本，但从保留的叶面来推测，小经《开达尼》是应出自同源 MB 本的中亚突厥诸语本，而不应是 MA 本。因 MA 本只有区区8页面，和小经《开达尼》的阿拉伯文相差较远，而 MB

---

〔1〕见 http://laurentius.lub.lu.se/jarring/records/present.cgi?file=./Jarring234.xml，2004年1月。

〔2〕见 http://www.idc.nl/faid/441faidb.html#c0103，2004年1月。

本和小经《开达尼》的内容相当,但灵州本却称是一种"突厥语"本子翻译而来的。图6-1为《开达尼》的源流图。

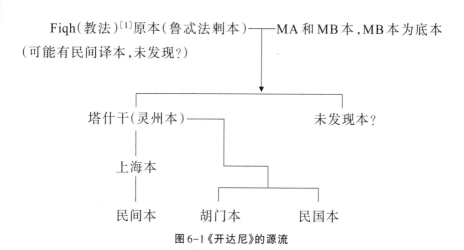

图6-1《开达尼》的源流

6.1.2 《开达尼》印行时间与翻译问题

《开达尼》阿拉伯文本何时印行值得探索,小经其他诸本均未提及阿拉伯文原本成书年代,唯民国本上下两册均有著书时间。这本书上册称"在沙皇陛下(Sultan al-Saladin Ilaya)恩准下,塔什干布尔·苏非印刷厂印行(Bur Suf Bulbuldah al-Tashkanddīyah),求真主保佑他的国家(Sayyati Abadallah Dawllah),于正统西吉来(回历)"S.L.A.M."。阿拉伯人、波斯人喜欢用某个字母代表一个数字,其数字相加则是所处的年代。其中S代表90,L代表30,A代表70,M代表结束。意为正统西吉来(回历)190年。其下册纪年为"S. A. M."代表30年的L或被遗漏。这个时间显然有问题,而且布尔·苏非印刷厂所印原书是哪个年代的本子无法确知,但小经《开达尼》译本的来源和时间是清楚的。依据塔什干本的前言和后记可知,该本是从察合台语(原后记中所谓的突厥语)文本在伊斯兰历1316年(1898年)翻译而来的。

---

〔1〕Fiqh多指伊斯兰教教法,后凡涉及此类内容的书籍名之为书名。此种书名的书籍有100种以上。

《开达尼》的翻译问题。安继武称:"《忾达尼》是1898年新疆的一位阿訇(即灵州马,经名穆罕默德·沙里哈·孜汶迪尼)编译成书,并于1899年在苏联(沙皇俄国)塔什干石印出版的一部经书。"[1]目前所见小经《开达尼》如前文所说是伊斯兰历1316即1898年翻译完成。这一翻译时间在塔什干本和上海本末页均清晰可见,而不是安继武所说新疆的阿訇编译的。其翻译者实为中国灵州人法吉儿·穆罕默德·沙里哈·孜汶迪尼·亦思枚儿(al-Faqīr Muhammad Salih Ziyay al-Din Bin Is-ma'il)。这里未提及马,而安继武转写姓氏有缺漏。查同治回民起义可知,灵州(今宁夏灵武、吴忠一带)是哲合忍耶门宦主要的活动中心之一。起义失败后,有不少的灵州人随白彦虎逃亡俄国。在俄境,白彦虎内部发生了分裂,很大程度上是因教派之争引起的[2]。1895年河湟起义失败后,在马骥领导下的一部分哲合忍耶信徒被清政府安置于今库尔勒开都河沿岸,即今焉耆县。焉耆县的哲合忍耶信徒主要属板桥支派,其热依斯(教权代理人)由马进西委派,并在马骥的后裔中传袭,以焉耆县城中坊寺和大东寺为活动中心。1949年前哲合忍耶派寺院的阿訇均施行教主委派制,那么,每一个哲合忍耶派寺院的阿訇应属该派。安继武称:"作者原籍是灵州人,新疆同族习惯称他为'灵州马'。""据说他的后代仍在焉耆回族自治县,一个儿子1940年前后曾是焉耆灵州寺的掌坊阿訇,当时已年过半百。"[3]如果此说可信,焉耆灵州寺掌坊阿訇必属哲合忍耶派,是由当地热依斯委命,而此地的哲合忍耶派同俄境的哲合忍耶派保持密切的关系,俄境灵州人的后裔到焉耆掌坊也不是不可能的。但灵州寺今名如何称法尚未查实。由此确知,《开达尼》是清甘肃省灵州人所译,但是不是灵州马姓所译尚难确断。为求稳妥,灵州人所译本,本文中不称灵州马本,只称灵州本。这一本子翻译两年后,即1899年8月14日取得圣彼得堡沙皇政府书刊检查许可,于伊斯兰历1322年(1904年)在塔什干布尔·苏非印刷厂出版。因而灵州本又称塔

---

[1]安继武:《〈忾达尼〉与回族语言文字》,载《回族研究》,1995年第4期,第80-82页。

[2]丁宏:《东干文化研究》,中央民族大学出版社,1999年,第222-223页。

[3]安继武:《〈忾达尼〉与回族语言文字》,载《回族研究》,1995年第4期,第80-82页。

·欧·亚·历·史·文·化·文·库·

什干本。今天看到的 1954 年上海影印本是据塔什干本刊印的。

6.1.3 《开达尼》主要内容

《开达尼》的内容主要谈及伊斯兰教基本信仰,包括信仰(Imān)、德性(Khaliq)和礼拜应遵守的准则,包括净礼、洁服、洁处、时间、朝向、举意;礼拜的仪规,包括端立、举手、诵经、鞠躬、叩头、跪坐;礼拜的性质,包括主命拜或称天命拜、圣行拜、当然拜和副功拜等;礼拜的类别,包括一日五时拜、聚礼拜、两节会礼等。礼拜是穆斯林的"五功"之一,也是苏非派"四乘"中教乘的主要内容。遵守教法的苏非派认为完美的教乘(包括礼拜)才是通向道乘的必由之路。无此,谈不上道乘,而且礼拜的每一个动作和行为都具有特定的含义,并是达到真主恩赏的一种途径。对此《开达尼》中有极其详细的说明,甚至有时不厌其烦。但版本不一,所收内容亦有差异。塔什干本、上海本和民间本收录内容最多,有 27 章(门)以及前言和后记。其次为民国本,有 10 章(门),主要删去前 3 个本子上册和中册的内容,但不尽一致。收录最少者为胡门本,只有 10 章(门),取灵州等本的前言和下册前 7 章(门)。从《开达尼》的内容来看,是为初学伊斯兰教教义编写的书籍,文字简洁而通俗,便于使一般人掌握,但内中有不少重复之处。这本书的内容很可能采自不同书籍。

6.2 关于《开达尼》的版本问题

6.2.1 《开达尼》不同版本名称浅释及其源流

各本名称浅释:灵州本(塔什干)为灵州人翻译印行。此本印于塔什干,笔者将此本称之为塔什干本,其相关内容前文已述。此本 32 开,全书分三册,各册有独立标示的页码,无全书连续页码。上册 96 页,中册 35 页,下册 56 页,共 187 页。

民国本:笔者因该书刊印于 1935 年(民国二十四年)而名之。此本为 16 开,手写体油印本,无出版地。上下两册,上册 100 页,下册 64 页,共 164 页。1981 年重印。

上海本:笔者因该本刊印于上海穆民经书社(1954 年)而名之。汉译名为《回教教条》。版式基本同于灵州本,32 开,分 3 册,共 151 页。每册将原刊印者和完成者略去,填补了自己的刊印地和时间。

胡门本:因该本扉页有马伏(福)海(胡门教内称胡子太爷)的题诗而称之。一册,16 开,173 页,1981 年手写体油印本,无出版地。此本跋文中,称是来自俄罗斯国。

民间本:因刊行于民间而命名。16 开,分三册,共 133 页,似影印。1988 年翻印。内容和灵州本基本接近。第 108 页有翻译时间(1316/1897 年)和翻译者,看来和灵州本同源。这个本子影响极为广泛,在市面上看到的,就是该本,也有印刷体打印本。

《开达尼》版本的源流。先为鲁式法剌·艾勒·那色费·艾勒·法底勒·艾勒·开达尼(Lutfallah al-Nasafi al-Fadil al-Kaidani)所著的阿拉伯文《开达尼》(简称鲁式法剌本),后形成 MA 和 MB 本,MB 本形成了君士坦丁堡本(阿扎克亚尼缩写本)和中亚诸语本。从中亚诸语本衍生为灵州本(塔什干本)。从灵州本又有了上海本和民间本。民国本和胡门本非全本,而是节本。民国本和胡门本也是源自塔什干本。由此可见,今天能见到的不同版本《开达尼》是同源的,但由于印刷地、书写、出版时间、不同方音、不同教派、内容多寡不同而形成了差异。

6.2.2 《开达尼》不同版本装帧

灵州本(塔什干本)封面阿拉伯文书为 Haza khulūsuh al-Fiqh al-Kaidani Bilimani as-Sinni,意为"此为中文开达尼教义学精华"。扉页最上方用阿拉伯文书有先知穆罕默德的至理名言:Qala-Nabbi 'Alaihi as-Salam Utlubu al-'Ilma wa Law Bi al-Sinni(先知说:即使知识远在中国,亦当求之)。扉页用阿拉伯文书有译书的目的、译者、刊印者姓名和时间。最下方为俄文书写,有出版地和出版时间。后记(跋)有 2 页,前部分为赞主赞圣辞,后部分谈及翻译的目的、翻译者和翻译时间。

上海本封面缺,扉页前半部分和灵州本相同,下半部分填补了自己的出版社和出版时间,最末书有"上海穆民经书社发行(西藏南路恒茂里七号)"。后记和灵州本完全相同。

民国本封面采用普通16开白纸。最上方阿拉伯文书 Bismi-llahi ar-Rahmani ar-Rahimi,意为"奉至仁至慈的真主之名"。次之,从右向左书"废各亥·开达泥"。中框用阿拉伯文书写为 Kaidani。下方右大字体书"全阿",左书"民国贰拾肆印有(又)于壹玖(捌)壹印"。整个封面以双线为框,采用穆斯林常用的花草图案和"桃形"装饰,并以普通油墨勾勒,图案简单粗糙,缺乏美感。扉页上半部分,除书写上文名句外,还书 Al-Awala Fiqha Kitābu(教法学之书第一部分)。其下和灵州本相同,著译者名。下半上方阿拉伯文书 Khulasahi Fiqhi Kitābu(教义学精华之书)。下方为前书《开达尼》而后介绍的出版者、准许印行人、完成人和时间。上册无后记。下册的前言除完成时间不同外,其余完全相同。后记只有赞主辞和"'教法之书',至此停笔",余无文字记录。

民间本封面采用普通彩色纸张,常见有黄色、蓝色等,用较精美的花草图案装饰边框。上方花草环抱中阿拉伯文书写为 Kaidani,中间方框书写为 Kitābu。下方汉文书《小经开达尼》。整体图案赏心悦目,富有美感,可视为小经封面装帧的上乘之作。无前言。第一册结尾有赞主辞和前文穆罕默德的那句名句。第二册有一长篇前言。谈及真主的德性和个人的功修问题[1]。此册末记有"这本书是伊斯兰历1316年4月翻译完成"[2]。第三册有一简短的前言,末有赞主辞和祝愿辞,在右下角书铅印汉字"戊辰年"。最后为目录,而其他版本皆无目录。

胡门本封面采用普通白纸,用油墨双线条勾勒大方框。其上方为胡门的标志性建筑——八卦亭,意为八座天堂。亭尖汉文从右至左书为"废各亥·开达泥"。背景为半轮初升的太阳,中央为花草和条纹装饰边框,中阿拉伯文书 al-Thani Kitabu(书之第二部,即《开达尼》第二部分,是按灵州本为序,实际上这种"书之第二部"的称法不准确。因胡门本是将它本的第二部前言和最后一部分合集而成)。扉页有马伏(福)

[1]佚名:《开达尼》,第43~51页,民间印本,出版地和出版时间不详。

[2]佚名:《开达尼》,第109页,民间印本,出版地和出版时间不详。

海(教内称胡子太爷)一首用小经抄写的苏非诗。此诗是这本书最有价值的部分,是研究马伏(福)海思想以及我国苏非派极其重要的参考资料。众所周知,我国苏非门宦教主极少留下表达自己思想的著述。此作尤显弥足珍贵。页末有小经款,字迹潦草,不易辨识,似书为"胡太师巴巴是瓦里亚(圣者)"。

6.2.3 不同版本书写体、版式对比

印刷 从印刷质量、书写规范来说,灵州本(圣彼得堡本)包括塔什干本质量为优。其书写清晰,错字、衍字、漏字少,并采用了波斯、印度、中亚较流行的 Ta'liq 体[1]。这种书写体往往将阿拉伯书法行书和草书结合,字迹秀雅,清新爽利,易于拼读。Ta'liq 体书写的这些小经本子是一幅幅优美的书法作品,加之石印,富有美感。上海本和灵州本(塔什干本)书写体基本相同,唯笔墨粗重一些。民间本采用中国穆斯林传统木笔——盖蓝(Qalam)书写,基本清晰,亦属 Ta'liq 体。总体看是中国穆斯林民间书法艺术的上乘之作。但和灵州石印本相比,字迹粗粝许多,且不够流畅。有时连写和音点不甚分明,在拼读时,往往带来比较大的困难,而 Ta'liq 体的特征是显明的。就印行质量而言,在民间印行的小经文献中也属上乘。

体式 民国本和胡门本均为手写油印本。书写体现了我国穆斯林民间传统风格,简洁、单纯、朴实,仍有 Ta'liq 体的影响,和灵州本有一定的距离。这种书写体在西北穆斯林中甚为流行。印刷质量较差,错字漏字现象十分严重。这一问题要在后文校勘部分做讨论。所采用的体式说明中国穆斯林的书写体系属于波斯、中亚系统。这和中国内地穆斯林的历史来源是相符的。众所周知,中国内地穆斯林先民的主体来自波斯与中亚,而不是来自阿拉伯地区。上述书法资料证明,他们入华后仍与波斯和中亚保持着长期的文化交流关系。

版式 灵州本(塔什干本)采用 32 开,每册首页具有中亚风格的精美花草图案和几何图案。书中加有单线或双线边框。书写继承阿拉

〔1〕Thomas Patrick Hughes: *Dictionary of Islam*, Published by Cosmo Publications, second Cosmo reprint New Delhi, India 1978, p.692.

伯、波斯人的传统,从右向左。每册页码的排列亦如是,无整书页码。页码采用穆斯林传统的阿拉伯文标页法,每页结束时将下一页的第一字书于当页的左下角,像 neh(那),这是穆斯林文献传统的连页书写方式。书的整体页码顺序从后向前和中国古籍文献的排列相同,与目前普遍所采用的页码相反。上海本和灵州本(塔什干本)版式基本相同,唯页码次序从前至后,并有连续页码,使用通行的阿拉伯数字标于页面下方。民间本采用16开,每册首页有花草图案和几何图案,但水准比灵州本逊色许多。书写同于以上两版本,标页同上海本,书于页面上方。民国本和胡门本书写同于灵州本,标页同于上海本,唯从后向前为序。

6.3 《开达尼》与校勘的问题

笔者对《开达尼》的校勘目的在勘比不同本子之间的优劣,即所谓"活校"[1]。我们是以上海本为底本进行比勘的。原因在于:第一,此本为塔什干本的影印。笔者通过比对发现,这个本子除了前言出版说明外,和塔什干本完全一致。第二,上海本比塔什干本要清晰。因笔者所获得的灵州本(塔什干本)是几经辗转复印的本子,许多字漫漶难辨,不利于校勘。

校勘方式为:一是以上海本为底本,并参照其他诸本,以考察各本之优劣;二是主要参校《开达尼》的第二部分。因有些本子如胡门本只收录了《开达尼》的第二分册,重点置于此部分,以便涉及更多的本子。三是因校勘的意图在说明问题,受篇幅限制,未将所有问题悉数列出。

6.3.1 《开达尼》民间油印本严重的衍字、误拼、脱漏等问题

衍字:上海本86页第1行只有一个"zay"(在),而胡门本52页第2行多出一个"zay"(在)。上海本92页第3行"因为"前本无"taa"(它),而胡门本64页第3行多出一个"taa"。这类衍字在民间油印本较为常见。

误拼:上海本70页第8行的"Yi ba'e(er) di"(一半儿的),在民间本

---

[1]顾颉刚:《尚书的版本源流与校勘》,载《中国典籍与文化论丛》,第2000年第5期,第1-46页。

51页倒数第1行拼为"yi ba 'zi"（一把子），完全失其本意。

脱漏：和上海本相比，民间印本中有时存在一整句或段落脱漏的现象，尤其胡门本中几乎每隔几页就有几行字脱漏的现象。上海本83页倒数第3行到第4行：

（di）Shi yi qiyeh（qie）wājbu di yi ba 'e di si（shi）na ge，taa wiy du yiqeh liwo namāz di rin（ren）di，（的）实一切必须的一半儿的是那个，他唯独一切落（获得）礼拜的人的，［文义为："确实，（遵循）所有必需的（条件），一方面就是那些长期坚持礼拜的人。]这段语句在胡门本中已脱漏。

又，上海本96页第6行：

liwo namāz di rin（ren）di，Taa de leh（le）imān leh，yu taa ghin（gen）ciy leh，zhiy ge sajdah，lin（g）yi 'e di zuwo 落（获得）礼拜的人的，他得了信仰了，与他跟（跟随）次了这个叩头，另一儿的做。［文义为："坚持礼拜的人，他获得了信仰。（礼拜时）还要跟随（领拜人）叩头，（或自己）叩头。"]这段语句同样在胡门本中被脱漏。这种现象其他民间油印本中也同样存在。上海本73页第7行"Baa niy mun（men）"（把你们）三字在民间本54页第5行被脱漏。

《开达尼》民间油印本衍字、误拼、脱漏等讹误极多，此处不尽言。

6.3.2 《开达尼》民间油印本随意窜改原本现象

民间油印本依据当地方音和拼写习惯随意窜改原本现象随处可见。这不是拼写或者抄写之误，而是未尊重原版原貌，可视为版本之大忌。

随意更换拼写字母：上海本第2页第2行"du"（独），民间本第1页第1行改为"duu"。上海本同上页第5行"qiy"（起）改为"tiy"。上海本第2页第4行"qiyeh"（切），民间本第1页的3行改为"thiyeh（些）"，"yu"（与）改为"yi"，一行改两个字。上海本第2页第7行"qin cay"（钦差），民间本第1页第7行改为"qin chay"。上海本第2页倒数第2行"de"（得），民间本第1页第7行改为"deh"。上海本第3页第1行"zi khio（hou）"（之后），民间本第1页倒数第4行改为"zhiy khio"（之后），即"z"改为"zh"。上海本第3页第1行"zhiy"改为"zhi"，"siy"（是），民间本改为"shi"。上海本第 3 页第 2 行"ghan zhe"（按照），民间本第 1 页倒数第 4 行改为"naan zhe"。上海本同页第 6 行"yun yiy"（容易），民间本第 3 页第 1 行改为"yun yi"。上海本第 3 页第 7 页"zhiy waang"（指望），民间本第 3 页第 2 行改为"zhi wang"。上海本 31 页第 2 行"funn"（分）民间本改为"fun"。这虽无拼写错误，但改变原本面目。上海本 31 页第 7 行"leh"（了），民间本第 23 页倒数第 5 行改为"liyao"（了）。上海本第 31 页倒数第 4 行"wo mun"（我们），民间本 23 页倒数第 2 行改为"woh mun"（我们）。在民间本中几乎每页都有随意窜改原版的现象。这种现象在其他本子中也存在。上海本 74 页第 2 行"zhinzhin(g)(zhen zheng)"（真正），胡门本 29 页第 2 行改为"zhin zhinn(g)"。上海本 74 页第 4 行"qinbun"（勤奔），胡门本同上页第 4 行改为"qin buwu"。上海本 74 页第 5 页"qalb"（心，朝向）无标元音符号，而胡门本 29 页第 5 行改为"qalbu"。显然最后一个字母不应该加合口符号，因小经文本中，该词和前词无修饰关系，但原文则存在修饰关系。这说明抄写者并不了解这种语法关系。上海本 45 页倒数第 4 行"diy thiyun"（弟兄），民国本 80 页第 2 行为"di thiyun"，是又漏又改。

随意改译文本使用词汇：上海本 71 页 7~8 行"Yu khuftan di waqt si cun(cong) shafaqa di buzay shaang qiy"（与虎夫坦［宵礼］的瓦咖［时间］是从沙法噶［晚霞］的不在上起。）而民间本 52 页倒数 5~6 行拼为"Yu khuftan di shikhio shi cun(cong) khunqiy buu zay shaang tiy"（与虎夫坦的时候是红气［晚霞］的不在上起。）即：而宵礼的时间是以晚霞的消失为准。

此处将"waqt"译为"shikhio"（时候），将"shafaqa"译为"khun qiy"（红气，晚霞），"qiy"（起）改为"tiy"。这虽未改变文本之意，但有失原版风貌。

这种随意窜改的现象在穆斯林出版物中是较常见的。对此，陈垣先生说："凡考证家引用古书，为行为方便，删节字句，原无不可。然不能任意改窜，仍出自原书，眩人耳目。又一代有一代译名……后人翻刻古书，应仍原译，或附注说明亦可。然不能任意改窜原文，致失原来面目。今回教人翻印书籍,辄任意增改。""凡此皆考究回教史者当注意。并望回教人士,此后翻刻书籍,应保守原本毋改也。"[1]陈垣先生所论当是。但对小经文献不同本子的比对发现任意窜改者皆是。为什么会出现这种窜改?笔者以为首先就是抄录者为了适应当地方音和阅读习惯,进行窜改。上海本(塔什干本)是灵州人翻译的。从语气风格看,具有新疆回族、中亚东干话的特点,如"leh"在河州话改为"liyao"(了)。抄录者的意图就是让当地人易读易解,殊不知此一改大失初本原旨。第二,即抄写者为了"省"笔,将两个字母合写为一。此法亦失原版之本意。

通过不同本子间的比勘,清楚地看到,最优的本子应是上海本(塔什干本),其次就是民国本,再次为民间本。最差的本子为胡门本。胡门本之误不是漏字、漏句的问题,而是整段整段脱漏、错拼和窜改,可谓不可胜计。所以,文本校勘对于研究小经文献是不可或缺的。

通过对《开达尼》不同版本的研究,可以得出以下几点结论。

第一,不同本子之间有较多的差异。这种差异是由于抄写者抄漏或者有意窜改造成的。研究小经文献时,需注意不同本子之间的对比,选择最佳本子。这对文本的整体理解具有重要的意义。

第二,不同本子之间的差异,说明小经的地域特色。尽管有些小经本子同出一源,但由于方言的差异,不同本子留有各自区域的痕迹。这是研究当地语言学的重要资料。

第三,不同本子之间的对比,可以发现版本的流变。尽管有些本子有诸多的误漏,但和初本有必然的联系,内中的变化具有一定的取舍倾向,以适宜当地教民的精神需求。

不论从历史学的角度,还是从文献学的角度观之,研究小经的版本以及校勘问题都具有特别的价值,也对认识穆斯林如何通过文本印品传授伊斯兰教基本知识具有重要的参考价值。

(此文原刊于《北方民族大学学报(哲学社会科学版)》,2012年第4期,第118-123页。作者:韩中义,朱亮,钟文佳)

[1]陈垣:《明季滇黔佛教考(外宗教史论著八种)》(上),河北教育出版社,2000年,第230页。

7　小经文献初探[1]

7.1　小经文献与伊斯兰教信仰(Imān)

小经文献中的经学部分主要为伊斯兰教基本教义,而信仰问题又是其讨论的重点。因用小经译介、撰写的目的就是向那些未掌握阿拉伯文、波斯文和汉文的一般信教者传布基本的宗教信条以及其他的伊斯兰教知识。由于写作目的、读者对象之别,形成了差异。这种差异并不是说小经与汉文毫无关联,实际上由于共同的文化背景,存在着契合点。

7.1.1　作为唯一主——真主德性的论述与汉译穆斯林著述的比较

凡涉及伊斯兰教教义的小经文献,必有对真主德性问题的论述。这些论述是以《古兰经》为基础进行讨论的。在讨论时,其表述方式和汉译著述有共同点,也有差异。

Fauz annajāt nāme 对真主的德性论述为:

因为他(真主)不像一物,一物不像他。他是能听与能观的主[2]。

《回教基础》论述为:

为主是固有的。他的随法提(sifah德性)是固有的。他的随法

---

〔1〕本文得到国家社会科学基金项目"伊斯兰教民间小经文献研究"(12XZJ012)的资助。

〔2〕*Fauzannajātnāme*,甘肃平凉巴凤鸣女阿訇藏,波斯语和小经对照本,大16开,有450余页,民间出版,第11页。

提是真实的咱提〔1〕(dhāti),与他不是咱提(dhāti)的盖里〔2〕(ghīyrī),就照依一(yak,波)不是十,也不是十的盖里(ghiyr)。为主的凭本听的随法提是能听的,虽然不凭耳。与凭(bi,波)本观的随法提是能观的,虽然不是凭眼。与凭能言的随法提是能言的,不凭舌肉。与能知的随法提是能知的,因为他知道与见干功的一总,与先天的一切(ham,波)机密,虽然不凭心(dil,波)。与他在存(da-raz)〔3〕上(bar,波)永久的活是永久的,但(lakin,波)不是命。他是那个知,他凭自己的知(ilim)道每册(juzv)〔4〕与全本(kullī)〔5〕。与他凭自己的大能是大能的〔6〕。

这种语气论述真主的德性和汉文著述稍有差别。对同一问题,王岱舆论述称:

真主止一,元有无比拟,乃无始之原有,非受命之有也〔7〕。

本然之动静,若原知、原活、本观、本听、自能、自立之类是也。当知真主原知,不以心,全是知,故无所不知;原活,不以命,总活,故无所不活;本观不以目,全是观,故无所不观;本听不以耳,总是听,故无所不听;自能不以手,全是能,故无所不能;自立不以足,总是立,故无所不立。此之动静自与万类无干。

王岱舆还称"动静"分为"本然之动静"和"维持之动静"。前者就是真主的永恒存在,非创造的,本来就有的,即所谓真主的固有德性;后者即为真主赋予的暂时的存在,被造,非固有,后天之物。前者就是大依玛目·艾布哈尼发所说的"本体的德性";后者就是"行为的德性"〔8〕。

从基本主旨看,小经文献和汉文著述在论述真主的德性问题上并

〔1〕dhāti 即 dhāt,阿拉伯语,自身,本质,小经文献译为本然。

〔2〕ghīyrī即 ghiyr,波斯语,在……之外。

〔3〕dar 波斯语,在,介词。Az 波斯语,从,介词。两词合,取异音同义,为"在存",实义动词。

〔4〕juzv 波斯语,即《古兰经》三十册中的一册。

〔5〕kullī,实为原文 Kuliyyāt 误拼,波斯语,全本、全集。

〔6〕佚名:《回教基础》,河南郑州北大寺女寺杜淑贞藏本,第7页。

〔7〕〔明〕王岱舆:《正教真诠》(合刊本),余振贵点校,宁夏人民出版社,1988年,第19页。

〔8〕〔阿〕大伊玛目·艾布哈尼发:《大学》,满俩·阿里·贾利注,伊德译,中国社会科学出版社,2002年,第23页。

无差异,但两者的文化教育背景却有一定的差异。小经文献是纯"经堂语气",并未受汉文化写作方式的影响,而王岱舆采用了较通达的"儒语",且加进了宋明理学的色彩。"动静"之语是理学的重要范畴。所以有学者认为中国穆斯林对理学特别感兴趣[1]。此言不误。尽管受到理学的影响,但赋予了新的含义。同样,在刘智的著作中论述真主德性时,也有理学的影响。他说:

> 无物之初,惟一真宰之本然。至清至静,无方所,无形似,不牵于阴阳,不属于造化,实天地人物之本原也。一切理气皆从此本然而出。所谓尽人合天者,合于此也。所谓归根复命者,复于此也。是一切理气之所资始,亦一切理气之所归宿……真宰无形而显太极,太极判而阴阳分;阴阳分而天地成,天地成而万物生;天地万物备,而真宰之妙用贯彻乎其中[2]。

此为刘智对真主本然的论述和宇宙生成论的看法,显然有理学的痕迹。周敦颐在《太极图说》称:

> 无极而太极。太极动而生阳,动极而静;静而生阴,静极复动。一动一静,互为其根。分阴分阳,两仪立焉。阳变阴合,而生水火木金土。五气顺布,四时行焉。五行,一阴阳也;阴阳。一太极也;太极,本无极也。五行之生也,各一其性。无极之真,二五之精,妙合而凝……二气交感,化生万物。万物生生,而变化无穷焉[3]。

王岱舆、刘智译著的目的在于让不甚了解伊斯兰教者了解之,对象主要为儒者。所以在译著时尽量和"儒语"契合,使读者在较熟悉的语境中来认识伊斯兰教。由此,有些学者认为王岱舆、刘智学说中含有理学思想[4]。其实,这种认识和刘智等人的初衷不合。因刘智称:"是书

---

〔1〕李兴华:《经堂教育与伊斯兰教在中国的学说化》,收入西安伊斯兰文化研究会编:《伊斯兰文化研究》,宁夏人民出版社,1998年,第1—20页。

〔2〕〔清〕刘智:《天方典礼》卷1,清真书报社民国十一年刊本,第9页。

〔3〕〔宋〕周敦颐:《周子通书》附录《太极图说》第48页,上海古籍出版社,2000年。

〔4〕孙振玉:《论明清回回理学》,收入第十四次全国回族学研讨会《论文汇编》,中国吴忠,2003年9月,第450—458页。

(《天方典礼》)非为不知文者作也。""须是书者,必通习三教,未知吾教之礼者也。"[1]刘智著《天方性理》自序说:"天方之学,犹止行乎一隅,而非天下之公学也。"为了达到"天下之公学"的目的,他"谢绝人事,不惜倾囊购百家之书而读之。""僻居于山林间者,盖十年焉。恍然有会于天方之经,大同于孔孟之旨也。""经则天方之经,理乃天下之理。天下之理,而不使天下共闻之,而共明之,甚非圣人著经之意也。"[2]金天柱著《清真释疑》时,称:"天地之大,五方风气之异,语言、衣服、制度之殊,即中夏论之,皆有异同,何足乖张?惟是人纲人纪,悉于大同。"[3]汉译著述所阐扬的就是"教不同,理则同"的主张。而小经文献论及真主的德性的目的是宣扬伊斯兰教基本信仰,对象主要为一般穆斯林大众。基于这种原因,其采用的语言只能是通俗的语言,使所学者、所听者便于理解。

尽管汉译著述和小经文献谈及真主德性问题时,存在差异,但两者仍有关联。上述王岱舆、刘智自称用主流社会通行的"儒语"来撰写,但其中仍流露了"经堂语气"的特征,只是不明显而已。但有些汉译著述中经堂语气十分显明。《天方正学》论述真主的德性时称:"凭普慈今世独慈后世真主尊名起,真主奥乐乎[4],无始之原有,非受命之有也。最初无始,永远无终,乃主宰万物,为万物先天之原。"[5]"真主原知弗以心,全体知,无所不知也。原活不以命,全用活,无所不活也。本观,不以目,全体观,无所不观也。本听,不以耳,全体听,无所不听也。自能,不以手,全体能,无所不能也。"[6]这些和前文所引的小经文献中的语气较为接近。还有些汉文著作直接用经堂语气阐述伊斯兰教教义,最有

〔1〕〔清〕刘智:《天方典礼》,第6页。

〔2〕〔清〕刘智:《天方性理》,清真书报社十二年刊本,第25页。

〔3〕〔清〕金天柱:《清真释疑》,宁夏人民出版社,2002年,第20页。

〔4〕奥乐乎,Allāh 阿拉伯语,真主。

〔5〕〔清〕蓝煦:《天方正学》卷4《性命发微》,民国十四年北京清真书报社刊印,第1页。

〔6〕〔清〕蓝煦:《天方正学》卷6,第3页。

代表性的就是《耳目德汉译精华》[1]，其语气和小经文献完全一样，仅采用的文字不同而已。其文论述真主的德性为：

> 主是无似像，无如何的。同着他的一些大尊名，与同者他的一些大动静，与承领他的一些断法的一总。主是原有长在的。他是原有的。世界是原无的。他是古有的。世界的一总是受造的。在他的有上无始的。在他的永存上无尽。他是那个独一的。主在他上无有伙伴。他从妻子上是清净的，是无求的。但是板代[2]求祈的那个，如吃、饮、睡、行，主是从这一总上清净的。在他上无有位分。要诚信，主住位分，转成卡匪雷[3]。

小经文献对同一问题论述为：

> 呼大[4]是准有的。得力理[5]是，阿揽[6]的有者定呼大的有里。无有呼大者，万物不能够。诚信无，使不得。准有是呼大的归总本的随非提[7]。呼大是固有的。诚信新生，使不得。呼大是常在的。诚信朽坏，使不得。呼大是相反万物的，诚信似像、万物，使不得。呼大是本实自立的，不求祈位分，不求祈下位。呼大是在他的咱提[8]、随非提、非哎里[9]，单独独一的。诚信伙伴的有，使不得。[10]

认为真主的德性有8种：

---

〔1〕《耳目德汉译精华》(*Sharihalowfaayahghimdahal-ra'ayah*)，刘春园、马保山译于西历穆圣迁坛1332年(1913年)，天津清真南寺印，第19页。马源真、马德真重刊于回历1407年(1988年)。

〔2〕板代 bandi，波斯语，奴仆。

〔3〕卡匪雷 Kafir，阿拉伯、波斯语，异教徒。按：原每个汉字均加有口字旁。

〔4〕呼大 Khudā，波斯语，真主。也音译为"胡大""乎大"。

〔5〕得力理 dalīl，阿拉伯语，证据，依据。

〔6〕阿揽 `ālam，阿拉伯语，世界，今世。

〔7〕随非提 sifat，阿拉伯语，本质，德行。

〔8〕咱提 dhāt，阿拉伯语，自身，本然。

〔9〕非哎里 fa`al，阿拉伯语，执行，做，干办。

〔10〕佚名：《回教必遵》，小经汉文对照本，著者不详，16开，第9-10页。共80页，出版时间、地点不详，民间印行。

'ālim：知道（能知）[1]的主，诚信无知使不的（得）。hayy[2]：永（能）活的主，诚信死使不的（得）。qādir：大能（能够）的主，诚信无能使不的（得）。marīd：要为（能要）的主，诚信逼迫使不的（得）。samī'：通（能）听的主，诚信聋子使不得。basīr[3]：通（能）观的主，诚信瞎子是使不得。mutakāllim：能言（说）的主，诚信亚子是使不得。mukawwīn：教（能）有的主，诚信狂荡的是（不能有）使不得。[4]

又说：

> 呼大上没有头，没有尾。呼大光阴使不得，位分使不得，方向使不得。呼大不是体，不是本，不是肉，不是骨头，不是血，不是黑白的颜色。不是这一切物耳（儿）的改嘞（ghayyarih）[5]。呼大造化好歹使得。[6]

通过小经文献和汉译著述比较，可以发现两者在论述真主德性时，语言风格、运用词汇、教育背景、语气有一定的差异。由此表现了各自的特点，但这不能判定两者在论述同一问题时，文化背景上存在着断裂。相反，具有紧密的关系。

从上可知，虽采用的书写形式有区别，但共同性是显然的。这为了解伊斯兰教提供了另一个途径，也为把握中国伊斯兰教的全面性上获得了有益的帮助，进而为伊斯兰教的中国性获得了补充资料。

7.1.2 小经文献对基本信仰的论述与汉文著述的比较

信仰真主，并以此为中心展开的宗教礼仪、规范是穆斯林信仰的基石。小经文献对此多有论述，并将这些论述和汉文著述做比较，以探讨两者的关系。

归信真主。《回教必遵》称：

---

〔1〕佚名：《回教必遵》中的小经和汉文不合。括号内为笔者依据小经所加。

〔2〕hayy，阿拉伯语，活。

〔3〕basīr，阿拉伯语，看，观看。

〔4〕佚名：《回教必遵》，第13~14页。

〔5〕ghayyarih，阿拉伯语，更换，替换。

〔6〕佚名：《回教必遵》，第14~15页。

我归信了呼大。于(与)我归信了他的一切天仙。于我归信了他的经卷。于我归信了他的一切圣人。于我归信了后世的日子。于我归信了好歹的定夺,从呼大上来的[1]。

《回教基础》也说:

我归信主。与他的一切天仙,与他的一切经典,与他的一切钦差。归信后世的日子。与归信好歹的定夺是从主上来的。与归信死后的复活[2]。

两者间除小经使用的词汇和最后一项,其他均同。这在其他小经如《开达尼》、*Haqāyiqu* 中也有相同的论述。

关于"前定"与"后世"。这是《脱离之路》《探必海》《穆安比哈其》《山塔》等小经文献讨论的中心问题之一。伊斯兰教认为"一切善功都是以安拉的命令、喜悦、情愿、知识、意欲、判断、规定而存在的;一切恶行也是以安拉的知识、判决、规定、意欲而有之,但以他的喜悦、情愿和命令。"[3]伊斯兰教认为善恶是真主的前定,但善恶是可以改变的,是能动的。若一个为非者从善可得善报,入天堂;一个本行善者助纣为虐,必入火狱。即所谓"今世善者,遇恶报;恶者,遇善报"。[4]因而,伊斯兰教善恶观既有世俗层面的,也有宗教层面的。后者比前者更重要。

行善的第一要义就是礼拜。《探比海》称:

确实在纳玛孜(礼拜)里边,有样样种种的一些(一切)好的一总里。如此,按照它的条件着,交唤了的时候,清高的真主,凭着天堂着回赐哩。他应受样样的恩典里。他还搭救一些人哩。圣人(穆罕默德)说了"纳玛孜是教门的柱子"。他立起了纳玛孜的那个人,他立起了教门;与他撇了纳玛孜的那个人,他坍塌了教门。[5]

---

〔1〕佚名:《回教必遵》,第7—8页。

〔2〕佚名:《回教基础》,波斯语、小经对照手抄油印本,出版时间不详,16开本,2002年1月求得于郑州市城管北大街清真女寺杜淑贞阿訇处,第5页。

〔3〕《大学》,中国社会科学出版社,2002年,第89页。

〔4〕〔清〕马复初:《大化总归》,民国十一年刊本,第22页。

〔5〕佚名:《探比海》,(阿文小经,*Tanbīhal-ghāfilīn* 意为"惩罚的忽视"),(甲本)著者、译者不详,共47章,16开,后有目录,第29页。《探比海》(乙本)电脑排印本,16开本。本文之引文引自甲本。

在《开达尼》《杂学》《回教基础》以及汉文著述《正教真诠》《天方典礼》《五功释义》《择要注解杂学》等中也论述了礼拜,其目的就是使穆斯林遵从伊斯兰教的功课,并踏上求善之路。而汉文著述中多加入了世俗伦理的成分。所以王岱舆说:"'礼拜真主','礼拜君亲'。此自然之理也。中节之谓礼,礼其为人之本欤。"[1]又说:"是故日日礼拜,而感之不忘,且以此明人本来,净人过愆,指人归宿,增人功德,更令后世享全福之真赏也。"[2]刘智在其基础上进一步阐发说:"礼拜,近主之阶,归原之径也。"并以五行,理、象加以说明[3]。他认为"礼拜乃能尽善"。[4]"礼拜则尘清尽却,生人之本性见矣。本性见,而天运不息之几,与一切幽明兼备之理,莫不于拜跪起止间见之矣。礼拜则物我皆忘,身心之私妄泯矣。私妄泯,而忠孝廉洁之事,与一切尽已。尽物之功,莫不于恭敬对越时尽之矣。夫一礼拜,而其义蕴包举之广大如此,其事顾不重哉?故礼拜为吾民日用功夫之本也。"[5]因此,穆斯林认为礼拜是为善之本,是后世归宿的尺度之一。

小经文献认为,为善的第二点即为善行。除念、礼、斋、课、朝之外,还有怜悯之心和人文关怀。要喜爱自己的父母,善待孤儿,关心妻子,恭顺丈夫,拒绝高利贷等。在《山塔》有两章专门论及孝敬父母,喜爱父母[6]。说:"你们连一双父母行好事,那样的行好。""连一双父母行好,因为那个着,我们要知感父母调养了我们的那个恩典。若是父母不调养我们的时候,我们转成受伤的人呢。因此,圣人说:'他喜爱了他的一双父母的那个人,的实,他喜了经文;与他怒(恼)了他的一双父母的那个人,的实,他怒恼了经文。'"[7]在《探比海》有十条孝敬父母的准则[8]。

〔1〕佚名:《正教真诠》,第83页。

〔2〕佚名:《正教真诠》,第85页。

〔3〕〔清〕刘智:《五功释义》礼拜条,民国二十年刊本,第6页。

〔4〕〔清〕刘智:《天方典礼》卷6,第49页。

〔5〕〔清〕刘智:《天方典礼》卷6,第56页。

〔6〕佚名:《山塔》(下),民间印本,出版时间不详,第11-13页、第50-53页。

〔7〕佚名:《山塔》(下),第11页。

〔8〕佚名:《探比海》,第9-12页。

这些内容和中国儒家伦理纲常相契合。明清汉译著述者将伊斯兰教伦理观和中国传统伦理比照,阐述伊儒本通的主张。王岱舆说:"道德所以事主,仁义所以事亲。真忠者必孝,行孝者必忠,忠孝两全,方成正教。"还要身、心、命"三品皆备,奉亲于无过之地,使不堕于违逆之中,脱离还报之苦,更享无量之福。"[1]他的这种主张既有伊斯兰教的内容,又有儒家的特点,是连接伊斯兰教伦理和儒家伦理的纽带,是处于"中间地带"。所以汉译著述中又可以看到小经文献表达的思想。

一个人一旦完成了上述所言及的善功,那么就会成为小经文献所称的"清廉的人",就可以获得天堂的回报。相反,就会进入火狱。其惩罚是严厉的,甚至永远不得"脱离",即不能离开地狱。《穆安比哈其》中称:"他笑着干了孤纳赫(gunāh罪孽)的那个人是哭着入火狱哩。顺服了真主的那个人是,清高的真主把他笑着入给天堂哩。"[2]

穆斯林认为在后世每个人都要复生,都要受到清算,即小经文献所谓"打算"。依据每个人的善恶来判决,所以小经文献中言及清算的内容颇多,因此特别关注后世。因穆斯林认为今世是短暂的,后世是永久的。王岱舆如是所说:"尘世乃古今一大戏场,功名富贵,万事万物皆其中之傀儡也。"[3]为了免受惩罚之苦,必须节制自身的行为。《脱离之路》称:

> 复活是断定真歹。在它里边无设疑,在它里边设疑是卡非儿。然后清高的真主前辈、后辈的人哈,叫在阿尔撒提[4]的场儿里边哩。因为他们着,他立一个分道的称盘哩。凭着它着,他称他们的好与歹的一些阿玛勒[5]哩。既然好称盘重的人是得脱离的人;歹称盘重的人是折本的人。[6]

[1]佚名:《正教真诠》,第91页。

[2]佚名:《穆安比哈其》(Munabbihat意为"被预告的"),民间印本,16开,马继良译于回历1209年(1989年),第5页。

[3]佚名:《正教真诠》,第137页。

[4]阿尔撒提'arsah,阿拉伯语,广场,场。

[5]阿玛勒amāl,波斯语,干办,作为。

[6]佚名:《脱离之路》,民间印本,第30页。

因此,穆斯林认为善恶虽为真主的前定,但最终的归宿要靠一个人自身的行为来判定。选择权是主动的,而不是被动的,且行善的目的就是获得最终的回报。王岱舆说:"成立善恶乃前定,作用善恶乃自由。若无前定,亦无自由。非自由不显前定,然自由不碍前定,前定亦不碍自由,似并立而非并立也。"[1]这种辨证的、相互依存的、互为因果的观点和小经文献反映的思想是一致的,进而又可以说明二者共同的文化背景仍在发生作用。亦即不论使用何种形式进行论述,却没有脱离伊斯兰教的主旨。

7.2 小经文献与伊斯兰教派

7.2.1 小经文献与苏非派

小经文献言及苏非派的思想、道与教关系、修道之法、畏惧真主、向往后世等内容颇多。本节对此做简要探讨。

7.2.1.1 明清初苏非派传播略考

明代西域的游方僧到内地活动的记述。保留今天的明代《回回馆来文》记曰:

> 敌米石地面,火只罕东。大明皇帝前奏,奴婢是出家人,经今四十余年不用烟火。食只用果子。今望圣恩怜悯与奴婢一纸文书,各处行走。祝延圣寿万万岁[2]。

此人来自敌米石(今大马士革),名为火只罕东(Khwaja Hamdan,来文中的波斯文将这二字拼错),是典型的游方僧。明顾起元著《客座赘语》卷六也提到西域胡僧[3]。

明代的经堂中传授苏非派教义。在《经学传系谱》中记述称,有一

---

〔1〕佚名:《正教真诠》,第29页。

〔2〕佚名:《回回馆来文》,此据胡振华先生影印东洋文库本《回回馆译语》,中央民族大学内部印行,2000年,第101页。

〔3〕〔明〕顾起元:《客座赘语》卷6,明万历四十六年刊本,续修四库全书1260册影印本,上海古籍出版社,第23页。

位天房(天方)来进贡的缠头叟曾给胡登洲示与《母噶麻忒》经[1]。《母噶麻忒》,"经中多意外昧语,乃品位进级之经也"。[2]即是一部反映苏非思想的经典,后成为经堂中传授的重要经典。这位缠头叟还"尽传兹土所无之经"。[3]明代经堂中还传授二卜顿捞吸额补白克尔著的《米而撒特》(清初伍遵契将其译为《归真要道》)、萨迪的《古勒塞托呢》(Gulstan《真境花园》)。这些典籍均反映了苏非思想。

王岱舆著的《正教真诠》受苏非思想影响是显明的。文中提到著名苏非修士喇必安[4]。还言及修行参悟的内容。

明末清初印度人阿世格"从印度至大明留都,计程数万里,是以遨游一十三载而至止焉"。[5]并传授苏非学说。张中将所传经典译为《归真总义》。阿世格应为尊号,非真名,是为爱主者,即修士。明末清初还有不少苏非派传教者在内地活动。《经学系传谱》称:"自有清以来,约千百计,然皆游食者名。若极料理之秘传理学,逸蛮[6](山川名也)阿轰(大人之称也)之负学。"[7]可知,清初自西域到内地的游方僧不少,但实学者寥寥。

清初,舍起灵是经堂教育的大家。他"乃读修道诸经(即推黎格忒[8]之学,乃《米而撒特》并《勒默阿忒》),兼观性理,合其旨义,统成一家之说"。[9]他"将《米而撒德(特)》译以书字,诸其名曰《推原正达》"。[10]"复以书字译《勒默阿特》,曰《昭元秘诀》,以《默格索特》经曰《归真必要》。"[11]还讲习《母各默忒》《勒默阿忒》《克世乃里者补》(即诸

---

[1]〔清〕赵灿:《经学传系谱》,青海人民出版社,1989年,第27页。

[2]〔清〕赵灿:《经学传系谱》,第51页。

[3]〔清〕赵灿:《经学传系谱》,第28页。

[4]佚名:《正教真诠》,第59页。

[5]〔明〕张中译:《归真总义·印度师以麻呢解缘起疏》,民国十二年刊本,第1页。

[6]实为地名和国名,即今门上。

[7]〔清〕赵灿:《经学系传谱》,第61页。

[8]即Tarīqat,是道乘也。

[9]〔清〕赵灿:《经学系传谱》,第87页。

[10]〔清〕赵灿:《经学系传谱》,第87-88页。

[11]〔清〕赵灿:《经学系传谱》,第90页。

《勒默阿忒》之经也）。于是，苏非派思想广为传播，且其门人舍景善（舍起灵堂弟）、李谦居、曹继辉诸人亦习苏非之学[1]。

清初马注著的《清真指南》中也反映了苏非思想，并专章批判格兰岱不合伊斯兰教教法之说[2]。刘智是汉译著述的集大成者，其著《天方性理》是伊斯兰教，尤其是苏非派思想与中国传统理学结合的最高典范。其著《五更月歌》亦是反映修行之著。这部著作对后世有深远的影响。

7.2.1.2　小经文献与苏非派的道、教关系

苏非派认为道乘是理解伊斯兰教和认识真主的最高境界。有关道教问题在小经文献中有论述，并将此论述和汉译著述做比较。《山塔》称：

> 穆罕默德圣人说："沙里雅忒（教乘 Sharī'at）是我的话。与推黎格忒（道乘 Tarīqat）是我的干办。与哈盖盖忒（真乘 Haqīqat）是我的事情。"又明教乘，它就是凭着舌肉的招认，与凭心的诚信。凭着它打明一切库夫尔（Kufr, 罪孽），与西里开忒（shirkat, 应为 Shikiyyāh, 多神教的）上出去了。又明道乘，它就是……遵循圣人的那一切的所为。人凭着它着，隐藏的西里开忒与无干上出去了。又明哈盖盖忒就是凭着胡大的性格儿着，习学性格儿……又明推黎格忒是沙里雅忒的巴特尼（bātin, 内在的，隐含的）。无有沙里雅的推黎格忒是歪斜（邪途）。又明哈盖盖忒是推黎格忒的巴特尼。无有推黎格忒的哈盖盖提是戳唆（教唆）与歪斜。总义是这一总事情，伊斯兰上，有一个其中（根本）呢。他举哈盖盖忒在这三个其中。他分开的那个人，他是外道。他要遵循沙里雅忒的那个人，在他上免不过清廉的尔林（'Almi, 即 'ilm, 知识）[3]。

这段材料认为道乘、教乘修行是以穆罕默德的哈迪斯（圣训）为准则的，并认为道、教分为等次。从教乘、道乘、真乘依次为序，不可越级。一旦分开就是步入邪途。其功修则是无益的。只有三者兼顾，才

---

〔1〕〔清〕赵灿：《经学系传谱》，第91页。

〔2〕《清真指南》，第418~428页。

〔3〕佚名：《山塔》（上），第83页。

可视为有价值的行为。即获得"清廉的知识"。苏非派认为修行分为外在(zāhir,咱黑尔)的修行和内在(bātin巴特尼)的修行。前者包括教法和对《古兰经》中的含义明确之经文的学习和遵从;后者是指道乘及对《古兰经》中隐含经文的析解和功修。有些小经还认为"乎大是做海勒(显明的)(zāhir,咱黑尔)。穆罕默德是巴堆尼(暗藏的)(bātin,巴特尼)。我们穆民是巴堆尼的巴堆尼(至有〔只有〕暗藏的)。在五如只(升腾)('urūj,'arraj,转换)里边我们穆民是做海勒。乎大是巴堆尼。穆罕默德是巴堆尼的巴堆尼"。[1]对苏非派而言,内在的知识比外在的知识更重要。功修和冥思就可以提升内在学问的品级(maqāmah)[2]。

7.2.1.3　小经文献关于穆罕默德之光的论述

真光论是苏非派的重要思想。它认为真主用光创造了穆罕默德之光。此光先天而有,后天流溢。亦即穆罕默德未降生到人间以前,其光业已存在了。这在小经文献中有反映。《山塔》称:

> 至高之主,造化了我们的圣人的奴尔(Nūr,光)……他(真主)设放(放置)在那个树(亚盖尼〔yaqīn〕[3]的树)上。他赞胡大几十千年……然后至高观看(照应)了那个奴尔。奴尔从胡大上害亏(羞愧)了。然后,从奴尔上汗流了。从头的汗上造化了一切天仙。从面容的汗上造化了阿尔实('arsh,宝位)[4]、库尔西(kurssī,宝座)[5]、牢赫(lawh,写字板)[6]、盖兰(qalam,笔)、太阳、月儿、星宿。在阿斯满(āsmān,天空)……然后至高之主观看了穆罕默德的奴尔。在他的前边一道光,后边一道光,右边一道光。他(们)就是阿布巴克尔、乌玛尔、奥斯曼和阿里[7]。他们念塔斯比赫(tasbīh,

---

〔1〕《哎布则的道路就是古教》,胡门内部1988年油印本,第200页。

〔2〕品级 Maqām,阿拉伯语,此处特指苏非派修炼等次。

〔3〕亚盖尼 yaqīn,阿拉伯语,确实,确定。此处特指天堂中的一种树木。

〔4〕阿尔实 'arsh,阿拉伯语,御位。此处指真主的宝位。

〔5〕库尔西 kurssī,阿拉伯语,宝座,王位。

〔6〕牢赫 lawh,波斯语,写字板。

〔7〕伊斯兰早期王朝哈里发(继承人)。

赞珠)[1]几十千年。然后至高之主从我们的圣人的光上造化了一切圣人的光。至高之主造化了一切的哈勒格(halq)[2]的一总的如赫(rūh,灵魂),他们念了清真言[3]。

同一书还提到真主以穆罕默德身体的各个部位创造了各种职业,如神职人员、学者、各种工匠等[4]。穆罕默德之光流溢的宇宙生成论在汉译穆斯林著述中也有反映。

《正教真诠》称:"是故未始有物之初,真主要造天仙神鬼,乾坤万物,自止一之余光显了万圣之元首,即穆罕默德无极之本原,乃一切妙明之始也。所谓余光之义,缘真主之有。有二品,曰'原有',曰'能有'。原有与万物无干;能有则保养万物。"然后"真主以其原喜,照临于至圣之本原,当是时耻源顿发,正如面君之际,浃背汗流,发于所不及觉,乃灵觉之首端也。爰自其命源之本来,显了灵觉之余光,遂以造化了列圣之本来"[5]。列圣的本来→贤人的本来→良人的本来→常人的本来→迷人的本来等[6]。王岱舆所述的内容和《山塔》基本一致,说明王岱舆参考有关苏非著述[7],但尚不能断定其是否参阅了《山塔》。

还有一些汉译著述称"穆罕默德灵光",并加以论述。较有代表性的为《天方正学》。其称:"自最初显穆罕默德灵光……然后从灵光分四大天仙及阿丹好娲各乐哈尔(rūh,灵魂)。是故,穆罕默德乐哈尔在一切乐哈尔之先。""凡一切乐哈尔皆穆罕默德灵光所出也。然后,穆罕默德出于克尔白,教及万国,为母明(mū'min)之领袖,为万圣之至贵,为

---

[1]塔斯比赫 tasbīh,波斯语,赞珠。来自阿拉伯语 Tasbīhah(赞颂)。

[2]哈勒格 halq,阿拉伯语,人类。

[3]小经原文为阿拉伯文,即 Lā ilāha inllā illāhu Muhammad rasūlullā hi。

[4]佚名:《山塔》(下),第43页。

[5]佚名:《正教真诠》,第24—25页。

[6]"自列圣之本来,造化了贤人之本来;自贤人之本来,造化了良人之本来;自良人之本来,造化了常人之本来;自常人之本来,造化了迷人之本来;自诸人类之本来,造化了一切天仙的本来;自诸天仙之本来,造化了神鬼之本来;又自诸品之余,造化了一切水陆飞行之本来。"见《正教真诠》,第25页。

[7]可参阅前文有关内容。

欧·亚·历·史·文·化·文·库·

一切后天之根也。"[1]

所以,通过小经文献和汉译著述之比较研究,可以使我们对同一问题认识更全面一些,也可以寻找这些汉译著述的来源。因这些汉译著述虽为译著,但多未注明原典之名,而小经文献可以提供或多或少的线索。

7.2.1.4 小经文献与苏非派的修炼之法

齐克尔是 Dhikr 或 Zikr 的音译。本义为"背记、记忆"。苏非派特指赞颂真主。它分为高念与低念;明念与暗传等。在小经文献中,称"记想真主"或"念齐克尔"。

《探比海》称:他"念'Lā ilāha inllā illā hu Muhammad rasūlullā hi'(清真言,即万物非主,穆罕默德是真主的使者)的那个人是,他的撒瓦布(益处)是一些(一切)圣人的撒瓦布"。"常念齐克尔(dhīkr)的,那个是舌肉(口舌)。"[2]《山塔》(上)说:"他记了调养他的主的名儿,然后他交唤了纳玛孜(礼拜)的那个人,得了脱离(得救)了。"[3]记主,念齐克尔是苏非的重要功课之一,要求"晚间白日记想真主"[4]。这可以和汉译著述做比较。《天方正学》称:"企克尔(zikr)有三:曰口念;曰意念;曰心念。舍勒尔体(Sharī'at),念略以赫,膺览纳呼,穆罕默德勒梳论纳吸(Lā ilāha inllāhu Muhammad rasūlullā hi),口念也。妥勒格体,诚意而念,一呼八站,一吸九登。八站九登,字字升腾,意念也。哈格格体,契乎真主,浑然无我,心纳物,惟独一主。则主念主,自然而然。"[5]通过不断的赞念齐克尔达到"法纳"(fanā,无我,寂灭)境界,才能"契合真主"。

苏非派认为人具有各种欲望(nafs)[6],为了控制这些欲望,必须每时每刻要忏悔,参悟。《探比海》称:"在他的本性里边参悟。""又明在一切恩典里边参悟是,他观看暗藏、明扬一些(一切)恩典的一总。""至高

[1]《天方正学》卷4,第1页。

[2]佚名:《探比海》,第59页。

[3]佚名:《山塔》(上),第57页。

[4]《穆安比哈其》,第80页。

[5]《天方正学》卷4,第6页。

[6]佚名:《山塔》(下),第65页。

之主把板德的一些孤纳赫哈暗藏给里。""承领讨白（忏悔）里。"[1]王岱舆说："以正教而洁净身心，由修证而妙明显露，超然无己，复得无上，方能承载一真。""须梦转心回，出迷入悟，时时惊醒，刻刻参详，日曾敬畏，惟知有主。"[2]不论是小经文献还是汉译著述均认为参悟是涤清内心欲望的重要之法，由此获得真主的恩典。

笔者研究小经文献中的苏非派有关内容，不是企图解释苏非派本身，而是和汉译著述进行比较。通过比较发现，其所表达内涵本质上是一致的，仅是所使用文字形式、表述方式不同而已。

7.2.2　小经文献与十叶派

从小经文献看，反映了十叶派的隐性影响。

第一，重视十叶派的节日。

小经文献中提到阿舒拉日[3]的宝贵。此日为伊斯兰历1月10日。逊尼派穆斯林认为真主创造天堂、地狱的时日，也是十位先知脱离灾难之日。这和十叶派的说法完全一致。和逊尼派不同点在于，此日又是十叶派伊玛目阿里次子侯赛因的殉难日。小经文献中称：

> 阿舒拉的日子里边，法图玛太太（夫人）生哈散与侯赛因。在它里边，在卡尔巴拉的川洼里得了舍黑得（shahid殉教者、烈士、牺牲）了。在它里边，人（泛指，非具体的人）造化了阿斯满（āsmān，天空，波）与地面，与山，与川，与天堂，与阿尔实（'arsh，御座）与库尔西（kurssī，宝座），牢赫（lawh，写字板），盖兰（qalam，笔）。在阿舒拉的月份，至高之主把斋（波）在齐备的一切圣人的乌玛（教民）上转成了法里则（义务）。[4]

小经文献中还说："他们（哈散与侯赛因）在卡尔巴拉的川中得了舍黑得了。""哈散是毒药受染的。侯赛因是头是受割的。"[5]这和历史记

---

[1]佚名：《探比海》，第106页。

[2]佚名：《正教真诠》，第113页。

[3]杨克礼主编：《中国伊斯兰百科全书》，四川辞书出版社，1994年，第32-33页。

[4]佚名：《山塔》（上），第69页。

[5]佚名：《山塔》（上），第51页。

述是相符的[1]。小经文献中又说:"阿舒拉的日子是穆斯塔罕布(可嘉)。"并获得各种益处。[2]笔者还记得在家乡吃一种"阿舒拉粥"。粥是用牛羊杂碎和去皮的麦子烧制而成,当地穆斯林称之为"滚麦仁",过此节日称"过阿舒拉"。

第二,乐于述说法图玛的故事。法图玛是穆罕默德的女儿,阿里的妻子,哈散与侯赛因的母亲。在穆斯林中具有特殊地位,尤其在十叶派中影响更甚。中国穆斯林将其尊称为"法图玛太太",即"法图玛夫人"。她的故事在中国穆斯林妇女中传诵,并将她的贤德视为穆斯林妇女的典范和楷模。这在小经文献中有所记述。"据说,法图麦(玛)出嫁时,身上穿着一件打有十二块补钉(丁)的外衣。她经常亲手磨面,而且磨面的时候,还不停地念《古兰经》,心在思考其意义。还不时用脚蹬摇篮,哄孩子。她时常为害怕真主而流泪。"[3]在《山塔》中有两章专讲法图玛的故事[4],主旨就是颂扬她的高尚品德。汉译著述也有法图玛的故事。说:"其心仁慈,其性敏惠,敏而好道。"[5]世界穆斯林妇女,包括中国穆斯林妇女庆祝"法图玛太太节",也称"姑太太节",时间为每年的伊斯兰历6月15日,也有人说是伊斯兰历9月4日(或15日)。届时,穆斯林妇女请阿訇颂经,讲法图玛的轶事[6]。

第三,小经文献中有关阿里的传述[7]颇多,由于较为零散,不准备细述。这说明阿里对中国穆斯林潜在的影响。

第四,有些小经文献,如《山塔》本身有十叶派倾向。在引文中,可发现这点。

[1]王怀德、郭宝华:《伊斯兰教史》,第242页,宁夏人民出版社,1992年。
[2]《经海拾贝》(下),民间印本,第50—51页。
[3]《经海拾贝》(下),第144页。
[4]佚名:《山塔》(上),第47—57页。
[5]《天方正学》卷7,第33页。
[6]《中国伊斯兰百科全书》,第142页。
[7]传述是指述及穆罕默德的言行,即圣训。

7.3 小结

以往,学者研究中国伊斯兰教是依靠两种资料:一是阿拉伯、波斯文典籍。二为汉文译著。前者所反映的是原著者的思想以及其思想对中国穆斯林的影响。研究原著使我们较真实地理解作者的意图和思想,有利于准确把握原著的主旨,且不偏离著者的本意。但这仅是著述者对伊斯兰教的理解和论述,而这些典籍传入中国后,中国的穆斯林是如何理解的,不可能在原著中表现出来。后者反映的是具有良好汉语教育,即所谓儒学影响的汉文译著者的思想。这些译著为读者在汉文化背景下更多地了解伊斯兰教,提供了方便。研究这些汉译著述为学者探讨伊斯兰教的中国性具有重要的价值。但对这些汉译著述的研究实际是对具有汉文化影响背景下的穆斯林学者的研究。所得到的成果是这些学者对伊斯兰教以及他们对原著的理解。他们在理解伊斯兰教精髓的同时,也在考虑如何将伊斯兰教所表达的思想用儒家的语言、术语表现出来,并和儒术尽力契合。这样,译著者要做到既不失原著经旨,又要和儒学合拍,其所遇的困难是显然的。其结果就是译著一方面更多地表达着译著者的思想和意图。实际就是一个二次创作的过程;另一方面更多考虑儒士如何才能接受。于是,所采用的表述方式更加"儒化"。研究汉译著述实际就是研究受儒学影响较深的中国穆斯林精英分子所理解的伊斯兰教。而小经文献为研究中国伊斯兰教(当然,还有其他方面)开辟了另一种方式。

小经文献所表述的伊斯兰教较为口语化,尤其是河州派小经几乎就是用当地口语表述的。在有些穆斯林学者眼中,小经甚至是鄙俚的,但只要认得阿拉伯字母体系,掌握基本的拼读方法,妇孺可读。通过读小经文献可以来理解伊斯兰教。他们所理解的伊斯兰教和穆斯林精英分子理解的伊斯兰教显然是有差异的。但存在差异不是说形成两种伊斯兰教,也不是说汉译著述或小经文献偏离了伊斯兰教,而是形成了两种各具特色的伊斯兰教表述方式。这种表述是中国特色的,所以研究中国伊斯兰教,既要研究穆斯林精英分子所表述的伊斯兰教,又要研究普通穆斯林所理解的伊斯兰教。

（此文原刊于《世界宗教研究》,2005年第3期,第59-71页）

8 小经文献与语言学相关问题初探[1]

8.1 小经词汇及其相关问题

8.1.1 诸语词汇

8.1.1.1 汉语词汇

汉语词汇主要包括元明清初保留在小经文献中的词汇和当今普通话词汇。前一部分是本文探讨的重点。小经文献中许多词汇,在今天的普通话中绝少使用或者根本不使用,但在元明清初的白话中则为常见。不妨以所选小经文献词汇和元明词汇的汉语拼音为序,举要如下,将两者进行对照:

脖项:[2]

重担子在你的脖项上里。[3]* 沉重的担子压你自己肩上。[4]次日害胸膈胀闷,脖项生疼,不曾起来梳洗。[5]

财帛:

告饶的条件是,凭着财帛着。[6]* 饶恕的前提是依靠(施舍)的财物。

李云庵说:"贵人踏贱地呀! 可是喜你平地就得这万两的财帛。"[7]

---

〔1〕本文得到国家社会科学基金项目"伊斯兰教民间文献研究"(12XZJ012)的资助。

〔2〕说明:前部分文献来源于小经,后部来源于元明白话小说。

〔3〕佚名:《探比海》(*Tanbīh al-ghāfilīn*, 意为"惩罚的忽视")民间影印本。笔者怀疑此本为清或民国印本,因"海"字加口旁,1949年后无此写法。

〔4〕* 表示笔者转化为标准现代汉语。

〔5〕〔明〕西周生:《醒世姻缘传》(下),黄肃秋校注,上海古籍出版社,1981年,第1107页。

〔6〕佚名:《探比海》,第13页。

〔7〕〔明〕西周生:《醒世姻缘传》(上),第504页。

常川：

我们常川预备无常着。[1]* 我们经常准备死亡(的来临)。

准他论班当直,拣那中支使的,还留他常川答应。[2]

法度：

冤枉人的法度是十八鞭子。[3]* 冤枉别人的惩罚是(打)十八鞭子。

既然犯了人命罪过,你可拿他依法度取闻。如若供招明白,拟罪已定,也须教我父亲知道,方可断决。[4]

干办：

修道是我的干办。[5]* 修行是我的功课。

这是太守府特差一个干办。[6]

家下：

家下上费用一个银钱比清高的真主路道费用一千个至实。[7]* 为了家庭,使用一个银币,要比为至高的真主之道使用一千个银币还要强。

安顿家下女人,好理料厨子置办品肴。[8]

举意：

在色兰里边,他举意他的右边,与他左边的那一切人……[9]* 在(礼拜)问安中,他应对所有左边的人和右边的人祝福。

你婆婆曾在通州香岩寺里念了一千卷《救苦观音经》,虽然举意是为你合那狐仙念的。[10]

---

[1]佚名:《探比海》,第22页。

[2]〔明〕西周生:《醒世姻缘传》(上),第115页。

[3]《全本杂学》,共两册,中阿对照,精装,民间印行,第202页。

[4]〔明〕施耐庵:《水浒传》(上),北京:人民文学出版社,1972年,第41页。

[5]佚名:《山塔》(上),共上下两册合订本,民间印本,第83页。

[6]〔明〕施耐庵:《水浒传》(上),第199页。

[7]佚名:《探比海》,第33页。

[8]〔明〕西周生:《醒世姻缘传》(下),第1032页。

[9]《开达尼》(上海本),第166-167页。

[10]〔明〕西周生:《醒世姻缘传》(上),第440页。

里边：

因为每一根毛里边有无常里。[1]* 因在每一个毛发中会有死亡。

词讼里边问个罪，问分纸罢了。[2]

认得：

要明认得一些对头是凭着歹着认得他。[3]* 要知道认识一些恶人是从他的恶行中判断的。

那把门人说才搬来不多两月，不认得有甚童七。[4]

使得：

他们上使得。[5]*（这）对他们是允许的。

武松道："如何使得？众高邻都在那里了。"[6]

使不得：

永活的主，诚信死使不得。[7]* 真主是永生不死的，认为真主会死是不允许的。

却使不得，开封府公文只叫解活的去，却不曾结果了他。[8]

搭救：

搭救一些的亡人。[9]* 拯救所有死亡的人。

我明日又要去了，没人搭救你，苦也。[10]

头口：

第四晚间我看见了一切的头口吃草喝水呢。[11]* 第四个晚上，我看到了所有的牲畜吃着草饮着水。

---

〔1〕马继良译，《东热那岁黑乃》（*Durut Al-nasihin*，意为"劝告者的珍珠"），民间印本，第146页。

〔2〕〔明〕西周生：《醒世姻缘传》（上），第354。

〔3〕佚名：《探比海》，第104。

〔4〕〔明〕西周生：《醒世姻缘传》（下），第1064页。

〔5〕佚名：《回教必遵》（Hui jiao bi zun，小经释意中阿对照），著者不详，民间印行，第20页。

〔6〕〔明〕施耐庵：《水浒传》（上），第312页。

〔7〕佚名：《回教必遵》，第13页。

〔8〕〔明〕施耐庵：《水浒传》（上），第101页。

〔9〕佚名：《探比海》，第26页。

〔10〕〔明〕西周生：《醒世姻缘传》（上），第42页。

〔11〕佚名：《山塔》（上），第40页。

却出林子外来寻车仗人伴时,十辆车子、人伴、头口,都不见了。[1]

无常:

他们因干了大罪,能够的时候里,没作讨白着,无常的那一些人入里。[2]* 他们因做了(各种)罪孽,本应该做忏悔,却没有做,这些人死亡后就会进入地狱。

眼前的千年妖畜,可怜一旦无常![3]你自己没有忍性,寻了无常。[4]

相助:

他说情相助的时候,他相助。[5]* 他应求情帮助的时候,应该求情帮助。

彼必见利动心,发兵相助。[6]再带一二百人下山来相助。[7]

造化:

清高的真主造化[8]了多灾海。[9]至高的真主创造了地狱。

休回来,咱造化低养活着他。[10]

照依:

跟随你们的妇人的照依着,别干一物儿。[11]* 不要按你们的妻子的想法,去做(不应该做的)某一件事。

寄姐照依小珍珠梳了一个髽髻。[12]

---

[1]〔明〕施耐庵:《水浒传》(下),第720页。

[2]佚名:《探比海》,第8页。

[3]〔明〕西周生:《醒世姻缘传》(上),第13页。

[4]〔明〕西周生:《醒世姻缘传》(上),第60页。

[5]佚名:《探比海》,第39页。

[6]〔明〕无名氏,《杨家府演义》,上海:上海古籍出版社,1980年,第131页。

[7]〔明〕施耐庵:《水浒传》(下),第679页。

[8]小经"造化"之义为"创造",和元明白话含义有差异。

[9]佚名:《探比海》,第6页。

[10]〔明〕西周生:《醒世姻缘传》(下),第1045页。

[11]佚名:《探比海》,第20页。

[12]〔明〕西周生:《醒世姻缘传》(下),第1131页。

知感：

他知感清高的真主。[1]* 他应该感谢至高的真主。

嫂子，你别怪我说，你作的孽忒大，你该知感俺娘打你几下子给你消灾，要不，天雷必定要劈。[2]

小经词汇与元明词汇相同处颇多。这些词汇的保存涉及一个理论问题，即历史语言学的问题。历史语言学派认为，语言的变化存在共时态和历时态。[3]共时态即为同一时段的语言状况，历时态即为历史发展中语言变化的状况。如果前者为横向的，则后者就是纵向的。共时态时，同一语言在不同区域处于同一层面，语言的词汇、语法特点基本相同；而历时态时，同一语言在不同区域发生了变化，在语法、词汇上和原共时态形成了差异。小经文献中保留的元明清初词汇恰好说明了汉语历时态的共时现象。虽然汉语中心区域的词汇、语法发生了较大的变化，但较为边缘的小经词汇则变化相对缓慢，仍保持历时的共时态，二者存在这种历史渊源关系。故而，小经文献中保留大量的元明清初的白话词汇并不奇怪，今天在小经文献中看到的较为生僻的词汇实际就是元明清初白话词汇的反映和保留。当然，今天这些保留在小经文献中的词汇并不完全等于元明清初的白话词汇。由此看来，小经词汇并不完全是像有些学者所言那样，是生造的或汉语未学到家的词汇。[4]此论未免言之过激。小经词汇的研究不应脱离当时的历史语言环境，否则可能对有些问题认识不清。

和小经词汇历史来源相关联的，还有经堂词汇的问题。经堂词汇，顾名思义，就是经堂里使用的词汇。关于经堂词汇的汉语词汇来源，学者们认为有以下几种：①选用恰当的词素构成特定的词汇，如"真宰""教门"。②借用佛道词汇，像"参悟""造化""无常"。③颠倒词序，如"学习"为"习学"，"健康"为"康健"。④变化词素组成，如"夜晚"为"晚

---

[1]佚名：《探比海》，第59页。

[2]〔明〕西周生：《醒世姻缘传》（中），第865页。

[3]〔瑞士〕索绪尔：《普通语言学教程》，有关共时态和历时态部分，商务印书馆，1980年。

[4]冯增烈：《小儿锦——介绍一种阿拉伯字母的汉语拼音文字》，载《阿拉伯世界》，1982年第1期，第37-47页。

·欧·亚·历·史·文·化·文·库·

夕","确实"为"委实"。⑤比较准确地使用古汉语,如"财帛""至贵"等。⑥也有个别用词不够贴切或偏离原意,如"尊贵"译为"高强","应允"译为"口唤"。[1]这一研究中只有第五点基本正确,但不完全准确,因为其所谓"古汉语"本身就是模棱两可的词语。何谓古?何谓不古?从历史的观点看,没有回族先民及回族的存在,显然就不可能有小经词汇,即所谓的经堂(汉语)词汇。因之,小经词汇的存在和回族的历史密切相关。一般史学界认为回族是元末明初形成的,这也可以从上列的词汇中获得又一证据。这些保留的词汇说明语言处于渐变的过程中。到清中叶,随着小经的成熟,小经词汇也固定下来。尽管有些词汇出现于春秋时代,后保留在元明白话中,回族人则继承了这些词汇,但不能由此认定回族使用的是春秋时代的词汇。

上述学者所谓经堂词汇的①②③④⑤⑥项的提法均不太准确,尤其②③项为误。这些学者只看到了问题的表面现象,并没有探索问题的根本。如果细读元明清初的白话小说,就会发现这些佛道用语是惯常之词。小经词汇,即在所谓的经堂词汇中出现的佛道词汇,并不是从佛道经籍中直接借用过来的,而是在元明清初的白话中存留着的。元明白话中"无常"就是指"死"。到目前为止,还没有获得充分的资料证明回族先民大众学习佛道,而后借用其词汇,在元明清初白话中却有佛道词汇。第③项所说"颠倒词序"完全是凭空想象出来的。查元明清初白话,这种"颠倒词序"的词,即所谓的"倒序词"或"逆序词"很多,但清中后期逐渐变成现代普通话使用的词序,亦即元明清初时代这些词本来就是按这种词序使用的,不是前人"颠倒"了词序,而是后人颠倒了词序。在小经词汇即所谓的经堂词汇中,保留的就是原来的词序,而不是"颠倒",这就更加肯定了小经词汇形成的历史轨迹。小经词汇的保留就是当时共时态的有力反映,所以何来"颠倒词序"?研究小经词汇即所谓的经堂词汇,不能割断汉语语言发展史,也不能割断回族的形成史。前者使我们注意到汉语语言变化的连续性,后者使我们注意到回族的形成与当时语言状况的相关性,两者相结合才能比较准确地反映

---

[1]杨克礼:《中国伊斯兰百科全书》,四川辞书出版社,1994年,第263页。

小经词汇的实际。从语言变化史的角度而言,一种母语切换到另一种母语,不能脱离当时的语言环境,即语言的转换反映了历时态的语言状况,两者之间存有必然的联系。研究回族形成史的学者并没有关注到这一点,而小经词汇恰好反映了这一实际。因此有理由相信,所谓的经堂词汇称法并不准确,至少从词汇的来源而言是不准确的。其实,所谓的经堂词汇就是元明清初的白话词汇,不完全是在"经堂"中所使用的。中心地区的汉语发生了较大的变化,失掉了原来的词汇,相反却保留在变化较慢的小经词汇中,被冠之以不恰当的"经堂词汇"名称,这不是小经词汇实际状况和历史真实的反映。在穆斯林先贤的著述中还没有发现"经堂词汇"术语,只有"经堂诗""经堂语气""海里法语"等术语,说明他们并不认为小经词汇就是经堂词汇。"经堂词汇"一语何时出现,尚未查找到较早记述,但民国以后,这种称法较为流行。因此,研究小经词汇必须正本清源,探其根本。

8.1.1.2 阿拉伯语、波斯语词汇

阿拉伯语一直是中国穆斯林宗教教育和庄重场合(礼拜、书写碑文)使用的语言,波斯语是元末明初中国穆斯林书写公文、注释经典时所使用的语言。阿拉伯语词汇、波斯语词汇出现于小经词汇中是必然的,但阿拉伯语词汇和波斯语词汇因小经派系的差异,所占比例不同。河州派小经中阿拉伯语词汇相对较多,而波斯语词汇则较少,尤其生僻波斯语词汇更少。陕西派小经中阿拉伯语词汇一般少于波斯语词汇,且不乏生僻的波斯语词汇。两派的共同之处就是常用的阿拉伯语、波斯语词汇基本相同,如五时拜、耀日名称、伊斯兰教常用术语等。这说明这些词汇是原回族先民母语的保留,而不是像有些学者认为的是外来语借词。[1]这也是所使用的回族汉语词汇不同于标准汉语词汇的显著特点所在。其实一种语言的词汇构成来源不能完全决定该语言本身的性质。尽管回族所使用的语言包括其词汇表现出了自己的特点,但不能认定回族的语言是另一种语言,因为其语法特点、基本词汇仍是以汉语为主导,而不是以其他语言为主导。这种现象也可以在其他语言

---

[1]杨占武:《回族语言文化》,宁夏人民出版社,1995年,第87页。

中得到实证。维吾尔语中抽象词汇多为阿拉伯语或波斯语词汇,但不能由此认定维吾尔语为阿拉伯语或波斯语。[1]东乡语也是如此。东乡语中现代政治术语几乎100%为汉语,[2]但也不能由此认定东乡语是汉语。小经文献中保留的阿拉伯语、波斯语词汇丰富了回族语言的词汇。在小经文献中同音词汇较多的前提下,使用阿拉伯语、波斯语词汇显示了其优点,这将在后文中述及。

8.1.1.3　突厥语词汇

在小经文献中有极少的突厥语词汇,但这和回族先民的历史记述不合。在元代,有不少操突厥语的诸族移居中土。突厥语在当时成为重要的语言之一,但在小经文献中没有得到充分的反映。笔者揣测以为,阿拉伯语、波斯语在回族先民中占主导地位后,将突厥语挤出原先占有的空间,由此突厥语在日常生活和宗教生活中不再使用,后逐渐消失了,也就不能体现在小经文献中。这也间接证明小经不可能出现在语言混杂的元代初中期。

8.1.2　小经词汇构成之法

8.1.2.1　汉语词素构成

小经文献中汉语词汇的构成法和一般汉语的构词法基本相同。封:封印、封斋。羔:獐子羔、驼羔、山羊羔。天:天仙、天堂、天火、天灾。肉:骨肉、舌肉。马:走马、胖马、花马。至:至歹、至恶、至贵。口:口唇、口唤。人:贵人、大人、外人。在小经构词法中这是一种较常使用的方法,在河州派小经中尤其常见。但除构成与一般汉语完全相同的词汇外,还构成了一些小经特有的词汇,这些词汇的词素为汉字,而含义发生了变化,或在现代汉语中少有这种词汇。如上列的"封印",特指伊斯兰教的最后一位先知,即穆罕默德,在他以后,真主不会再派遣使者。"口唤",本从阿拉伯语 idhan 转译而来,意为"允许,许可",在中国穆斯林中有四层含义:一为许可;二为命令;三为中国苏非派教主向教民表示的意愿;四为一般穆斯林互相征求意允。"舌肉"是从波斯语 zabān

---

〔1〕可参阅廖泽余、马俊民:《维汉词典》,新疆人民出版社,2000年。

〔2〕刘照雄:《东乡语言简志》,民族出版社,1981年,第21~23页。

意译而来,本意为"舌、舌头,言语、话、方言",[1]小经文献指"舌头、言语、颂念",常用"凭着舌肉的招认"这句话,[2]意为用自己的话语承认真主。这类词汇较多,且成为小经文献中的习用词汇,其含义必须和文本中的整体含义联系起来,才能解读。

8.1.2.2 汉语、阿拉伯语、波斯语构词法

这种构词法是小经构词法中最有特色的部分,也是读通小经文献不可或缺的钥匙。以合成法为主,以派生法为次。

(1)合成法主要有如下方式:

A 汉阿式:jiyaa māl 家财,[3]saan sadaqah 施舍物,[4]shiy aang wāqa,相遇。[5]

B 阿汉式:bāb ka'a(kan)门槛,[6]rāmzan yuwo fun(fen)斋月,[7]khutbah lio(lou) er 虎土白楼(儿)。[8]

C 波波式:āmad sāl 来年,[9]du now'两样。[10]

D 波汉式:ātash luu zi 火炉子,[11]dirāz chuwaan 常川。[12]

E 阿波式:rajab māh(回历)七月,[13]bāb dust 门首。[14]

---

[1]北京大学东方语言文学系波斯语教研室编:《波斯语汉语词典》,商务印书馆,1981年,第1224页。

[2]佚名:《山塔》(上),第83页。

[3]《伟噶业字典》(前两册带序),māl 为财产。镇江王洪祥1937年编辑出版,1998年马生彦于惠农县礼和乡永屏大寺重新校对重印,第102页。

[4]《伟噶业字典》(前两册带序),此汉文传写不准确,sadaqah 为"施舍",二词合起来应为"散舍",第88页。

[5]《伟噶业字典》(前两册带序),wāqa. 为"遇见",第82页。

[6]《伟噶业字典》(前两册带序),bāb 为"门",第85页。

[7]佚名:《山塔》(上),第39页。

[8]《伟噶业字典》(前两册带序),khutbah 为"演讲,演说",第61页。

[9]《伟噶业字典》(前两册带序),āmad 为"来"的过去词干,第61页。

[10]*Fauz annajāt nāme*.甘肃平凉巴凤英女阿訇藏,波斯语和小经对照本,第39页。

[11][埃及]穆罕默德·舍里夫丁·蒲绥里:《清真诗经译讲》(校勘影印本),穆罕默德·优素福·马良骏注,阿吉·叶哈亚·林松校注,ātash 为"火"。天津古籍出版社,1992年,第152页。

[12]《伟噶业字典》(前两册带序),dirāz 为"长,长久",第91页。

[13]佚名:《山塔》(上),rajab 为(伊斯兰历)七月,第15页。

[14]佚名:《碗子哈勒苏勒》(卧兹),抄本,河南郑州北大寺女寺杜淑贞藏。原无页码。

F汉波式：hi(x i) māh 喜悦，[1]yi ham 一切，[2]zhi sar 指头。[3]

G波阿式：bandi mū`min 奴仆穆民，[4]dust dil 手心。[5]

H阿阿式：haqq ta`āli 至高的真主，[6]qiy amah yawm 复生日。[7]

I混合复杂式：dah du waan chahār hazār 十二万四千，[8]sih zhi y i 三之一，[9]du ge fuu kasī 两个妇人。[10]

（2）派生法有如下方式：

A kasī（人）：

ham kasī 一切人，[11]liyaang kasī 良人，ke kasī 客人，way kasī 外人。[12]

sāl（年）：shao sāl 少年，yak sāl 一年，panj sāl 五岁。[13]

B sar（头）：

guu sar 骨头，shi sar 石头，ghay sar 盖头，muu sar 木头。[14]

汉语、阿拉伯语、波斯语构词法在河州派小经文献中所占的比例较少，而且一般将原词语直接移植过来，但有时要加一个"的"，如 dīgar di waqt（晡礼的时间）、[15]Allāh di fiqh（真主的教法）；[16]而在陕西派小经文献中所占的数量较大，甚至是有些小经文献中最主要的构词法，比例

---

〔1〕*Haqāyiqu*. māh，波斯语意为"月"，此取"悦"，同音异义法，第117页。

〔2〕佚名：《清真诗经译讲》（校勘影印本），第190页。

〔3〕《伟噶业字典》（前两册带序）. sar 为"头，首"，第91页。

〔4〕佚名：《山塔》（上），第27页。

〔5〕《正教基础》，河南郑州北大寺女寺杜淑贞藏，第17页。

〔6〕佚名：《山塔》（上），第31页。

〔7〕*Fauz annajāt nāme*，第29页。

〔8〕《正教基础》，第16页。

〔9〕《伟噶业字典》（前两册带序），第74页。

〔10〕《伟噶业字典》（前两册带序），第98页。

〔11〕*Fauz annajāt nāme*，第28页。

〔12〕《伟噶业字典》（前两册带序），第61，78，96页。

〔13〕《伟噶业字典》（前两册带序），第15，78，17页。

〔14〕《伟噶业字典》（前两册带序），第25，35，39，65页。

〔15〕《开达尼》（上海本），上海穆民经书社，1954，第71页。

〔16〕Iburāhīm bin bakir: 穆民教诲（小经）（Al-nisa' al- nafīsah fī ikhwān al- 'agfīdi salā lif dagh），1953年，出版地不详，穆斯林书店影印出版，2000年。

超过了汉语小经构词法,其派构词法除直接移植构成外,还采用同音异义法像 gul zao ghi(er)(花枣儿)、[1]kaan dust(看守)[2]和意译法像 naan kasī(男人)、[3]chuwaan āmad(传来)。[4]汉语、阿拉伯语、波斯语构词法有其优点。众所周知,汉语和汉字表达字义至少由三个因素来确定:一是字形;二是音韵(包括声母和韵母);三是声调。这样,字形相同,如果读音不同,字义就会不同;字的声母和韵母相同,如果声调不同,字义也就会不同。而小经则采用阿拉伯字母体系拼写,于是汉字的字形就无法显现。同时每个字又不标声调,而声调本身却具有区别字义的功能。[5]由此,小经省去了汉字的两大功能,仅保留了音韵,而且这种音韵又是不完全音韵,不完全是指声母选择字母不稳定、不统一,韵母拼写不完全。在汉语中分前后鼻音,而在小经文献中有时无法体现出来。此外,由于地域方音的差别,进而造成了许多同音字、词,这给拼读带来了较大的困难。这种缺陷在河州派小经文献中尤其突出。陕西派小经的使用者似乎发现了汉字同音字较多的现象,于是采用了汉语、阿拉伯语、波斯语词汇混合造词的方法。这样,一定程度上避免了同音字、词。这就给阅读者提供了方便,也显示了其优点。这一构词法也存在缺点,最大的缺点就是必须按陕西派小经来理解阿拉伯语、波斯语词汇词义,否则无法明了其词义。

因此,小经的词汇有三大来源:汉语词汇尤其是元明清初白话词汇、阿拉伯语词汇、波斯语词汇。由于小经派别的差异,阿拉伯语、波斯语词汇和汉语词汇所占的比例有别,这在前文已论及,不再赘言。

8.2　小经词类及其相关问题

小经词类分为实词和虚词。

---

〔1〕《伟噶业字典》(前两册带序),"花枣"之意为"杂色枣",而小经将其拼为"鲜花枣儿",第131页。

〔2〕《伟噶业字典》(前两册带序),"看守"之意为"重视、遵守",小经拼为"看手",第118页。

〔3〕*Haqāyiqu*,河南郑州北大寺书社印,1993年,第81页。

〔4〕*Fauz annajāt nāme*,147页。

〔5〕赵元任、吴宗济、赵新那:《赵元任语言学论文集》,商务印书馆,2002年,第426-434页。

·欧·亚·历·史·文·化·文·库·

8.2.1　实词

　　了解小经词类,可以更好地阅读小经文本。尽管就语法而言,小经词汇表现了汉语的语法特点,但在实际文本中和原来的词义具有了一定差距。在小经文献中,波斯动词本字多为过去词干,但并不完全表示过去,多以一般的动词原形来使用。有些汉语名词有动词化倾向,如"费用"。基数词和序数词混用,尤其一些波斯词汇更是如此。所以,阅读小经文本单靠汉语、阿拉伯语和波斯语一般知识不能完全了解其意,而必须与小经使用者的文化背景和历史背景联系起来。因此,研究小经的词类就很有必要。

　　(1)名词。在小经词汇中有单数和复数形式。尽管有些原词已经表达了复数含义,但还要加进表示复数的词。dūstān(波)朋友们,该词本身即为复数,但还加 mun,小经合书为 dustānimun[1](正确拼写应为 dūstānmen);ikhwāni(阿)兄弟们,本为复数,又加 mun,合为 ikhwāni-mun[2](正确拼写应为 ikhwānmen)。ni mun buu yao gi(gei) tay yang wa māh liyaang kio(kou) sar 你们不要给太阳和月亮叩头[3](*你们不要向太阳和月亮叩头[4])句中的 māh 已有"月亮"的含义,但又加 liyaang"亮"。

　　(2)代词。分为人称代词、指示代词、疑问代词、反身代词等。一般分单、复数。在河州派小经中,代词采用汉语,而在陕西派小经中,汉语、波斯语混合使用。

　　①人称代词:

　　niy 你:niy zhi dao zhe 你知道着。[5]* 你应当了解。

　　tu(波)你,taa 他:tu di rūh az tu di qālabī(qalbī) zabar zi yuyao fun(fen) li la(le) 你的鲁哈(灵魂)从你的身体上只有分离了。[6]*你的灵

---

〔1〕《哎布则的道路就是古教》,胡门内部油印本,1988年,第5页。

〔2〕佚名:《穆民教诲》,第2页。

〔3〕*Fauz annajāt nāme*,第27页。

〔4〕* 表示笔者加的按语。

〔5〕《穆安比哈其》(*Munabbihat*, 意为"被预告的"),马继良译于回历1209(1989)年,出版地不详,第44页。

〔6〕佚名:《碗子哈勒苏勒》,第5页。

魂从你的身体离开了。taa guft ay zhu a! wo buu zhi dao 他说哎主啊！我不知道。[1]

taa mun(men)他们：taa az taa mun(men) di māl bālā gi(gei) zakut wa sadaqa buu xiy aang yin(g)他从他们的财帛上给扎卡提（天课）与撒得盖（施舍）不相应（不合适）。[2]*他从自己的财产中缴纳天课和进行施舍是不合适的。

②指示代词：

īn（波）这：īn du ge harf这两个字母。[3]taa zun liyao na ge rin(ren) fun(fen) zhun(zhong)他遵[4]了那个人的分中。[5]* 他崇拜了那种人的时候。

③疑问代词：

khe(he)何：az ni mun(nen) zhu'un(zhong) khe rin shi zhi khao rin 你们中何人是至好人。[6]* 你们之中谁是最好的人。

④反身代词：

khūd（波）自己：khūd khao min(g) yun kasī, taa baa khūd fun(fen) kighin(keng) dichen(g) az janah 自己好命运人，他把自己坟坑底（转）成为天堂。[7]* 自己行善的人，他将自己的墓穴会转成了天堂。

（3）数词。数词分为基数词、序数词、概数词、集合词等。

①基数词：yi 1, 'er 2, saan 3, si 4, wu 5, liyuu 6, ti 7, saa 8。[8] du 二：du si(x i) ni mun du pāī khuway ghuu 二洗你们两脚踝骨。[9]* 第二，你们应清洗自己两脚的踝骨。

②序数词：auwal第一, duwum 第二, siwum 第三, chahārum 第四,

---

［1］*Fauz annajāt nāme*，第10页。

［2］*Fauz annajāt nāme*，第192页。

［3］佚名：《碗子哈勒苏勒》，第27页。

［4］遵，含义为"遵守""追随"。

［5］佚名：《探比海》，第38页。

［6］*Fauz annajāt nāme*，第3页。

［7］*Fauz annajāt nāme*，第38页。

［8］佚名：《探比海》，第10页。

［9］*Fauz annajāt nāme*，第72页。

panjum 第五。[1]

③概数词：十个 taa ist 'ashrūn ge harf? 它是十个字母。[2]taa jiyaan xiyuwaan liyao si shi tiy aan hadīth 他拣选了四十千段圣训。[3]* 他选编了四万段圣训(穆罕默德言论集)。

④集合词：yi xiye mū'min 一些(*一切,全部)穆民。ai! yi xiye mū'min 哎! 一些穆民。[4]ham(波)一切：ham zan 所有女人。[5]

(4)形容词。Ji qin(g)吉庆：Ji qin(g) di rin(ren) yin(g) shio(shou) tiyaan taang di ning(neng) diyaan li 吉庆的人应受天堂的恩典里。[6]* 幸福的人应获得天堂恩典的报偿。

(5)动词。zhaang 长：taa zhaang daa li 他长大里。[7]zhuwaan chen(g)转成：wizhu di ba baa mautzhuw aan chen(g) khuwo 为主的把死转成活。[8]* 全能的真主使死变活。guft (过去词干)说：w i(wei) zhu di guft 为主的说。

[9]* 全能的真主说。

8.2.2 虚词

(1)副词。buu 本：yin wi(wei) Taa mun(men) bun buu shi shio(shou) bay di zhu。因为他们本不是受拜的主。[10]* 他们本来不是应当受到崇拜的神。yi zun(zong)一总(根本,完全,依据)：yu taa di shuo yi zun(zong) shaang 与他的说一总上。[11]* 依据他说的来看。

(2)介词。zay 在：saan khuwo rin(ren) shi ghiyāmah re zi zay 'ar-

---

〔1〕佚名：《碗子哈勒苏勒》,第24页。

〔2〕佚名：《碗子哈勒苏勒》,第19页。

〔3〕《穆安比哈其》,第36页。

〔4〕佚名：《探比海》,第8页。

〔5〕*Fauz annajāt nāme*,第5页。

〔6〕佚名：《回教必遵》,第24页。

〔7〕*Fauz annajāt nāme*,第15页。

〔8〕*Fauz annajāt nāme*,第35页。

〔9〕*Fauz annajāt nāme*,第54页。

〔10〕佚名：《探比海》,第26页。

〔11〕佚名：《探比海》,第13页。

shi di yin(g) liyaang libiyaan li。三伙是复生日子在天篷的荫凉里边里。[1]* 三种人在复活日中会处于天篷的凉爽之地。az(波)从：taa az dūzakh di yun jiyuo di 'azāb shaang najāhi(najāh)他从火狱的永久的罪行上得脱离。[2]* 他会从地狱永恒的惩罚中获得解脱。

（3）助词。neng 能：taa shi neng yaan di buu ba zabān。他是能言的，不靠舌肉（言语）。

[3]* 他（真主）自己能说话的，但不靠舌头。

（4）连词。yu 与：rin(ren) shi alālhu di rin(ren) shi tiyuwaan rin(ren) yi(yu) cun(cong) min(g) rin(ren)。认识真主的人是全人与聪明人。[4]* 认识真主的人是健全的人和敏知的人。

（5）叹词。ai 哎，A 啊：ai zhu a! 哎主啊。[5]

从词类而言，这些是语言学常识，不值得细究，但从上述举例中，不难发现小经词汇在使用过程中词类表现了其自身的特点。有些波斯语名词和汉语动词结合变成动词；有些介词直接采用波斯语词汇；有些波斯语词汇已表达清楚了所指，但还要加汉语词汇，从形式上观之，有累赘之感。这是小经词汇所独有的使用法则。小经文献中往往词汇所处的位置较活跃，有些句子中存在动词置后的现象。因此，了解词类就可以较全面地理解一个句子的含义，进而把握整个文本。看来，词类研究并非没有价值，相反，它是进入文本的重要阶梯。

8.3 小经句法及相关问题

小经的句子结构分简单句和复句。一个句子的成分有主语、谓语、宾语、表语、状语等。

---

[1] 佚名：《探比海》，第14页。

[2]《正教基础》，第31页。

[3] *Fauz annajāt nāme*，第22页。

[4]《穆安比哈其》，第26页。

[5] *Fauz annajāt nāme*，第22页。

（1）简单句。

主谓结构：taa wu chaan li他无常哩。[1]* 他要去世。taa di namāz bu chen(g) lin(g)他的纳玛孜不承领。[2]* 他所做的礼拜不被（真主）接受。

主谓宾结构：taa chao xiyaang taa他朝向他。[3]* 他面向他（真主）。nimun(men) niy aan Qurā ni li他们念《古兰经》哩。[4]* 他们颂念《古兰经》。Kasī fun fu ham tiyan xiyan人顺服了所有天仙。[5]* 人服从所有的天使。

系表结构：taa mun(men) ist taa men, buu yuo chio(chou)。他们是他们，不忧愁。[6]* 他们就是他们，他们不会烦恼。[7]diy shi saan jiyaan shi zay yiqiye fariza libiyaan第十三件是在一切法则里面。[8]*第十三条是在所履行的义务之中。

（2）复句。

复句在小经文献中占有相当的比例。有些复句是直接从阿拉伯语、波斯语复句翻译而来的，往往出现形式上看似条件复句和时间复句混合的现象，实际上后一个时间复句由所谓经堂语气决定的，不是真实时间复句，是假形。有些复句是隐形复句，在这种复句中往往复句标志词语不会出现，上下单句间有因果、条件、时间、原因关系。这些复句对理解小经句法、含义和内容具有重要的价值。

结果复句：ham tiyaan xiyaan ba ta di nag(e) namāz naa bar bālā. yi dao guw aan liyaang chuu āmd zhi zi baa taa shighin(sheng) gao 'arsh zi hiyaa(xia)。所有天仙把他的那个纳玛孜（礼拜）拿在上一道光亮处来，

---

[1]佚名：《探比海》，第22页。

[2]*Fauz annajāt nāme*，第51页。

[3]佚名：《开达尼》（上海本），第142页。

[4]佚名：《探比海》，第22页。

[5]*Fauz annajāt nāme*，第50页。

[6]佚名：《开达尼》（上海本），第142页。

[7]佚名：《碗子哈勒苏勒》，第15页。

[8]佚名：《开达尼》（上海本），第141页。

直至(以致于)把他升高宝座之下。[1]* 所有天使把做礼拜的带到光明之地,并把他置于宝座之上。

因果复句:ni mun(men) yao wiy(wei) gaan yi waer(wuer) di shi khio,kaan taa di jiye ghuwo zhe。你们要为干一物儿的时候,看结果着。[2]* 你们如果做一件事,要察看其结果。这个句子中"的时候"并非时间复句的标志性词语,而是假形,是经堂语气词。

主从复句:taa mun(men) guft ka zhu shi du ge,yi ge min(g) wi(wei) Ahrman,yi ge min(g)jiyao bazdāni。他们说如此,主是两个,一个名为阿哈刺蛮,一个名叫八兹答你。[3]* 他们称这样说:真主有两个,一个名为阿哈刺蛮,一个名叫八兹答你。这个句子是从波斯语原句 mīgūīnad ke khudāī du ist,yak rā Ahrman nām wu yak rā bazdāni nām 翻译而来的,句子次序照录原句,句意是直译加意译。主句动词采用了陕西派小经传统之法,使用波斯语"说"的过去分词 guft,而未使用现在进行时 mīgūī。这说明翻译后句子适合了阅读者习用的小经表达法。

条件复句:Agar yi ge kasī yuu wu hazār ge diram yā dah hazār ge diram wa taa bālā ye yuo zhe ham zhaang,zakūt bar taa bālā buu daang ta-an。假若一个人有五千个钱或十千个钱,与他上也有这(样)多账,天课在他上不当然。[4]* 如果一个人有五千块钱,或有一万块钱,而他有同样多的债务,对他来说天课不是义务。这个句子是由 Agar kasī panj hazār diram yā dah hazār diram dārad wu ham junrān(jubrān),am barūī ist zakūt barūī wājib nabashud 翻译而来。句中使用了波斯语 Agar,而省去了通常条件句的"那么",但原句中有 am(波,但是),说明译者没有完全遵循原句的规则。由此也可以说,小经句子不是照搬直译,而是有所调整。

从上述句法结构来看,尽管这些句子具有汉语一般句子的共性,但

〔1〕*Fauz annajāt nāme*,第70页。

〔2〕佚名:《探比海》,第20页。

〔3〕《正教基础》,第8页。

〔4〕*Fauz annajāt nāme*,第194页。

·欧·亚·历·史·文·化·文·库·

同时也表现了自身的特点。

8.4 小结

小经文献为研究者研究中国穆斯林词汇学、语言演变史及其相关问题打开了门扉,步入其中,可以看到以前被忽视或遗忘的那一面,对于诸多难解问题的解决带来有利的佐证。这在上述的研究中已体现出来了,此处不再累言。当然,强调小经文献对这一领域的重要不是有意拔高其地位,但必要的重视是应当的。

(此文原刊于《西北民族研究》,2007 年第 1 期,第 164-175 页)

第二编　地方文化研究

9　中亚地方文化研究

中亚"苏非主义"是中亚伊斯兰教的组成部分。从某种程度上说，它是该地区宗教文化的核心，既反映了伊斯兰教的基本教旨，同时又反映了地区的特征，因而具有浓厚的地方特色。本文试图对此作一初步的探讨，不足之处，希望有关专家学者指正。

9.1　"苏非主义"的产生、发展及其在中亚的传播

"苏非"这一名称有4种解释：(1)源于阿拉伯语"羊毛"，认为当时的苏非多穿毛氅；(2)源于阿拉伯语"纯洁"，导因于苏非们追求精神的纯洁，达到修持的目的；(3)源于希腊语"智慧"；(4)源于阿拉伯的部落名称"苏法赫"，据说他们摈弃现实世界，一心朝拜麦加神殿。[1]实际上，"苏非"之名是后来8世纪才出现的，[2]作为一种文化思潮的神秘主义，早在伊斯兰教未形成之前已在欧洲、伊朗高原、印度次大陆存在着。像希腊的"新柏拉图主义"、波斯的古代宗教、印度的佛教等，都带有浓厚的神秘主义色彩，它们对"苏非主义"的神秘思想及其哲学体系的形成都产生了重大影响。有些西方学者由此也认为"苏非主义"哲学体系是伊斯兰哲学的精华。"苏非主义"作为一种思想体系，所包含的内容十分庞杂，主要有以下9点：(1)真主是唯一的存在，真主存在于一切事物之中，一切事物的存在反映了真主的存在；(2)所有可见和不可见

---

〔1〕*Dictionary of lslam*, Cosmo Publication New Delhi 1978, p. 608.

〔2〕〔苏联〕W.瓦希多夫：《苏非主义简论》，载于新疆社会科学院宗教研究所编：《新疆宗教研究资料》第16辑，第77页。

·欧·亚·历·史·文·化·文·库·

的事物都源于真主,并和真主紧密联系在一起,而不是截然分开的;(3)信徒漠视一切,这样可能逾越现实,与真主同一;(4)善与恶之间没有真正的界限;(5)真主决定人的意志,所以不可能自由行动;(6)灵魂存在于人体之前,并蕴藏于后者之中,因此死是苏非根本的愿望,这样可以回归到真主那里;(7)不断净化心灵,力求做到与真主合一;(8)没有真主的仁慈,就无法与真主统一;(9)为了达到神人合一,必须常诵真主之名——"Zikr"。[1]

综观以上九点,不难看出:这里既有伊斯兰教的正统思想,又有琐罗亚斯德教的善恶观念;既有佛教的厌世哲学,也有西方苦行者净化心灵的学说。所有这些相似性或共同性,促成了"苏非主义"思想文化的统一性。但是,"苏非主义"思想体系最初时期并不是像后来那样全面、具体,而是分散、模糊的。随着阿拉伯帝国的建立,帝国中生活着不同的民族,这些民族的不同文化促进了"苏非主义"思想在帝国内的发展。

中亚被阿拉伯人征服以后,伊斯兰教成为这一地区的主导文化。"苏非主义"在阿拉伯地区一产生,就受到当地政权的迫害,所以,有些苏非名士远游他方。大约在9世纪以前,"苏非主义"已在中亚开始传播,并产生了一定影响。[2]但是,这一时期只是初步发展时期,"苏非主义"在中亚地区思想文化中不占主导地位,没有形成一股强大的教团势力。到了中世纪,"苏非主义"思想逐渐迎合当时统治者的统治需求和一般受难者的心理,很快发展成为对当时社会具有重大影响的思潮。

9.2 中亚"苏非主义"的基本特征

中亚"苏非主义"逐渐和当地文化相结合,形成了自身的特色。这些特色主要表现在以下几个方面:

9.2.1 与政治的密切结合

任何"苏非主义"思想都具有前文所提及的那几点内容,并且在修

---

[1]*Dictionary of Islam*, Cosmo Publication New Delhi 1978, p.487.

[2]金宜久主编:《伊斯兰教史》,中国社会科学出版社,1990年,第354页。

持过程中遵循教乘、礼乘、真乘和超乘等次，目的就是接近真主、达到神人合一的境界，这是一般共性。有关中亚的重要史籍如《世界征服者史》《史集》《中亚蒙兀儿史》《大霍加传》《和卓传》中也具有"苏非主义"的这一共性。但它的地方性特征也很显明，最突出的特征之一就是入世态度，重视现实。这一特征集中表现在"苏非主义"思想与政治的结合上。这种结合对上层建筑领域起着重要作用。中亚"苏非主义"的这一特征主要表现在两个不同方面：一是"苏非主义"思想直接和政治结合，形成"苏非主义"式的政教合一的政权体制。如14世纪60年代，花剌子模有一位突厥化的弘吉剌部首领胡赛因·苏非，乘钦察的金帐汗国和波斯的伊利汗国衰亡瓦解之机，在花剌子模建立了独立的苏非王朝。[1]无独有偶，17世纪后期，在中国新疆的喀什也出现了这样的政教合一的苏非政权——阿帕克傀儡政权。在这一体制中，苏非首领既是世俗君主，又是宗教领袖，同时又是其信徒的精神导师，集政权、教权、神权于一身，构成了中亚式权威性神权政体。这种体制在中东、北非等地不多见，但它却充分表明了与政治密切结合的中亚"苏非主义"的这一特征。二是中亚"苏非主义"思想间接地和政权相结合，影响意识形态，促使苏非们从原来厌世、苦修、远游、超凡脱俗、自我迷醉的出世思想返回到现实世界中来。事实上，只要我们对中亚历史稍加注意，就可以发现，"苏非主义"思想间接影响王权统治极为普遍。当然，这种影响不是始终如一的，而是随着"苏非"地位的变化而变化。最初，苏非受到正统者排挤时，他们在政治上无法表现自己的现实态度，只有摒弃现实。随着"苏非主义"在中亚形成一股强大的政治势力，它对中亚的王权统治和社会的稳定自然地具有了举足轻重的作用。于是，世俗统治者不得不对其采取抚绥政策，力求使之成为其统治的拥护者。这给一些苏非首领干预世俗政权、干预社会政治生活提供了契机。从波斯人侯赛因·伊本·曼苏尔·哈拉智（857—922年）与当政者不合作而被处以极刑，到后来中亚苏非大师纳格什班迪入世的合作态度，就是一种显著的变化，也是苏非对政治产生兴趣的反映。纳格升班迪提出了四条基

---

〔1〕王治来：《中亚史纲》，湖南教育出版社，1986年，第539页。

本原则:修道于众,巡游于世,谨慎于行,享乐于时。以他的"苏非主义"思想与早期的"禁欲主义""苦行主义"相比,其内涵发生了质的变化。从形式上看,他们仍然是"弃家业、去生理……或聚人家坟墓,或居岩穴,名为修行,名曰迭里迷失"[1]"但他们对宗教界、社会,甚至对政治也是有相当影响的,他们的势力也很大。"[2]兀鲁伯统治下的布哈拉就是德尔维希的中心。他们自称代表普通群众的利益,既反对撒马尔罕的谢赫们,也反对兀鲁伯。兀鲁伯讨好他们,以便得到他们的支持。中亚不少的君主把有名的苏非导师作为自己的精神导师,借此来达到相互之间的政治利用。可见,他们对当时的政治影响非同一般。

9.2.2　与当地民族文化的糅合

由于中亚地区特殊的地理位置,许多古代民族都在这里居住、生活过,并给这里留下了众多文化遗产,如希腊文化、印度文化、波斯文化、突厥文化等。这些文化相互渗透,相互吸收,其存在给中亚"苏非主义"的广泛传播创造了厚实的文化土壤。所以,中亚"苏非主义"思想的特征和上述各种文化不无关系。其特征表现在以下几个方面:

(1)众所周知,最初"禁欲主义"者之一的伊布拉欣·伊本艾德杭(?—约777年)是呼罗珊东部的巴里黑人(今阿富汗北部)。据说,他抛弃王子的荣华富贵生活,出家修行。这和佛教徒出家修行有一定渊源关系。《福乐智慧》中的觉醒也有类似的行为。中亚"苏非主义"的修持过程极力强调通过法(Shariat)、道(Tariqat)、识(Marifat)、灭(Fana)来接近真主,达到神人合一的境界。[3]相比之下,佛教也有这种过程,只不过秩序稍有不同而已。佛教有"四谛"之说——苦、集、灭、道。佛教认为,人世间的一切都是苦的,要想解脱苦,只有消除"烦恼业因",达到"寂灭"的"涅槃"境界,这就必须修"道",通过这"四谛"达到理想境界。中国有位学者认为,佛教思想在不同时期逐渐对"苏非主义"思想产生

---

〔1〕〔明〕陈诚:《西域番国志》,中华书局,2000年。

〔2〕王治来:《中亚史纲》,湖南教育出版社,1986年,第592页。

〔3〕〔苏联〕W.瓦希多夫:《苏非主义简论》,载于《新疆宗教研究资料》第16辑,第79页。

影响，[1]这种看法是恰当的。它在中亚"苏非主义"中表现得尤为明显，集中地反映在道乘修持上。中亚"苏非主义"非常重视这一修持，"亚萨惟主义"就是明显的例证。此派流传于12世纪的中亚，以艾赫迈德·亚萨惟而得名。他主张，今世和大自然构成其真谛的真主和来世，是残缺不全的、毫无价值的，人们应对它寒心并舍弃它。他说"对迷恋今世的妄人，应当掉头不顾，我对他们掉头不顾，而象江河流溢"。[2]新疆的历史上，很多有名的佛教圣地成为后来苏非们修静的场所。从以上可知，佛教的厌世思想与苏非文化有着特殊的传承关系。很早以前的中亚布哈拉、撒马尔罕、花剌子模等地曾是佛教文化的兴盛地，后来，这些地方又成了"苏非主义"传播的中心。

（2）琐罗亚斯德教和摩尼教的善恶范畴被"苏非主义"所吸收，并加以改造。"苏非主义"认为，善恶之间没有真正的界限。而琐罗亚斯德教认为，宇宙由两个原素或两个神组成，两个神相互斗争，最后善神获得胜利。[3]与此相似的摩尼教认为，宇宙由光明与黑暗两种原素构成，"善"由光明而生，"恶"由黑暗而生，光明与黑暗是不能相克的，而且是混合在一起的。这些善恶观以及内含蕴义与"苏非主义"思想相比，如出一辙。这不能不说是两种或多种不同类型的文化冲突的结果。其原因是与该种文化在此地的传播有关，也就是说，历史上的文化相似特征和现实的被迫性促成文化上的彼此吸收，并导致文化的变迁。

（3）在"苏非主义"思想中，"灵魂"学说占有极为重要的地位。"苏非主义"认为，灵魂是可以净化的，而且通过"哈吉斯"（Hajis，持续一时的理念）、"哈提利"（Khatir，持续几时的理念）、"哈迪斯—纳夫斯"（Hadith-nafs，心灵内心自我独立）、"纳曼"（namn，达到做决心的准备阶段）、"阿札木"（azam，达到自身做决定的水准）五个阶段达到心灵独立的境界，

---

〔1〕沙宗平：《伊斯兰神秘主义——"塔骚窝夫"（苏非主义）思想初探》，载于《甘肃民族研究》1992年第1期。

〔2〕〔苏联〕W.瓦希多夫：《苏非主义简论》，载于《新疆宗教研究资料》第16辑，第84页。

〔3〕〔埃及〕艾哈迈德·爱敏：《阿拉伯—伊斯兰文化史》第1册，纳忠译，商务印书馆，1982年，第110页。

从而获得有关真主的知识。[1]同时指出,达到这种境界以后,灵魂和肉体脱离。这种思想显然受到希腊文化的影响,特别是受到柏拉图门徒们的影响。希腊哲学家认为:"灵魂既不是物质也不是某种物体的形式,而是'本质';而本质乃是永恒的。"[2]这种灵魂不灭的思想在中亚"苏非主义"中曲折地反映出来。我们知道,从公元前4世纪开始,希腊文化已在中亚地区盛行。经过匈奴、月氏、西突厥的继承和发展,希腊文化已沉淀于此地,并且影响了当地人们的精神世界。所以,中亚的"苏非主义"思想不只是从阿拉伯百年翻译运动之后才开始,而是很早以前就存在了。由于苏非的某些思想与之相吻合,苏非思想有了广阔的传播空间,因此,中亚地区灵魂脱体等思想极为盛行。《热西丁和卓传》中不止一次提到有关灵魂预示的奇迹、灵魂可以从一地转到另一地。[3]灵魂也可以从一个人身上转移到另一个人身上。[4]这种思想在希腊哲学中可以找到原版,只不过形式上做了某些修正而已。

(4)中亚地区凡是伊斯兰文化的中心地带,都可以看到圣徒、圣墓崇拜的现象以及其他形式的崇拜方式,如日、月、星崇拜等。[5]假使对这些现象追根溯源,那么我们会发现,它们无不和古代当地民族文化渊源有关,也就是与万物有灵论和祖先崇拜的原始信仰有关。伊斯兰教基本教旨规定,除了真主之外,别无他主,为什么还要去崇拜这些非伊斯兰的存在物呢?其根本原因在于固有的地方民族文化影响所致。当时,伊斯兰文化把上述古老文化加以改造和吸收,成为人们精神世界的有机组成部分。同时,这种崇拜使某些教团阶层达到根本的政治目的。比如阿古柏不顾一切地大修阿帕克霍加墓,表面上是崇拜圣徒、圣墓,实质上是实现其政治野心的伎俩而已。

所以,中亚地区崇拜圣徒、圣墓极为流行,诗云:"哪一块土地印上

〔1〕*Islamic spirituality*,Routkeglge & Kegan paul,1986,p.266.

〔2〕〔英〕罗素,《西方哲学史》(上),商务印书馆,1976年,第369–370页。

〔3〕《热西丁和卓传》(手抄本),宝文安译,不注页码。

〔4〕〔苏联〕W.瓦希多夫:《苏非主义简论》,载于《新疆宗教研究资料》第16辑,第57页。

〔5〕青海宗教局编:《中国伊斯兰教研究》,青海人民出版社,1987年,第330页。

了您(圣徒),那里就是后人朝拜的福地。"[1]地方民族文化与"苏非主义"思想结合,说明中亚"苏非主义"思想具有地方性的特色,同时具有多源性、复杂性、包容性、宽松性。这也显示了"苏非主义"在中亚传播的适应能力。

9.3 中亚"苏非主义"与十叶派的关系及其相互影响

中亚地区成为各种教派斗争的缓冲地带,被迫害的宗教领袖绝大多数到过中亚避难。如十叶派最初产生于伊拉克,由于当局的政治迫害,被迫东走中亚,并且在这里建立了稳定的政权,现在的伊朗政权就是一例。"苏非主义"思想传播的早期,许多人同样受到政治迫害,甚至被施以死刑,所以,大部分幸存者避难中亚。由于苏非和十叶派信徒都具有相同的政治命运和受宗教迫害状态,他们极力从《古兰经》和圣训中寻找理论依据来证明自己学说的合法性、可靠性、正确性。由此,两者都对经典的解释形成了明义说和隐义说,这一解释促成了两者在理论上的共同性,在行为规范上两者也有相似之处——厌世、苦修、朝拜圣徒圣墓等。有时,"苏非主义"的权威人物同时是十叶派的伊玛目,如十叶派第六代伊玛目加法尔·萨迪格,同时又是苏非主义隐义解释的权威。[2]两者都有宗教导师、精神领袖,他们都是真主与信徒之间的代言人、传授教义者、正道的引路人。十叶派还特别重视马赫迪(救世者)思想,这种思想的大意是:在人间无法实现政治愿望的情况下,必须把美好愿望寄托于现实中不存在而未来可能出现的某一人物身上。由于两者之间的共同性,很难说中亚地区"苏非主义"是一种独立派别,因为这种思想既存在于十叶派中,也存在于逊尼派中。从这个意义上说,"苏非主义"是"一种思想潮流,并不与伊斯兰教的许多派别相矛盾"。[3]我们研究"苏非主义"时,要从它的思想深处剖析其产生的社会背景、历史缘由,从它的文化根基中分析它的基本理论、社会影响,做比较研究。

---

〔1〕佚名:《大霍加传》,《新疆宗教研究资料》(12辑),1986年,第41页。

〔2〕*Dictionary of lslam*, Cosmo Publication New Delhi 1978, pp.23-30.

〔3〕买买提·赛来:《我对研究伊斯兰教神秘主义和教派问题的一些体会》,载于《新疆宗教研究资料》,1986年增刊,第49页。

·欧·亚·历·史·文·化·文·库·

这对我们认清中亚"苏非主义"不无裨益,也对当今出现的宗教思潮的剖析有积极的意义。总之,中亚地区的"苏非主义"明显地带有地区性特色,是伊斯兰教与当地的政治、文化、历史、风俗等条件相适应,同当地各种文化相互渗透、糅合的结果。这一思想不仅影响到中亚地区的穆斯林,而且影响到中国新疆及西北其他地区的穆斯林。笔者试图在这方面做一些尝试性的研究,相信不久的将来将有更多的学者投身于这方面的研究。对"苏非主义"的研究可以看成整个伊斯兰文化研究的有机组成部分,它对社会的发展具有重要意义。

(此文原刊于《西北民族研究》,1998年第2期,第167–171页)

10　唐汪乡村地方文化考察

　　本文不准备探讨文本中记述的道教问题,而是从田野的角度探寻乡土道教信仰的仪轨,进而来展示原始性的精神信仰皈依以及其遭遇的地方性解释,并从活态的角度认识乡村道教面临的困境。由此我们选取了多种宗教杂存、具有一定典型性的唐汪作为田野考察点。

　　唐汪镇,位于甘肃省临夏回族自治州东乡族自治县境内,因其位于洮河下游谷地,故称"唐汪川"。其东西长约10公里,南北宽约5公里,总面积为46平方公里。唐汪以照壁山为界,分为上川和下川。唐汪行政上设为镇,管辖有唐家、胡浪、汪家、上城门、下城门、白嘴、塔石沟、照壁山、河沿、舀水、张家、马巷等12个行政村、69个社。全镇共有2349户,13768人。其中东乡族177户、1898人,回族1097户、5520人,汉族1075户、6305人。主要姓氏有:唐、汪、张、赵、马等,其中唐姓和汪姓是大姓,约占总人口的70%。这里的主要宗教有:伊斯兰教、道教、佛教等。

表10-1　唐汪镇道教[1]基本情况一览表

名称	地址	占地面积	建筑面积	户数	人数	派别
杨赵庙	杨赵家村	400	96	90	450	正一派
二郎庙	塔石沟村	368	84	200	1353	全真教
唐氏老庄	照壁山村	1995	980	265	1260	全真教
关帝庙	张家村	1199	192	200	1000	汉地(当地的说法)

　　道教何时传入唐汪的,文献没有明确记载,但这里所传的道教派别主要是全真派和正一派,说明唐汪的道教和周边的道教有密切的关系,尤其和全真教关系密切。目前,唐汪共有道教活动场所4座,信仰的人数约4063人。每个村子还有类似活动点的宗教场所,具体数目不详。

---

〔1〕信仰人数在不断变化之中,而且统计方法也有很大的差异。

·欧·亚·历·史·文·化·文·库·

从统计数字来看,唐汪信仰道教者(包括先祖崇拜),真正参加宗教活动的人数平时大约在10%左右,重要节日人数要多一些。唐汪的道教信仰主要是从先辈继承而来,正如唐国宗老先生说:"我信仰道教,我母亲就信仰道教。娃娃(儿女)们什么都不信。我念的经有《道德经》,早上晚上都要烧香念《清静经》。早、晚、天地水、北斗、雷就是小五部经。早课,晚课,《三官经》《雷祖经》《北斗经》。"[1]

这里的道教信仰和我国其他地方有相似之处,杂糅有民间信仰的成分,如建有关帝庙、龙王庙等。这些具有民间信仰特色的庙宇中供奉着各种神祇,如三清(元始天尊、灵宝天尊、道德天尊)、四御、诸星辰之神、三官大帝即天、地、水"三官"、玉皇大帝、文昌帝君等。由此也反映了道教的多神信仰特质,并沿袭了中国古代对日月、星辰、河海山岳、祖先亡灵敬仰的习尚,构成了一个包括天神、地祇和人鬼等在内的复杂的神灵信仰系统。唐汪的道教信仰民间化特色十分明显,其更加注重仪式性信仰、自然敬畏、祖先敬奉,尤其是对祖先的崇敬放置于特殊位置。这些祖先可能是血缘层面设定的直系先祖,也可能是文化层面上认同的祖先。前者先祖敬奉的典型代表就是唐氏老庄,也称为唐氏宗祠,或老太太庙;后者为关帝庙。唐氏宗祠成为维系唐氏庞大姓氏不同民族不同宗教的精神庙堂,这一敬奉更多是通过庙堂的形式来连接记忆同宗同族血脉延续和表达情感的纽带。每次的祭奠活动将散落的记忆重新凝结起来,化作香案上的烟缕,送到祖先圣像面前,告诉他们尽管岁月流年,但子嗣的香火从未间断。磬声铮铮,余音绕梁;诵经声声,供果满案。这种精神场景自始至终地表达着血缘情怀透露的记忆信号以及农耕民族子孙相延不断的美好期盼。

如果对庙堂做细部的观察就会发现祖先牌位旁边还供奉着武将、道教神祇、佛教菩萨等。这些供奉物已经远远超出了祖先敬奉的范畴,表现出了多元化与复杂化的表征,也说明了道教民间信仰不是简单的单一宗教成分,而是复合多元宗教和多重信仰的集合体。这一方面反映了祖先崇拜的信仰旨归,另一方面也说明了各种信仰之间划定界限

---

[1]2008年10月13日田野调查所得。

是十分模糊的,于是出现了多种信仰并存而不相互排斥的现象,由此进一步反映了民间信仰的不明确性。正如我们在唐汪做田野时,为我们做向导兼任讲解员、信仰道教的78岁唐国宗老先生说:"俄们(我们)见庙就拜哩,见佛爷磕哩,见老祖宗(唐氏宗祠)要上香拜哩。"[1]他到唐氏宗祠后,就点了香,口中说:"老祖宗,看你来了。"同时口中念念有词,然后到道教神祇、佛教菩萨前磕头。这些行为仪式在信仰一神教教徒中是很难见到的,而多重信仰的现象使得祖先敬奉更加具有了多宗教叠加的形态。因此从外在形式上去考察,特定的宗教场所呈现出具体信仰象征的载体,如唐氏宗祠,在外层结构上它是所有唐姓氏族的宗祠,无论信仰什么宗教还是属于什么民族,只要是同宗者皆可敬奉,但其内部结构却发生了较大的变化。这种变化不仅表现在唐氏宗祠成为认可共同的祖先敬奉之地,而且也成为一种宗教活动场所。其功能发生了深层次的嬗变,由此也使得信仰独一真主、但同为唐氏的穆斯林则无法去朝拜先祖宗祠。但对共同先祖仍然是认可的,就如回族唐国玺[2]老先生访谈中所说:

> 我们小的时候,(唐汪)照壁山有我们的唐氏宗祠"老太太庙"。我们这边的人(指回族,访谈者注)还到庙里去。我们不能拜,但是过去的时候要拉羊、蒸素盘(大蒸馍)。去的人是我们回回中的头面人物。(这个现象)在清朝末年到民国时期一直都有。在下三庄和我们交界的地方,我们老回回置办了一块地,叫"香烟地",在红塔寺附近,大约三四亩地,贡献给宗祠。我们小时候还在香烟地劳动过。在生产队的时候我们还叫"香烟地"。

这就是说通过礼节交往的形式和物质补偿的方式来表达对共同祖先的纪念,但作为穆斯林的唐氏是不能朝拜先祖宗祠的,显然文化符号将同姓氏划分出不同的界限,而不是说所有的文化符号将同姓氏划分成不同的文化群。从唐氏宗祠中反映了民间信仰、道教信仰和佛教信

---

〔1〕被访谈人:唐国宗,汉族,78岁,小学文化,农民,道教徒。地点:胡浪村;时间:2008年10月13日。

〔2〕被访谈人:唐国玺,回族,64岁,中专文化,退休干部。地点:胡浪村;时间:2008年10月12日。

仰融合为一体的现象。这一现象在中国农村宗教信仰中是较为普遍的,这说明在农村宗教信仰中用最低的成本获取最实惠的宗教回报,其结果就是如前所说的各种信仰之间界限不十分明显,唐汪尤其如此。值得特别注意的是如唐姓氏那样分成不同的民族,其中一部分人信仰伊斯兰教,这在其他地区不太常见。唐汪将祖先敬奉划入道教(实际不准确)范畴,而关帝信仰也在这一范畴。

关帝庙已成为中华传统文化的一个重要组成部分,主要供奉着三国时期蜀国大将关羽,被人们称之为武圣关公,并与后人尊称的"文圣人"孔夫子齐名。唐汪的关公庙是村一级的庙宇,修建在唐汪张家村,占地面积约1200平方米,建筑面积192平方米,庙门是中国传统的琉璃装饰,门为双扇。进门是庙中通道,直达正殿,其坐北朝南,三开间。里面供奉着关羽圣像、道教三清、佛教菩萨等,并设有香案,上有各种供品。庙周边是用砖砌成的围墙,庙的西边围墙建有看护庙院的庙管住所。该庙有庙管一人,全家就居住在庙内。院内种植有松柏、梨树、西红柿、辣椒、各种鲜花等。虽说是关公庙,但功能上具有了家庙的性质,在田野调查中得知每年的春节、其他节日唐汪张家村的男女老少都要到此上香祭拜。这里成了张家村信仰的会所,也是敬奉关帝的圣殿,当然也有不同姓氏的人前来朝谒。这在一定程度上反映了认可共同文化先祖的倾向。

唐汪的道教尽管夹杂了许多地方信仰和先祖崇拜,但也有自身的基本准则,较典型的就是二郎庙。二郎庙属于道教中的全真教(道),其宗教功课规定卯时早课,酉时晚课,还有午时诵、子时诵。日诵早晚课,全为声乐咏唱,有钟、鼓、木鱼、铃、铛、钹、磬等法器伴奏。每年腊月二十三日祭灶;二十五日举办道场迎接"玉皇驾临";正月初九为玉皇诞辰,宫观举办道场,道众要举行送驾仪式。唐汪全真道众根据自身的实际,所诵经典有较大的差别。主要念诵《道德经》《救苦经》《三官经》《五斗经》《五斗全章经》《玉皇忏》《三官忏》《甲子忏》《朝天忏》《玄帝忏》《星真忏》等经典。

二郎庙位于塔石沟村,占地面积368平方米,大殿坐西朝东,为土木结构建筑,面积为84平方米。现有管委会成员4人,唐占文任庙管会主任,唐致礼为庙管,信教群体1353人。平时参加宗教活动者有40~50人,年龄多在50岁以上,性别比例上女性多于男性。2008年10月13日我们在唐汪做田野调查时,正好是当月阴历十五,所以我们赶上了二郎庙道教徒宗教活动,实际上是念经祈福活动。由于是秋收农忙时节,赶来参加活动的人数并不是很多,主要为老人。起初,他们对我们的造访表示疑惑。当我们说明来意,并送上礼钱,才打消了他们的疑虑,变得热情起来。他们的主要仪式有:敲磬念经、常跪、跪拜、烧纸、烧香等。其中,敲磬念经主要是由男性信徒承担;其余的多由女性信徒来完成。仪式持续了大约一个多小时。结束后,他们开了一个简短的例会,主题大概和庙务有关。如下是我们当日的访谈记录:

我们到二郎庙时,宗教活动已经开始了。参加活动的香客人员构成很有意思,多为老婆婆,男性很少,且是老年男性。所有的女性全部跪在垫子上,手拿黄纸和香不断磕头或者念经,而男性则不用跪。三位老人(唐国宗、唐文平、唐国寿)坐在大殿左侧的方桌旁念经,念经还有调子。女信徒们过一段时间就会集体在一起和声。参加活动的女性穿着为浅灰的道服,男性为平时的常服,和平常没有什么区别。参加宗教活动的其他男性则不跪坐,不烧香,可以抽烟也可以说话。唐家以前都是一家人,念经的三位老人中,文字辈排行比国字辈大一辈。

二郎庙的大体布局为:中间有三间正殿,飞檐斗拱有凤凰、龙等装饰,但不同于清真寺或者拱北(穆斯林的圣墓),房顶也装饰有龙、兽等物。正殿中供奉的是二郎神杨戬。大殿的两旁有"光前、裕后"两间房。右光前为厨房,左裕后为仓库。另外在大殿两侧的院墙上各有一个神龛,参加活动的人说这是山神和土地,左山神,右土地。宗教活动所用的供品和(法)器物主要有油灯、黄纸、香火、木鱼、磬等。有位老婆婆说:二郎庙是新建的庙,原来的庙在今年(2008年)三月十五(发生火灾)烧毁了,(在)我们教民的共同努力下,今年六月初六新庙就建成了,经费全部是我们自己集资的。

平时烧香的人也多,但现在是农忙时节,人都忙着摘苞谷。

二郎庙最隆重的时节是每年的大年初一和每个月的阴历十五。

从田野调查可知,举行宗教活动时,不是特别庄严,有的男性在抽烟、喝水、小声交流。这在有些宗教仪式中简直是不可想象的。这种自由、简单、宽和、融洽、男女共祭的宗教仪式充满了祥和的乡土气息。这些仪式与其说是庄严的焚香敬畏神灵的行为,还不如说是通过随意的祈祷来表达内心的情感。这里仪式的正规和合礼与否显得并不十分重要,重要的是是否亲自参加了仪式活动。在此活动中完全打破了烦琐、老套、陈规的仪式,而用一种简洁的方式完成心愿的祈求。在参加者满是时间印记的脸上显示出轻松和自在。他们敬畏神灵,但不担心惩罚,并通过简单的行为似乎祈求神灵的宽赦。简洁的仪式结束后,大家坐在一起拉了一会儿家常。从他们的言谈中似乎察觉不到他们是来诵经上香的,而是例行来聚会的,许久不见的人们从不同的村子、山沟来到他们的精神家园会合。这里既是世俗的,又是神圣的;既是今世的,又是来世的,似是站在阴阳两界。他们很少去审视自己的处境是苦的还是甜的,是艰难的还是自在的。只要有一个精神聚会的场所,让精神和肉体有足够歇脚的空间就足矣。在这里也许不需要弄清楚自我个体的位置,无论是自由的还是被控制的。这就是民间信仰的话语方式,更多的是体验,而不是陈规。

杨赵庙是道教正一派(道),信仰人数约450余人,参加宗教活动的主要是老年人,尤其是老年妇女。占地面积400平方米,建筑面积96平方米。杨赵庙所属的正一派主要从事符箓建醮、祈福禳灾等法事活动。但由于条件所限,诸多仪轨都被省简,表现出乡土气息和地方特色。这和我们田野调查(2010年8月24日)的材料相一致。访谈如下:

地点:唐占合家,赵壁山

访谈对象:唐占合

唐(智):唐汪的山神庙修建前看不看风水?

合(唐占合):都要看的。

唐:我们这里有没有会看风水的人?

合:我以前就看风水。

唐:怎么看风水?

合:就是按天干地支算,看地形是否相生相克,山也分五行。

唐:汉人下葬时也看风水吗?

合:也看风水,有水时称贵人,无后的水叫绝台水,财就是水。

唐:我们这里的回族有没有信风水的?

合:这里少数老教的人也有信风水的,悄悄地请人看,东乡的老教请我上去看过。没让别人知道,怕阿訇或其他人知道说哩。

唐:回民中请你看风水的人是什么人?

合:主要是外出(打工)的,和汉人打交道多的人信这个。东乡的人主要请我们看一下家(家属),坟地不好看,有个别人,坟地里没位置了,重新埋时,要请人看一下。俗话叫剥盘子,实际是罗经,地质学家也用罗经。

唐:你对回民请你看风水怎么看?

合:信仰大致是通的,回民去世后,头要向西,我们的人说,人死后要去西方极乐世界,都是一样的。这里的有些人不敢声张,怕被别人说。人不念书的话,没文化。出去(打工)的人就可不一样。其实,同治年间那些事(回民起义),都是人作怪。你杀我,我杀你的,没必要,信仰是通的。我们说灵魂,你们说如海(Ruh,阿拉伯语,灵魂)。

唐:唐汪的回汉葬礼中都有拉纤的礼节?

合:有哩,回民的胡门人死后戴孝,拉纤。

唐:这里的汉族人死后请阴阳念经时散钱不?

合:我们汉民简单,人死后请阴阳念经了抬布施,每人50、60元最多,一般法事做两天,每人就是120元最多。对父母孝顺的,儿女挣了钱的,也会撒抬埋钱。主要是给望丧的人散钱。

唐:你们祭不祭亡人的日子?

合:祭哩,七七(七个星期)、百天、头周年、二周年、三周年。三周年过后再不祭了。

欧·亚·历·史·文·化·文·库

　　唐:你们这里人祭日上请人念经吗？请人吃饭不？

　　合:一般在祭日这天,儿女们烧纸、泼酒饭什么的,不请人念经,也不请人吃饭。但前一阵听说,有个人,很有钱的,在父母的祭日上宰的羊没数目(没有定数)。请阴阳请了二三十个,喇嘛请了二三十个。

　　唐:送葬后,会不会给庙里钱？

　　合:有些人给些香钱。

　　唐:庙里的钱是由庙管掌握吗？

　　合:不是,是庄子上掌管着,(唐)国强拿事着哩,他说让谁去收钱就去收钱。每年献三次羊,羊皮是给庙管的。一年下去,给庙管几百元钱。庙管是按房头轮流做的。

很有意思的是文化具有相互的影响力,但这种影响采用一种间接、隐蔽、非公开的方式发生作用。地方性文化的魅力在于往往跨越民族、宗教、身份的界限发生联系,这种联系使得单纯性的文化变得复杂起来。从唐汪的道教表现方式来看,它和所谓的单纯性道教有一定距离,但距离并没有改变道教所秉持的基本信仰尺度。同样,有些东乡族或回族看风水,也并没有影响到他们的基本信仰选择。尽管这些属个人行为,但文化之间的往来是具有开放性的、接纳性的价值选择,由此说明民间文化的交往具有自身的基本原则。这也是文化往来的信息渠道,也暗示不同民族之间存在着共同性文化或者血缘上的某种联系。

　　如前所说,民间道教信仰夹杂着自然崇拜、祖先崇拜、道教信仰、佛教信仰等内容,具有典型混合文化的特点,展现了民间道教信仰的功能性特征,也就是说通过"交换"的方式完成目的性回报的意愿。现时的后辈或者信仰者向祖先或者神灵敬奉特定的供品如水果、馒头等,或牺牲如牛羊猪等,并以上香的方式取悦先祖或者神灵,以求得对后人或信徒的关爱或保护。在这些仪式中,上表活动具有典型的"交换"功能。现将唐汪镇胡浪村龙眼堡土主庙上表活动的田野调查录如下:

　　2010年8月25日早上8点半,我们听到敲锣的声音,听我爸爸说,这是汉民村里有活动时召集村民的(一种)方式。我和弟弟骑车去了。说实话，以前从来没有仔细观察过离我们家并不远的这个土主庙。龙眼堡土主庙修建在胡浪村附近的山下面，庙门门顶上绘有彩色牡丹，中间是山水图。进门后看到正前方有一座主殿，主殿坐北朝南，明五暗三格局分布着房间，主殿脊顶雕刻有相向的两条龙，两龙间是只宝瓶。经询问才知道，此宝瓶实指珠，意为二龙戏珠。主殿的两侧为影壁，上面绘有山水图，左右两侧都题字"富水宝地"。主殿前侧罩了防护网，上面挂有各色各式十分艳丽的香包，香包里装有小石头，旨在用其重力使防护网更有效。主殿两侧种有两棵柏树，东侧有两棵松树，院内还种有一棵香枣树和一棵榆树。院内种有蜀葵、翠菊、野菊花、西红柿、龙豆、包菜、凤仙、番瓜、迎春、榆苗等，还有些杂草。庙的西面有两间房，一间为灶房，供有灶王娘娘的牌位，一间为供品的库房。主殿内设有金花娘娘和唐氏老祖先白马将军的牌位。牌位前供奉了很多水果和馍馍（馒头），还有些果冻之类的零食。我们进去后，也进了20元香钱。很快，有人开始问我们是哪里的人，一听说我们是胡浪村的回民，反而对我们很热情，说祖辈上都认识。这就更加方便了我们的沟通。在仪式开始前，院里集了大约30人，其中妇女约16人，男性10余人，小孩4人。院子中间设有香坛，香坛前放有四个垫子，供信众磕头。一开始最引人注意的是还有几个头戴白帽的回民。听人说，这次奉献给神祇的羊就是这几位回民的，他们一早就将羊送过来了，并负责宰羊。有趣的是，他们将那只羊放在香坛周围，附近有很多围观的人。有人对着羊说话，意在通过羊给自己的祖先捎话或祝福。过了一会儿，有人向羊身上泼了一点水，羊抖动了几下。有人就说："好了，好了"，意思是献给祖先的羊是满意的，示意可以宰羊了。随后，在汉民协助下，回民开始宰羊。宰羊过程中，一人用装有纸钱的碗盛了羊血，拿到两位神祇的牌位前供着。接着开始放鞭炮，妇女们忙着在阶梯下摆置香坛，形似塔，最上面放上纸钱和饼干之类的供品，制两次，烧两次，先是替大家在两位神前许愿烧钱，而后是每个人各自为故去的亡灵超度，称"往生"。在主殿的门前,有几个妇女在一个四层方形铁制油塔上忙着摆放油灯。我从下往上数了数,最低层为58盏灯,第二层为36盏灯,第三层为13盏灯、顶层为1盏灯。共计108盏灯。询问了阴阳先生才知道,108盏灯代表了36天官72帝,共108将。没想到随处可见的都是各种文化符号,只是之前并不知晓。

上面的这些工作只是祭祀活动前的准备工作,在近9点时,坐在主殿西侧的5位阴阳(道士)先生,穿着道袍,戴着阴阳帽(帽上印有八卦图),其中一人击鼓,一人敲木鱼摇铃,两人吹唢呐,一人击铰子。阴阳先生开始诵经,仪式活动才算正式开始。中间休息时,我们和阴阳先生交谈才知道他们诵念的经典中有《道德经》《三官经》等六种经。经他们同意,我们拍了经书的封面。阴阳先生说,他们诵念的经,包括了儒、释、道等很多经典。阴阳先生诵经之时,有些妇女们在香坛前祭拜,小孩子也在模仿大人叩头。西房里有几个人忙着煮羊肉。来参加活动的人个个面带喜色,一幅安详的气氛,很是融洽!时间快近中午了,阴阳先生还在诵经,上表仪式还没开始。听庙管说,要等到下午才会上表,让我们先回家,下午再来,于是我们回了。

弟弟有事,下午一点半,我独自一人去了,有点怯,但还是去了。到庙里时,人们刚吃完饭,妇女们正在院子里聊天,我和她们聊了起来。一个小时后,上表仪式开始了。五位阴阳先生站在主殿前,在乐声中,法师缓缓穿上了大红色、上面印有龙的袍子,手持一块长约50厘米、印有八卦图样的竹板子,凝视着前方,有节奏地向二位神祇回告地方一年的生计情况,法师身边的几位阴阳先生也抑扬顿挫地诵经祈福,妇女们每人手拿一炷香跪在主殿东侧的台子上,男性在台阶下凳子上坐着。诵经持续了40分钟左右,开始上表。有一信徒用一只盘子端着六个黄色纸叠成的棱柱样纸筒,上面写有像祭文一样的文字,称"表"。随后,有一阴阳先生跪念一张写好的表。在诵经过程中,另一阴阳先生逐一将表在神位前焚化,意为向地方神金花娘娘报恩,回告地方的情况。上表结束后,阴阳法师依次在院内作法,向各个祖先牌位祈祷,最后到门口"送亡",信众在街两边的地上撒了食品、酒水等,在阴阳先生的诵经声中完成了送亡的最后程序。结束时已到了下午4点半。[1]

这些仪式活动便显示出地方性文化情结,尤其是献牲具有了自己的特点。这种牺牲是由他人替代完成的,但没有放弃信教者自身的参与,来完成宗教性义务的"交换"和责任。

从田野调查来看,参加道教宗教活动的主要是老年人,尤其是老年妇女。这一现象使得我们有了不少的担忧。从根本上说这并不能简单地归结为信仰道教人数的流失,而更主要的是传统文化所表达的蕴含在退却。如果想了解中国传统文化,尤其是农村传统文化,道教信仰就是重要的渠道。通过道教,可以了解老子、庄子以及深厚的中国传统音乐、服饰、道德价值观、做人原则等。正如张继禹说:"道教作为一种富于理想而又积极投入生活的宗教,根植于中华传统,深入于华夏民族的思想意识、民族情感、民族精神和生活习惯中,只是人们日用而不知。"[2]但是现代化思潮,尤其是西方文化的不断涌来,使道教文化的领地在不断萎缩,甚至变成区域性的孤岛。这些孤岛逐渐被现代性的东西所淹没,本土宗教的命运也就走向绝境,由此也渐渐堵塞了中国传统文化深入民间的管道。因此保护本土宗教信仰在一定程度上说就是保护中国的传统文化。但是零落的道观,寥落无几的参与者,预示着乡村道教正在衰落。若干年后可能不会有人再去诵读道教经典,不会再去敲击磬、鼓,文明的多样性变得单一,文化传承性也就终结,乡村的道德观更加远离传统,中国传统文化的价值体系逐渐被异化。因此,道教信仰在表层上考察只是一种宗教价值载体的反映,但从唐汪调查的实际来看,这里包含了中华民族崇尚先祖不忘本的家族伦理观;和合为上的不同姓氏、宗教、民族和睦相处的亲和观;崇尚自然、敬畏自然的生态价

---

[1]此为2010年8月25日唐淑娴、唐智的田野调查记录,基本保留了原始记录,个别文字上略做了调整。

[2]张继禹:《践行生活道教臻人间仙境——关于道教与现实社会生活的探讨》,载《中国道教》,2000年第6期,第8-15页。

值观;远恶近善、劝人为善的道德观。这些价值具有长久的普世性效能,通过简洁而朴实的仪式传达到每一个信仰者的内心,并依照他们的行为方式为其他人树立了行为道德典范。这些典范是数千年来中国文化沉淀的具体而深厚的反映。道教作为一种宗教,可能存在其消极的一面,但这并不能抹杀它所含有的道德教化功能。道教在唐汪这样的乡村的盛衰也反映了乡村居民文化现在的趋势。

小结

道教在唐汪以自己特有的方式生存着,并被信教者以自己的方式加以解释,给精神贫困的乡村带去了精神上的慰藉。从仪式和教义层面而言简单而直接,但信教者享受着朴素的心灵体验。如今现代信息席卷世界各地,唐汪这个偏僻的乡村也无法躲过信息化浪潮的侵袭。那种简单、传统的宗教解释已无法吸引年轻人去聆听那单调的诵经声,于是远离庙堂,远离传统,去选择上网、过圣诞节等。而零落的道堂里只剩下一些风烛残年的老者在守望着祖先的神器。他们百年之后,还有谁去敲击磬缶? 道教徒唐国宗老先生无奈地说:"没有什么(宗教)活动。往年组织活动时,把金花娘娘抬上(唐汪照壁山)去,今年年轻人都外出(打工)了,没人抬,所以决定出香钱给庙管。"[1]于是,集体性的宗教信仰成为特定宗教职业者来承担的义务,宗教信仰物化为象征性的东西。其结果就是庙宇空壳化,信仰简单化,信者老年化。这样乡村精神净土演变为物欲追求的场域。因此在一定层面上说,精神信仰的传统教化功能在弱化,甚至在丧失。

(此文原刊于《宗教学研究》,2012年第2期,第90-95页。作者:韩中义、唐智、马翔、唐淑娴)

---

[1]2010年8月24日田野调查所得。

11　明末至清中叶西域宗教研究

　　白山派作为西域苏非支派已引起了学术界的浓厚兴趣,并取得了一些成果:20世纪50—60年代在《维吾尔史料简编》[1]中已注意到白山派早期历史活动,但对其历史脉络的考察尚不完整。到了20世纪80年代随着《和卓传》《大霍加传》《阿帕克和卓传》和其他察合台、波斯文文献的翻译和引用,使得学术界对早期白山派的历史研究有了新突破,这方面的成果有《略论阿帕克和卓》[2]《略论新疆和卓家族势力的兴衰(上、下)》[3]《赫达叶通拉黑与马守贞》[4]《清朝统一西域进程中白山派和卓的活动与影响》[5]《清代新疆伊斯兰教教派问题刍议》[6]《新疆和卓之乱与清朝的治乱》[7]《西域和卓家族研究》[8]《中国新疆地区伊斯兰教史》[9]等。这些研究成果对白山派的早期历史进行了有益的探索,但线性叙述仍不够清晰。笔者著的《西域苏非主义研究》[10]一书中,对此派的早期历史做了考察,由于该书受到体例的限制,有些内容未做深入研究。因此笔者在前人研究的基础上对该派的早期历史和后来发展做一

　　〔1〕冯家昇、程溯洛、穆广文编:《维吾尔史料简编》,民族出版社,1955年。

　　〔2〕安瓦尔·巴依图尔:《略论阿帕克和卓》,载《民族研究》,1982年第5期,第41-47页。

　　〔3〕马汝珩:《略论新疆和卓家族势力的兴衰(上、下)》,载《宁夏社会科学》,1984年第2-3期,第52-59页;下:第55-60页。

　　〔4〕马通:《赫达叶通拉黑与马守贞》,载《青海民族学院学报》,1986年第1期,第33-44页。

　　〔5〕刘正寅:《清朝统一西域进程中白山派和卓的活动与影响》,载《西北民族研究》,1997年第1期,第99-113页。

　　〔6〕潘向明:《清代新疆伊斯兰教教派问题刍议》,载《清史研究》,2004年第3期,第59-66页。

　　〔7〕王欣、蔡宇安:《新疆和卓之乱与清朝的治乱》,载《陕西师范大学学报》,2005年第1期,第11-19页。

　　〔8〕刘正寅、魏良弢:《西域和卓家族研究》,中国社会科学出版社,1998年。

　　〔9〕陈惠生主编:《中国新疆地区伊斯兰教史》,新疆人民出版社,2000年。

　　〔10〕韩中义:《西域苏非主义研究》,中国社会科学出版社,2008年。

些概要性的补充。这一内容可能有助于进一步了解白山派的历史,也有助于了解明末清初西域的政治史、宗教史。

11.1 关于玛哈图木·阿杂木其人其事与 白山派的关系

白山派的开创人物是伊禅·卡朗(Khwāja Ishān-i-Kalān),原名为穆罕默德·额敏和卓(Muhammad Amīn Khwāja),是玛哈图木·阿杂木(Makhadum-i-A'zam)的长子。而玛哈图木·阿杂木的生平事迹,在其孙火者·阿不别可儿·伊本·巴哈乌丁(Khwāja Abu Bakir Ibn Bahā ud-Dīn)于 1617 年所著的《完美精神集》(Jami' al Maqamat)一书中有记载。[1]玛哈图木,全名为火者·阿黑马·本·毛剌纳·扎剌勒丁·卡桑尼(Khwāja Ahmad Ibn Mawlana Jalāluddin Kasani),出生于撒马儿罕附近的特赫比德村(Dehbid),早年居住在卡桑(Kasan 渴塞),并以该地名称呼他为阿黑马·卡桑尼。后来玛哈图木到了塔什干求学,成为纳格什班迪教团传人火者·纳速剌丁·奥贝都剌·阿赫拉尔(Khwāja Nasr al-Dīn' Ubaidullah Ahrār)的弟子,后又得到阿赫拉尔大弟子马黑马·哈孜的指导。马黑马 1516 年去世后,玛哈图木成为纳格什班迪教团第五代传人,他在 1533 年到过叶尔羌汗国(1514—1680 年)统治的喀什噶尔,并得到了拉失德汗的支持[2]。他此次叶尔羌汗国之行,为以后该家族在天山南部的发展奠定了坚实的基础。玛哈图木于 1542 年去世。他一生撰写了 30 多部著作,内容涉及伦理、苏非派信徒的准则、修行方法、纳格什班迪教团著名人物的生平、伊斯兰教等问题。这些著述对研究苏非派,尤其研究纳格什班迪教团发展史、教义、教理具有重要的参考价值。

清代不同文字的文献对哈图木·阿杂木及其子嗣有记载,但略有差异。

---

[1]〔乌兹别克斯坦〕艾哈迈多夫:《16—18 世纪中亚历史地理文献》,陈远光译,云南人民出版社,2002 年,第 236–237 页。

[2]Henry G. Schwarz,"The Khwajas of Eastern Turkestan", *Central Asia Journal,* Vol.20, 1976.

《西域图志》卷48《杂录二·回部·世系》[1]称：

> 赛叶特扎拉里丁（Sayid Jalāluddin，引者注，下文括号内同）子玛哈图木·阿杂木（Makhadum-i-A'zam）、漠罗克（Malīk）、玛木特（Mahmud）为第二十四世。玛哈图木·阿杂木子玛木特额敏（Muhammad Amīn）、多斯和卓（Dost Khwāja）、巴哈古敦（Bahā-ud-Dīn）、阿布都哈里克玛木特（'Abdu Khālīq Mahmud）、伊布喇伊木（Ibrāhīm）、伊萨木（Ishanm）、玛木特阿里（Mahmud 'Alī）、阿拉勒颜（Allāliyan）、玛木特（Mahmud）、色德克（Sīdīq）、阿三（Hasan）、沙伊赫和卓（Shaikh Khwāja）[2]、阿布都勒拉（'Abdu-llāh）为第二十五世。

从上述《西域图志》可以进一步了解到玛哈图木·阿杂木的祖辈和子嗣，尤其是伊禅·卡朗的信息。稍晚的《钦定西域同文志》中同样也记载了玛哈图木·阿杂木的祖辈和子嗣的相关内容，但比《西域图志》要详细、准确，而且人名用满（所谓国字）、汉（字）、蒙古（字）、藏（西番字）、托忒（字，俗称新疆蒙古文）、察合台（回字，即俗称老维文）等文字对照拼写。这对查阅核对人名提供了方便，但这些少数民族文字是后来在汉文的基础上添加上去的，许多人名或地名是按汉文的读音拼写的，仍不是很准确。而与《西域图志》相比，《钦定西域同文志》中记载白山派的信息要多一些、丰富一些。其记曰：

> 玛哈图木·阿杂木（Makhadu[Makhadum] A'zam）[3]：赛叶特扎拉里丁（Sayid Jalāluddin）长子，为二十四世。漠罗克（Malīk）：赛叶特扎拉里丁次子。玛木特（Ma[h]mud）：赛叶特扎拉里丁第三子。玛木特额敏（Muhmud[Muhammad] Amīn）：玛哈图木·阿杂木长子，为二十五世。多斯和卓（Dost Khojo[Khwāja]）：玛哈图木·阿杂

---

〔1〕傅恒等奉敕编撰，钟兴麒等校注：《西域图志校注》卷48，新疆人民出版社，2002年，第605-606页。

〔2〕笔者怀疑引文从阿布都哈里克到沙伊赫和卓句读有问题。因从其他文献可知马合杜木没有这么多子嗣。

〔3〕此圆括号内的为《钦定西域同文志》察合台等文的原文转写，而方括号内的为该名称的本读应添的字母，下文同。

木次子。巴哈古敦(Bahā-ud-Dīn)：玛哈图木·阿杂木第三子，自巴哈古敦至阿布都勒拉十二支析居于布哈尔(Bukhārā,今乌孜别克斯坦的布哈拉)、温都斯坦(Hindustan,即今阿富汗等地)诸处，其子孙世系莫考。阿布都哈里克('Abdu Khālīq)：玛哈图木·阿杂木第四子。玛木特(Mahmud)：玛哈图木·阿杂木第五子。[1]伊布喇伊木(Ibrāhīm)：玛哈图木·阿杂木第六子。伊萨克(Ishaq)：玛哈图木·阿杂木第七子。玛木特阿里(Mahmud 'Alī)：玛哈图木·阿杂木第八子。阿拉勒颜(Allāliyan)：玛哈图木·阿杂木第九子。玛木特(Mahmud)：玛哈图木·阿杂木第十子。色德克(Sīdīq)：玛哈图木·阿杂木第十一子。阿三(Hasan)：玛哈图木·阿杂木第十二子。晒赫和卓(Shaikh Khwāja)：玛哈图木·阿杂木第十三子。阿布都勒拉('Abdullāh)：玛哈图木·阿杂木第十四子。

《大霍加传》称：

> 大贤买合杜木·艾扎木(祈真主使他的心灵纯洁)(玛哈图木·阿杂木)有四位夫人，共生了二十四子(女)，十三男，十一女……前妻共生四男二女。长子伟名为穆罕默德·伊敏(玛木特额敏)霍加……大贤买合杜木·艾扎木的二夫人生三男二女。长子名叫霍加伊斯哈克(伊萨克)外里(Walli)……大贤买合杜木·艾扎木的其他夫人以及她们的子女，本书就不赘述了。[2]

和《钦定西域同文志》比对，可知玛哈图木有四妻，共有十三或十四子，而且《钦定西域同文志》和《大霍加传》均提到了庶子"伊斯哈克(伊萨克)"，说明这两个文献以及《西域图志》来源可能是同源的，由此断定，这些文献对研究白山派的早期历史具有重要的参考价值，但值得注意的是在《和卓传》中并没有提到与"伊斯哈克(伊萨克)"同时代的穆罕默德·伊敏(玛木特额敏)的相关历史记述及其活动，这就印证了《和卓

---

〔1〕《西域图志校注》中将"阿布都哈里克玛木特"句读示为一人，而在《钦定西域同文志》将"阿布都哈里克玛木特"析为两人，似与下文的"玛木特"之名重复。〔清〕傅恒等奉敕编撰：《钦定西域同文志》卷11，四库全书本，第17—18页。

〔2〕佚名：《大霍加传》，载《新疆宗教研究资料》(第12辑)，新疆社会科学院宗教研究所，1988年，第5页。

传》资料来源的差异性以及作者的不同取舍,因《和卓传》的作者具有黑山派情结。

从上述中外资料可以较全面认识和了解玛哈图木及其后裔的基本信息,对研究白山派历史沿革获得了宝贵文献上的支持,更重要的是不同文献进行互相印证,这对廓清文献记载的混乱或讹误具有重要的意义,也对白山派的来源和早期发展研究具有特别的意义。由此我们很清楚地知道白山派尽管是伊禅·卡朗开创的,但和玛哈图木有直接的关系,也和纳格什班迪教团有直接的关系,也就是说从道乘修炼方式上而言,白山派是纳格什班迪教团的一个支派,并不是完全新成立的苏非派教团。

11.2　白山派的早期历史沿革及其后来发展

玛哈图木去世前一年(1551年),依禅·卡朗继承了其父的教权,成为第六代纳格什班迪教团的教主。依禅·卡朗继承教权时,内部不十分稳固。几经思索,他到一位叫霍加祖巴尔(Khwāja Zubār)处讨教。"霍加祖巴尔是全体海力派(海力排)的头领,依禅·卡朗与霍加祖巴尔在派系、教义、教规方面不仅完全相同,而且默契一致。"[1]依禅·卡朗跟随霍加祖巴尔学习了22年,直到霍加祖巴尔认可他自行传教为止。后来,依禅·卡朗回到撒马儿罕特合比德村。

---

〔1〕佚名:《大霍加传》,载《新疆宗教研究资料》第12辑,新疆社会科学院宗教研究所,1988年,第5-6页。

此时,特合比德村的居民已多半信奉了伊斯哈格的黑山派。[1]依禅·卡朗的返回给黑山派以很大的压力,而且大部分黑山派的信徒又转向了依禅·卡朗。这就引起了伊斯哈格及其女儿的极为不满,企图将依禅·卡朗铲除。但依禅·卡朗自以为教权已趋稳定,放松了对黑山派的警惕,这可以从他如下的言语中揣摩到。他说:

> 倘若在此之前我登上霍加之位,那么先辈霍加拥有的一切财物都应归我所有,但是我们的后裔将从背离"坦尔开提[2]"之道。因此,我看在霍加祖巴尔的份上,没有急于登上霍加之位。因为,先辈们曾说:"我拥有一些财物,但是财物会给我带来过失,使我的后裔不能走上"坦尔开提"之道。我依禅·卡朗决不是那种收敛财富的人。[3]

这说明:一是伊斯哈格·卡朗已得到了霍加祖巴尔的支持,具有了强大的后盾;二是依禅·卡朗企图说明他继承祖辈道统世袭,不是为了钱财,而是为了宗教,竭力让黑山派及其信徒尽可放心,祖辈产业大家可以共同分享。但黑山派对他继承纳格什班迪教团的教权十分不满,并等待时机,铲除之。终于有一天机会来了,伊斯哈格宴请依禅·卡朗,据说当时食物里投了毒,结果依禅·卡朗身亡。而《和卓传》[4]并没有提到此事,如前文所说这部著作是反映黑山派内容的文献,不记载依禅·卡朗身亡的事件也是情理之中的。依禅·卡朗的死亡是对白山派的一次沉

---

〔1〕黑山派是伊斯哈格(Ishaq)创立的,他是马合杜木庶子,未获得教权,于是另立门户,传播哲合林耶(高念派Jahriyah),伊斯哈格创立的派别也依他的名字被称为伊斯哈格耶(Ishaqiyah)。黑山派的(道统和血统)世系为:黑山派道统世系:玛哈图木(Makhadum-i-A'zam)→伊斯哈格(Khwāja Ishāq Wālī)→乌什苏图尔(Ushutur)→萨迪(Khwāja shādī)→阿布都拉(Khwāja 'Abdu-llah)→乌拜都拉(Khwāja 'Ubaidu-lah)→达涅尔(Khwāja Dānyāl)→和卓加罕(Khwāja Jahan-gar)→和卓萨迪克(Khwāja Siddīq)→赛义·八拉里顶(Sayyid Bālā-ud-Dīn)。黑山派血统世系:玛哈图木(Makhadum-i-A'zam)→伊斯哈格(Khwāja Ishāq Wālī)→萨迪(Khwāja shādī)→阿布都拉(Khwāja 'Abdu-llah)→乌拜都拉(Khwāja 'Ubaidu-lah)→达涅尔(Khwāja Dānyāl)→和卓加罕(Khwāja Jahangar)→和卓萨迪克(Khwāja Siddīq)→赛义·八拉里顶(Sayyid Bālā-ud-Dīn)。

〔2〕坦尔开提是Tarīqat的音译,即道乘,为苏非派修道的四乘(教乘、道乘、真乘和超乘)之一。

〔3〕佚名:《大霍加传》,第6页。

〔4〕穆罕默德·萨迪克·喀什噶里:《和卓传》,陈俊谋、钟美珠译,载《民族史译文集》第8辑,中国社会科学院民族研究所主办,1980年。

重打击。原因在于当时白山派的地位并没有完全巩固下来，这为黑山派夺权创造了条件。在这种背景下，依禅·卡朗的长子阿吉·穆罕默德·玉素甫·麻扎尔·帕地夏（Hajj Muhammad Yūsuf Māzar Pādshāh，即玛木特·玉素布）继承了教权。在依禅·卡朗临死前已预感到黑山派势力的强大，他留下遗嘱称：

> 哎！我的孩子，你且勿在此久留，因为伊斯哈克外里（即伊斯哈格，引者注）对我们的仇恨一定会记到世界末日的来临……树立了声望的先辈霍加们要你做一个清贫人。你到蒙古（西域）去吧！引导他们走向正道的钥匙交给你了，你的生身埋葬之地就在那里，你的儿子、孙子、曾孙……你的苏菲（Sufī，修道者）、门徒弟子都在那里。[1]

依禅·卡朗死后，被称为麻扎尔和卓的穆罕默德·玉素甫先游历了西亚各地，又到了麦加朝觐，后到了喀什噶尔。这位和卓在清代西域文献上已有明确的记载。《西域图志》记载："玛木特额敏子哈色木（Hassīm）、木萨（Mūsa）、墨敏（Mummin）、玛木特·玉素布（Muhammad Amīn）。"[2]而在《西域水道记》中有差不多相同的记载，但所记载要详细一些，曰：

> 阿里传圣二十五世，曰玛木特·额敏，产四子：长子曰哈色木，迁布哈尔国（Bukhārā，布哈拉）；仲曰木萨，迁拜勒哈国（Balkh，巴里黑或巴尔赫）；叔曰墨敏，居故地（即 Samarkand，撒马儿罕）；季曰玛木特·玉素布，迁喀什噶尔。[3]

上文所记载的"玛木特·额敏"就是穆罕默德·额敏和卓（Muhammad Amīn Kwāja），即依禅·卡朗，而第四子玛木特·玉素布就是穆罕默德·玉素甫（Muhammad Yūsuf），但和《大霍加传》的记载相比，依禅·卡朗子嗣不论顺序还是名称均有出入，传曰："依禅·卡朗有四子，长子阿

---

〔1〕佚名：《大霍加传》，第6—7页。

〔2〕〔清〕徐松：《西域水道记》卷1，"喀什噶尔河"条，收入《小方壶斋舆地丛钞》，王锡祺编，光绪铅印本。

〔3〕傅恒等奉敕编撰，钟兴麒等校注：《西域图志校注》卷48，新疆人民出版社，2002年，第606页。

吉·穆罕默德·玉素甫霍加(Hajj Muhammad Yūsuf Khwāja),其著名的绰号是'大贤麻扎尔帕地夏(Hazrat Māzar Pādshāh)',次子名霍加阿西木霍加(Khwājā Hashīm Khwāja),三子名霍加萨力亥霍加(Khwāja Salīkh Khwāja)。"[1]第四子为霍加哈斯木霍加(Khwājā Hassīm Khwāja)。[2]这一记载尽管和汉文文献的记述有所差异,但基本史实还是准确的。

穆罕默德·玉素甫可能是在公元1622年来到了喀什噶尔。当时他在喀什噶尔、阿图什等地传教,受到当地人民的敬仰。但《大霍加传》中却说穆罕默德·玉素甫首先到哈密,然后到喀什噶尔。不管怎么说,穆罕默德·玉素甫到过哈密是肯定的。他在那里和一位叫米尔·赛义德捷力里(Mir Sayyid Jalil)的苏非派信徒的女儿结了婚,生有3男2女。其长子为和卓伊耶达叶吐拉(Khwāja Hidāyat-u-allāh),尊号为阿帕克和卓(Afāq Khwāja),意为宇宙的和卓。其次为和卓依纳叶吐拉(Khwāja Yigānit-u-allāh),号称卡拉买吐拉和卓(Kāramat-u-allāh Khwāja),幼子为和卓维拉叶吐拉(Khwāja Wilāyat-u-allāh),号称和卓哈纳艾吐拉(Khwāja Hanā'at-u-allāh)。[3]长女为夏合(Shah)公主,幼女为玛合(Mah)公主。而《西域图志》记载:"玛木特·玉素布子伊达雅勒拉和卓、喀喇玛特和卓、坎和卓。"[4]"伊达雅勒拉和卓"就是"和卓伊耶达叶吐拉(Khwāja Hidāyat-u-allāh)",即阿帕克和卓;"喀喇玛特和卓"为"和卓依纳叶吐拉(Khwāja Yigānit-u-allāh)",即卡拉买吐拉和卓(Karāmāt-u-allāh Khwāja);"坎和卓 Han Khwāja",应是"和卓维拉叶吐拉(Khwāja Wilāyat-u-allāh)",即"和卓哈纳艾吐拉(Khwāja Hanā'at-u-allāh)",这和《大霍加传》的记载基本一致,这说明《西域图志》著述者参考了白山派的圣徒传记或者进行了实际调查,具有较高的参考价值。

穆罕默德·玉素甫在哈密可能居住了至少14年。因阿帕克和卓13

〔1〕佚名:《大霍加传》,第5页。

〔2〕佚名:《大霍加传》,第7页。

〔3〕佚名:《阿帕克霍加传》,油印本,新疆社会科学院宗教所译编,1980年,第10—11页。

〔4〕《西域图志校注》,卷48,第606页。

岁左右时,穆罕默德·玉素甫才又回到喀什噶尔的喀拉萨喀力(Qa-rasaqal,意为黑胡须),并隐居于此。《大霍加传》称,玉素甫和卓受到阿不都剌汗(Abdulla Khan)的礼遇,奉为上宾,邀请到叶尔羌(Yarkand,今莎车县城)城,阿不都剌汗拜他为师,成为他的信徒,以此来巩固自己的统治地位。[1]但玉素甫也利用这一机会不断扩大势力,由此引起阿不都剌汗的不满。再者白山派又以阿不都剌汗之子尧乐巴斯汗(Yulbārs Khan)为后盾来对抗黑山派,进而削弱王权力量。由于这两方面的原因,促使阿不都剌汗不再依靠白山派,结果玉素甫的叶尔羌城之行企图掌控教权的预期目的没有达到。只好往喀什噶尔返回,途中到达一个叫托普鲁克(Topluq,意为多土)的地方突然死亡。据说是被黑山派的毒死的。[2]

于是,阿帕克和卓继承了白山派教权。此时,叶尔羌汗国发生了争夺王位的斗争,阿不都剌汗逊位,而尧勒巴斯汗登基,白山派得势,成为汗的支持者,但尧勒巴斯汗统治不到一年,就被伊斯玛仪勒汗(Isma'īl Khan)杀死。伊斯玛仪勒汗将阿帕克和卓逐出喀什噶尔。阿帕克和卓先流亡于克什米尔、青海、甘肃,然后到西藏,得到五世达赖喇嘛的支持,达赖喇嘛写信给准噶尔部的噶尔丹要求支持阿帕克和卓。公元1680年以阿帕克和卓为向导的,噶尔丹"亲自率领军队一万二千士兵,出了伊犁城门走出,皆(偕)同阿帕克霍加(阿帕克和卓),路经阿克赛,上阿图什"。[3]然后进攻喀什噶尔和叶尔羌城,并灭了叶尔羌汗国,将伊斯玛仪勒汗及全家带往伊犁囚禁,拥立阿帕克和卓为新统治者。阿帕克和卓是否统治过叶尔羌汗国故地,学术界尚有疑问。[4]但多数学者坚持认为阿帕克和卓统治过叶尔羌汗国故地。笔者赞同后一种观点。阿帕克和卓登上了世俗政权的宝座,却为准噶尔部所操纵,而且阿

---

[1]佚名:《大霍加传》,第11页。

[2]佚名:《大霍加传》,第12页。

[3]佚名:《阿帕克和卓传》,日本学者羽田明在《明末清初的东土耳其斯坦》一文中称当时噶尔丹派兵十二万,非亲自出兵南疆,《东洋史研究》卷7,第5期,第20页。

[4]魏良弢:《叶尔羌汗国史纲》,黑龙江教育出版社,1998年,第158页。刘正寅、魏良弢:《西域和卓家族研究》,中国社会科学出版社,1998年,第207页。

帕克霍加每年向准噶尔部交纳十万腾格[1]的贡金。[2]这可以从汉文材料得到印证:

当准噶尔时,竭泽以渔,喀城岁征粮至四万八百帕特玛。[3]他税称是,叶尔羌岁征匠役户口、棉花、红花、段布、金矿、铜硝、牛羊、狢狒、毡、果园、葡萄之税,折钱十万腾格。且不时索子女,掠牲畜。[4]

清代史料也反映了准噶尔跋扈的侵夺,文献称:

秋成之交,准噶尔遣人向回城一带征收赋税,每回男,为之一户,每七日之八栅尔(Bazar,市场,集市)一次,交布一匹,或羊皮数张,或狢狒狓皮一张。通年计算,逐次索取。所种米谷,根同收打,与回平分。[5]

阿帕克和卓登位不久,发现自己无法控制时局,于是只好扶植伊斯玛仪勒汗的幼弟穆罕默德·额敏(Muhanmad Amin)为汗,让他成为阿帕克和卓的傀儡。但穆罕默德·额敏登位后,却立即中断了同准噶尔汗的所有关系,驱逐了天山南部准噶尔官员。这样引起白山派的恐慌,当然也不符合阿帕克和卓的利益。阿帕克和卓乘机将穆罕默德·额敏除掉,又重新登上了权力的宝座。

阿帕克和卓登上了汗位后,担心黑山派卷土重来,危及其统治。于是为了彻底根除黑山派,阿帕克和卓表面上邀请逃往克什米尔的黑山派和卓舒艾布(Khwāja Shu'aib)与和卓达涅尔(Kwāja Dānyāl)两人回来,并答应退还其被没收的财产,恢复其宗教权力。当黑山派和卓从克什米尔返回提士纳夫(Tiznāf)河时,和卓舒艾布觉得情况不妙,就让其弟和卓达涅尔返回克什米尔。就在达涅尔返回不久,一群阿帕克的狂热信徒把和卓舒艾布砍死于提士纳夫河边,将他的尸体扔进河中。[6]

---

[1]腾格为 Tenga 的音译,意为"银币",其值为清之半两或四分之一两银。

[2]穆罕默德·萨迪克·喀什噶里:《和卓传》,第100页。

[3]帕特玛,是 Patman 的音译,为西域谷物的计量单位,1帕特玛等于573公斤,或等于清代的5石3斗。

[4]魏源:《勘定回疆记》,见王锡祺编:《小方壶斋舆地丛钞》,光绪年铅印版。

[5][清]七十一:《西域总志》,文海出版社,民国55(1966)年,第40页。

[6]穆罕默德·萨迪克·喀什噶里:《和卓传》,第101页。

从而打击了黑山派的势力。

阿帕克和卓上台后横征暴敛,鱼肉人民,引起了下层人民的反抗。[1]特别是引起了黑山派信徒的反抗,阿克苏、和田、喀什噶尔相继脱离其统治,于是叶尔羌城变为一片孤岛。在此时,天山南部社会矛盾日益突出,民不聊生。1695年,舒艾布和卓的表侄萨迪将阿帕克和卓杀死。[2]不久,萨迪又被阿帕克和卓的寡妻哈尼姆·帕蒂沙(Khānam Pādshāh)所杀死。

关于阿帕克和卓的子嗣,不同的史料有不同的记载。一般学者认为阿帕克和卓生有二子:长子和卓木·和卓叶赫亚(Khōjam Khwāja Yahyā),尊号为汗和卓(Khan Khwāja);次子为马赫迪和卓(Khwāja Mahdī)。《阿帕克霍加传》载,阿帕克和卓除了同前妻生有和卓叶赫亚外,哈尼姆·帕蒂沙生有马赫迪和卓、和卓艾山(阿三 Hasan)。[3]但《和卓传》中说阿帕克和卓的长子为马赫迪和卓(Khwāja Mahdī);次子为阿三和卓(Khwāja Hasan)。[4]在《补过斋文牍》中称:

> 内务府谱牒载其(祥贵妃)远祖名阿巴和加(阿帕克和卓),生有五子:长曰汉和加(Khan Khwāja 汗和卓);次曰和加艾买提(Khwāja Ahamad);三曰阿不都赛买提(Abdu Sammad);四曰黑力其不来哈宜(Qaliq Bulqay);五曰哈三和加(Hasan Khwāja)。[5]

阿帕克和卓的教权由谁来继承,其内部引发了尖锐的冲突。因阿帕克和卓在世时,立其长子叶赫亚(Yahyah)为统治者,在位两年余(1694—1696 年)。但阿帕克和卓死后不久,其妻子哈尼姆·帕蒂沙

---

〔1〕安尼瓦尔·巴伊图尔:《略论阿帕克和卓》,载《民族研究》,1982年第5期,第41—47页。

〔2〕佚名:《阿帕克和卓传》中称是伊斯哈格的儿子和卓萨迪杀死阿帕克和卓的,这不太可能。新疆社会科学院宗教研究所印,1980年。阿帕克和卓死于何时,怎么死的,由于史料来源不一,说法也不一。

〔3〕佚名:《阿帕克霍加传》,第24—25页载阿帕克霍加除了同前妻生有霍加叶赫亚外,哈尼姆·帕蒂沙生有马赫迪霍加、霍加艾山(阿三 Hasan)。

〔4〕穆罕默德·萨迪克·喀什噶里:《和卓传》,第101页。这可能是著述者将马赫迪之子和阿帕克和卓之子混淆了。

〔5〕杨增新:《补过斋文牍》辛集三《指令顾问员玉素普禀争祥妃麻扎公产文》,新疆驻京公寓初版,第81页。

(Khānam Pādshāh)将继子叶赫亚暗杀,[1]结果叶赫亚的两子也被杀,只有三子和卓阿哈玛特(Khwāja Ahmad)幸免。哈尼姆·帕蒂沙立她亲生的五岁儿子马赫迪(Khwāja Mahdī)为汗,后被准噶尔人所杀。[2]而在喀什噶尔,叶赫亚的儿子和卓阿哈玛特(Ahmad)成为傀儡汗,实权掌握在布鲁特(清代汉文文献对柯尔克孜的称呼)贵族手中。白山派之间发生内讧之时,穆罕默德·额敏之弟阿克巴什汗(Aqbash Khan)占据了叶尔羌城,大肆屠杀白山派的同时,又支持了黑山派。白山派劫后余生者逃往印度,而阿克巴什汗迎回了达涅尔和卓。至此,白山派在叶尔羌城的统治已告结束。但在喀什噶尔的白山派具有很强的势力,而且名义上的统治者为阿哈玛特。白山派和黑山派双方又开始了争夺。此时的准噶尔部支持达涅尔,在准噶尔军队占领喀什噶尔后,将阿哈玛特全家掳掠到伊犁,而达涅尔也随准噶尔军到了伊犁,后被放还。

11.3   结语

探讨白山派的早期历史对后来白山派的研究具有重要的参考价值,也有利于认识白山派对整个西域历史、文化、社会的影响,并更深入地解剖其在政治史中的影响。以往的学者多注重大小和卓叛乱以后的白山派历史,该文试图在前人和笔者个人研究的基础上做一些补充。

(此文原刊于《西北民族研究》,2010 年第 2 期,第 142-148 页。作者:韩中义、马翔、唐智)

---

[1]《依达耶图传(*Tazkira-a-Hidāyat*)》,见 T.D.Forsyth, *Report a Mission to Yarkund in 1837*, Foreign Department Press, Calcutta, 1875, p.178.

[2]《喀什噶尔史》,见巴托尔德:《巴托尔德文集》卷 8,莫斯科 1965—1976 年,第 190 页。

12 中国宗教研究
学术著作综述（1978—2008）

本文将1978—2008年30年来我国学者所出版的伊斯兰苏非主义学术著作和译著分类加以评述总结,以期学者在已有成果的基础上,有更多新的收获。

12.1 苏非主义思想研究

苏非主义自8世纪以来,尤其是12世纪安萨里时代以后一直影响着伊斯兰学术界、文化界。西方学者从19世纪以来对于这种影响有过特别的关注,出版了大量原著翻译和研究性著述。苏非主义从10世纪开始影响我国信仰伊斯兰教的群体,特别是明清以降苏非主义思想很自然地融入我国汉译著述中,并与儒家文化有机结合起来,成为一种独特的文化现象。但对这一现象学界一直未给予足够的重视。因此伊斯兰教研究中,苏非主义思想是值得探讨的问题之一。但20世纪90年代以前我国苏非主义研究相当薄弱。起初在一些通史类著作里加以介绍,如《中国回族史》等提及,但没有作为专题加以研究。直到1995年金宜久先生出版了《伊斯兰教的苏非神秘主义》[1]一书,在一定程度上弥补了这方面研究的不足。这本书仅有6万言,但涉及苏非主义的方方面面,不失为这一领域的重要著作之一。由于篇幅的关系,这只是一本学术普及性的读物,也存在明显的缺憾,如书中很少关注原典和西方已有的成果。1999年金宜久先生出版了《中国伊斯兰教探秘》[2]一书,

---

[1]金宜久:《伊斯兰教的苏非神秘主义》,中国社会科学出版社,1995年。
[2]金宜久:《中国伊斯兰教探秘》,东方出版社,1999年。

书中对刘智的思想体系做了全面的梳理,使得读者对刘智思想有了一定的了解,尤其是用儒家语言表达了"真""光"思想、性理思想等内容。2004年沙宗平出版了《中国的天方学》[1],重点考察了刘智的核心著述《天方性理》,并系统探讨了刘智的"真一论""宇宙论""人论"和"认识论"等。由于两位学者的文化背景和学术素养存在差异,在研究同一问题时也有一定的分歧,但可互相参证,相得益彰。同年梁向明出版了《刘智及其伊斯兰思想研究》[2],在关注刘智思想来源、伊斯兰精神层面的内容外,还关涉世俗方面的内容,如经济问题等,这些内容以往学者较少留意,这对于研究回族,乃至中国穆斯林经济思想均有重要的借鉴意义。在这些学者们的不断努力下,研究刘智的步伐逐步往前迈进,对其认识也会不断深入,但用他所涉及的知识范围、所涉猎的书籍,来考察具有中国特色的伊斯兰思想远没有研究殆尽。因此我们特别期待有关刘智研究的新著作问世。

金宜久先生在研究刘智的同时,对王岱舆也给予了关注,他的《王岱舆思想研究》[3]和《中国伊斯兰教探秘》一样,偏重于哲学思想分析,但有一点值得重视,金先生认为王岱舆在建立具有中国特有品性的伊斯兰宗教哲学思想方面,居于开拓地位。可是,王岱舆的思想在中国的文化思想宝库中既没有受到应有的重视,也没有得到充分的反映,因而也就谈不上王岱舆在中国文化的思想宝库中获得应有的位置。这一问题值得具有伊斯兰文化背景的学者进一步加以探究。

我国研究苏非主义思想的学者从文献和理论渊源来说主要是消化和吸收欧美学者的研究成果。很少有学者从阿拉伯文等原始文本入手研究苏非主义,所以我国学者研究的苏非主义充满着"洋气",也就是说这些学者根据国外研究者知识水准的高低对苏非主义做一番哲学上的阐释。严格地说这不是真正文本意义上的苏非主义,而是国外学者们

[1]沙宗平:《中国的天方学》,北京大学出版社,2004年。
[2]梁向明:《刘智及其伊斯兰思想研究》,兰州大学出版社,2004年。
[3]金宜久:《王岱舆思想研究》,民族出版社,2008年。

理解的苏非主义。但王俊荣的著作[1]在一定程度上改变了这种状况，作者直接利用伊本·阿拉比的代表作《麦加的启示》原著以及阿卜杜·凯利姆·吉里的注释本进行研究。作者在研究了伊本·阿拉比思想以后，很自然地与中国古代传统哲学、中国明清之际回族穆斯林学者的著述做比较研究。显然这一成果比其他研究苏非主义思想的著作有了明显的提升，并丰富和发展了这方面的研究，但作者很少参考欧美和阿拉伯学者的成果，是为缺憾。

苏非主义对中国穆斯林文化的影响是深刻而广泛的，研究中国的伊斯兰教时，不能忽视或漠视苏非主义思想的影响。

12.2 苏非主义历史研究

研究苏非主义的传播历史对于考察苏非主义的发展，梳理苏非主义与传播地区文化关系具有重要的意义。苏非主义从西亚、中亚兴起，然后传播到我国各地。就我国的苏非主义传播历史资料来分析，苏非主义主要从陆路传入并传播，由新疆至甘宁青。这是理论上的传播路线，实际上是如何传播的，文献又是怎样记载的，1978年以前我国学者相关研究不够深入，甚至有些问题几乎没有开展起来。直到1981年勉维霖先生出版了《宁夏伊斯兰教派概要》（宁夏人民出版社），以调查材料与历史资料相结合，集中叙述分析了宁夏地区伊斯兰教派，尤其对苏非派如哲合林耶、虎夫耶、嘎迪林耶等教派门宦给予了较多的关注，是我国改革开放以后出版的第一部研究区域教派门宦的著作。

1983年马通先生出版了《中国伊斯兰教派与门宦制度史略》（宁夏人民出版社）一书，作者在20世纪50年代田野调查的基础上，结合门宦"老人家"的口述、家史以及地方志和其他文献，较为详细地考察了甘宁青等地各个门宦派别历史演变、基本教义、分布状况，着重探讨了有关苏非派"流"的问题，有助于全面了解这些地区各苏非派。因此该书也是研究这一问题的必备参考书。马通先生于1986年又出版了《中国伊

---

[1]王俊荣：《天人合一物我还真——伊本·阿拉比存在论初探》，宗教文化出版社，2006年。

right
·欧·亚·历·史·文·化·文·库·

斯兰教门宦溯源》(宁夏人民出版社),力图求证甘宁青的有些苏非门宦与新疆的苏非派之间的联系。这是有关苏非派"源"的探索。

从我国苏非主义的发展传播来看,新疆地区苏非派的发展,不仅在该地区有深远的影响,而且对内地也产生了广泛的影响。最初的新疆苏非派研究主要是作为新疆地方史、民族史的一部分来考察的,如冯家升等著《维吾尔族史料简编》(民族出版社,1981年)、刘志霄的《维吾尔族历史》(上编,民族出版社,1985年)以及《新疆简史》(新疆人民出版社,1980年)等。这些著作中将苏非派作为政治史的一部分加以研究,但没有作为宗教流派进行考察。直到1998年刘正寅、魏良弢的《西域和卓家族研究》[1]一书才改变了这种局面。此书充分利用新刊布的穆斯林史料和新发掘的汉文史料,在广泛吸收国内外前人研究成果的基础上,对相关的内容做了严密的考证和全面的理论概括,是我国第一部全面系统的论述16世纪至18世纪西域和卓家族历史的专著,也将我国西域和卓家族史研究推向了新的水平。但这本书主要关注黑山派和白山派的历史、教义和政治影响问题,对其他问题研究不多。其实新疆有很多苏非派自称是和卓家族,或者与和卓家族有联系,也就是说新疆苏非派内部十分复杂。而且苏非派在新疆传播历史很久,从现存的文献来看,至少在11世纪以前就已开始传播,而这种线性传播研究很有必要。陈慧生主编的《中国新疆地区伊斯兰教史》[2]一书对新疆地区苏非派传播的历史做了描述,但这本书是一个地区的伊斯兰教通史,有关苏非派的研究不够深入。2008年,韩中义出版了《西域苏非主义研究》[3]一书,通过历史叙述,试图理清西域苏非主义的发展脉络。众所周知,苏非主义是各方面相互关联的整体,历史发展只是其中的一个方面,苏非主义之所以在伊斯兰文化发展历程中产生过深远的影响,是其独具特色、不拘一格、文脉多元、苦修禁欲、愤世嫉俗等非模式化的思想、行为实践。这些内容不仅影响着阿拉伯、波斯核心地区的主流文化,而且

---

〔1〕刘正寅、魏良弢:《西域和卓家族研究》,中国社会科学出版社,1998年。

〔2〕陈慧生:《中国新疆地区伊斯兰教史》,新疆人民出版社,2000年。

〔3〕韩中义:《西域苏非主义研究》,中国社会科学出版社,2008年。

也影响着周边接受伊斯兰教各民族的文化,新疆地区就是深受这种思想影响的地区之一。如果对这个区域所传播的苏非主义没有了解,那么很难从深层次上剖析各种精神文化和物质文化,如音乐、舞蹈、丧葬、文学、建筑、礼仪,甚至统治阶级的政治思想等内容。所以从整体观察苏非主义在新疆地区的影响,就会更好地研究这一地区的文化史、政治史、宗教史,从而可以更深刻地揭示为什么苏非主义作为一种文化现象长期产生影响的原因,而不是简单地得出苏非主义在这一地区没有多大影响的草率结论。但是无论怎样放大局部加以研究,苏非主义在新疆的影响只是多层面、多维度文化影响的一部分,而不是、也不可能是新疆文化某一阶段的全部内容。这一点必须要有清醒的、准确的把握和认识。因此研究新疆苏非主义就是要客观、全面地了解其存在的历史意蕴,由此对这一地区整体文化的发展有多方位的观察。

我国的苏非主义,无论在内地传播还是在新疆发展均和中亚有难以割舍的关系。从苏非主义流变的角度而言,中亚苏非主义是苏非主义的重要发源地之一,也是我国的苏非主义最重要的来源之一,但我国学者由于受到各种条件的制约,并没有十分重视这一地区苏非主义的研究,即便是在一些通史性伊斯兰史著作中的介绍也显单薄,甚至有谬误。张文德的著作[1]在一定程度上弥补了这些缺憾。尤其重要的是张先生充分吸纳了前人,特别是国外学者的研究成果,线性考察了中亚的亚萨维、库布亚维(库布林耶)和纳格什班底等三大教团,使得我们对这些教团有了初步的了解,为学人进一步研究奠定了一定的基础。但需要说明的是中亚曾盛行过很多苏非主义流派,或者教派。这些派别的代表人物均对中亚的政治、宗教、文化、历史等方面产生过重大影响,比如纳格什班底代表人物阿赫拉尔留下了一大批书信,这些书信内容反映了当时社会的诸多方面,而在张先生著作里并没有多少表述。在察合台汗国、伊利汗国时代,苏非主义上至宫廷,下至庶民均有影响,但在这本著作里也反映不多。同时中亚苏非主义与新疆、内地的关系如何,也没有给予太多的关注。但作为一部探究性的学术著作,张先生开创

---

[1]张文德:《中亚苏非主义史》,中国社会科学出版社,2002年。

在先,功不可没。

随着苏非主义的发展,13世纪以后其分布格局逐渐发生了变化,印度成为苏非主义重要的传播地区,尤其是16世纪莫卧儿帝国建立后,许多中亚、波斯的著名苏非到达印度,与原有的苏非派相结合,加之莫卧儿帝国统治者的扶持,在当时社会、政治中产生了广泛的影响,形成了德里、古吉拉特、木尔坦等苏非主义中心,重要的派别有纳格什班底耶、契斯提耶、苏赫拉瓦尔底耶、嘎迪林耶、哲合林耶等教团。18~19世纪随着印度、阿富汗商人到天山南路(今新疆南部)从事商业活动,将上述地区的苏非派教团传入新疆,后来又有一些苏非派人物进入南疆,使得印度等地的苏非派对该地区进一步产生了影响。研究新疆伊斯兰教的学者已注意到了这些内容,但对印度本地的苏非主义,国内学者则了解不多。唐孟生的著作[1]恰好在这方面有所贡献。唐先生用清晰的语言叙述了复杂的印度苏非派,并全面分析了苏非派对当时印度社会所产生的影响。作者所具有的语言优势有助于掌握较多的第一手材料,使得这一研究能够达到较高的水准。但这本著作在吸纳前人研究,尤其国外研究等方面稍嫌不够。

苏非主义历史研究是一件十分艰难的工作,尤其文献记录多比较模糊,信史寥寥。因此从浩如烟海的材料寻找真实,的确面临着巨大的挑战。好在这几年有一批从阿拉伯、巴基斯坦等国留学回来的年轻学者,他们中必将会出现研究这一领域的卓越人物,我们期待着这一天的到来!

12.3　苏非主义与文学

苏非主义的放浪不羁,像一粒随风飘逸的种子,终于在文学这块肥沃的土壤里找到了扎根的机会,并自由自在地茁壮成长,在千年历史流变的长河中结出了丰硕的果实,散发着持久的清香。如果研究伊斯兰文学,不研究苏非主义,如同黑夜里行路没有灯光;如果研究苏非主义,

[1]唐孟生:《印度苏非派及其历史作用》,经济日报出版社,2002年。

不了解伊斯兰文学,就如同见树不见林。直到今天,苏非的诗歌仍是具有代表性、成就最高的伊斯兰文学形式之一,影响深远。从阿塔尔、鲁米、贾米到当代神秘主义诗歌无不浸透着苏非思想,甚至非伊斯兰教信仰的诗人如泰戈尔也受到影响。从苏非传记文学到自由奔放的苏非诗歌,用一种平易而清雅的语言体现着绝对存在与自我之间的关系,拉近无限与有限之间的距离,采用世俗的言语,但表达的绝对不是世俗语境所表达的意蕴。读者只有进入其真正意境的时候,才能体会到超越世俗的意理。在这种背景下,才能品味到苏非诗歌内涵的真切。穆宏燕谈到波斯的苏非诗歌时说:"在波斯,很多著名的大诗人本身就是苏非长老,或者说,很多苏非长老都是当时著名的诗人。波斯的苏非诗人们把诗人的天赋与苏非神秘主义思想密切融合,用诗歌反映出自己对宇宙人生最根本的认识,为此创造出了大量具有极高宗教价值、哲学价值、思想价值和文学价值的苏非神秘主义诗歌,莫拉维的《玛斯纳维》就是其中最伟大的著作。"[1]不仅波斯的苏非诗歌具有高扬的精神理念,其他语种的苏非诗歌、文学也含有深刻的哲理蕴涵。从历史的角度考察,实际上苏非诗歌对于我国穆斯林来说并不陌生,从11世纪的《福乐智慧》到今天内地清真寺里的楹联,无不流露出苏非思想的影响。只是我国学者并没有太多的关注而已。

　　近年来,学者在研究伊斯兰文学时,就发现无法回避苏非主义对文学的影响。于是在翻译阿拉伯、波斯文学的同时,开始关注苏非主义,研究苏非主义。文学作品中,具有劝谕性苏非思想的《古丽斯坦》(Gulistan,意为"花园"),从明清时代起,就成为中国经堂教育基本的教材之一,产生了广泛的影响。早在1943年王静斋阿訇将这部波斯文本著作译为汉文,取名《真境花园》刊行;1980年水建馥从英译本转译为汉文,取名《蔷薇园》,由人民文学出版社出版,在广大读者中,尤其在穆斯林读者中产生了较大的影响。2000年宁夏人民出版社又出版了杨万宝阿訇新译的《真境花园》。如果仔细去阅读这部著作,就会体悟到作为人要遵循的基本准则以及对待精神、世俗的态度,力求达到人生真善美的

<hr>

〔1〕穆宏燕:《〈玛斯纳维〉,伊朗文化的柱石》,环球时报,2005年6月3日。

境界。这其中很多故事和苏非、德尔维什（游方者）相关联，其实作者试图向读者传达一种普适性的理念和追求，并要求每一个人像内心纯洁、无世俗追求的苏非一样去节制自己，达到崇高。这类文学作品的根本基准是一致的，无论是达到精神性的目的，还是追求世俗性的目的，均要遵循基本的人生准则与伦理价值，否则任何目的性追求和愿望都不具有合法性。在这种前提已经事先设定的情形下，苏非文学的创作具有了伦理教化的倾向，并设定了特定的目标，而且要为这种目标去奋斗。于是，苏非文学在广大信仰者与不信仰者的读者中产生了广泛的影响，成为读者内心感悟的灵魂诗篇。最近几年，穆宏燕、元文琪将《玛斯纳维》作为《波斯经典文库》（湖南文艺出版社，2002年）的一部分翻译出版，使我国读者对鲁米的诗歌有了更多的了解。同时两位先生不遗余力地研究苏非文学，特别是苏非诗歌，期望在不久的将来能出版这方面的研究专著。

苏非思想对穆斯林的古代文学有广泛的影响，同样对近现代文学也有较普遍的影响。以往学者注重中世纪神秘主义与文学的关系，而很少关注现代阿拉伯文学中的神秘主义。李琛《阿拉伯现代文学与神秘主义》（社会科学文献出版社，2000年）一书通过现代阿拉伯文学来深入考察神秘主义的影响，有一定力度。

应该承认一个事实，那就是无论是翻译过来的苏非文学著作，还是通过阅读原著进行研究的学术研究专著，都没有像原著在伊斯兰世界那样在中国读者中，尤其是穆斯林读者中产生广泛的共鸣。原因主要在于语言理解问题上，如鲁米著作里经常提到的"一""爱""实有"等词汇显然不是简单的世俗层面上的含义，而是苏非主义在不断的发展过程中形成的独特的语言所指。这种所指必须通过文献本身的注释，或转写原文的具体词汇来加以体现，使读者明白"此爱"非"彼爱"，进而建立阅读"环境"，才能让读者理解原著作者所要表达的意境。而今天所翻译的著作距离原著所表述的内容有相当的差距。当然我们不要求每位翻译都是诗人或文学家，但要具备基本的素养，不是仅靠懂得某国的语言就能胜任苏非文学作品的翻译工作。从根本上说，不能将苏非文学简单地当作一般文学作品加以翻译,不然会失去原著本身所含有的意境,自然也不会在读者中产生什么影响。

12.4　其他相关著述及苏非主义研究的问题

　　除了上述较具有代表性的苏非主义研究著作外,还有一些著作。这些著作尽管不完全是研究苏非主义的,但却反映了这一领域研究所取得的成果。由于篇幅的关系,本文只简要罗列较有代表性的著作。《和卓传》(陈俊谋、钟美珠节译,《民族史译文集》第8辑,中国社会科学院民族研究所历史研究室资料组编,1980年)、《伊斯兰教概论》(金宜久主编,青海人民出版社,1987年)、《伊斯兰教史》(金宜久主编,中国社会科学出版社,1990年)、《中国的伊斯兰教》(冯今源著,宁夏人民出版社,1991年)、《伊斯兰与中国文化》(杨怀中、余振贵主编,宁夏人民出版社,1995年)、《中国伊斯兰百科全书》(杨克礼主编,四川辞书出版社,1994年)、《伊斯兰文学》(元文琪著,中国社会科学出版社,1995年)、《伊斯兰教教派》(王怀德著,中国社会科学出版社,1994年)、《中国回族伊斯兰宗教制度概论》(勉维霖先生主编,宁夏人民出版社,1997年)、《中国伊斯兰教史》(李兴华、冯今源等著,中国社会科学出版社,1998年)、《伊斯兰教史》(王怀德、郭宝华主编,宁夏人民出版社,1999年)、《王岱舆及其伊斯兰思想研究》(孙振玉著,兰州大学出版社,2000年)、《维吾尔族麻扎文化研究》(热依拉·达吾提著,新疆大学出版社,2001年)、《云南伊斯兰教》(马开能、李荣昆著,宗教文化出版社,2004年)、《王岱舆刘智评传》(孙振玉著,南京大学出版社,2006年)等。这些著作也反映了我国学者在研究伊斯兰教时,并没有忽视苏非派这一关键性的内容,同时也说明只要研究伊斯兰教,或者研究信仰伊斯兰教的各民族,苏非主义是不能绕过去的,否则研究是不全面的。

　　中国苏非主义研究经历了30年,筚路蓝缕,艰辛万般。尽管取得了一些成果,但仍然没有出现经典性的研究著作。原因是多方面的。

　　(1)我国学者的研究仍处于探索阶段,未形成体系,而西方学者的苏非主义研究已有200多年的历史。从学术史的角度而言,我们落后了很多,在短时间内达到很高的水准显然不切合实际。

(2)要准确把握宗教情感与学术准则。苏非主义是具有很强体验性的伊斯兰学派,仅靠文献很难真正解读其内涵,这就要深入实际生活,亲身有所经历。结果往往情感取向与学术准则之间会发生冲突。因此必须调节好两者之间的关系。

(3)实际上,研究者对苏非主义内在根本性的了解是很困难的。无论多么精细的调查,只能从某一个侧面反映出苏非主义,而不能反映其全部。如有些学者曾先验地称悬挂在道堂、清真寺的楹联就能反映苏非思想的影响。其实,这些道堂的主持人并不在乎该楹联具体书写的是什么。要了解民间信仰的苏非教义、修行者,就要考察、研究其修持仪规等,但做到这点很难。

(4)目前出版的研究苏非主义的著作无论在学术层面还是文献层面均不能令人满意。关键点在于这一研究需要极高标准的知识积累,而仅凭热情是不能胜任的。就文献方面而言,要熟悉阿拉伯、波斯、突厥等语种文献,熟悉英、法、德等西方语种研究文献,还要熟练掌握汉语文献,熟悉伊斯兰教、苏非主义基本理念。翻译文献中的苏非术语存在着更多的困惑与疑问,由于译者根据自身的水准随意翻译这些术语,结果同一个术语会出现五花八门的译法。使用这些文献时,引用者还要努力去揣测与原文对应的术语,这不仅给读者带来了许多意想不到的麻烦,而且用这种文献去研究苏非主义,其成果可信度与学术性是可以预见的。

(5)苏非主义细部研究仍欠缺。尽管现在已出版了不少与苏非主义有关的著作,除了个别著作外,细部方面几乎没有多少研究,甚至停留在介绍的层面。这种状况与国外学者的研究无法相提并论,甚至赶不上明清时期我国学者对苏非主义的了解和研究。细部研究是深化研究的重要反映,但今天所谓的研究很大程度上是应景之作,或为赶时间的急就之作,不够细致。其结果就是出版了不少与苏非主义相关的著作,但其内容与论述有似曾相识之感,自然也谈不上太多学术含量。学者若能做细部研究,或许会有更多的收获。

(6)研究苏非主义出现单打独斗、闭门造车的现象。苏非主义研究内容十分广泛,但近来的研究往往专注于一两个人物,而且研究套路极其相似。这种现象的出现与缺乏学术交流有关。著作往往既不参考同行的研究成果,也不参考国外的研究成果,甚至在使用文献时,连原始文献的书名都不提及。结果就是自写自书,自说自话,很少有批判性。

在30年的苏非主义研究中,我国学者已取得不少成果。尽管距离更高的目标与要求还有相当的差距,但仍在追求至臻,力图取得更丰硕的成果,为苏非主义研究增彩添光。

(此文原刊于《北方民族大学学报》,2009年第4期,第100-105页。作者:韩中义、马媛媛)

13 当今西亚问题研究

近年来伊斯兰教问题成为备受关注的课题,在这方面的研究取得了令人瞩目的成就。有关这方面的研究著作有:《传统的回归——当代伊斯兰复兴运动》[1]《当代国际伊斯兰潮》[2]《当代中东政治伊斯兰:观察与思考》[3]《伊斯兰教与世界政治》[4]《近代伊斯兰教思潮与运动》[5]《伊斯兰教与冷战后的世界》[6]《现代政治与伊斯兰教》[7]等。还有大量有关这方面的学术论文。这些著述大致可以分为两大类:一是从国际政治的角度分析伊斯兰教对当代社会的影响,二是从历史演变的角度考察伊斯兰教的发展轨迹、伊斯兰教的变化以及对当今世界的影响。这些研究对于了解、认识和解决当代伊斯兰教诸方面的问题提供了理论依据和方法,具有重要的借鉴意义。笔者在对穆斯林社区进行调查的基础上,就一些具体的、急切需要解决的问题谈谈自己的看法和建议。

13.1 极端主义、恐怖主义与伊斯兰教的 关系问题

今天许多人是通过报刊、广播电视等媒体来了解伊斯兰教的,在一些报道中,充满恐怖和血腥的爆炸事件及战乱多与伊斯兰教或穆斯林有瓜葛。由此,给人们带来一种错觉:伊斯兰教是一种可怕的宗教。面

---

〔1〕肖宪,中国社会科学出版社,1994年。

〔2〕肖宪,世界知识出版社,1997年。

〔3〕曲洪,中国社会科学出版社,2001年。

〔4〕金宜久,社会科学文献出版社,1996年。

〔5〕吴云贵、周燮藩,社会科学文献出版社,2000年。

〔6〕东方晓主编,社会科学出版社,1997年。

〔7〕刘靖华、东方晓,社会科学文献出版社,2000年。

对这种情形,作为一个研究者应冷静地进行思考。

历史上,伊斯兰教曾经有过繁荣时期,穆斯林曾经有过辉煌的时代。但是,1798年拿破仑入侵埃及后,近东、中东等地区成为西方殖民主义掠夺的对象,阿拉伯人成为"西亚病夫"。从那时起到今天,阿拉伯世界一直没有摆脱西方大国的操纵和控制。由此滋生了各种对抗西方的思潮和过激行动,如伊斯兰教激进主义、伊斯兰复兴主义、泛伊斯兰主义以及爆炸、暗杀、绑架、成立各种激进或极端组织等。现实中,穆斯林居住地区多半经济落后、社会动荡、民族冲突频繁。这些因素为极端主义、恐怖主义的滋生和蔓延提供了厚实的土壤。

今天的极端主义、恐怖主义大致可以分为两大类:一是主要针对西方国家及其追随者的恐怖活动。这类恐怖活动多发生于欧、美地区以及欧、美人大量出现的地区,具有反西方主义的色彩,在一定程度上得到了部分西亚人的同情。但它给当事国的社会和当事人的家庭带来了巨大的痛苦和损失,因而任何有良知的人都应坚决反对。二是针对一般主权国家的恐怖活动,如我国新疆的恐怖爆炸、中亚各国的恐怖活动等。这类恐怖活动同样造成了巨大的灾难和对安全的威胁,一旦发生就要严厉打击,以确保国家安全、社会稳定和人民幸福。这两类恐怖活动在表现形式上有所差别,但其危害是一样的。恐怖分子十分狡猾,他们的主要手段是:其一,利用伊斯兰教做幌子,进行恐怖活动。众所周知,伊斯兰教是世界三大宗教之一。在任何一个法治国家中,伊斯兰教都是一种合法的宗教,信仰伊斯兰教是受到法律保护的。而恐怖主义者企图将合法存在的伊斯兰教和他们的恐怖行径联系起来。他们混淆视听、欲盖弥彰,从而达到其不可告人的目的。这一手段是极其阴险的,由此给伊斯兰教涂上了恐怖的色彩,进而使穆斯林受到了歧视。[1]实际上,伊斯兰教与恐怖主义没有必然的联系,如果将二者混为一谈,就会伤害穆斯林的宗教感情,也无助于问题的解决。其二,利用伊斯兰教获取政治利益。极端主义者、恐怖主义者常常利用伊斯兰教达到其政治目的,在中亚、新疆更是如此。从历史上看,伊斯兰教与政治确实

---

〔1〕参见联合国秘书长安南在2004年9月联合国大会一般性辩论会上的发言。

有着密切的关系。阿拉伯帝国的建立就是以伊斯兰教作为精神武器，并获得了巨大的成功。极端主义者、恐怖主义者恰好利用了伊斯兰教与政治的关系，将伊斯兰教与政治合而为一。但伊斯兰教毕竟不等同于政治，将两者分开，解决问题才能有科学的依据。伊斯兰教内部的问题在很大程度上属于人民内部矛盾，可按照相关的法律、法规来解决。比如违规修建清真寺就应按违章建筑来处理。而借伊斯兰教之名行恐怖活动之实，这已不是人民内部矛盾的问题，此种危害国家安全的行为在任何一个国家都是不能容忍的，必须按国家安全法惩处，而不能当成一般的宗教问题来处理。

面对极端主义者、恐怖主义者的行径，无论是研究者还是实际部门的工作者，都需要全面了解伊斯兰教，了解穆斯林，尤其是在实际的宗教管理中，如果对伊斯兰教、对穆斯林习俗不了解，对有些问题就会处理失当。这里以"胡子问题"为例。有些宗教管理部门认为"留胡子"就是"宗教极端主义"的表现，于是就强行剃掉穆斯林的胡须。但只要查一查伊斯兰教创始人穆罕默德的言行录"圣训"就会知道，对男性穆斯林而言，留胡须是一种可嘉的行为。胡须并非恐怖分子的标志，不留胡须的恐怖分子亦不在少数。类似的问题还有戴面纱、穿衣服、做礼拜等。对这些具体问题都要具体分析，切不可一刀切。否则，既干涉了他人的宗教信仰自由，也给恐怖主义者提供了口实。

因此，作为研究者，要认清伊斯兰教与极端主义、恐怖主义没有必然的联系，不可将二者混为一谈。作为宗教事务管理者，面对复杂的问题要有正确的处理方法。这种方法来自对伊斯兰教和极端主义、恐怖主义的深刻认识以及对国家法律、法规的深刻认识。这样，处理问题就有准确的尺度，才能保护合法的宗教信仰，严厉打击危害国家安全的极端主义、恐怖主义。

13.2 对伊斯兰教价值精神的重新审视

伊斯兰教的价值精神是追求有限与无限的目标,即人今生的幸福和来世的永恒。伊斯兰教认为人有权选择生存方式,并珍视他人和自己的生命。无视与践踏人的生命(包括自己的生命)是与伊斯兰教的基本精神背道而驰的。极端主义者、恐怖主义者用极其惨烈的手段屠杀无辜,也无视自己的生命,这与伊斯兰教的价值精神是相悖的。

众所周知,《古兰经》是伊斯兰教最根本的经典,也是穆斯林行为准则的大法。遵从《古兰经》的规定是每个穆斯林的责任。《古兰经》中的诸多经文谴责了违背伊斯兰教价值精神的行径。如《古兰经》中说:"有人无知地进行有关于真主的争论,并且顺从叛逆的恶魔。凡结交恶魔者,恶魔必定使他迷误,必定把他引入火狱的刑罚。这是给注定了的(22:3-4)。"[1]这就要求人们认清作恶多端的恶魔,认清借伊斯兰教之名行恐怖主义之实的恐怖主义者。《古兰经》又称:"你看看不义者的结局是怎样的。我以他们为召人于火狱的罪魁,复活日,他们将不获援助。在今世我使诅咒追随他们;复活日,他们的面目将变成丑恶的。"(28:40-42)穆斯林是相信来世的,来世得救是穆斯林的终极目标。而借伊斯兰教之名行恐怖主义之实的作恶者是得不到真主的眷顾的。《古兰经》中有关这方面的内容颇多。伊斯兰教的基本价值精神是反击打着伊斯兰教旗号进行恐怖主义活动的有力武器。极端主义者、恐怖主义者往往利用《古兰经》的经文蛊惑虔诚的穆斯林,实际部门的工作者和曾进行过实际调查的学者对此有深切的体会。有些极端分子对《古兰经》的内容较为熟悉,他们用信手拈来的经文作为狡辩的依据。面对这种情形,有些阿訇、毛拉却无言以对。如果阿訇、毛拉对《古兰经》内容相当熟悉,就能以伊斯兰教的基本价值精神加以驳斥,使恐怖主义者在普通的信教者中无立足之地。大家知道,普通虔诚的穆斯林将经文

---

〔1〕马坚译:《古兰经》,中国社会科学出版社,1981年。本文所引《古兰经》经文均出自此译本,以下只注明章节,不另加注。

视为金科玉律,用经文驳斥极端主义、恐怖主义的言论和行径,具有极强的针对性;对信教者也有较强的说服力,能使他们辨别是非真假。普通穆斯林是信仰伊斯兰教的主体,他们具有纯朴的宗教感情。但极端主义者、恐怖主义者往往利用这种纯朴的宗教感情来达到其险恶的目的。我们要充分挖掘《古兰经》所蕴含的精神价值,采用以《古兰经》的价值观反驳极端主义思想和法律宣传相结合的方法,使反恐、反极端主义思想的工作收到更好的效果。前者是从宗教教义上来防止极端思想的渗透,后者是从加强法治意识入手防止极端思想的侵袭。一旦从根本上摧垮极端主义思想的根基,恐怖活动就如一具僵尸,有体无魂,这是根除极端主义、恐怖主义祸根的有效途径。

13.3 关于处理好我国伊斯兰教问题的几点思考

伊斯兰教无论作为一种宗教信仰还是一种生活方式,都显形或隐形地影响着信仰者的精神世界和价值取向。在复杂的国际背景下处理好我国的伊斯兰教问题,对社会稳定、经济发展、人民幸福均具有重要的意义。因此,笔者提出以下几点思考:

(1)充分认清伊斯兰教与政治的关系问题。正如前文所言,伊斯兰教和政治有一定的关系,但两者不可等同。从根本上讲,伊斯兰教问题是一个宗教信仰问题,而不是政治问题,将两者区别开来具有重要的现实意义。在现实中,许多伊斯兰教问题常常夹杂着政治问题。我们对这种情况要敏锐地加以甄别,以利问题的解决。这样才能打击极少数极端主义者、恐怖主义者,团结一切可以团结的力量,包括信仰伊斯兰教的群众。但在实际工作中,人们往往忽视伊斯兰教不等同于政治的问题,把打击极端主义、恐怖主义同宗教信仰混为一谈,结果伤及穆斯林的感情,干涉了穆斯林的生活方式。这不仅不利于打击极端主义、恐怖主义,相反会失去更多的信教群众,也不利于社会的稳定。所以在处理上述相关问题时,要建立一种对穆斯林的信任原则,不能因我们自身工作的疏忽,将信教群众有意无意地推向对立面。20世纪80年代以来,社会不稳定因素困扰着我国的穆斯林地区。出现这种问题时,管理者常常考虑的是对方(主要是信教群众)的"过失",而绝少反思"自身"的管理方式和方法,[1]于是形成了自上而下的"强势"管理,而没有做到参与式管理,结果反而在一定程度上使管理者和信教群众形成了对立,"造就"了极端主义和恐怖主义生存的土壤和空间,使打击极端主义、恐怖主义失去了群众基础。

(2)要建立一支高素质的宗教事务管理干部队伍[2]。宗教事务管理部门是一个重要的职能部门。但该部门一些干部的素质令人担忧,有些干部甚至缺乏最起码的宗教管理法规知识和宗教常识。原因是多方面的,如学习经费不足、办公条件差等。2000年9月笔者在新疆伊犁地区进行社会调查时发现,有些统战部门连最起码的办公用品都没有,又如何能使工作正常运转呢?有些地区的统战和宗教管理部门也是如此,因而造成了人心涣散、责任心不强。但这些部门又都是事关社会稳定的重要部门,目前较为迫切的任务是要尽力提高宗教事务管理者的政治待遇,加大经费投入,从而充分调动他们对学习宗教管理、处理宗教事务的热情,提高他们的素质,进而让他们管理好宗教事务,确保一方平安和社会稳定。

(3)管理宗教事务要把握好"尺度"。宗教事务管理是一件极其复杂的事情,如何把握好"度"是解决好宗教事务的一个重要因素。从历史上看,有些统治者因没有把握好处理宗教事务的尺度,结果酿成祸端。如清乾隆年间,苏四十三起义在很大程度上应归咎于统治者没有处理好新、旧教派之争。我们要从历史上汲取教训。如果是宗教内部的问题,且未危害到国家的稳定与安全,就应妥善处理,不可随意升格,将问题复杂化。另一方面,在依法加强宗教事务管理的同时,要充分保

〔1〕参见李泽、刘仲康:《正确认识和处理新形势下的民族宗教问题——新疆民族宗教问题调查报告》,载新疆社会科学院民族所、宗教所编印:《正确认识和处理新形势下新疆民族宗教问题》,2000年,第1-61页。

〔2〕参见韩中义:《新疆宗教现状与预测分析》,载新疆社会科学院编印:《2001年新疆社会形势分析与预测》,2001年,第43-57页。

护群众的宗教信仰自由。依法管理宗教事务是我国的既定政策,这是不容置疑的。但滥用宗教事务管理的权力随意干涉群众的宗教信仰自由是不可取的。

(4)积极发掘伊斯兰教的合理成分,引导信教群众为建设和谐社会做贡献。党和政府大力倡导并积极引导宗教与社会主义社会相适应。这是一条总的原则。作为宗教事务管理者,应在如何"适应"上要下大力气。笔者认为,伊斯兰教教义中有许多合理成分,如尊老爱幼、热爱和平等,应对这些内容进行深入的研究和挖掘,使之为社会服务。但今天我们在这方面做得还很不够,空泛的议论较多,具体的实践较少。如何加强这方面的研究,是一项艰巨的任务。

(5)要处理好教派问题。伊斯兰教教派主要有逊尼派、什叶派和苏非派。教派之争过去存在,今天也存在,将来在很长一段时间内还会存在。教派之争实质上是利益之争,包括政治利益和经济利益之争。起初,教派之争均是一些细枝末节的问题,如"先念后吃""先吃后念""脱不脱鞋"等[1]。这些都不是信仰问题的根本之争,但对小问题处理不当,就会酿成大问题,甚至危害到社会的稳定和国家的安全。所以面对教派问题要依法慎重处理。

(6)要加强对国外极端主义、恐怖主义的研究。处于信息时代的今天,国外的极端主义和恐怖主义思想通过网络传入我国。因此,要加强对网络的管理,防止极端主义和恐怖主义思想通过网络的渗透。同时,我们要密切关注境外极端主义者、恐怖主义者的活动,增强防范意识。此外,我们还要加强对报刊、书籍、音像制品的管理,尤其是海关要加强检查力度,绝不让有害于社会稳定的书刊、音像制品流入我国境内,从而遏止和打击任何形式的极端主义和恐怖主义思想的传播。

(7)要加快穆斯林地区的经济建设。国际社会普遍认为,贫困是极端主义、恐怖主义滋生的温床。消灭贫困是防止极端主义、恐怖主义蔓延的有效途径,各国为此而不断地努力。我国虽然在改革开放20多年来,经济建设取得了令世界瞩目的巨大成就,但地区经济发展不平衡的

---

[1]参见马通:《中国伊斯兰教派与门宦制度史略》,宁夏人民出版社,1995年。

格局并没有完全改变,尤其是在穆斯林集中的西北地区,经济相对落后,人民收入较低。改变当地较落后的经济状况对防止极端主义、恐怖主义的渗透具有特殊的意义,它能使广大穆斯林深切体会到改革开放带来的实惠,从而自觉维护国家的稳定。而在经济落后、温饱尚未得到解决的地区,维护社会稳定变成一个极其困难的问题。近年来国家和地方在穆斯林集中的地区加大了投入,经济建设有了长足的发展,个人收入有了显著的提高。经济发展反过来促进了当地社会的稳定。可见,经济发展是社会稳定的基础,而社会稳定又是经济发展的先决条件,两者是相辅相成的。同时,经济发展也会增加国家的凝聚力和公民的向心力,[1]使极端主义和恐怖主义思想失去市场。因此,发展经济是维护社会稳定的首要任务。

(8)要增强国家观念的教育。信仰伊斯兰教的群众绝大多数是热爱祖国的,并为祖国建设做出了应有的贡献。但也有极少数信教者因文化素质、教育方式等方面的原因,造成了国家观念的淡薄,这就需要加强国家观念的教育。要从以下几个方面入手:一是要使他们加强对中国文化、历史的了解,丰富各方面的知识,充分认识中华民族的悠久历史和灿烂文化。二是要使他们加强公民的责任感。每个公民不论信仰宗教与否,也不论信仰何种宗教,均有维护国家利益、民族尊严和社会稳定的义务与责任。任何人不能因文化背景的差异成为特殊公民,并将个人的价值取向置于国家观念之上。三是要通过发展经济使信教群众增强国家观念。四是通过各种媒介展示我国新中国成立以来,尤其是改革开放以来在各个方面取得的巨大成就,以此增强信教群众的自豪感。

〔1〕参见陕西师范大学西北民族研究中心编:《陕西师范大学民族学论文集》,陕西师范大学出版社,2001年,第128—143页。

13.4　小结

　　在当今复杂的国际背景下,如何解决好伊斯兰教问题是一项艰巨的任务。伊斯兰教本身具有丰富的内涵和合理的成分,这就要理性地、法制地,而不是感性地、偏见地看待伊斯兰教。同时,穆斯林本身应该认识到,一个穆斯林首先是一个国家公民,然后才是一位信教者。对于任何人包括信教者来说,国家利益高于一切,每个公民对维护国家尊严和社会稳定负有义不容辞的责任。

（此文原刊于《世界民族》,2006年第5期,第18-22页）

14 试论中国西北地方文化的
形成及特色

14.1 中国伊斯兰文化的形成

在中国文化发展鼎盛的唐代初叶,阿拉伯、波斯富商大贾,沿着海上和陆上丝绸之路,历经千难万险来到中国,开始落居各大都会商埠和城区乡野。当时称"蕃客"。史书碑文中有不少记述说明,在1300多年前,中国已有伊斯兰文化的传播。而在祖国的西域,随着阿拉伯波斯军事势力的东移,伊斯兰文化也向中亚西域地区开始传播。宋时,作为喀喇汗王朝的统治者,苏吐克·布格拉汗在导师的引导下,根据自己当时的政治需要归信了伊斯兰教,建立了我国第一个以伊斯兰教为主要宗教的地方王朝。随着王朝的军事征服,大约在北宋中期,王朝的政权势力从喀什噶尔向东发展到今天的库车一线;向南扩展到今天的和田一带,整个塔里木盆地的大部分地区归属到王朝的统治之下。苏吐克·布格拉汗在王朝统治的区域内大力兴建清真寺、经文学校,推广伊斯兰文化,并通过恩威并用的手段,使当地的佛教徒、拜火教徒、基督教徒,归信了伊斯兰教。因此,当时在这一地区伊斯兰文化呈上扬之势。

到了北宋时期,伊斯兰文化基本上传播到中国西北、南部沿海地区。但是这时的伊斯兰文化从总体上来说,只是外来文化简单的移植,基本上保留着"母"体文化的原模原样的特质,并没有完全和当地的民族文化、中国儒家文化有机地结合起来。唐宋五代时期,尽管"蕃客"中出现了不少进士高官,但他们并不能代表一个民族的主体文化。到宋后期,特别是蒙古大帝国建立后,成吉思汗于13世纪大举西征,对伊斯

·欧·亚·历·史·文·化·文·库·

兰文化的东来,起到推波助澜的作用,翻开《元史》则一目了然。大量的阿拉伯人、波斯人、中亚突厥人的工匠、学者、名流、贤达、军士将校、普通百姓,被迫离开自己的家乡到中原地区,他们或经商,或入仕,或驻守,或屯垦,三十六行,行行皆有。这些中亚、阿拉伯、波斯穆斯林和原先早已居住在本地的穆斯林汇合,形成了强大的穆斯林民族阵容,所以在元代就有"回回遍天下"之说,所谓"天下"即指中国。到明代初叶,明太祖朱元璋大力推行民族同化政策,不准回回人说胡语、穿胡服、同类不相婚,原因是"恐其种类日滋也"。结果导致了原有民族语言逐渐消失,而大部分"回回"操起汉语,但仍然保留着穆斯林民族的属性,于是在中原,江南,西北甘、宁、青、陕等地逐渐形成了具有共同文化和共同心理的新民族——回回民族。同时,在青海、甘肃等地区,由于地理条件和历史文化等因素形成了两个新民族——撒拉族和东乡族。而在西域,随着蒙古人的突厥化,他们不断接受伊斯兰文化,归信伊斯兰教,出现了第一个蒙古汗王——秃黑鲁·帖木儿接受伊斯兰教,在他政治需要的前提下,大力推广伊斯兰文化,并且用军事手段不断向东征战。大约到十五、十六世纪,他基本上征服了西域东部佛教圣地——吐鲁番、哈密等地。至此,形成了伊斯兰教一统天山南麓的格局。

到清朝初期,我国信仰伊斯兰教的十个少数民族:回、维吾尔、哈萨克、柯尔克孜、东乡、撒拉、塔吉克、乌孜别克、塔塔尔、保安等民族已完全形成。由于这些民族的形成,其文化也走向成熟。

中国伊斯兰文化的形成过程,大致分为三个不同阶段或时期。

第一阶段是从唐初到南宋末年,在这一阶段主要是通过商人落居中国,移植外来文化,从根本上说基本上保留着外来文化的特色,并且同中国文化在深层次上交流不多,只是在某一地区、某些特定范围内传播,这种传播基本上是以商业民族立足为目的,也是以自身需要为前提,如修建清真寺,设立附属经文学堂,教授本民族语言等。虽然不同程度上同当地民族通婚,但仍然保持着原来民族的风格特性。也就是说还没有超出"蕃客"的范围,中央王朝统治者并不把他们纳入其统治范围,而是把他们看作朝贡方物的夷,加以对待。

第二阶段是从元初到明中叶,随着蒙古的西征,中亚各民族东来,使中国穆斯林民族处在大融合、大发展时期,文化上也是活跃时期。在中国内地,中亚诸民族在同本地穆斯林逐渐削弱差异性的同时,增强了共同性,而在文化上也逐渐达到一致性。于是回族共同体也就产生了。而在西部,随着伊斯兰文化的进一步巩固、发展,形成了具有地区特色的区域性文化。特别是维吾尔族在文化上达到了空前的统一和繁荣。在这一时期出现了好几部惊世巨著,标志着维吾尔伊斯兰文化达到空前的成熟。

第三阶段是清初以后,这一时期是中国伊斯兰文化稳定发展的时期。内地,在巩固原有伊斯兰文化的基础上出现了新式的宗教学校——经堂教育。伊斯兰文化翻译著述也达到了空前活跃的程度,出现了像王岱舆、刘智、马注等著名的伊斯兰文化名人名士。他们"学通四教"(儒教、道教、佛教、伊斯兰教),精于史学。在认真研究中国理学的基础上,把伊斯兰文化纳入中国文化范围之内,使之有机地结合起来,形成了"天方经语略以汉字释之,并注释其义焉,征集儒书所云,俾得互相理会,知回儒两教道本同源,初无二理"的思想认识。并将理学、道学、佛学的一些概念名称纳入伊斯兰文化范畴之内,达到"释其义"的目的,但这些名称和原来的含义并非等同。如理学中的"理"是其哲学的最高范畴之一,而伊斯兰文化中的"理"是真宰本然的体现,因为真宰是前无始、后无终,大无外、细无内,无形似、无方所,无遐迩、无对待,无动静、一切理气皆从本然而出。无变化、无形迹。它"不牵于阴阳,不属于造化,实天地万物之本原也"。"一切理气之所资始,亦一切理气之所归宿。"刘智的这种认识论实质上是把宋明理学奠基者周敦颐的《太极图说》中的万物化生的过程和伊斯兰教的真主独一、真主是世界万物本原的理论相融合,提出了理之本原说。其他中国穆斯林学者也提出了类似的主张,他们对推动中国伊斯兰文化的发展起到了积极的作用。与此同时,西部地区也出现了不少文化名人,象艾札木、阿帕克霍加等。所以说,在这一时期各地的伊斯兰文化同行齐步地发展,并获得了空前的繁荣。

经过一千多年艰苦曲折的历程,中国伊斯兰文化经过了上述三个不同阶段,形成了颇具中国特色的两大文化系统,两者之间既有联系又有区别。一是以回族为代表(包括东乡族、撒拉族、保安族)的内地伊斯兰文化系统,这一体系中,宗教的因素起着至关重要的作用。有位研究回族文化的学者,直截了当地说:伊斯兰教对回族文化的形成起着决定性的作用。我认为这种说法不无根据。因为内地穆斯林特别是西北甘、宁、青等地的穆斯林更重视宗教派别,往往同一教派,不分民族则可以和睦相处,而不同教派的人则较少往来,甚至互不通婚。而且各教派都有自己特定的清真寺,这种情形在甘、宁、青地区仍然存在。一是以维吾尔族为代表(包括哈萨克、柯尔克孜、乌孜别克、塔吉克、塔塔尔等民族)的天山南北伊斯兰文化系统,这一系统中民族感情往往重于宗教感情,形成了不同民族的清真寺和文化区域。上述两大系统中,又分若干子系统。比如新疆南部主要是维吾尔文化区域,北疆是哈萨克伊斯兰文化系统;内地又分为回族文化、东乡文化、保安文化、撒拉文化。这些系统都是以伊斯兰文化为纽带相互联系,相互作用,相互影响的。一方的存在与另一方的存在是休戚相关,而不是截然分开的。

两大系统的伊斯兰文化,由于地理位置,历史条件,民族来源不同,在文化上也表现出不同的特色,在吸收中国传统文化的方式上也略有不同。以回族为主体的内地穆斯林民族,一开始就是信仰伊斯兰教的民族(保安族除外),是在削弱外来穆斯林民族的差异性的基础上形成的,并且广泛地接受中国传统文化;在接受中国传统文化时,从文学到婚姻礼仪,从建筑艺术到语言文字,主要是通过两种渠道:一是民间交往中接受,这种接受方式主要是在平民百姓之中所采用的形式。比如不同地区的回族采用当地语言,而传统的儒家思想则是通过间接的方式,也就是说不是直接学"四书""五经"得来的。只要稍微观察一下回族的婚姻礼仪程序,就可以看出回族基本上和当地汉族相仿,但不是相同。那么这种接受方式称之为回族等穆斯林俗文化接受方式。另一种接受方式是直接的,回族等穆斯林知识分子直接学习孔孟之道,诸子百家而获得的。明清之际,几大著述家无不如此。比如明末王岱舆的《清真大学》,清刘智的《天方典礼》《天方性理》,蓝煦的《天方正学》等,这些著作无不反映了回族知识分子接受中国传统文化的一种特殊方式。但是这种接受方式的结果,对回族一般群众的影响并不是很广泛,而是在特定的某一教派或某些范围内,有深远影响,这种接受方式称之为雅文化。

以维吾尔族为主体的新疆诸民族,最初是非穆斯林民族,这些民族有多种多样的文化:原始信仰文化、萨满文化、佛教文化,并且影响着这些民族的精神世界。一旦接受伊斯兰文化,就有一个辩证地吸收过程,也不可能瞬间将过去所有的文化摈弃。那么就有一个逐渐克服原有文化,增强新文化的过程,这是符合文化发展规律的。所以这些民族的认同感强于内地的穆斯林,强调民族感情,而淡化宗教感情,这是特定的历史条件所决定的。同时,在接受中国传统文化上,更多地表现在政治文化上,吸收不少的官衔名称,传统制度等等。

中国伊斯兰文化是中国文化的组成部分,它丰富了我国多民族文化。中国是统一的国家,文化也应是统一的,但表现方式却丰富多彩。所以我们分析中国伊斯兰文化不能将其同中国传统文化断然割裂开来,这是不符合历史事实,也不符合我国国情的。

14.2　中国伊斯兰文化的特色

14.2.1　连续性

1300 年前,伊斯兰文化首次传入中国。尽管有朝代兴衰,政权更迭,尽管经历了不同的社会制度,但是伊斯兰文化以它特有的生命力顽强地保留下来,并且传播到各地,在各地不断发展。伊斯兰文化一旦在某些地区形成区域文化,那么就在那里扎根,成为祖国文化有机的组成部分。因此这一文化的延续条件是值得探讨的:第一,伊斯兰文化的核心是服从真主,信奉先知穆罕默德是真主的使者,由此形成了庞大的伊斯兰文化体系,这一核心的存在是这一文化延续的关键条件;第二是丧葬文化的存在,这是伊斯兰文化存在的重要标志,反映了这一文化延续的本身;第三是伊斯兰饮食文化的存在,以不吃猪肉作为穆斯林的外在标志。

有些穆斯林学者认为这三个条件的存在是伊斯兰文化延续的根本所在。但是还要考虑到经济这一决定性的因素,如果没有穆斯林赖以生存的民族经济,也就无所谓文化的延续了。同时还要有宽松的政治环境,这是伊斯兰文化得以延续的前提条件,这一条件在中国基本上是具备的,历代王朝基本上不反对外来文化,某种程度上还提倡外来文化,如佛教文化,基督教文化,伊斯兰文化也是如此。有了文化的延续,也就保证了伊斯兰文化的繁荣和发展。

14.2.2 地域性

我国有十个信仰伊斯兰教的民族分布在不同地域,形成了各具特色、富有地方色彩的区域文化。最有代表性的是:以维吾尔族为代表的新疆伊斯兰文化系统,和以回族为代表的内地伊斯兰文化系统。这两大系统的文化,明显地受到一定区域的影响,表现出各自的内在性格和文化取向。区域性特色表现的范围极广泛,而且受到特定环境、历史、宗教、传统的制约。比如歌舞艺术:维吾尔族歌舞轻快活泼,流畅自如,节奏感强;而同一系统的哈萨克族歌舞舒缓,粗犷,悠扬,带着浓郁的草原情调;塔吉克族则继承了古代波斯音乐的美感,韵律自然,委婉,又不失高原民族所特有的豪迈气质。

内地陕、甘、宁、青的歌舞艺术则继承了西北民歌花儿的表现手法:凄婉、醇厚、忧郁、坚定的格调。歌舞情景交融,富有浪漫气息。花儿创作大胆,内容丰富,形式多样,受到西北穆斯林的广泛欢迎。云南一带的回族则吸收了当地民族的风格,细腻、自然、柔美,充分表现了南国竹林文化的格调。

虽然各地的音乐曲调、韵律千差万别,但是表达了一个共同的主题,那就是热爱自己的家乡,热爱自己的民族,热爱祖国的美丽河山,共同表达了对未来充满渴望的美好心声。

以上的事实说明,尽管穆斯林民族的文化在区域上有自己的特色,但不是截然分开的,而是相互交流,相互促进,互通有无的,所以我们只有从整体上把握中国伊斯兰文化的地区性特色,才能正确认识这一文化。

14.2.3 复杂性

中国伊斯兰文化在形成过程中,深深地打上了自己的烙印,明显地反映出复杂性。在历史上,一种文化和另一种文化发生冲撞时,先进的往往替代落后的,伊斯兰文化同当地文化发生冲撞时,也明显地反映了这一规律。但这是一个极其复杂而漫长的历史过程。两种文化相遇时,并不是把所有旧文化彻底地否定,而是呈现为你中有我,我中有你的融合过程。这一过程中,明显地管窥到原有文化的影响,并且恰如其分地融为一体,成为新文化的有机组成部分。这种珠联璧合、新旧交融的现象,在中国伊斯兰文化中常常碰到,如维吾尔族有植物崇拜,动物崇拜的形式,这是古代万物有灵论的遗迹,又有麻札朝拜,甚至达到狂热的地步,这除了和伊斯兰教史上的泛神论有关外,其渊源可以追溯到古代维吾尔族的祖先崇拜。维吾尔族举行婚礼之时,让新郎新娘跳过火堆,以示吉利,这是古老的拜火教习俗。维吾尔族中的苏非,跳一种萨满舞,用来治病、占卜之用,实际是古代通行的萨满教的孑遗。这种文化在哈萨克、柯尔克孜等游牧民族中保留较多,而且形式多种多样。而在内地回族中也保留着一些古老习俗。如西北有些地区的回族不许把滚烫的开水倒在地上,因为地和人一样有生命,知疼痛,自己的头发、指甲不能随意乱扔,要细心处理,或埋入地下,或塞在墙缝。撒拉族人不允许人对着太阳、月亮、水大小便,这样做是对日、月、水的不敬。但不论哪个穆斯林民族解释这些现象的原因时,都附会伊斯兰教色彩。比如崇拜植物是因为真主让人们从植物中获得食物。不准在地上倒开水是因为真主给所有万物给予生命等等。但是我们撇开这些外在的现象,考察其本质时会发现:其只不过是古代文化在新文化上的沉淀而已。如果剔除新文化,那么就可以看到旧文化的端倪。实质上,这些原有文化并不是真正的伊斯兰文化,但是在同伊斯兰文化不发生矛盾时,才保留了下来。

所以,研究伊斯兰文化有着特殊的复杂性,伊斯兰教义认为只有真主才可以被崇拜,其他任何人、任何物都是不准被崇拜的。如果崇拜斯物,那么就步入了泛神论境地,因而伊斯兰文化的基石就不存在了,那么哲学、文学、艺术等文化也就不存在了。但是中国伊斯兰文化,经过一千多年的发展,仍然保持着旺盛的生命力,给祖国文化增添了新色彩。窥其原因可知,中国伊斯兰文化,既有严格性,又有宽容性。在保持基本特色的前提下,大量吸收外围文化。在内地,回族不断吸收周边民族的文化;而在新疆,以维吾尔族为主体的民族尽管保留了不少原有的文化,也同样吸收了外来文化。而吸收和保留的结果是不一样的。前者吸收的范围在扩大,后者保留的内容在缩小,双方是"互补"发展的。所以中国伊斯兰文化表现出多种多样的文化交汇,融为一体,因而是复杂的。

14.2.4　活跃性

任何一种文化既表现为静态的,又表现为动态的,动静交替,向前发展。中国伊斯兰文化也是如此。在其核心不变的前提下,认识水平不断向前发展,日臻完备。比如教育体系不断完备,内地有胡登洲倡导的经堂教育;新疆有喀什教经堂,后者培养了不少世界名人名士。文学艺术也在向前发展,内地出现了一大批回族文学家;新疆则更多,群星璀璨。这些穆斯林作家根据自己当时的认识水平,对世界、知识、礼俗、语言、真理提出了各自的见解,成为中国伊斯兰哲学的精品,是中国伊斯兰文化光彩夺目的一页。

但不论内地还是新疆,穆斯林大致分为两个阶层:世俗阶层和宗教阶层。虽然知识分子是世俗阶层的精华,代表着文化发展的高层水平,引导着时代的新潮流,但其影响远远不如宗教阶层的阿訇、毛拉。在特定的时代,宗教影响着人们的政治、礼俗、行为、生活方式诸方面。伊斯兰教也是如此。宗教人员的地位显赫,影响力深远。所以在中国伊斯兰文化动态的变化中,教派发展极为活跃。我国最初只有一个教派

——格底目。随着中亚苏非主义的兴起,蒙古的西征,使得中国伊斯兰教派复杂化,首先从西部开始,在苏非大师的引导下,秃黑鲁·帖木儿归信伊斯兰教。这位大师是中国有史可查的第一位苏非导师,苏非派标志着苏非主义传入中国。从撒拉族民间故事中可以看出,最晚不过十四五世纪传入,但到清中叶,随着整个社会的稳定,伊斯兰教派出现活跃之势。西北边疆尚在地方割据势力之下,由于内部矛盾,南疆的统治者阿帕克霍加,落难逃往甘肃一带,谎称圣裔25世,以在甘肃传教为名避难,伺机返疆,复掌大权。在他的影响之下形成了虎夫耶派,最有影响的属华寺门宦。而西部则形成了两大派别:黑山派和白山派,各自在新疆争夺势力范围和信教群众。清中叶后期到20世纪40年代初,我国教派基本上形成,出现了三大教派、四大门宦的格局。各种教派门宦从各自的立场出发,提出了修行方式、礼仪程序和宇宙认识观,这些教派门宦的言论,不同程度地反映了伊斯兰哲学思想。而耐人寻味的是赛莱菲耶派,则提出了真主存在何处的问题。这一问题由一般教义问题上升到哲学问题。明清之际,汉文著述达到空前水平,大胆用中国传统文化术语解释伊斯兰教义,是研究伊斯兰哲学的重要资料。

(此文原刊于《中国穆斯林》,1996年第2期,第8—12、21页)

15 试探王岱舆的妇女观

被誉为明清之际"学通四教"的王岱舆,是中国第一位系统地论述伊斯兰教哲理并刊行其汉文译著的回族学者。他采用儒家的义理来阐释和解说伊斯兰教汉文译著,因而历来备受中国穆斯林的推崇,享有盛誉,其著被奉为"汉刻它布(Han kitab)",即汉文经典。自明末清初迄今的300余年间,广大中国穆斯林除了诵读《古兰经》和"圣训"外,也学习这些"汉刻它布",尤其是王岱舆的汉文译著。他的著作中所蕴涵和包摄的丰富伦理思想,在广大穆斯林中产生过持久而深远的影响。

王岱舆将伊斯兰教教理与中国传统的太极理论、阴阳概念、李贽以夫妇为人伦之首的思想融合在一起,阐释男女(夫妇)之道,构建出独具特色的中国伊斯兰教女性观。他一方面依据伊斯兰教和儒道观念论述夫妇之道的天经地义,确定穆斯林妇女与主流社会妇女相似的世俗地位;另一方面依据伊斯兰教基本教义,构建穆斯林妇女独特的信仰要求和宗教生活规范。这种建构不但使伊斯兰的女性观得以丰富和发展,而且为中国穆斯林妇女思想道德的形成和发展奠定了理论基础。为此,本文试从以下几个方面讨论有关王岱舆对穆斯林妇女的儒化建构问题,请方家指教。

15.1 从"太极"出发,审视妇女地位问题

太极学说是中国传统学说对宇宙生成及运动规律的认识和哲学思

考,而王岱舆借用北宋周敦颐的太极理论[1],阐释了伊斯兰教的宇宙生成和社会秩序观念,并反映于他对妇女的态度问题上,其主要表现为以下几个方面:

15.1.1 王岱舆认为男女起源是平等的

起源平等是其他一切平等的前提。只有承认起源对等,妇女才能享受和男子在生命、荣誉、财产等方面同等的权利,同时才能享有受人尊敬的地位。因此,研究王岱舆的女性观,就应该首先讨论他对男女起源问题的看法。

王岱舆认为男女的起源是平等的,他的这一思想首先来自伊斯兰教伦理学说,并以伊斯兰教经籍为理论依据。《古兰经》从人类起源上明告世人,男性和女性是完全平等的,人类既出于父也出于母,是父与母的结果。同时,伊斯兰教法也承认男女价值的平等性。“他(真主)从一个人创造你们,他把那个人的配偶造成与他同类的,并且从他俩创造许多男人和女人。”[2]“她们应享有合理的权利,也应尽合理的义务”,“信道的男女互为保护人”。可见,男女不仅起源平等、价值平等,而且互为保护者。王岱舆将伊斯兰教男女起源相同的思想与中国传统伦理学说相互交融,借用北宋周敦颐的太极理论,将无极与真主的造化相连,并以此作为起动因,来阐述自己对男女起源的看法。他说:“太始之时,真主运无极而开众妙之门,乃本人之性理;用太极而造天地之形,亦本人之气质。”[3]王岱舆认为宇宙的生成或最高存在或终极原因是真主的创造,人乃真主所造,人之本性、气质和人为万物之灵的地位也是由真主所确定的。这里所讲的人的本性气质,是阴阳一体、男女未分之时的混

---

〔1〕周敦颐认为“太极”自“无极”而来。无极是无形无象的最高实体,太极是阴阳二气的统一体,是世界的根源,宇宙的本体,万物皆由此生。在太极说的基础上周敦颐建立了“人极说”。人极即“中正仁义而主静”,是万物之灵的人类的最高道德标准。参考周敦颐《太极图说》,见《周敦颐集》,岳麓书社,2002年,第3页。

〔2〕《古兰经》,马坚译,中国社会科学出版社,1996年。

〔3〕〔明〕王岱舆:《正教真诠·清真大学·希真正答》,余振贵点校,宁夏人民出版社,1987年,第159页。

·欧·亚·历·史·文·化·文·库·

沌状态,即"人极"。他又说,"人极者,体无极之理,继太极之用"[1],是仁之所寄之处。他在论述人的起源问题时,借用了儒家的"人极"[2]说,并给予全新的解释。

其次,王岱舆探讨了"人极"与男女起源问题。"人者仁也,浑一未分,是为人极。一化为二,是为夫妇。人极原一人,夫妇为二人,一人者人也,二人者仁也。"[3]王岱舆认为,男女未分前的人是一"大人"。"无极之始,太极之原,总一大人耳。所谓人极者,即斯大人之心也。"[4]这一大人的气质由真主所定,一(人极或"大人")化为二而成男女,即先有人极然后有男女,有男女然后有夫妇,建构了他的宇宙生成论[5],清楚地反映了男女起源平等。这一理论建构可以简述为:

真主(一)→无极(一)→太极(一)→人极(一)→夫妇(阴阳、男女、二)

王岱舆将阴阳二气视为太极的统一体,其没有论及他们的高下之分,由此得出男女本同理同质同根的结论,并隐含着夫妇(阴阳、男女)平等的观念,也就是论证了男女起源平等的思想。

第三,王岱舆用伊斯兰教教理和太极理论建构的宇宙生成论,演化出了夫妇为五伦之首的人伦观念思想。受李贽的人伦秩序思想影响和启发[6],王岱舆说:"是故三纲五常,君臣父子,莫不由夫妇之任而立

---

〔1〕〔明〕王岱舆:《正教真诠·清真大学·希真正答》,余振贵点校,宁夏人民出版社,1987年,第66页。

〔2〕由周敦颐提出,指做人的最高标准。《太极图说》:"圣人定之以中正仁义而主静,立人极焉,"见前文。

〔3〕〔明〕王岱舆:《正教真诠·清真大学·希真正答》,余振贵点校,宁夏人民出版社,1987年,第159-160页。

〔4〕〔明〕王岱舆:《正教真诠·清真大学·希真正答》,余振贵点校,宁夏人民出版社,1987年,第67页。

〔5〕杨怀中,余振贵:《伊斯兰与中国文化》,宁夏人民出版社,1995年,第394-396页。

〔6〕李贽认为,天地万物是由阴阳二气生成的,天地唯一夫妇而已。由天地为一夫妇(二)出发,李贽论述了社会人伦秩序。他将夫妇视为人伦之首,依次为父子、兄弟、师友、君臣,否定了儒家传统的君臣、父子、夫妇、兄弟、朋友的五常秩序。可参考〔明〕李贽《夫妇论》,见《焚书续焚书》,中华书局,1975年,第90页。

也。"[1]他认为没有夫妇就没有君臣父子,并提出夫妇之伦为五伦之首的主张,也反映了妇女所具地位的问题。这一内容可谓为伊斯兰教汉文译著家中的新主张,后人刘智对穆斯林妇女的理论建构,很大程度上受到王岱舆理论的影响。因此,刘智也坚持把夫妻之伦排在五伦之首,认为夫妻是人伦纲常,修此伦纲,家道才能得到治理,能理家道才能使长幼有序,治国有道,亲朋相近。同时对王岱舆"三纲五常,君臣父子,莫不由夫妇之任而立也"的主张予以全盘肯定。

15.1.2 由"夫为妻纲"建构出穆斯林男女社会地位的不平等

王岱舆从男女同理同质同根出发,得出了男女无高下之分的结论应是合乎逻辑的,但王岱舆并没有向前走得更远。出于维护穆斯林社会伦理秩序的根本目的,借用了李贽将夫妇作为人伦之首的观念,将夫妇之仁作为社会秩序的基点,并在此基础上肯定了三纲五常的封建道德规范。如他所述:"所以乾坤交泰,万物咸亨,造化之根,发育之理,弘道兴伦,三纲五常亘古不息,莫不由夫妇而立。"[2]但他没有意识到男女同质的理论基点与当时社会男女不平等的道德规范的矛盾,结果在女性与男性生而平等(皆由真主造化,同性同理同气质)的基础上,嫁接了儒家伦常里男女不平等(夫为妻纲)的枝条。他主张男女同质,但分工不同,权利也不同等,由此将穆斯林妇女置于相对低下的位置。他参照儒家的三从四德,设定穆斯林妇女的家庭位置、道德行为规范,使她们在世俗生活中处于完全听命于男性的被动地位。他提出的理由为:

第一,王岱舆从真主造化阿丹、好娲(亚当、夏娃)的故事讲起,以证明男主外女主内,妻子听命于丈夫的合理性。好娲(女人)是真主用阿丹(男人)的肋条为阿丹造的伴侣,男女同质同体,因此,夫妇应相亲相爱。但好娲仅是阿丹的一根肋条生成的,男女同质但地位不同等。王岱舆由此得出结论:"夫妇之亲,本来一体,宜相爱敬。妇从夫出,夫乃

---

[1]〔明〕王岱舆:《正教真诠·清真大学·希真正答》,余振贵点校,宁夏人民出版社,1987年,第160页。

[2]〔明〕王岱舆:《正教真诠·清真大学·希真正答》,余振贵点校,宁夏人民出版社,1987年,第69页。

妇原,理应听命。"[1]强调男女本生命一体,利益一体,妻子理应服从丈夫,实际是以亲情关系的和融消解地位不等带来的隔阂,并从理论上证明男女关系之合理性。

第二,王岱舆根据社会通行的儒家标准和伊斯兰教教理,设定穆斯林妇女的社会地位。《古兰经》中有"男人的权利,比她们高一级""男人是维护妇女的,因为真主使他们比她们更优越……你们可以劝诫她们,可以和他们同床异被,可以打她们""火狱中多为妇女"的规定。先知穆罕默德也不主张妇女参政,"让女人统治自己的人是不会成功的。"[2]甚至还规定"崇信真主的女人无人陪同不能旅行一昼夜"[3]等等。这与中国传统社会里男尊女卑的思想基本一致。因而王岱舆在阐述这一观点时,则完全接受儒家的等级观念并和伊斯兰教传统主张相结合,认为女性地位低于男性,他说:"若一概平等,则无高低贵贱,君臣父子,夫妇尊卑,何以成斯世界。"[4]从而进一步论证了男贵女贱的合理性。

第三,他根据伊斯兰教法,参照儒家的三从四德,规范穆斯林妇女的世俗生活行为。《古兰经》要妇女"降低视线,遮蔽下身",要她们安居家中。"不要炫露你们的美丽,如从前蒙昧时代的妇女那样。"穆罕默德还要求自己的妻子们蒙上面纱,从而演变成穆斯林妇女出门必戴面纱的习俗。王岱舆在此基础上,结合儒家对妇女的闺门仪礼,将妇女的活动范围严格地限定在闺阁之中,并处于从属于丈夫的地位。如他所述穆斯林妇女应当"自十岁始,除父母伯叔同胞兄弟母舅之外,虽亲戚亦不相见"。[5]"女嫁夫家,至死方出其门,虽父母危命,非由夫命,自不敢

〔1〕〔明〕王岱舆:《正教真诠·清真大学·希真正答》,余振贵点校,宁夏人民出版社,1987年,第27页。

〔2〕〔埃及〕穆斯塔发·本·穆罕默德艾玛热:《布哈里圣训实录精华》,中国社会科学出版社,2004年,第114、46页。

〔3〕〔埃及〕穆斯塔发·本·穆罕默德艾玛热:《布哈里圣训实录精华》,中国社会科学出版社,2004年,第114、46页。

〔4〕〔明〕王岱舆:《正教真诠·清真大学·希真正答》,余振贵点校,宁夏人民出版社,1987年,第32页。

〔5〕〔明〕王岱舆:《正教真诠·清真大学·希真正答》,余振贵点校,宁夏人民出版社,1987年,第193页。

归视其疾。"[1]婚前,除至亲以外不见男子。婚后,完全听命于丈夫,没有丈夫的允许,不能擅出家门,甚至自己的父母病危也如此。在他看来,"无亲男女,对面相视,而且谈笑者"[2]是可耻的行为。

穆斯林妇女在家庭生活中必须遵守的这种行为规范,其严格程度与主流社会的儒家规范基本相同。

15.2 由"阴阳失序" 解释妇女再嫁的合理性

王岱舆虽然构建了男女不平等(夫为妻纲)的伦理体系,但他根据伊斯兰教教理和儒家阴阳理论,反对儒家的贞节观,主张寡妇再嫁。

中国儒家传统文化中特别重视妇女的贞操,极力反对妇女再嫁,并主张"从一而终"的观念,视妇女再嫁为大逆不道,要求妇女为亡夫守节,甚至奖励以身殉节。宋代的程朱理学,认为妇女"饿死事极小,失节事极大"[3]。在正统儒家和历代统治者看来,妇女的贞操远比他们的个人幸福和生命都要重要,因为这一风化问题乃是关系到夫权家长制之延续乃至皇权之继承的血统问题。然而,与传统社会的贞操观相对立,李贽提倡寡妇改嫁。在《初潭集》卷一"丧偶"部分,他明确肯定允许寡妇再嫁的观点,并反对强迫未婚女子为死去的未婚夫守志。

李贽的进步思想在当时社会可谓是大胆反儒的,产生了深远的影响。熟读性理、子史之书的王岱舆,显然也受到了李贽的影响与启发。所以王岱舆充分借鉴了李贽的思想,阐述了伊斯兰教的婚姻伦理。因为在妇女离婚与再嫁的问题上,伊斯兰教理所持态度与儒家存在较大差异。伊斯兰教尊重妇女离婚与再婚的权益,认为"名正改节",对社会

〔1〕〔明〕王岱舆:《正教真诠·清真大学·希真正答》,余振贵点校,宁夏人民出版社,1987年,第68页。

〔2〕〔明〕王岱舆:《正教真诠·清真大学·希真正答》,余振贵点校,宁夏人民出版社,1987年,第68页。

〔3〕〔北宋〕程颢,程颐:《二程遗书》卷22,王孝鱼点校,第303页;《二程集(理学丛书)》上册,卷22下,中华书局,1981年。

有益无害。

由此可见,伊斯兰教对妇女再婚权利的肯定与儒家传统文化是相背离的。这两种伦理文化的分歧甚至对立,如果处理不好,就会引发摩擦、猜忌乃至冲突,甚至招致封建统治阶级采取限制和歧视的政策。对此,王岱舆在自己的著述中借用儒家时贤李贽的观点,大胆阐发新的主张。首先,他主张男女结婚是理所应当的。他说,不结婚"上违主命,下背人伦",对人、对社会均无益。其次,他运用儒家的哲学思想来解释妇女再嫁的合理性,"常见孤阴寡阳之辈,形容枯槁,心意千岐,不正之念丛生,失节之事多有,皆由阴阳失序故耳。所以正教之理,虽鳏寡不宜独守,何也? 宁可明正改节,不可外洁内淫"。[1]他还指出,禁止婚娶是"纲常尽绝,其意竟欲扑灭人类"。[2]妇女不再嫁违背了纲常,也就是违背了儒家的传统,并再一次强调妇女再婚的合理性。这里,王岱舆将伊斯兰教对妇女再婚的肯定通过运用儒家的阴阳理论加以变通,使得这一看似违反当时社会伦理规范的规定变得合情合理,进而使儒士易于接受。

王岱舆反对"守节"已大大超出封建礼教的范围。这在当时的确具有一定的进步意义,是反封建礼教协奏曲中的一个乐章。[3]

15.3　主张"教律无男女",肯定穆斯林妇女受教育的权利

在中国封建社会,平民女子没有机会到正规教育机构接受教育,三从四德的说教束缚着女性,其中最具代表性的一句话就是"女子无才便是德"。这七个字完整地见诸典籍虽较晚,但却是一种存在于传统社会

〔1〕〔明〕王岱舆:《正教真诠·清真大学·希真正答》,余振贵点校,宁夏人民出版社,1987年,第67-68页。

〔2〕〔明〕王岱舆:《正教真诠·清真大学·希真正答》,余振贵点校,宁夏人民出版社,1987年,第67页。

〔3〕秦惠彬:《论王岱舆的宗教伦理思想》,载《中国社会科学院研究生院学报》,1984年第3期,第31-36页。

人们心理中的非常久远古老的观念。而与这种观点相反的是有些进步的儒家学者，提出妇女也应学习的主张。

大儒朱熹认为，在德性方面，天之所赋男女无别。仁义礼智，人皆有之，只男女表现不同而已。李贽从理论上彻底推倒了将女子的才与德割裂并对立起来的"女子无才便是德"的谬说，大力主张"大道不分男女"[1]，妇女也和男子一样有"学道"的权利。[2]

王岱舆虽然不像李贽那样欣赏女性的智慧，但他根据伊斯兰教教理，强调女性应同男性一样重视学习。他引用先知穆罕默德的话，说"正教之男妇，习学乃明命也"[3]，强调学习对男女穆斯林同等重要。伊斯兰教提倡妇女有受教育的权利。伊斯兰教鼓励广大穆斯林积极学习和观察世界，没有男女之别。《古兰经》要求人们学习："你应当奉你的创造主的名义而宣读，他曾用血块创造人。你应当宣读，你的主是最尊严的。他曾教人用笔写字，他曾教人知道自己所不知道的东西。""圣训"强调："学习知识，是男女穆斯林的天职。"[4]先知穆罕默德的妻子阿依莎因为善于学习，故在先知归真后成为有关家庭和妇女问题的著名"圣训"传述人。追求学问既是男性的职责，也是女性的义务。只有享受均等的教育权利，才能提高妇女的道德修养与学识水平，才能使她们更好地认识自我、发展自我、完善自我、主宰自我。

王岱舆在接受这一教理的同时，并提出自己的观点。他认为学习必须遵循正确道路，即"正学"。正学是"不做聪明，不循自信，以尊经为鼻祖，以圣教为乳母"。[5]即放弃私欲，完全尊奉伊斯兰教教义。他认为，"立身之本，无过于学"。因此"教律无男女，无正从，无老少，惧宜学

〔1〕傅维麟：《李贽传》，载《明书·异教传》卷160，中华书局，1985年。

〔2〕李贽指出："夫妇人不出闺域，而男子则桑弧蓬矢以射四方，见有长短，不待言也……故谓人有男女则可，谓见有男女岂可乎？谓见有长短则可，谓男子之见尽长，女人之见尽短，又岂可乎？"《焚书续焚书》，中华书局，1975年，第59页。

〔3〕〔明〕王岱舆：《正教真诠·清真大学·希真正答》，余振贵点校，宁夏人民出版社，1987年，第75页。

〔4〕布哈里辑录：《布哈里圣训实录全集》，康有玺译，经济日报出版社，1999年，第29页。

〔5〕〔明〕王岱舆：《正教真诠·清真大学·希真正答》，余振贵点校，宁夏人民出版社，1987年，第75页。

道,直与此身同尽方已,不可一日间断。缘为善之道,无有穷极"。[1]他强调追求知识是穆斯林终身不可懈怠的任务,不管男女老少,皆应重视。从这里,不难看出,王岱舆的思想除受伊斯兰教影响外,还能看到朱熹、李贽等一些儒学思想家思想的影子。

为进一步强调学习的重要,王岱舆借用儒家文化"不孝有三,无后为大"的思想,提出了伊斯兰教的孝道观,认为子女失学才是最不孝的。"正教之道,不孝有五,绝后为大:其一乃不认主,其二乃不体圣,其三乃不亲贤,其四乃不生理,其五乃不习学……所谓绝后者,非绝子嗣之谓,乃失学也。"他认为"绝后"是孝道观里最不孝的行为,"绝后"并非儒家思想所谓的"无后",而是子女不去学习宗教知识。借人们熟知的儒家言词,强调学习伊斯兰教信仰知识的重要性,对"绝后"说做进一步解释。"一人有学,穷则善身,达而善世,流芳千古,四海尊崇,虽死犹生,何绝之有?有子失学,不认主、不孝亲、不体圣、不知法,轻犯宪章,累及宗族,遗臭万年,无不憎恶,虽生犹死,何后之有。"[2]有学之人,于他人于社会于自身都有利,可赢得世人尊崇,今世后世俱有名。失学之子,无信仰无道德无法纪观念,若触犯刑律,累及家人,有这样的子孙等于无后。王岱舆将学习置于如此重要地位,表明了他对学习宗教知识的重视程度,也给女性在信仰领域的发展提供了无限的天地。

远离阿拉伯本土、朝觐者很少的状况,使中国穆斯林只能依据流传下来的经籍了解伊斯兰教。《古兰经》和其他伊斯兰教经籍中关于圣人时代女性事迹的记载及女性观念,使王岱舆能够据此在宗教信仰领域强调与主流社会不同的伊斯兰教原则,为穆斯林妇女设定另一种与社会生活领域不同的规范,妇女由此获得了和男子一样的发展机遇。

---

〔1〕〔明〕王岱舆:《正教真诠·清真大学·希真正答》,余振贵点校,宁夏人民出版社,1987年,第75页。

〔2〕〔明〕王岱舆:《正教真诠·清真大学·希真正答》,余振贵点校,宁夏人民出版社,1987年,第92页。

15.4　王岱舆对穆斯林妇女儒化建构的特点

为了在儒家文化的氛围和背景中有效地阐明伊斯兰教对妇女的基本主张,王岱舆在其著作中运用了儒学中的概念和范畴,在构建其女性观时吸取了宋明理学家关于阴阳、贞节等概念和范畴的思想成果,始终坚持将儒家思想移植到伊斯兰教教义上。王岱舆的妇女伦理思想是深受伊斯兰教伦理思想和中国传统伦理思想双重影响而形成的,因而,它们既不同于伊斯兰教妇女伦理思想,又有别于儒家关于女性的伦理学说,具有一些自身的特点。

第一,凡与儒家伦理思想不相违背的伊斯兰教基本原则,王岱舆全盘地予以吸收,并大量引用《古兰经》和先知的话语加以论证,尽可能地用伊斯兰教观点加以阐发。

第二,凡与儒家伦理思想相违背的伊斯兰教基本原则,王岱舆会做出新的解释,使其既符合儒家伦理的传统,又符合伊斯兰教的基本原则。例如王岱舆接受儒家"三纲五常"的传统,但在五伦的先后顺序上,他并未按儒家传统的"三纲五常"的顺序来论述,而是将夫妻之伦排在五伦之首。他认为"三纲五常亘古不息,莫不由夫妇而立"。他借用儒家的词汇,阐述伊斯兰教的伦理规范。而对儒家五伦纲常中占有重要位置的"守节"思想,因这一思想与《古兰经》所论述的寡妇可以自由改嫁的原则相违背,王岱舆则巧妙地借用"阴阳"学说,阐述不婚不娶乃"阴阳失序",对于不能回避的且又有悖于伊斯兰教基本教义的儒家伦理观点,给予了新的解释。

第三,由于王岱舆的伦理思想是深受伊斯兰教伦理道德和儒家人伦纲常双重影响而形成的,因而,它们深深地打上了二者的烙印,具有明显的交融特征。可以这样认为,他所构建的穆斯林妇女伦理思想是伊斯兰教女性伦理思想与中国传统伦理学说相互交融的产物。王岱舆始终以伊斯兰教伦理思想为根基,同时参照中国传统伦理学说的内容。这是伊斯兰教的女性观在中国这块土地上结出的奇葩,是伊斯兰

·欧·亚·历·史·文·化·文·库·

教伦理思想在中国传统文化氛围中,通过不断吸收、融合和适应儒家伦理学说而形成的。

　　总之,王岱舆从两方面建构有关中国穆斯林妇女的理论,在世俗生活领域,伊儒融合,将夫妇关系神圣化,女性只能循规蹈矩,活动范围和个人发展受到严格限制。但在宗教生活领域,重视妇女宗教教育,鼓励她们的自我发展,为女性提供无限的发展空间。这种将儒家伦理思想和伊斯兰教的根本教义融合于一起的体系构造,促进了中国传统社会对伊斯兰教女性观的容纳,也进而促进伊儒之间的理解与共信,消除误解与隔阂,为伊斯兰教在中国的生存、发展和广泛传播奠定了较为坚实的基础。王岱舆关于穆斯林妇女的论述,奠定了清代学者论及穆斯林妇女问题的基准,其意义十分深远。

　　（本文原刊于《青海民族研究》,2012年第4期,第43-46。作者:韩中义,马媛媛）

第三编 撒拉族研究

16 撒拉族社会组织

——历史上的"工"之初探[1]

16.1 撒拉族"工"的产生和形成

众所周知,撒拉族先民东来前已有自己的部落联盟。比如西突厥分10个部落。后来乌古思分24系。但是由于东迁后,这种体系被彻底地分化。故撒拉族在特殊的环境中形成了自己的部落联盟——"工"。撒拉族部落联盟是逐渐形成的,是由"阿格乃(兄弟)"→"孔木散(同根)"→"阿格勒(村)"→"工"这样的系统发展而来的。撒拉族的"工"和原始社会的部落联盟相比,前者是在地区间相互合作的基础上,逐渐形成的。后者是在掠夺的基础上产生的。因此撒拉族的"工"打上了自己民族的烙印。

"工"最早出现于汉文史料是雍正年间,雍正以前并无工名。据韩光祖云:"雍正八年,掉子山调兵三千协剿,始分十二工名目。"[1]在雍正八年前未载"工名目",但不能说不存在"工"。只不过是没有引起史学家的注意而已,只有等到"协剿"而见史,为此各种有关撒拉族史书,对这一名称做了不同的说明。

(1)《循化志》云:"[工]其取名不知何义,岂立功之义而后仍讹,功为工耶?"但是作者本身对这一种解释提出了自己的疑问,说:"然其中有大可疑者。"作者没有对此做更详尽的解释。[2]所以只好采用"工"是立了军功而后又"讹"成之,这样来望文生义地做解释是不恰当的。

---

〔1〕按:笔者经过多年的研究,"工"的含义另有看法,准备再撰文考其之。2013年12月4日。

〔2〕〔清〕龚景瀚编撰:《循化志》卷4《族寨工屯》,青海人民出版社,1980年,第156页。

（2）《撒拉族简史》称："所谓'工'，是相当于乡一级的行政区划单位，下属若干自然村。"[1]此说法似乎过于轻率，为此不可取。

（3）"工"是撒拉族特有的地域称谓，是同一地区的若干个村庄组成，相当于"乡"一级的行政单位[2]。这种解释谈到"特有的地域称谓"。但没有做更深一步的探究。从文字表面看似乎是第二种解释的翻版。有关研究撒拉族的论文中，这种解释极为流行，可是撒拉族先民一迁到循化怎么形成一个"乡"一级的单位呢?!

（4）水利工程的"工"。撒拉族先民迁到循化后，这里"颇有水利"，自成村落。这是用汉文解释撒拉语，是一种牵强之说。

（5）顾颉刚先生认为："'工'，是沟（Kung 和 Keu 为东侯对转）的转音或简写，番地中把沟作地名的最多，如单尼有车八沟，喇利沟等便是。"乍看还能说得通，但细细推敲，则令人产生疑问。循化并非所有的"工"在沟里，也有在黄河岸上的平坪上。如街子、苏志、查汗都斯、草滩坝这些"工"地处黄河谷地的平川地带，怎么会生出"沟"呢？这不是自相矛盾吗？

（6）"'工'者，'干'字之变者，'干'，是突厥语，是城镇的意思。"（按：kend 是波斯语，而不是突厥语，突厥语称城镇为 balk）[3]。芈一之先生同意这一看法。他说："撒拉人沿用旧习，称聚居的大庄为某'干'。"可是刚东迁来的撒拉族先民怎么突然之间形成一个"kend"（干）即城镇呢？再进一步说撒拉族先民本来就是游牧民族，刚东来定居乡野怎么会有 kend 呢？这和撒拉族先民史是相矛盾的。

（7）"所谓'工'，据云即地方之意。"[4]我认为这种解释有一定的道理，但是作者没有更进一步的说明。

其实，对外族来说撒拉族的"工"似乎是一种特殊的名称，但是对突厥语族民族或北方游牧民族来说并不是什么特殊名称。因为"工"这种

〔1〕《撒拉族简史》编写组：《撒拉族简史》，青海人民出版社，1982年，第18页。

〔2〕陈云芳、樊祥森：《撒拉族》，民族出版社，1988年，第18页。

〔3〕马学义、马成俊：《撒拉族风俗志》，中央民族出版社，1989年，第18页。

〔4〕李得贤：《关于撒拉回》，原载于《西湘通讯》卷2第1期，转引自《中国伊斯兰教史参考资料选编》，宁夏人民出版社，1985年，第144页。

名称和突厥民族或北方游牧民族的生活、生产、居住是紧密相连的。游牧民族以畜群为核心,以牧场为基调,来回迁徙(习惯上规定的范围内),逐水草而居。每到一处都有自己特定的住地,并以不同的氏族来划分。"结成集团游牧的人,通常列队移动并结环营驻屯。这样的环营有时达数万个帐幕。环营蒙古语为'古列延',(Kurigen-gurig,古语 Kurien)是由许多阿寅勒聚集而成的;蒙语的阿寅勒(Ayil)乃是若干个帐和幌车组成的牧营式牧户。"拉施特解释说:"古列延的含义如下:许多帐幕在原野上围成一个圈子驻扎下来,它们就被称为一个古列延。"[1]这就是说"工"和"古列延"存在着密切关系。因为"工"是由许多阿格勒组成;而"古列延"也是由许多阿寅勒组成,形式不完全相同,但内容是一样的。因为 Aġil(阿格勒)和 Ayil(阿寅勒)是同源同意异形词。从语言学上分析,前者比后者出现得早。因为"g"在后来蒙古语中发"y"是常见的现象,这说明此种居住方式的名词是蒙古人从突厥人那里借用过来的。这就反证了"工"和 Kurigen 之间的密切关系。但由于时代之久远,文化变迁,生产方式的改变,两者大相径庭,相去甚远。而从表面上是不易判断其关系的。因为一个是农业民族的"Gong(工)";一个是游牧民族的"Kurigen"。为了对这一名称解释得有根有据,有必要了解哈萨克等游牧民族的居住名称。哈萨克族把夏牧场扎帐房之住所称之为"Qonus(这是名词)"。不管一个或多个帐房都是如此称法,意为"住地",而住下来称"Qon",这是前者的动词形式。在土耳其语(撒拉语和土耳其语都属西匈语支,比较接近)中,也有类似的词汇。如"Qonuk(旅店,客栈)""Qonuk(客人)""Qonut(住所、居处)"[2]。比较这些词可以得出这样的结论,即在早期撒拉语中使用过"Qon"这个词。从这个意义上说,"Qon"含有撒拉族先民游牧生活的特色。因为这种"Qon"主要指帐房的所在地,类似于哈萨克族中的"Qon"和蒙古语中的"Kurigen",但东迁后撒拉族先民中仍然保留了游牧观念的词汇,把自己的居住地称之为"Qon",就其性质来说已发生了根本性的变化,东迁后由原

---

〔1〕〔波斯〕拉施特主编:《史集》卷1第2分册,余大均、周建奇译,商务印书馆,1986年,第18页。
〔2〕黄启辉编:《土汉字典》,台湾正中书局,第112–113页。

来的游牧生活转化为农业生活,住在不同的地域,称不同的"Qon"。由于刚东迁来的撒拉族先民并不懂汉语,住地称"Qon"。但后来随着汉语和撒拉语交流不断增强,而汉语中没有发这种音的词汇,逐渐转换,"Qon"→"Qong"→"Gong",而后两词音接近,由此产生了"工"之名称,这正好说明"工"是在几百年间逐渐发展而成的,而后才始见汉文史料。

"Qon"一开始就打上了地缘烙印,从小的住地逐渐发展成大的住地,由一般地域住地发展成区域性单位,形成了某一地区的合作联盟,是当时特殊社会发展而成的。

最初撒拉族先民根据住地形成了十二个"Qon",以循化街子为中心,西边为六个"工":街子、草滩坝、苏志、别列、查汗都斯,称为上"六工";东边六"工"为:清水、打速古、孟达、张尕、夕厂、乃曼,称下"六工"。清乾隆四十六年(1781年)苏四十三领导的反清斗争失败后,"村庄半毁"[1],乃并有十二"工"为"八工",即清水、乃曼、孟达、张尕称下"四工";街子、查家、查汗都斯、苏志称上"四工"。青海化隆有五"工",俗称"撒拉八工外五工"。

16.2　撒拉族前期社会"工"的特征和功能

(1)撒拉族"工"是由数目不等的"阿格勒"联合而成的组织,并有领导机构。

比如街子"工"有十八个"阿格勒",苏志"工"有四个。最初"工"都是同宗同源的氏族组成,在平等发展过程中逐渐扩大原有职能和地域,由于职能的加强,地域的扩大,其基层组织发生根本性的变化,于是便从原来的母体中逐渐分裂出来,但是同母体仍保有地域性的血缘关系,两者相比,地缘显然占有主导地位。"工"与"工"之间不再是隶属与被隶属的关系,而是一种象征性的最高统一组织,这种组织是临时性的,而不是常设机构。所以它对"八工"没有绝对领导权,而是在紧急关头起到议事的咨议职能。这一职位是由最有影响的"工"担任,即由街子

---

[1]〔清〕龚景瀚编撰:《循化志》卷4《族寨工屯》,第158页。

"工"来担任。"八工之内,以街子工最为势力,执八工盟主牛耳,稳居撒拉族领导地位,其号召力独大。"[1]清末起义"多发动于街子工,余七工惟马首是瞻"[2]。由此观之,街子"工"在临时事务中具有举足轻重的作用,但这种领导机关不是唯街子"工"单独决定其事务,而是在协议的基础上来决定的。所以它在某种程度上具有民主咨议机关的性质,最终的决策是在各"工"认可的情况下,方能执行。

(2)各"工"具有独立性。撒拉族各"工"都可以称为较为独立的"小王国",在这一小天地里,各"工"的首领成为最高的决策者。比如从一般性的民事到较大的"工"内部的司法事务都是由"工"的首领来处理。刚东迁至循化的撒拉族先民不同程度地保留原始游牧民族的习惯法,在经济上带有不同程度的平均主义色彩,人们无论是观念上还是行动上都恪守习惯法,决策者也以此为准则。

(3)早期"工"的首领都是从本地区的各"阿格勒"中选出。这些"工"的首领都是德高望重、受人尊敬、具有一定号召力的人,他们为"工"的首领,不是为权力目的而是义务的承担者。因为任何一个人担任了某"工"的领袖,他就担负起整个"工"的事务,在处理问题时,并不像后期"工"的土司那样得到支配别人的权力,也不可能给他们封官加爵,相反地要付出比他人更多的劳动和精力,承担更多的义务,义务成为他们神圣的职责,没有什么可以讨价还价的余地。

总之,撒拉族早期"工"具有上述特征和功能是由它当时的经济条件和客观条件以及早期(东迁前)社会发展的惯性决定的。但是随着撒拉族经济由牧业社会向农业社会过渡,周围环境的改善,这种惯性被打破,社会跃级到一种向前发展的阶段。

---

〔1〕李得贤:《关于撒拉回》,转引自《中国伊斯兰教史参考资料选编》,第1445页。

〔2〕李得贤:《关于撒拉回》,转引自《中国伊斯兰教史参考资料选编》,第1445页。

16.3　撒拉族"工"由前期向后期转化

撒拉族的前期社会组织是刚东迁后建立的,但是这种社会组织好景不长。由于每个长老最初都是为公众利益服务的,加之东迁的因素,不论是客观还是主观上都不可能猝然产生利己主义的社会。但是随着社会由原来的游牧社会向定居的农业社会过渡,经济的发展,生产方式发生了根本性的变化。稳定的生产给撒拉族社会带来了巨大的财富,在这种财富面前,人们产生了占有欲,这种欲望促使长老们利用手中的权力为满足自己的贪欲不择手段,这种贪欲直接地表现在剥夺自己血缘氏族的财富上,这样原来的自然社会结构开始瓦解。"财富被当作最高福利而受到赞美和崇拜,古代氏族制度被滥用来替暴力掠夺财富的行为辩护。"[1]

16.4　后期社会的"工"——土司
——"尕最"的形成

明初至晚清,土司是"工"的最高行政首领,它是世俗性的,具有官方性质,由官方来任命,是世袭的,必须服从官方的意志;而"尕最"是神权性的,具有民间组织性,由民间出任,官方认可,处理事务以宗教法为准则,间接地来实现个人的利益。但两者常常相互结合,互为补充,共同处理各种事务,以求最大限度地来掌握权力。

16.4.1　土司产生及其职能

撒拉族土司制度始于明代,但是早在元朝就有"达鲁花赤"之职,这是土司的雏形,而结束于晚清。就土司的产生和作用,《明史·土司传》载:"追有明强元故事,大为恢拓,分别司君州、县。额以赋级,听我驱调,而法备矣,然其道在于羁縻。"又载"彼大姓相擅,世积威约,而必假

---

[1]《马克思恩格斯》卷4(上),人民出版社,1997年,第104页。

我爵禄,宏之名号,乃易为统摄,故奔走唯命"。撒拉族的土司无不如此。一般来说土司在后期社会中,具有双重身份,既是本族长和首领,又是封建王朝在本族中的统治工具。土司对皇朝的职责是"各统其……部落,以听征调,守卫、朝贡,保塞之令"。[1]

土司的职能由以下几个方面的内容:

(1)管理本族

土司管理本族事务,有关撒拉族的各史都有记载,其中以《循化志》最详。撒拉族中,最早的土司是韩宝,最后一个为韩愈昌,共传十代,凡四百余年。撒拉族由这些土司直接统治着,并且由他们管理本族。如"分地分民",[2]同时各"工"分属于不同的土司管理,有"四房五族"之分。土司在本区内征各种赋税。如清中叶街子"工",草滩坝"工"(乾隆四十六年后合并)"共种地一千九百二段,纳粮一十六石三斗","查家工种地一千七百九十段,纳粮八石一斗五升"。[3]除征税外,还管理婚丧等民事。

(2)保塞

撒拉族所居之地,地理位置极为重要,东为积石关,可达河州,东北黄河,可渡至西宁重镇;西为番藏之地。所以土司保塞尤为突出,直接关系到土司本人和皇朝统治者的利益。所以各要关重地,设士兵防守。

(3)朝贡

土司是官方承认的,管理撒拉族的代表,通过他们,历代王朝对撒拉族实行羁縻政策。要维护这种正常的臣属关系,必须通过一种方式表达出来,这就是朝贡。根据不同地理条件和不同物产献方物,以表示对中央王朝的亲赖关系。由于撒拉族所处的地带是农业和牧业交界地区,多产良马,所贡物多为马,一般是三年一贡,根据官级大小来回赐土官,以表示中央王朝的恩威。

〔1〕《明史·职官志》,第76卷,中华书局。

〔2〕〔清〕龚景瀚编撰:《循化志》,第223页。

〔3〕〔清〕龚景瀚编撰:《循化志》,第160页。黄启辉编:《土汉字典》,第95页。

（4）出征

撒拉族是勤劳勇敢,富于战斗的民族。由于此故,撒拉族多次被征调、驻防、征战。根据学者的研究,明朝年间共征17次之多。

16.4.2 "尕最"的产生及其职能

撒拉族是全民信仰伊斯兰教的民族,所以伊斯兰教不仅对撒拉族的精神生活有巨大的影响,而且影响到撒拉族的政治生活。

"尕最"这一词是"Qadi(法官之意)"转音而来的。一般地讲"尕最"是世袭的,管理撒拉族内部的日常宗教事务以及与宗教有关的民事,后来逐渐成为权贵阶层。

根据民间传说一切事务都由"尕最"按照《古兰经》和《圣训》的训导来办事,这说明当时"尕最"很有权威性[1]。

"尕最"也称作"总掌教"或"总理掌教"。其下设有"三长",即"海依"一人,负责导念"呼图白(劝导经)",伊玛目一人,负责讲经领拜,"阿提卜"一人,负责领导教民念经。另外还有玛真(宣礼员)一人,负责每天五次登上清真寺"唤醒楼",督促教民念经礼拜,还有"木札威(寺管)"一人,负责寺内事务性工作和看守门户。

各"工"有"海依"寺(宗寺),各村有支寺(小寺)。平日宗教活动在本村举行。"主麻日(星期五)"和重大节日则聚于海依寺。

各"工""海依"寺也有与"三长"类似的"三头"。"海依"寺教长称掌教,另有副掌教和小掌教但不世袭。

从宗教系统来说,支寺隶属于"海依"寺,"海依"寺属于大寺。所有撒拉族在宗教生活上都受到"尕最"的指导和督促,说明"尕最"通过神权来完成世俗利益。

从"尕最"的权力职能来说,他们掌握宗教法庭。这说明撒拉族处在当时特殊的环境中,"尕最"的权力是极大的。这些权力掌握在富有阶层手中。他们不仅依据自己的学识而且更重要的是依据自己手中掌握的权力来评判地位高低、权力大小。"尕最"由原来单一的宗教职能转

---

[1]《撒拉族民间故事》,青海循化撒拉族自治县文化馆编,第9页。

向政治和宗教相结合的双重职能,由此掌握权力,进而统治下层的撒拉族民众。

16.4.3 "工"——土司——"尕最"被废除

土司和"尕最"制在撒拉族社会中曾起过积极的作用。由于这种制度的存在使得撒拉族统一性加强了,某种程度上维护了本民族的团结和凝聚力,有利于撒拉族在当时条件下更好地生存下来,促进了本民族的牢固性和稳定性。但这种组织是统治和压迫本民族的工具,这些组织的当权者是以财产为基础而建立起来的,存在着固有的顽症。同时随着时代发展,这种组织形式为统治者所不容,但这种制度的废除是和整个清王朝统治背景相联系的。在雍正十三年(1735年)到乾隆四十一年(1776年),西南地区民族不断起义,被镇压之后,中央大力推行改土归流制,即土官归为中央王朝命官。这一历史大潮也波及撒拉族地区,于是1896年正式废除土司——"尕最"的土官统治,改为乡约制。

总之,"工"是撒拉族重要的社会组织,这种名称,撒拉族先民一定居到循化就形成了,并且这种组织分前期和后期。前期从性质上表现为血缘性的地缘组织,经济上表现为不同程度的共产主义;后期社会组织性质上是纯地域性的行政单位,经济上是纯粹的封建制。虽然这种制度在1896年废除被乡约制替代,但是作为一种社会组织一直影响至今。我们研究"工"这种社会组织,有利于更全面地了解撒拉族社会,促进和加强各民族间的了解。

(此文原刊于《西北民族研究》,1993年第1期,第49-54页)

17 撒拉族
历史上的"阿格乃"初探

一个民族的基层社会组织是文化人类学科研究的重要组成部分，是人类学家、社会学家普遍关注的问题。本着这样的宗旨，笔者在前人研究的基础上就撒拉族基层社会组织——"阿格乃"做一番探讨。

撒拉族的基层社会组织有广义和狭义之别。从狭义上说只是原始社会或者是早期的社会组织结构；从广义上说包括早期一直到现代的社会组织结构。笔者主要是从广义性来探讨其社会组织，考察其内部变化的机制。

这一社会组织最显著的特点是以血缘为纽带，部分地存在着平均主义观念，存在着某种程度的平等、合作、协调的内涵。

17.1 撒拉族先民氏族的产生[1]

撒拉族最早的先民即突厥人的原始氏族的产生是相当久远的，可以说和世界上各地的原始氏族的产生是一致的。但是撒拉族直接祖先撒鲁尔部的出现，大约是在十世纪左右。在《史集》中就有乌古思24支后裔的记载。从这时起撒鲁尔人就有自己完全意义的氏族。后来乌古思逐渐发展，到十一世纪被称为突厥蛮，今天在土库曼族中就有一支Salar部落[2]。而东迁后的撒拉族氏族和前期的氏族不完全一样，即撒拉族和撒鲁尔氏族不能等同起来。因为前者是在后者的基础上融合而成。但是撒拉族氏族是以撒鲁尔氏族为核心发展起来的。在循化街子

---

[1] 为了行文方便，将"阿格乃"书引号为 Agni 或氏族。

[2] 〔苏联〕埃·捷尼舍夫：《突厥语言研究导论》，陈鹏译，中国社会科学出版社，1980年，第549页。

有个叫 Salarbağïl,意为撒鲁尔居住地[1]。从这一点看,撒鲁尔氏族和周围其他氏族是有区别的。若无区别,也就不会有此名来称之,只因为特殊才有特别的名称。我们今天到街子的 Salarbağïl 村观察:尽管他们和其他村的撒拉族没有什么区别,但是初迁东来之时,其村与周围人有很大的差异性。随着时间的推移形成了撒拉族最基本的社会组织细胞——"阿格乃"。

17.2　撒拉族氏族的特征

"阿格乃"是由最亲的血缘关系组成的社会组织。撒拉语中氏族称 Agni。这是一个合成词,即突厥语中 Aga 和 Ini(哥哥和弟弟)两词复合而成,相当于汉语中的"当家子"。Agni 是同一祖先的男系组成,而女儿有时也包括在内。这主要以女婿身份而定。如果是入赘的女婿,那么他就是包括在 Agni 中,如果是女儿出嫁,则不包括在 Agni 中。所以 Agni 是撒拉族最基本的社会组织,这种组织直到今天还对撒拉族社会起着作用,并以此维系着一种密切的关系。

撒拉族氏族的形成,只有七百多年的历史,但撒拉族属于突厥语族的民族,从这个意义上说,它和世界上的其他民族一样,很早就有了氏族。前者是完全从父系制社会发展而来的,而后者是在母系社会向父系社会逐渐演变的过程中形成的。因而两者内在性上有所不同。

撒拉族 Agni 是多元的,而不是单一的某个氏族发展而来的。它既不像北美的易洛魁人,也不像希腊氏族,而是多元氏族构成的。这可以从现存的地名中得到证实。查汗都斯大庄有 Manguler(蒙古村)、苏只有 Hada-agil(中原村),街子"工"有 Salarbağïl。从这些实例说明撒拉族不是以撒鲁尔氏族作为唯一源泉形成新的共同体,而是逐渐融合了中亚各族及东迁后吸收周围民族的成员而形成的新民族。

和北方的突厥游牧民族一样,撒拉族 Agni 关系极为明显,不妨做一番比较,比如北方操突厥语民族中的哈萨克族就有其氏族谱系。在

---

[1]苏北海:《哈萨克族文化史》,新疆大学出版社,1996年,第132页。

北疆一带的乃曼部落就有9个大的氏族。撒拉族也是如此,其先民有24系,东迁后虽然没有具体的氏族谱系,但是Agni制度完整地保留着,并起着特殊的作用,这和内地回族、东乡族和保安族等信仰伊斯兰教的民族相比,有自己的特殊性。由此也反映了撒拉族先民的游牧民族的特性。

撒拉族先民撒鲁尔人有山羊"汪浑"崇拜的习俗。"汪浑"这个词含有"吉祥"之意。作为"汪浑"的动物人不能侵犯它,也不吃它的肉[1]。在撒鲁尔部落的每个人都知道自己的"汪浑"。今天的撒拉族人Agni"汪浑"崇拜虽已不复存在,但是某些遗迹仍然存在着。比如东迁后撒拉族先民传说骆驼化为石头的故事,至今在撒拉族地区流传,而这个动人的故事本身所蕴含的文化内涵,使我们对撒拉族先民图腾崇拜有了新的理解。

探讨图腾崇拜产生的原因,就要追溯到撒鲁尔部时期,这跟他们的经济条件和自然环境有关。当时生活在草原上的撒鲁尔先民,为了生存,他们从山羊那里获得羊奶、羊毛,以此来御寒防饥,送冬迎春。山羊在他们的生活中占有举足轻重的地位,没有山羊,日常生活就无法保障。再则从山羊本身的习性来说,它耐寒,便于饲养。在当时生产力极为不发达的情况下,这种动物自然具有重要的可靠性。由此,撒鲁尔人产生了山羊"汪浑"崇拜。这种神秘的感情使得氏族成员和动物之间产生了某种作用。崇拜这种动物,"并迫使了他们依照自己的图腾的传统性质而产生"[2]。随着撒拉族文化的变迁,经济的发展,民族的迁徙,最后图腾崇拜在撒拉族中已消失,但某些痕迹仍保留于其中。

不少民族的早期氏族社会中就有自己的印记,而撒拉族早期Agni也有印记。比如Salar(Sālūr)氏族的印记为"↑"。Salar同一祖先的其他氏族的印记为:yīmūr(亦木儿)为"公"。Alāīūntkī(阿刺亦温惕气)为"╫"。Aūrkīz(兀儿乞思)为"ᵖᶜᶜᶜᶜ"[3]。这种印记在其他突厥游牧民族中

〔1〕〔波斯〕拉施特主编:《史集》卷1第1分册,余大均、周建奇译,商务印书馆,1986年,第141页。
〔2〕〔法〕列维·布留尔著:《原始思维》,商务印书馆,1985年,第239页。
〔3〕〔波斯〕拉施特主编:《史集》卷1第2分册,第144页。

也存在着。如哈萨克族:杜拉特印记为"()"、克普恰克为")|"[1]。所有这些印记在古代含有一定的意义,可惜撒鲁尔的印记含义已不明确了。但是可以推测含有"箭"之意。因为"↑"印记有似箭之形。《史集》载某天乌古思几个儿子出猎时,捡到一张金弓和三支箭,以金弓和三支箭分为左右两翼。左翼即为撒鲁尔直接祖先,称兀出黑(aūǰūq)。这个词是aūčūq(兀赤·兀黑),即三支箭派出来的[2]。所以说撒鲁尔印记"↑"为"箭"之意可以说没有什么疑问。这反映印记一般特征。

这种印记的产生和作用,拉施特在他的著作里没有做更多的说明,但是可知这种印记具有一定的功利目的,而不是一般的饰物。首先是区别甲乙氏族的标志。再则就是烙在牲畜或者器物上,装饰在本氏族的旗帜上,以示属于某个氏族。《突厥大词典》写道:"乌古思就是土库曼人,他们有二十二个氏族,各有自己独特的标志和烙在牲畜身上的印记,他们凭这些印记识别各自的牲畜。"[3]在《北史·高车传》中称"其畜产自有记识,虽阑纵在野,终无妄取。"[4]。从以上的记载来看,在游牧民族中有这种印记是较为普遍的现象。这也说明在广阔的草原地区,印记是游牧民族创造的一种特殊的文化现象。这种文化现象最大限度地反映其使用价值和社会价值。

撒拉族形成后,社会生活发生了根本性的变化,由原来的游牧生活转化为农业生活为主。这种生产方式的变化,是印记文化消失的根本原因,但印记文化曾经在撒拉族先民中存在着。这是值得注意和研究的问题。它对我们研究撒拉族早期历史及其社会组织结构具有重要的意义。

撒拉族先民撒鲁尔氏族到重要场合聚会时,都有自己食动物肉固定的部位——背部。这是根据坤汗(乌古思之子)的宰相规定的。在举行宴会时,每个氏族确定食其某块部位的肉,以免为此争吵而不雅[5]。

〔1〕苏北海:《哈萨克族文化史》,新疆大学出版社,1989年,第138-139页。
〔2〕〔波斯〕拉施特主编:《史集》卷1第1分册,第140页。
〔3〕麻赫默德·喀什噶里《突厥语大词典》卷1,民族出版社,2000年,第62页。
〔4〕《北史·高车传》卷98,中华书局本,第3271页。
〔5〕〔波斯〕拉施特主编:《史集》卷1第1分册,第141-142页。

今天的撒拉族氏族虽然没有规定哪个氏族食用哪块肉,但食背部为尚的习俗至今仍然保留着。这种食背部肉的习俗不仅在 Salarbağil 村存在,而且扩大到其他各氏族中,成为一种定制。比如在重要场合,特别是在婚宴上必须给舅舅抬"羊背子",以示对舅舅的尊重。由此可知,一个氏族的饮食文化转化为整个民族的饮食习俗恰好是 Salar 氏族在整个撒拉先民(东迁后)中占主导地位的一种有力说明。

撒拉族的 Agni 中,父亲在整个氏族中占有重要地位。比如免费使用子孙工具,父辈对子孙有统帅权力。但也可以看到不同程度地残留着母权制的现象。根据有关资料看,舅舅对外甥拥有特别的权力。"凡被认为是一些重大的家事,诸如外甥结婚、诞生、丧葬以及变卖家产、分家,外出谋生,外出归来等一应诸事,都须请舅舅来主持,或征得他的同意。"[1]撒拉族谚语云:"铁出炉家,人出外家。"说明外戚在撒拉族 Agni 中的地位。由此可见,在撒拉族 Agni 制度中,虽然父权有决定性的作用,但是舅权即因母权的地位也不可忽视。

撒拉族的小 Agni 发展成大 Agni,又形成"孔木散"(同根之意)→"阿格勒"(家、村之意)→"工"等,呈金字塔形的社会组织制度。这种变化与人口繁衍、经济发展有密切的关系。例如一个小 Agni 只有兄弟几人,后来人口增加了,形成大的 Agni,由于彼此之间的血缘关系越来越远,本身开始分化,如同大树分叉一样。

撒拉族在本 Agni 内禁婚是一条根本的准则,是维系 Agni 的纽带。"这是极其肯定的血缘亲属关系的否定表现,赖有这种血缘亲属关系,它所联合起来的个人才成为一个氏族。"[2]比如街子的 Qarago(黑大门)氏族内是不能相互通婚的,但姊妹的子女却可以通婚的。这是因为 Agni 仅指兄弟即男系,而没有指姊妹。所以把姊妹看成"外人",即其他 Agni 的人。究其原因,这是伙婚制的残留。即在亲属制度中被忽视为旁系兄弟姊妹的人,包括从(表)、再从以至疏远的兄弟姊妹,都被永远

---

[1]青海省循化撒拉族自治县民间文学套集成办公室编:《民间谚语》,第3页。

[2]中共中央马克思恩格斯列宁斯大林著作编译局编:《马克思恩格斯选集》卷4(上),人民出版社,1995年第2版,第84页。

纳入婚姻关系之中,而亲兄弟姊妹则一律排除在外。虽然血缘上是亲属,但属于不同的氏族。因而,按照氏族的习惯,他们是允许结婚的。恩格斯说:"一列或数列姊妹成为一个公社的核心,而她们的同胞兄弟则成为另一个公社的核心……若干数目的姊妹——同胞或血缘较远的即从(表)姊妹,再从(表)姊妹或更远一些的姊妹——是他们共同的妻子。"[1]在撒拉族 Agni 婚姻中虽然现在不存在伙婚制,但是表兄妹婚姻仍然存在,一定程度上反映了伙婚制的残留。

以上着重探讨了撒拉族先民以及现存 Agni 的特质。虽然这些特质在某些突厥民族中存在,但并不像撒拉族那样独特。从一般情况来说,农业民族或转化从事农业的民族,以土地为中心。再加上社会结构变化和人口发展很容易过渡到以地缘为中心的社会。如汉族和维吾尔族就是很有力的说明。前者在三代时期有很多的氏族。随着黄河和长江流域的开发,氏族社会被农业社会所替代,后者,在漠北草原时期,有"内九族",又称"九姓回纥"和"外九部"[2],又称"九姓乌古斯"。到九世纪西迁后,随着由游牧社会转为农业社会。这种以血缘为纽带的社会被打破,血缘逐渐消失。撒拉族社会和维吾尔族的社会发展命运基本上相同,都以游牧社会转入农业社会,而撒拉族仍保留浓厚的血缘关系,维吾尔族的血缘关系消失了。这是我们需要进一步比较研究的问题。笔者另有专文进行论述。

17.3　撒拉族 Agni 的义务和权利

需了解撒拉族 Agni 所具有的内在义务、权利,就要更充分地理解 Agni 作为一种社会组织和政治机制的基本单元所表现的功能,进而理解 Agni 怎样进入更高级的"孔木散""阿格勒"和"工"等社会组织和它们之间的彼此关系。

撒拉族早期先民社会中,Agni 长即族长是具有一定的固定性的,并

[1]《马克思恩格斯选集》卷4(上),第35页。

[2]《旧唐书·回纥传》卷195,中华书局,1974年,第5198页。

在Agni内部传承。他的职能如一家之父,一族之长。这种现象在撒拉族地区不同程度地残留着。这些头人所充当的角色就是:在Agni内部发生矛盾时,有调解权,对外起联络员的作用。他们有权使用部分公产。但随着后来的发展,权力增大,公产转为私产,头人就成为私有财产的继承者和拥有者,成为本Agni中的暴发户和拥有权力者。

一般来说,撒拉族中姑娘出阁,须经本Agni的认可同意,方能定亲出嫁。在《循化志》上载:"婚礼亦有媒人,至女家,女之父母允之。又请亲房叔伯父俱至皆允之。"[1]所谓的"亲房叔伯父"就是指本Agni的主要成员。他们允准之后,请媒人吃"油交团(用油和水焯熟的面团)",表示同意。然后媒人从女方家再拿一点"油交团"回到男方家报之女方家同意的凭证。如果得不到亲房叔伯的同意,这桩婚事也不合规程,得不到整个Agni的承认,是不合习惯法的婚姻。男子要结婚,也同样得到Agni的认可,并由本Agni代理承办各种婚姻事务。这是古老的血婚制的残留。因为兄弟子女均互为兄弟姊妹,他们的子女亦互为兄弟姊妹。撒拉族婚姻中存在"亲房叔伯父"认可的现象,就是把Agni的子女看作自己的子女,他们的婚事也就视为自己子女的婚事,把两者等同起来。这种现象在哈萨克、柯尔克孜等游牧民族仍有残存。这说明血婚制是北方游牧民族,特别是突厥民族的普遍现象。

丧事中,Agni的地位相当重要。一般同一Agni的长辈去世,Agni成员根据亲疏远近关系,给有丧事的人家提供各种援助,包括财力、物力等,以示对逝者的尊敬和纪念。可见,在同一Agni中,协助婚丧是每个成员应尽的义务。

一般来说,撒拉族是幼子继承制。这是北方游牧民族常见的现象。比如蒙古族"父亲的主要遗产总是给予守灶者的幼子"继承[2]。笔者在循化查家果什滩调查时看到:有位撒拉族老人和他的幼子生活在一起,这位幼子,按习惯法,成为未来家产的当然继承人。当然其他子

---

[1]〔清〕龚景瀚编撰:《循化志》卷7"风俗",青海人民出版社,1980年,第288页。

[2]〔苏联〕符拉基米尔佐夫:《蒙古社会制度史》,刘荣焌译,中国社会科学出版社,1980年,第79页。

女也有部分继承权,就份额来说幼子最多。但是在特殊情况下,比如某家无人继承财产,那么本 Agni 可以优先,本 Agni 无人继承,本"孔木散"继承,以此类推。这是一种不成文的习惯法。

值得注意的是,一般来说撒拉族出嫁的女性,已属外性 Agni。而妻子有权继承丈夫的遗产,先决条件是妻子不外嫁。一旦外嫁权利也就随之消失。

撒拉族继承制度明显地反映了氏族之间特殊的血缘关系和权利分配层次。正如恩格斯所说"氏族成员死亡以后由他的同氏亲属继承的,财产必须留在氏族以内"[1]。

同一 Agni,在生产上可以相互援助,比如翻地、播种、施肥、收割、打碾等生产活动,轮流带工,不计报酬,只管饭食,1991 年 8 月笔者在循化街子 Salarbağïl 调查时,目睹卢氏兄弟互相协作的情景。这种协作一般在 Agni 中长者优先。

每个 Agni 成员有义务保护本 Agni,如果有人侵害了某个人就是侵犯了他们的 Agni,必遭报复。这种报复当作一种世代相传的义务。在古代社会中,此种制度在许多民族中普遍流行,比如早期的蒙古族也有这种现象[2]。

本 Agni 有收养外人的权利。刚东迁至循化的撒拉族先民 Agni 格局分布极为明显,比如循化街子主要是尕勒莽系的 Agni。街子在撒拉语中称 Altiugul>Atuul(六子之地)。在这个大的 Agni 下面当然还有小的 Agni。这些 Agni 逐渐发展形成"孔木散"。但是这些 Agni 一般不会吸收外人为本族成员,只有通过收养或者入赘的方式才能成为本 Agni 的合法成员。1991 年 8 月笔者在青海省化隆县甘都镇阿河滩调查时,收集到当地流传的这样一个故事:很久以前阿河滩没有姓马的,但有一天有位从东边来"寻马"的回族人,到了阿河滩,别人问他是干什么的,他说是"寻马"的。西北人把"寻"发成 Xin 音,误以为是"姓马"的,当地人要他住在阿河滩,他和村里的 40 岁独身女人结了婚。当地人就把那

---

〔1〕《马克思恩格斯选集》卷 4(上),第 50 页。
〔2〕〔苏联〕符拉基米尔佐夫:《蒙古社会制度史》,第 36 页。

个"寻马"的招为女婿,成为当地撒拉族中的一员。这个传说故事说明要想成为撒拉族的一员,必须经过一定的程序,才能成为大家公认的成员。再比如街子的沈家、白庄的何姓,都是同样方式加入撒拉族中的,后来形成一个独立的Agni。

17.4   小结

笔者具体地分析了撒拉族Agni的产生、特征、义务和权利等几个方面。我们深入研究撒拉族的Agni社会,有助于全面了解整个突厥诸族乃至北方民族古代社会制度,也有助于了解撒拉族的社会,由此促进各民族的了解,增进文化交流,加强各民族共同发展和繁荣。

（此文原刊于《青海民族研究》,1997年第1期,第58-63页）

18 撒拉族谚语研究

撒拉族是生活在黄河岸边的古老民族,就是这块丰腴的土地培养了这个民族的勤劳、质朴、善良、勇敢、向上的个性,也是这块秀美的土地养育了她的纯朴、真知灼见的文化。而撒拉族的谚语正是这种民族个性和文化气质的充分体现和展示,在现实生活和历史过程中闪耀着智慧的光芒,为中国文化宝库增添了一枝美丽的奇葩。

撒拉族是一个善于运用谚语的民族,谚语渗透到生活的各个方面,但因主客观的缘由,族外人很少了解和认识这一民族的谚语,所以我们有必要进行研究,并介绍给更多的读者。

本文试图在这方面做一点工作,不足者,望读者赐教以匡。

18.1 撒拉族谚语的内容

撒拉族谚语的内容涉及范围十分广泛,包括政治、生活、农时、生产、交际、教育等。

(1)阶级社会里,存在不同的阶级,剥削阶级总是在压迫和剥削被压迫阶级,从而建立剥削阶级的统治秩序。这在撒拉族谚语中有充分的体现。谚语称:"天下狠毒莫过于黄蜂,人间歹毒莫过于富人"[1];"富人的心,冰草的根";"财主的钱,穷人的命"。智慧的撒拉族人民把那些敲骨吸髓的富人比喻为"黄蜂""冰草"(血吸虫),以示对他们的鄙视和仇恨。谚语里这种贫富对立的内容是历史真实的科学反映。据史载,雍正十三年(1735),撒拉族地区共"额粮八十八石五斗零"。而在乾隆

---

〔1〕循化撒拉族自治县民间文学三套集成办公室编:《民间谚语》,以下未标明出处的谚语,均引于此书,第2页。

四十六年(1781)苏四十三起义后,"俱就诛夷,村庄半毁,乃并十二工为八工……实征册仍十二工之名,盖地未尝减也。共纳粮八十六石二斗七升二合"[1]。仅少了二石,而人口和村庄减少了一半,可见其剥削程度的进一步加深。近代,随着撒拉族地区半殖民地化的加深,又受到外国资本的剥削。马氏家族长达近40年的统治中,撒拉族人民受到残酷的剥削和压迫[2]。谚语中说:"十日的雨,一日晴天就会晒干;十村穷人,一个富人就能榨干。"面对压迫和剥削,撒拉族没有俯首听命,而是敢于起来反抗,苏四十三起义、同治年间的反清斗争、光绪二十一年的反清斗争都充分体现了撒拉族人民向往自由,反抗剥削的精神取向。谚语说:"穷人豁出了,富人逊(哈)了。"只要有剥削,就有反抗。财富被少数人垄断,于是,这些人获得了特权。谚语说:"一人做官,全家沾光";"有钱赢官司,没钱挨板子";"有钱汉顿顿吃肉哩,穷苦人处处吃亏哩"。在这样的社会里,人身平等无从谈起,而人民渴望平等,渴望消灭剥削。在中国共产党的领导下,撒拉族人民迎来了自由平等、消灭压迫和剥削的春天,剥削阶级的地狱被幸福的天堂替代了。所以这些政治性的谚语是撒拉族人民观察时政、认识社会的具体反映。

(2)面对五彩缤纷的生活,撒拉族人民从中汲取丰富的营养,反过来又装点自己的生活,美化自己的生活。谚语说:"大处不大丢人哩,小处不小受秀哩";"粗米常吃,细水长流";"一顿省一把,十年买匹马"。这里反映了一种节俭的思想。只有节俭,才会有幸福的生活。"家里坐懒,外面坐勤";"吃惯了嘴馋哩,坐惯了人懒哩";"馋人家里没有好饭,懒人家里没有柴烧"。这些具有深刻哲理的谚语充分体现了撒拉族人民倡导勤俭的生活方式。勤劳才能获得应得的财富和价值,勤劳是财富的源泉。没有勤劳,一无所获。谚语说:"手勤脚勤,一世不穷。"生活是实实在在的,面对实在的生活,要精打细算,才能过上美好的生活。谚语说:"吃不穷,喝不穷,划算不到一辈子穷";"宁可算了吃,不要吃了算";"精打细算,有吃有穿;大吃大喝,倾家荡产"。撒拉族是一个善于

---

〔1〕〔清〕龚景瀚编撰:《循化志》卷4"族寨工屯",青海人民出版社,1980年,第158页。
〔2〕《撒拉族简史》编写组:《撒拉族简史》,青海人民出版社,1981年,第49页。

理财的民族。每日生活都有精心的打算,对一分一厘的资产都有精细的计划,否则就会"十二个月好过,十二天难推"。生活经验体现了撒拉族人民的智慧。从生活中总结出来的东西,往往更具有真实的价值,能在实践中经受无数次的考验。但是撒拉族人民没有单凭经验生活,在依靠经验的同时,还依靠理性,所以在质朴的生活谚语中浸透着理性的光芒。

(3)撒拉族是以农业为主的民族,农业生产在他们的物质生活中占有主导地位。因为撒拉族80%以上的人从事农业,或从事与农业相关的产业,农时对他们而言就相当重要了,不懂农时,或不了解农时,就会贻误农业生产。所以他们在实践中不断总结经验,并加以提炼,用谚语的形式将农时表现出来。从这些谚语可以看出撒拉族人民对天气气候变化掌握了丰富的经验。这些经验对耕种、收获、储藏都有指导作用。谚语说:"大寒将完,菜籽下田";"羊盼谷雨牛盼夏,人过大暑赞大话";"白露一到,满地核桃";"头伏萝卜三伏菜,荞麦种在两夹里";"惊蛰地门开,遍地种子滚";"白露一到,忙者挖蒜";"七月杏杏满地滚,八月核桃没主人";"五月下雨好,七月日晒好"。这些谚语都是对农业生产、节气、时令的科学总括,在农业生产中发挥着重要作用。还有一些有关天气、气候变化的谚语,"东虹日头西虹雨";"早烧有雨晚烧晴";"月亮盘场是刮风哩,太阳盘场是下雨哩";"水缸出汗必有雨,蚂蚁搬家水涟涟";"云往东,一场空,云往西,水汲汲;云往南,水上船;云往北,烫脚背"。类似的谚语不胜枚举。

在没有现代式天气预报的过去,谚语或多或少地充当了天气预报的角色。从某种程度上说,这是撒拉族人民掌握自然的一种科学手段,也是保证农业丰收的一种行之有效的方法。所以具有很高的科学性。

(4)科学的生产就会获得可观的经济效益,因地制宜地种植各种农作物就会发挥地区优势,科学的生产管理可以增产增收。谚语说:"伏天里翻歇地,十分收成不用急";"早种一日,早收十天";"沙子压碱地,丰收不用急"。有关科学管理的谚语有"旱了旱,要拔草;下了下,要漫水";"要想果树年年收,莫忘春天修树枝";"一年的庄稼,两年者苦哩";

·欧·亚·历·史·文·化·文·库·

"地靠务劳,人靠勤奋";"苗出土,全靠水"。没有科学的管理就会"人哄地一时,地哄人一年"。

撒拉族地区是多山少地的地区。种植果木,适合当地的气候特点和地理特点,也有利于水土保护,防止环境恶化。谚语说:"循化花椒浑身宝,叶子也能当调料";"果树栽满川,花钱不熬煎";"栽树人养林,树成林养人";"要得富,先栽树";"植树在河畔,防洪保堤岸"。这些谚语反映了种植果木产生的经济效益和环境效益,是具有较高科学价值的。如果逆自然规律而动,不仅受到自然的惩罚,而且也谈不上收获和经济效益。

(5)撒拉族人民在认识世界、改造世界的过程中,不断总结自己的经验,从而反映本民族的思想。而在撒拉族谚语中反映了不少哲学思想。首先,辩证唯物主义原理告诉我们,物质决定意识,意识又反映着物质世界。谚语说:"田黄一时,人老一年";"三分靠教,七分靠学";"钟不敲不响,人不学不灵";"粘觉羔再狠,牴不倒圈墙";"纸里包不住火,箩里盛不了水",这说明任何事物都有其规律性,不是按人的主观意志为转移的,不能违时而动,而要从实践规律认识事物,不能依个人喜好办事。其次,反映了辩证法思想,谚语说:"贵物是贱物,贱物是贵物";"货离乡是贵哩,人离乡是贱哩";"开水不响,响水不开";"你是刀子,我是矛子";"话要说小,馍要吃大"。其三,反映了认识论的思想。实践的观点是唯物主义首要的、基本的观点。撒拉族谚语反映了不少认识论的观点。谚语说:"一山高一山,一沟深一沟";"挑上担子才知重;走了长路才知远";"眼过千遍不如手过一遍";"眼睛里见的是真的,耳朵里听的是假的"。这些谚语反映了认识世界,实践知识的基本思想,类似的谚语不少。

撒拉族谚语中的哲学思想是谚语中的精华,笔者拟专文进行探讨。在此不再细述。

(6)交际是人情、友情、亲情的充分体现,是人与人之间传递信息的一种方式。而且人是社会中生活的人,而不是孤立于社会之外的,所以交际是必然的,而撒拉族又是一个好客、善于交际的民族。撒拉族许多谚语反映了人际交往的内容。谚语说:"浇花要浇根,交人要交心"。"出门勤开口,天下随便走";"树直用处多,人直朋友多";"朋友多了好,仇人少了好";"人柔和是维人哩,土松软是渗水哩"。撒拉族人民在倡导人与人和睦相处,友好交往的同时,反对以强欺弱,阳奉阴违,当面一套背后一套,出言不逊,挑拨是非的做法。谚语称:"逊人哈嫑欺负,狠人哈嫑害怕";"人前头漫者哩,人背后捣者哩";"骂人口里脏,打人手里毒"。这些谚语反映了撒拉族人民在交际过程中爱憎分明的立场,这也深刻表达了他们对交际的价值取向。

(7)教育是一个民族素质高下的集中体现。教育不仅包括文化教育,同时包括多方面的素质教育。撒拉族是一个重视素质教育的民族。现代教育未出现以前,撒拉族或多或少地接受传统的经堂教育。从现代教育标准衡量,这种教育方法相当陈旧,但在特殊的时代里,其发挥着重要作用。在这种教育下,撒拉族不仅接受一般的知识,而且接受素质教育。他们在接人待物,人际交往中表现得礼仪备至,得体适宜。这充分体现了其民族的全面素质。谚语道:"好庄稼靠肥料,好儿孙靠教养";"跟上好人学艺哩,跟上狗娃吃屎哩";"人前头教子,枕头上教妻";"教子不严阿大的事,教女不严阿妈的事"。这些谚语说明,人要不断接受教育,通过教育才能提高自身的素质和修养。

18.2 撒拉族谚语背景分析及其分类

撒拉族自元代东迁至今天的循化撒拉族自治县,已有700的历史,并成为我国民族大家庭中不可分割的一员,在祖国文化建设中做出过杰出的贡献。撒拉族在保留了自身文化特质的同时,还汲取了其他民族的优秀文化传统,成为其民族有机的组成部分。撒拉族的谚语,也反映了多民族谚语渗透的现象。

18.2.1 撒拉族谚语背景分析

撒拉族是善于汲取其他民族优秀文化传统的民族。由于特殊的地理条件和历史原因,撒拉族大量吸收了汉语的词汇,借鉴了汉语的表达方式,这为汉文化在该族传播创造了厚实的条件。这也反映在谚语的吸收上。此类谚语颇多,举例二三:"人往高处走,水往低处流";"兔子不吃窝边草,朋友不欺朋友妻";"虱多了不咬,账多了不怕";"拿人家的手短,吃人家的嘴软"。这些谚语几乎全盘吸收汉族人的谚语,和汉族谚语几乎没有什么区别,但有些谚语在吸收过程中发生了词汇、语调、语序上的变化,以适应撒拉语的语言特点。比如:"不见兔娃不放鹰"。在汉族谚语中,"兔娃"应是"兔子";"不放"应是"不撒"。"一根筷子好折,十根筷子难撅"。其中"好折"应是"易折";"十根"应是"一把";"难撅"应是"难断"或"难折"。在吸收谚语过程中,还反映了文化变位的问题。"一人做官,全家沾光"应是"一人得道,鸡犬升天"。"眼睛里见的是真的,耳朵里听的是假的"应是"眼见为实,耳听为虚"。"喜鹊喳喳叫,贵客门前到"应是"喜鹊叫喳喳,贵客到我家"。"打铁要比铁还硬"应是"打铁先得身子硬"。这种变化更适应撒拉族语言特色,也突出了本民族的文化特点。

此外,撒拉族长期和回族、藏族等民族杂居,也不免受其影响。回族谚语如"鸭子的嘴,煮不烂";"买卖不成仁义在";"个人的把柄是一帖药,别人的把柄是风搅面";"前园的水后园里流,老子不孝儿子学"。这些谚语也流传在撒拉族之中。藏族谚语有:"马备鞍子好骑,人戴高帽好使气";"十个喇嘛一个经,十个猴子一个脸";"舍不得笼头,套不住好马"。这些谚语尽管是属于其他民族的,但在不断交流过程中,为撒拉族人民所熟悉,并广泛使用。

撒拉族东迁时就信仰伊斯兰教,伊斯兰教对该民族的精神生活具有深刻的影响。在撒拉族谚语中保留了不少的波斯语、阿拉伯语词汇。"人人当成海子日,夜夜当格地日";"乌鸦叫在墙头上,亡人抬在埋杂上";"说好是好'都哇',说坏是坏'都哇'";"犍牛哈麻渣好,牙日哈巴加好";"活在敦亚心不足,一旦无常万事空"。这里的"海子日"(khizir)是一位先知之名,阿拉伯语;"格地日"(Qadar),意为"前定",此处指"前

定之夜"(laylah al-Qadir),阿拉伯语[1];"埋杂"(Mazaar),意为"拜谒之
处",后引申为"先贤之坟","伟人之墓",也指一般的坟墓,阿拉伯语。
"都哇"(Du'a),也译为"都阿","杜阿义",意为"祈祷",阿拉伯语。"敦亚
(Dunya)",意为"今世",阿拉伯语。"牙日"(yar),意为"朋友、同伴、情
人、助手",波斯语[2]。

　　除了其他民族的谚语外,这些谚语中绝大部分是撒拉族人民在历
史发展过程中不断创造,不断丰富起来的,是撒拉族文化的宝贵财富。
但是从不同来源的谚语可得知,撒拉族是一个开放性格的民族。其在
保留和完善本民族谚语的同时,没有排斥其他民族的谚语,由此,也表
现了该民族谚语的多彩性和丰富性。

18.2.2　撒拉族谚语的分类

　　撒拉族谚语从内容上分,有时政类、理事类、修养类、社交类、生活
类、自然类、生产类和杂类。上文大致列及,不再赘言。

　　从文化结构分,有反映精神文化和物质文化生活的。例如:"火心
要空、人心要实""不上山顶不知天高,不下深谷不知地厚";"泉水越挖
越清,知识越学越深"。这些内容反映了撒拉族人民追求诚实、知识,探
索未知的美好愿望和价值理念。反映物质生活的谚语有:"春天不忙,
秋后无粮";"雌牛下雌牛,三年五个牛";"花椒麻了好,果子嫩了好";
"有草没草,铲子要到"。

　　从谚语的民族来源分,有来自本民族、回族、汉族、藏族和其他民族
的。上文已述、不再赘言。

　　从句式分。有一句式,如"黄金不昧苦心人";"一白遮十丑";"用黑
的木锨门背后立"。二句式:"给个桃红染大红,入个指头入拳头";"自
己做错不要紧,别人做错挨板子";"好鼓一打就响,好灯一拨就亮"。二
句式谚语在撒拉族谚语中占有百分之八十以上。三句式:"甜不过蜂
蜜,亲不过父母,近不过夫妻";"有名的马儿坡,没名声的锁同坡,坏哈
良心的大墩坡"。四句式:"言多伤气,食多伤脾,忧多伤神,气大伤身";

　　〔1〕杨克礼主编:《中国伊斯兰百科全书》,四川辞书出版社,1996年,第158页。
　　〔2〕《波斯语汉语词典》,商务印书馆,1981年,第2583页。

"蚂蚁搬家蛇过道,燕子低飞山戴帽,水缸出汗蛤蟆叫,黑云满天大雨刮"。此类谚语的数量不多,且不易记。

从语言表达方式分。比兴式:"树直用处多,人直朋友多""看天看云彩,看人看脸色"。这类谚语往往前句和后句做比较,然后表达内涵的意蕴,这种表达风格在我国古老诗歌《诗经》中有比较多的反映。此类风格的谚语的目的就是借物言志,论物兴辞,这类谚语在整个撒拉族谚语中占的比重比较大。

比喻式:"乌鸦比凤凰,驴粪比麝香";"吃饭像只虎,干活像只牛"。这种直喻的表达方式是用简洁、朴实的语言把客观事实、事物间的联系清楚地表现出来,但寓意十分深刻。除直喻外,还有借喻、讽喻、暗喻。其目的都是为了充分体现谚语表达的内容,以便从中获得深刻的教益。

陈述式:这种表达方式尽量用最短的词汇表达最深刻的意义,而且尽量省去不需要的或多余的词汇,实现谚语的简洁特性。如:"群狼不害人,独狼能吃人";"年年防旱,日日防盗";"三百六十行,种田头一行"。

混合语表达式:这是撒拉族谚语的一大特色。这和撒拉族特定的历史文化相关联。如:"人里头有人哩,阿达玛里有水哩";"要说话,拿执把";"百俩降了忍耐哩,恩典降了知感哩";"上街里买马,下街里戳皮";"埋体没哭者墙哭了";"只怕血染了衣裳,不怕穿'卡凡'进坟";"富人的房子好,穷人的阿娜俊";"老人无常,黄金入土";"人的千算万算不如安拉一算"。这里的"阿达玛",意为洗净礼用的"唐瓶";"阿娜",意为"姑娘",均为撒拉语,"埋体"(Mayyit),意为"尸体";"卡凡"(kafan),意为"裹尸布";"安拉"(Allah),意为"真主",均为阿拉伯语。"戳皮",陕甘宁青土语,意为"剥皮"。"百俩"(Balaa),意为"不幸,灾难,灾祸",阿拉伯、波斯语[1]。"知感",意为"知恩";"无常",意为"去世",均为经堂语。"执把",藏语,意为"凭证"。除了上述例子外,还有前文提到的波斯语、汉语、撒拉语混合使用的情况。这些表达方式说明撒拉族谚语记录了

---

[1]《阿拉伯语汉语词典》,商务印书馆,1966年,第111页。"百俩"一词广泛被回、哈、柯等民族使用,意义基本相同。

不同时期、不同民族、不同文化之间的交流。对这种表达方式的研究，我们可以揭示出该族在吸收不同文化过程中具有的"扬弃"——既克服又保留的文化行为，这更显其谚语魅力所在。

通过撒拉族谚语的背景分析和分类研究，我们清楚地认识到：谚语不仅仅反映了静态的文化，而且也反映了动态的文化。从中还可以了解谚语所反映的基本内容，而且可以了解谚语变迁过程中沉淀的历史遗痕，从而把握谚语发展的自身规律，由此进一步认识这一文化现象。

18.3 撒拉族谚语的价值

撒拉族的谚语充分展示了该民族的文化价值观。这反映在多方面，现概要如下：

（1）惩恶扬善。"人心不公道，不如狗尾巴"；"前世的补丁嫑到拖后世补"；"敦亚（今世）上的吃上，后世里的福享上"；"好事紧办，坏事避远"；"闲手嫑打没娘娃，恶语嫑骂老汉家"。这些谚语反映了撒拉族人民爱憎分明，倡导善行，惩戒邪恶的价值观。

（2）高扬纯美。追求美是人类共同的特性，撒拉族也不例外，这在谚语中有反映，如："金盆破是分量在者哩，骆驼卧是地丈大者哩"；"人心要钱验，水深要船探"。这种意义不仅是人的外在美，而且是人的内在美。如果人具有金子般的纯美，在任何时候都可以得到充分的验证。

（3）弘扬正义。每个民族都有自己的价值标准，而追求正义，反对邪恶是人类共同的准则。撒拉族谚语说："人心坏，比狼凶，人心好，比金贵"；"嫑哄个尕娃，嫑欺个老汉"。从这些谚语看，撒拉族是一个十分具有正义感的民族。他们不怕邪恶和压迫，并展示自己的正义特质。这在历史上也得到充分的实证。

（4）褒贬时弊。撒拉族是热爱生活的民族。他们对现实生活具有特别的观察力，并以谚语的形式表达出来。这在前文政治内容一节中已述及。

（5）总括人生经验。经验是人们对社会实践的总结，并用之于实践之中。经验是一种无形的宝贵财富。撒拉族人民非常重视经验,而且这经验包括生产、社会、交际、教育、人生、环境保护等方面。谚语道:"内行看门道,外行看热闹";"老树根子多,老人经验多";"春动一锨土,秋粮增一斗";"庄稼靠粪土,买卖转市口"。从这些具有经验性的谚语可以看出,撒拉族人民积累了丰富的生活知识和生产知识,并将其传之于子孙后代。

(6)崇尚伦理价值。敬老爱友、帮助他人等是撒拉族人民基本的道德尺度,并得到普遍的遵守。"人讲究个班辈哩,鞭杆有个大头哩";"要积功德,修桥补路";"孝顺父母不怕天,上粮纳草不怕官";"一不惹尕娃,二不惹老汉,三不惹媳妇"。在目前市场经济条件下,撒拉族社会处于转型时期,但对最基本的伦理价值观仍恪守不易,固守依旧,表现了良好的道德风尚和精神价值。

(7)透视性。撒拉族具有勇敢、正直、善良、勤劳、朴实、直爽、好客、勤俭的个性。谚语说:"家里坐懒,外面坐勤";"宁叫补者穿,甭叫破者穿";"怀里的麻雀甭捏死,家里的客人甭薄待";"无事不可胆大,有事不可胆小"。从这些谚语看,撒拉族民族性是通过内在素质全面体现出来的,并在历史长河中不断发展。

(8)善待自然。撒拉族生活在黄河峡谷,地理条件并不优越,但他们用自己的双手和智慧承担起了保护环境、美化自然的重任,以此体现对自然环境的热爱。谚语称:"清明到,栽树忙";"山上没有树,水土保不住";"栽树人养林、树成林养人"。经过撒拉族人民的不断努力,循化现已成为青海东部物产丰饶,土地肥沃,环境优美的地区。

撒拉族谚语的价值除上述的内容外,还体现在向往光明,追求自由,公平交易等方面。但是作为一种文化,其谚语存在着糟粕,这些糟粕随着社会的进步和文化水准的提高,会被遗弃。

撒拉族谚语是撒拉族民间文化的重要组成部分,也是撒拉族文化的集中体现。我们研究谚语,不仅可以了解谚语反映的基本内容,而且可以透视这一文化反映的价值。以往的学者,研究民族的谚语时,仅从谚语本身进行分析,没有把它纳入撒拉族整个文化范围进行全面分析。所以具有一定的局限性。笔者的目的就是通过该文，一方面让读者了解其内容，另一方面，了解其所反映的价值。

（此文原刊于《青海民族研究》，2000年第3期，第39-44页）

19　撒拉族历史上的
"孔木散"和"阿格勒"探讨

　　"孔木散"和"阿格勒"是撒拉族重要的基层社会组织,笔者就其名称、结构、特征、功能做简要的探讨,不当之处,请读者指正。

19.1　撒拉族的"孔木散"

19.1.1　撒拉族"孔木散"产生及其结构

　　在撒拉族中"孔木散"就其组织的形式来说和世界其他民族是一样的,是由几个"阿格乃"(氏族)组成一个"孔木散"(kum-san)。就kumsan这一词而言,它是由"kum"和"san"组成的复合词,kum是由kamu变化而来的,后者在现代突厥语中意为"全民、民众",古代突厥语中意为"全体,全部"。[1]从社会学的意义说"kam"意为全体民族成员在内的所有的人,是由血缘关系组成的同族人,这个词在现代土耳其语中发展成具有地域性的词。比如kamou有"邻居毗邻"之意,而东迁后的撒拉族中,仍保留古代突厥语的含义,而其音发生了略微的变化,即为kum,而"san"则意为"你,您,尔",两词合起来直译为"你(们)全体或全部"。实际上指的就是几个有血缘关系的氏族宗体。这和哈萨克语中的"towqan"意是相同的,即为"同根、同源"之意。

　　"孔木散"在早期的撒拉族先民社会中就有,但是东迁后形成具有本族、本地区特色的"孔木散"是和撒拉族历史相关联的。在循化地区逐渐形成了撒拉族的这种社会组织。

---

[1]黄启辉:《土汉字典》,台湾正中书局,1976年。

19.1.2 撒拉族"孔木散"的特征

(1)"孔木散"是撒拉族最基层的社会组织之一。

"孔木散"组成的户数是不等的,在十几户到上百户之间。在撒拉族聚居地"孔木散"自成一个单位,这个单位由自己的首领"哈尔"负责同一"孔木散"的日常事务,比如婚丧嫁娶,修渠种田等。撒拉族"孔木散"不是一成不变的,而是在不断变化之中。由小变大,由大变小,是一个循环变化的过程,自然组合,又自然分裂,维持撒拉族本社会的稳定发展。如查汗都斯大庄"孔木散"分裂如下所示:

$$
\text{大庄}
\begin{cases}
\text{Ujvem(大庄)}
\begin{cases}
\text{(1)Ŏri-agil(上庄) (2)Yangzir(新庄)}\\
\text{(3)Ac-jang(阿奇江) (4)Kisi-ah(下边)}\\
\text{(5)Hejia(何家) (6)Ardigǒ(后门是何家分出)}
\end{cases}\\[2em]
\text{Ŏrtrem(中庄)}
\begin{cases}
\text{(1)Monguli(蒙古)}\\
\text{(2)Maga(以山沟作"孔木散"名,其地有称}\\
\text{码尕者)}
\end{cases}\\[2em]
\text{Yuzrem(下庄)}
\begin{cases}
\text{(1)Ima-agil(上边"孔木散")}\\
\text{(2)Es-agil(下边"孔木散")}
\end{cases}
\end{cases}
$$

很早以前,大庄只有一个"孔木散"即大庄本身,后来由于人口的繁衍,外来户的增加,由原来的一个"孔木散"分裂为三个"孔木散":大庄、中庄、下庄。大庄又分裂成六个小"孔木散",中庄分裂为两个"孔木散"。街子、查加等其他地区也如此分裂。

青海省化隆县甘都镇和循化一河之隔,那里也是撒拉族聚居区,在风俗习惯上同循化撒拉族大致相同,同样也有"孔木散"社会组织。比如阿河滩(Aqtam、白墙、根据黄河对岸苏志"工"的阿河滩而得名)有三个"孔木散",阿拉庄(杂色)有两个"孔木散",关巴村(寺院之意)有两个"孔木散",牙路乎(街道之意)有三个"孔木散"。

从以上材料看,"孔木散"是撒拉族最基层的社会组织之一,而且常处在变化之中,并且由小变大,再由大到小的秩序发展,但是再次变化都是对母体"孔木散"的一种远离或者离心,但内部有规律地变化着的。

(2)同一"孔木散"都是同姓的血缘亲族。

撒拉族"孔木散"组织是以血缘关系为基础的共同体,是具有强烈的稳定性和统一性的。一般来说一个"孔木散"就是一个姓氏,因为他们都是同一个祖先繁衍而来的,彼此都是亲戚。比如查汗都斯的何家"孔木散"都姓何,街子的沈家主要姓沈。科哇庄有四个"孔木散",主要姓氏为闫、童、沈、马等。其他"孔木散"以姓韩为最多,所以有"十个撒拉九个韩"的说法。

(3)"孔木散"的名称反映了撒拉族先民的不同来源。

"孔木散"的名称可以反映出撒拉族先民来源是不同的。比如街子yangnet(大庄)中有Dazi,其实就是Tazik(塔吉克)的转音,这是中亚的伊朗人或伊朗化了的突厥人。沈家是外来的回族人,后形成一个"孔木散"。查汗都斯中庄的Munguli(蒙古)"孔木散",它是蒙古统治王朝既灭之时,大部分蒙古人迁往青海湖一带,而剩下的部分人融合到撒拉族中,形成了一个"孔木散"。

(4)外姓人一般来说不能加入同姓"孔木散"。

撒拉族中存在较为明显的血缘观念,外来户不易加入血缘团体中,只有通过特殊的方式才能加入。如养子,或招为女婿加入进来,但是一般异姓人很难得到同姓"孔木散"的认可,所以外姓人逐渐发展形成了自己的"孔木散",像何家、马家、卢家都是如此。他们最初同周边的"孔木散"没有多少往来,后来随着通婚等各种往来的加强,才增进了同各"孔木散"之间的关系。

(5)和"阿格乃"(氏族)相比,"孔木散"之间关系比较松弛,疏远。

在大喜的日子里,宰羊时,打肉份子只给"阿格乃"而不给"孔木散"。遗产分配时只能在同胞兄弟(阿格乃)中进行,而不能分配到"孔木散"。除非"阿格乃"中无人继承时,才能让"孔木散"的人继承。一般不存在越级行为,一旦出现非正常的情况,越级者按习惯法受到民众的指责。

(6)"孔木散"有共有土地。

这些共有地多是无子嗣的遗产,"孔木散"对这种遗产只有使用权,没有出卖权,究其根本是氏族公社时期,公社成员有使用土地权,用毕交还,是原始公社的土地制的残留。最常见的公地有:墓地、花园、草地等。

(7)同一"孔木散"氏族都是彼此互为兄弟,与属另一"孔木散"(同姓的氏族)则彼此为从兄弟氏族。

比如甘都阿河滩有三个"孔木散"Yaraqci、Yimici、Tuminci。这三个"孔木散"最初是同一祖先,应都是同一氏族(阿格乃),但是后来逐渐发展形成了三个"孔木散"。第一个和后两个"孔木散"是从兄弟氏族关系,而第一个"孔木散"内部则是"阿格乃"即兄弟关系。又随人口的增加,Tuminci又合成 Sarigang,Es-hangdo(内巷道),Ori-hangdo(上巷道),和 Tuminci 四个"孔木散",这四个"孔木散"和 Yiminci、Yaraqci、Tuminci 是从从兄弟氏族关系,而前四个"孔木散"内部则是从兄弟关系,四个"孔木散"单个的内部则是兄弟关系,这种现象不仅在甘都地区存在而且在撒拉族其他地区存在着。

(8)最初同一"孔木散"是不能通婚的。

同一"孔木散"彼此都是亲兄弟氏族,都视为亲缘血统的"阿格乃",是禁婚的,实际上就是氏族禁婚的翻版。这种禁婚直到今天在某些地区仍然存在着,但是随着人口的流动,人口的增加,这种禁令开始松弛。而与属另一"孔木散"的氏族即"阿格乃"是从来可以通婚的。因为他们被视为不是同一血缘氏族或者较远的血缘氏族。

(9)"孔木散"分母体和子体"孔木散"。

撒拉族聚居地区有许多"孔木散",但是有母体和子体"孔木散"之分。母体"孔木散"是占主体的原"孔木散"。子体则是从母体中分离出来的从属"孔木散"。比如查汗都斯的大庄最初只有三个大"孔木散",而后来发展成 13 个。

早期撒拉族社会中,母体"孔木散"居于领导地位,对子体"孔木散"具有发号施令的权力,而子体"孔木散"则是处于服从地位,受制于母体"孔木散"。但是这种从属关系以后逐渐弱化,而子体"孔木散"的自抉

·欧·亚·历·史·文·化·文·库·

性在加强,最后脱离母体"孔木散"的领导,成为一个独立的与母体"孔木散"平起平坐的实体,并借此之机上升为母体,从中产生出子体,由此不断地发展壮大,"孔木散"的数量也就不断增加,同时彼此之间血缘关系也在疏远。

(10)同"孔木散"有一个公共的墓地。

一般来说世界上其他民族中,只有氏族才有公墓而胞族没有。可是撒拉族极为特殊,胞族即"孔木散"有自己的公墓地,这和血缘不无关系,说明撒拉族中的"孔木散"和氏族之间的血缘关系并不像世界上其他氏族那么遥远,于是把同"孔木散"的"阿格乃"看成是准氏族,由此之故则有了公墓。公墓是公产,不得私人占有。同一"孔木散"的人都葬在一起,他人不能葬在自己的公墓中。比如早期撒拉族地区街子"工"有个 Bǒler=Bǒleji 村,最初他们没有自己的公墓地,他们把尸体运到街子大公墓中埋葬。就 Bǒler(伯烈)一词含有"分出来"之意,说明分出来的人是没有自己的"孔木散",当然也就没有自己的公墓。但他们是从街子分出来的,也就属于街子系统的氏族,这样只好把尸体葬到街子大公墓中。但后来几经变迁,关系疏远,最后 Boler 有了自己的公墓地,也就不再把尸体葬在街子公墓。这种同"孔木散"人葬在同一公墓的习俗,在哈萨克等游牧民族中同样存在着。由此反映了撒拉族某些游牧特性,同时也反映了祖先崇拜的遗迹。这种祖先崇拜是母系社会转为父系社会时迅速发展起来、由女性崇拜到男性崇拜时形成的。这种现象在撒拉族先民未接受伊斯兰教前普遍存在,但随着伊斯兰教传入,逐渐削弱,而某些遗迹仍然存在着。

公墓中埋葬的先辈都是同一"孔木散"祖先,所以同一"孔木散"以此作为纪念的对象,当然这种纪念并不是到公墓中举行什么特别仪式,只是念念《古兰经》经文,以示纪念。

(11)同"孔木散"中都有头目,一般称"哈尔"。

这位头人有集中所有"孔木散"人,处理日常纠纷等事务的权利,这都是最初"哈尔"的权利。

从选举的角度说,早期的"哈尔"是民主推选而不是世袭的,而随着私有制不断加深，"哈尔"也成为世袭制，成为权利的象征。

19.1.3 "孔木散"的功能

（1）尊奉某些特定的仪式。

比如一旦亡人后，以"孔木散"为单位来料理后事，并且以"孔木散"为单位举行纪念仪式。届时同一"孔木散"人不请自到。这是每个同"孔木散"成员不可推卸的责任，在此时拿出一定的钱款以表示赞助，以此相互支持，以便使现存事务得到圆满解决。

（2）本"孔木散"成员被杀时，决定宽宥或报仇的义务和权利。

这在近代撒拉族反清斗争中反映的极为明显，但是这种报仇往往以宗教为面纱掩盖起来，表面上是不同教派之间的斗争，实质上具有一种血缘复仇的冲突。因为某个"孔木散"被杀时，实际上就是侵害了整个"孔木散"的利益。由于同一"孔木散"之间都是"阿格乃"关系，而"阿格乃"有血缘复仇的义务。

（3）生产上同"孔木散"内相互协助。

所谓生产主要指农业和牧业生产。早期撒拉族先民突厥人从事牧业生产，在当时条件恶劣、气候易变的北方生活，为了生存只有通过相互协助才能维持势局，得以发展。东迁后撒拉族逐渐过渡到农业生产，而"孔木散"组织仍保留着，而且那种繁重，耗劳力的劳动自然需要协作。比如修渠、建房等生产活动必须以"孔木散"为单位才能完成。况且开渠本是公益事业，不是哪一个人的事，合作是必不可少的。

（4）"孔木散"有继承同氏族财产的权利，比如氏族内无子嗣时，"孔木散"可以继承。

（5）"孔木散"是早期撒拉族先民军队编制单位。

每次出征打仗军队都以"孔木散"为基本的单位，这样有利于组织加强军队的战斗力。据有学者曾研究认为马步芳以撒拉族为主体组成的军队，是按"孔木散"分组而成，可见其在战斗中的作用力。

总之，"孔木散"是撒拉族基层社会组织，它在撒拉族社会中曾扮演过重要的角色，这种组织典型地表现在社会组织的自然属性上，那"是

欧·亚·历·史·文·化·文·库·

一种偏重于社会性和宗教性的组织,而不是一种政府组织"。[1]

19.2　撒拉族的"阿格勒"(Agil)

"阿格勒"本意为家,后来转意为村。由几个"孔木散"联合形成一个"阿格勒"。现将其划分、特征、功能和属性做简要介绍:

19.2.1　撒拉族的"阿格勒"划分

撒拉族先民大约在7世纪时,分为东西五部,[2]西五部就是古思人(乌古思),有24系,而撒罗尔是其中的一支,有自己的特殊标志、图腾、旌旗,并按一定的范围从事牧业生产,同一氏族组成"阿格勒",意为家、毡房,后来才发展成地域性概念。前者含义仍存在于哈萨克等游牧民族中,但是东迁后的撒拉族先民在特殊的环境中,形成了许多"阿格勒"。比如街子有18个"阿格勒",从里面又分成更小的"阿格勒"。查家"工"(属街子乡)有7个;孟达有6个;苏志(属查汗都斯乡)有4个;查汗都斯有3个;张尕有8个;清水有9个;乃曼(科哇)有8个,有关"阿格勒"的统计数字是不一样的。比如《循化撒拉族自治县概况》和《撒拉族政治社会史》统计不一。前者主要采用新中国成立后的新村名;而后者采用《循化志》的数据。笔者是采用经过实际调查后、现在一般按撒拉族聚居而形成的自然村落(阿格勒)为准则的,而不是以现行的新行政村为准的,所以出入较大。

现将调查的"阿格勒"村名列表如下(街子工未列):

苏志
$\begin{cases} (1)\ Yimab（意为毛线做的球） \\ (2)\ Suji（苏只） \begin{cases} Ŏri\ kumsan（上孔木散） \\ Rinkkumsan（下孔木散） \end{cases} \\ (3)\ Hadi-agil（中原村） \\ (4)\ Ahtam（阿哈滩） \end{cases}$

---

〔1〕摩尔根:《古代社会》(上),杨东莼、马雍、马巨译,商务印书馆,1983年,第98页。

〔2〕《旧唐书·突厥传》(下),中华书局。

査家
- （1）Gošdam（三层墙之意）
- （2）Ortyigent
  - （1）Hojigas（小沟上面）
  - （2）lasgu（野韭菜）
  - （3）Bahsu（肠子面）
  - （4）Yet ch（上面）
  - （5）Ariain（铺子后面）
  - （6）Pisih（意不明）
  - （7）Yangit（新孔木散）
  - （8）Aridin（巷道的后面）

  皆为孔木散名
- （3）Boliji - Agil
- （4）Su - as（水源上面）
- （5）Yangzir（新庄）
- （6）Yans - kurang（新库浪）
- （7）Otboynag（火坡）

张尕
- （1）Loyan（上下拉边）（2）Texisdam（3）IJi - agil
- （4）Irg（5）Tanga（6）Ahir（7）Lulang（8）Lojia

孟达
- （1）Cez（2）Yiji - agil（3）Zhoandang
- （4）Jiagasili（5）Asu（6）Gasu

査汗都斯
- Ujirem（大庄）
  - （1）Ori - agi（上庄）（2）Yangzir（新庄）
  - （3）A ch - Jang（阿奇江）
  - （4）Kisi - ab（下边）（5）Hejia（何家）
  - （6）Ardig（后门）
- Ortrem（中庄）
  - （1）Monguli（蒙古）
  - （2）Maga（以玛尕山沟作为"孔木散名"）
- Yuzrem（下庄）
  - （1）Im a - agil（上边"孔木散"）
  - （2）Es - agil（下边"孔木散"）

乃曼（科哇）
- （1）Kewa（科娃） （2）Yamen（衙门）
- （3）LemtkNayman （4）Tiogen（条井）
- （5）Juge（朱阁） （6）Suhse（苏哈沙）
- （7）Miyih （8）Kurang（古浪）

清水
- （1）Das-gol（2）Tengen（3）Im ah（4）Exjia
- （5）Ol-agil（6）Gen-gol（7）Ag-gol
- （8）Maji-boyinah（9）Gah-daz

19.2.2　撒拉族的"阿格勒"特征

撒拉族的"阿格勒"最初并不是一个部落组成，而是由一个氏族组成。

比如苏志"工"的Yamah，Suji，Hadi-agil都是氏族，但是随着人口的增殖，后来逐渐扩大成"阿格勒"，又从大"阿格勒"分出小的"阿格勒"。

撒拉族的"阿格勒"来源不同。撒拉族一开始各氏族是不同的，由此形成不同的"阿格勒"。比如街子"工"有18个"阿格勒"，其中有Maga（马家）、Shenjia（沈家）、Hanbak、Salarbagil等不同名称的"阿格勒"。由于他们从不同民族和地区发展而来，所以最初各自都有自己的风俗习惯和文化背景。但是在撒拉族先民聚居区的影响下，逐渐失去自己本身的特征，最后被同化了，融合到撒拉族中。今天不管姓马还是姓何都是撒拉族，但都是中原人。"阿格勒"最初以血缘为基础，同一个"阿格勒"是一个氏族或者准氏族。同一个"阿格勒"内部互为兄弟关系，但这种关系有亲疏之分。比如查汗都斯以前只有一个"阿格勒"，后来发展成三个"阿格勒"，这三个"阿格勒"之间是从兄弟关系，而各自内部则是兄弟关系。

一般来说"阿格勒"内部有主体，母"阿格勒"诞生出子系"阿格勒"，或者更远的"阿格勒"。彼此保持亲密的关系。

现在这种血缘关系为纽带的"阿格勒"基本上不复存在了，而是表现在地缘关系上，也就是"阿格勒"是由血缘关系向地缘关系过渡的社会组织标志。现在的一个"阿格勒"本身是行政单位而不是前期社会中的血缘社会组织单位。从血缘关系角度来看，每个"阿格勒"内部结构松散,且在淡化,甚至不存在了,而地缘观念则加强了。

19.2.3　撒拉族"阿格勒"的功能和属性

每个"阿格勒"都有一块特定领地和名称。比如孟达有6个"阿格勒",各自有自己的名称。这些"阿格勒"在特定的土地上从事农业和牧业生产,同时也得防止其他"阿格勒"的进犯。如果他们在交界地划出一个中立地带,中立区属各自"阿格勒",但谁都不能占有而只能使用。每个"阿格勒"最初可能使用过不同的民族语言。撒拉族先民来源不同,东迁后各地域中保留过自己先民的语言。最初他们的语言相差很大,但在不断交流中,久而久之,差距变小,最后形成统一的撒拉语。比如早期的街子沈家讲汉语,Daji讲塔吉克语,而Teke讲的是撒拉语。撒拉族先民从游牧社会过渡到农业社会,各"阿格勒"中的非撒拉语逐渐消失,后来都讲撒拉语了。

各"阿格勒"中选头人——"巴宗"。最初撒拉族的"阿格勒"的"巴宗"是同一个"阿格勒"的"孔木散"人,由"哈尔"委员会共同选出来的。他有维护同一"阿格勒"的利益之权,所以把授权的权利交给"哈尔"会议是合理的。这种权利只限于本"阿格勒"范围,由"巴宗"代表本"阿格勒"处理日常事务。"巴宗"早期社会中不是世袭的,而是选举产生,但是到了后来逐渐被世袭制所替代。

同一个"阿格勒"有自己的图腾。早期的撒拉族先民社会中有汪浑的习俗。[1]比如以山羊作为他们的图腾,这个图腾被整个"阿格勒"的人所了解,但是这种图腾习俗后来受到伊斯兰文化的冲击而消失了,而它的遗迹还不同程度地残存。

总之,"阿格勒"是撒拉族社会组织的重要环节,后来由血缘组织发展成为地缘组织中的重要桥梁,这当然和它所处的经济条件有直接的关系。我们考察撒拉族"阿格勒"这种组织时,必须和特定的环境联系起来,因为当时客观现实使撒拉族保留了"阿格勒"组织,并在整个社会中发挥作用。

---

〔1〕汪浑:图腾崇拜。

19.3　结束语

撒拉族的"孔木散"和"阿格勒"是两个重要的社会基层组织,在撒拉族社会中占有重要地位。研究这些组织,使我们更全面地了解和认识撒拉族社会,并且通过研究这些组织,加强同其他各民族间的了解,促进民族团结,增进往来,这对撒拉族社会发展有积极的意义。

(此文原刊于《甘肃民族研究》,1996年第2期,后收入马成俊、马伟主编:《百年撒拉族研究文集》,青海人民出版社,2004年,第317-322页)

20 试论撒拉族族源

撒拉族主要聚居在青海省循化撒拉族自治县,以及与之毗邻的青海省化隆回族自治县甘都乡和甘肃省积石山保安族东乡族撒拉族自治县,其余散居在青海省、甘肃省其他县、区和新疆伊犁等地。据1990年普查,共有87697人。

20.1 游弋不定的撒拉族先民

撒拉族先民移居中国已有700多年的历史。考其来源,首先从北方古代突厥开始,因为撒拉族属于操突厥语的民族。大约7世纪初,居住在我国北方逐水草而居的游牧汗国——突厥汗国境内。西突厥在咄陆汗时期,分三路[1]经托克马克(Tokmak)、塔拉斯(Talas)占居中亚腹地。

西突厥有10个主要部落,即居于碎叶川(今中亚楚河)东边的左厢咄陆五部和居于碎叶川西边的右厢弩失毕部,通谓30姓。其后因最高统治集团发生变乱,10个部关系渐渐松弛。公元638年(贞观十二年),咥利失可汗重新整顿这10个部落,对咄陆五部各置一啜,对弩失毕各置一埃斤,借此加强对这10个部落的管理和控制。[2]而阿拉伯历史学家把西突厥分为3部分:(1)古斯(乌古斯),居于里海直到锡尔河中游地区;(2)葛罗禄,从拔汗那到东方得走20天路程的地方;(3)托古斯古

---

〔1〕〔法〕沙畹:《西突厥史料》,冯承钧译,中华书局2004年,第5页。又见〔宋〕欧阳修,宋祁撰:《新唐书》卷215(下),中华书局本,1995年,第4380页。

〔2〕刘昫等撰:《旧唐书·突厥传》(下),中华书局,1995年。

·欧·亚·历·史·文·化·文·库·

斯或九姓乌护,从葛罗禄东境直到中国地方。[1]

根据上述的记载,古斯人和弩失毕五部(阿悉结阙、哥舒阙、拔塞、阿悉尼熟、哥舒半部)地理方位基本上相同。在《史集》中记载乌古斯汗共有6个儿子:坤(kun)、爱(ai)、余勒都司(yul-duz)为右翼;阔阔(kok)、塔黑(tag)、鼎吉思(dengiz)为左翼。其中塔黑有四子,其中一子为撒罗儿(Sālūr)(意为到处挥动剑和锤矛者)。[2]施拉特说:"君主的尊号如此长久地保留于撒罗儿的嫡支。"[3]足以反映了撒罗尔部在乌古斯汗国中的地位。那么,在当时的历史条件下,乌古斯人建立了强大的军事国家,其势力达到西亚广大的地区。当时这部分乌古斯称突厥蛮(Turk-man)[4]。

兴起于中亚的萨曼王朝,其势力逐渐达到锡尔河地区,同乌古斯人交界,并与之订协约,主要防范外族或异教徒的入侵。[5]因为此时的乌古斯人已经皈依伊斯兰教。并且有部分乌古斯人已在萨曼王朝中服役。为了对付当时游牧异教人的入侵,在边防"修建了为边防志愿兵(即所谓'为信仰而战的战士')居住的设防坚固的住所"[6]。从这一点来看乌古斯人在萨曼王朝占有一席之地,特别是防范外来游牧民族入侵中占有重要地位。

就在萨曼王朝崩溃之际,乌古斯的乞居黑的一支逐渐强大起来,这部分人被称为塞尔柱人。[7]他们后来建立了自己的塞尔柱王朝。"在土兰和伊朗伊斯兰地区统治了将近四百年。"[8]塞尔柱王朝时期,突厥蛮在中亚以及西亚地区征服活动中扮演着重要的角色。撒罗尔作为突厥

---

〔1〕〔苏联〕威廉·巴托尔德:《中亚突厥史十二讲》,罗致平译,中国社会科学出版社,第52页。

〔2〕〔波斯〕拉施特主编:《史集》卷1第1分册,商务印书馆,1983年,第144页。

〔3〕〔波斯〕拉施特主编:《史集》卷1第1分册,第146页。

〔4〕〔波斯〕拉施特主编:《史集》卷1第1分册,第139页。Turkman意为"我是土尔克(突厥)人"或"类似于突厥人"。

〔5〕〔苏联〕维·维·巴尔托里德:《中亚简史》,耿世民译,新疆人民出版社,1980年,第20页。

〔6〕〔苏联〕维·维·巴尔托里德:《中亚简史》,第20页。

〔7〕*The History of the Seljuq State(Akhbār al-dawla al-saljūqiyya)*, Sadr al-dīn 'Alī Nāsir al-Husaynī, Translated with commentary by C.E.Bosworth, Routledge, London and New\York2011, pp.9.

〔8〕〔波斯〕拉施特主编:《史集》卷1第1分册,第146页。

蛮的一支随塞尔柱人到了呼罗珊地区,并在那里从事游牧生活,对塞尔柱人的强大起到推波助澜的作用。因为塞尔柱人每到一处必须建立同族或相近民族的根据地,以便维护他在那里的统治。再则撒罗尔人是他们最亲近的部落之一,撒罗尔又是乌古斯的一支,所以后来的史学家们统称为突厥蛮人。这个时间的历史资料虽然没有明确记载撒罗尔部落的征服功绩,但是有不少突厥蛮的记载。从这一点来看,当时撒罗尔人参加了不少的征服活动。

兴起于花剌子模地区的花剌子模王朝,势力从河中扩大到呼罗珊地区[1]。由于花剌子模王朝的逼迫,原塞尔柱王朝被迫西迁到小亚细亚地区,而花剌子模占据其故地。自然这些土地上的突厥蛮人除一小部分西迁外,大部分留在故地,而撒罗尔人也是如此。由此看来在蒙古人西征前,包括撒罗尔在内的突厥蛮已居呼罗珊。直到今天这里还有游牧的土库曼人(Turkman)。[2]这就是说迁至该地区的突厥蛮人不是单个或者以地域为单位,而是以以血缘为纽带的氏族部落为单位成批迁徙的,这种迁徙有助于保持本部落的稳定和统一。所以在历史上可看到迁居时以部落为单位并形成强大的联盟体系。这种特有的制度使得在迁徙过程中保持了每个部落的纯洁。不管时代推移多长,部落名称、语言、习俗还保留着。从这些保留下来的痕迹中可以窥探撒罗尔的历史源流。

至此,笔者简要探讨了撒拉族先民东迁前(第一次)的历史源流。为了简明起见,在前人基础上把撒拉族先民在中亚活动情况用简图示出如下:

---

〔1〕*The History of Beyhaqi(the History of Sultan Mas'ud of Ghazna,* 1030—1041), VII, by Abul'-1-Fazil Beyhaqi, Translated by C. E. Bosworth and revised by Mohsen Ashtiany, Harvard University 2011, pp. 369–382.

〔2〕〔苏联〕埃·捷尼舍夫:《突厥语言研究导论》,程鹏译,中国社会科学出版社,1983年,第549页。

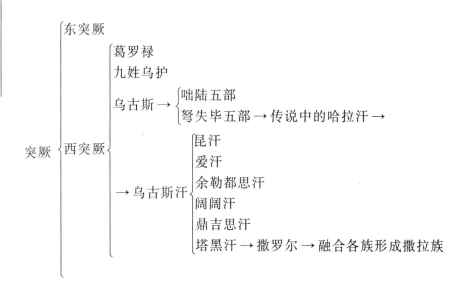

从这些史料来看：撒拉族先民是撒罗尔，他们是突厥蛮的一支。今天在土库曼族有撒罗尔部落。[1]而且撒拉族先民并不是出自咄陆五部，而是出自弩失毕五部。因为根据史料证明咄陆五部在锡尔河中游一带，而弩失毕五部在锡尔河下游一带一直到咸海。后五部和乌古斯人居住地基本吻合。芈一之先生认为撒拉族先民出自葛罗禄，其实正如前面所述，葛罗禄在更东的楚河乃至今天的新疆一带。从地理位置来看，两地根本没有接壤，再则阿拉伯史载也极为明确，所以说彼此没有从属关系，何以产生撒罗尔部落？

从时间上来说，蒙古人入侵中亚前，撒罗尔部已迁至谋夫[2]等地活动，而且在附近范围内建立了稳定的根据地，而不是居位在撒马儿罕。

20.2 撒拉族先民的东迁

在当时的历史条件下，撒拉族先民的东迁是分批完成的。其中大

---

[1]〔苏联〕埃·捷尼舍夫：《突厥语言研究导论》，第38页。

[2]此地在今天的土库曼斯坦境内之马雷城。我国汉代（《汉书·西域传》）、唐代均称"木鹿（Marv）"，元代亦称"马卢"（《圣武亲征录》）。

规模的迁徙有两次。

20.2.1　撒拉族先民的第一次东迁

　　撒拉族先民第一次东迁是与成吉思汗西征历史相重合的。在公元1221年，成吉思汗征服了呼罗珊地区，在这里征集了大量的突厥蛮签军，包括有大批的工匠、建筑师，随军攻打各地，而蒙古军作为督军参战。由于中国西夏等被征服地区叛乱，成吉思汗启程返回本土，而这些回国军队中有不少突厥蛮签军。这部分人到了今天的宁夏银川，此地乃当时向西南，向东向南，向西北等地发兵的军事重镇。到了银川的一部分突厥蛮人，在那里定居下来。有一部分随同蒙哥经天水南征，但是由于今甘肃、青海一带的军事需要，其中一部分突厥蛮人随同蒙古兵到了今天的循化地，驻守在那里，并给突厥蛮首领封达鲁花赤之职。[1]

　　撒拉族先民的第一次东迁是在成吉思汗军队的迫使下进行的，并随同蒙古军到达中原。这可以从某些遗留在循化地区的地名反映出来：如 Moran（河、黄河）、Tsgan（查汗、日色）、Nagman（乃曼、八之意）等都是蒙古语词汇，足以反映两者之间的历史往来关系。

　　从历史资料来看，撒拉族先民中包括了撒罗尔在内的突厥蛮部落以及其他民族。但有一点要说明的是：撒尔特（Sart）不是撒拉族先民。而芈一之先生认为撒尔特就是撒拉族主体先民的提法，是有待商榷的问题。因为"Sart 一词源自印度语，突厥人原用它表示'商人'之意，在蒙古人中，萨尔塔克台（Sar-tagtay）和萨尔塔乌勒（Sartaul）用来指一般伊斯兰文化的代表者，尤其是指伊斯兰人，与表示伊兰人的塔吉克（Ta-jik）一名同义"。"在乌兹别克人中'萨尔特'一名指操突厥语言的定居民。后来这个词兼指阿拉伯人和波斯人"，但"最后只指（定居的）突厥人"。[2]

　　从现有的史料来看，撒拉族的先民不是农业民族而是牧业民族。这不仅从历史上而且从撒拉族现保留的丰富的游牧词汇中也可得到证

---

[1]〔清〕龚景瀚编：《循化志》，青海人民出版社，1981年，第222页。

[2]〔苏联〕威廉·巴托尔德：《中亚突厥史十二讲》，第70页。

·欧·亚·历·史·文·化·文·库·

明。而芈一之先生说:"撒鲁尔又被称为撒尔特。"[1]其实他理解的 Sart 的真实含义有误。今天在新疆的维吾尔族有人贬称 Sart(奸商)。如果说 Salar 就是 Sart,那么撒拉族就是维吾尔族的一支。两者尽管有一定较为亲近的血缘关系,从比较语言学的角度来讲,均是突厥语族,但从古维吾尔语和撒拉语比较来看,前者语言属东匈奴语支,而后者属西匈奴语支。又从现代维吾尔语与撒拉语比较来看,虽都是西匈奴语支,但前者属葛罗禄语组,后者属乌古思语组。从这方面来看 Salar 和 Sart 并不可等同。另外,Sart 是定居的突厥语族民族,而撒罗尔是游牧民族,在生产方式上有根本不同点。

总之,从以上得知撒拉族先民第一次东迁到中国,并以今天的循化为中心,建立了自己的聚居地。

20.2.2　撒拉族先民的第二次东迁

随着帖木儿帝国的衰落,中亚战争纷起。于是突厥蛮王朝之一的黑羊王朝在伊朗西部和西北部建立了自己的王朝(1378—1468年),以黑羊旌旗而得名。这一王朝被突厥蛮白羊王朝(15世纪左右)所灭。[2]由于两王朝长期斗争,战争连绵,于是两王朝贵族内部矛盾纷起,相互倾轧。在这种局面下,出现了撒拉族先民的第二次东迁,寻求安静的乐土。这次东迁是由于当时贵族统治者内部斗争所致。

为了自身的生存,当时被称为尕勒莽和阿合莽的两位头人举族东迁。所谓 Qaraman(尕勒莽)和 Aqman(阿合莽),其真实姓名无从可考。Qaraman 和 Akman 只是作为黑部落或黑羊王朝和白部落或白羊王朝的人而称之。从这一名称分析,当时两大族所处的社会是典型的游牧社会而不是农业社会。今天在土库曼共和国中的土库曼人还有不少是从事游牧生活的,[3]同时也说明两族有明显的部落界限。撒拉族民间传说也反映了这一历史事实的痕迹。

---

〔1〕芈一之:《撒拉族社会政治史》,黄河文化出版社,1989年,第21页。

〔2〕〔苏联〕伊凡诺夫:《伊朗史纲》,李希泌、孙伟、汪德全译,三联书店出版,1958年,第45页。

〔3〕〔美〕埃登·纳贝:《阿富汗的乌兹别克人》,韩琳译,载《民族译丛》,1989年第3期,第67-70页。

由于社会矛盾,两部落是从离今天土库曼共和国相距不远的阿富汗北部地区东迁的。这可以从两方面来证实:

一是史记材料。

《大唐西域记》中载,在今天阿富汗北部有"纥露悉泯健国",[1](即今阿富汗胡尔姆〔khulm〕河上游地方,包括鲁邑〔Reul〕及海巴克〔Haibak〕,旧名Samagan)、"胡实健国"(Guzgan又作Gugana、Ju-zian,《旧唐书》作护特健,《新唐书》作护时健。在今阿富汗北境之希巴尔〔Shibergan〕稍南)、"锐秣陀国"[2](yumadha)(即《新唐书》所说的奇沙州都督的睿密城。在胡实健东,今阿富汗胡尔姆西南之Siripul附近)、"揭职"(Gachi或Gaz。在今天阿富汗境内,巴里黑〔Balkh〕以南)。[3]这些史料记载的名称与今天循化的"汗巴克"(Hanbak街子乡)、"古吉来"(Guziler街子乡)、"依玛阿格勒"(yima-Agli街子、清水乡)、"切子"(cez孟达乡)等地名相近或相同,这些地名材料有力地说明了撒拉族先民东迁始发地在阿富汗北部地区。

二是传说材料。

现在我们可以证实,撒拉族先民不是从今天的撒马尔罕东来的,而是从阿富汗北部的萨曼甘(samagan)东来的。传说中说"第一站来到了金札明札,秤秤土,量量水,不多不少,恰好压定星。哎呀,太可惜,这是撒马尔罕的地界,我们不能住啊……"[4]但同一传说中前面又说是从撒马尔罕来的,也就是所谓的地界之说,看来不是同地名。其实这一地名为在今天的阿富汗北部的萨曼甘,其周围正如前所述地名与今循化地名有许多共同之处,而且今天这一地区被称为土耳其斯坦,并以兴都库什山脉为界,山北生活着乌兹别克、土库曼等突厥。说明了现实与历史的印证。

所以,长期以撒马尔罕东之实,实为传说之误,因萨曼甘和撒马尔

〔1〕〔唐〕玄奘、辩机:《大唐西域记注释》卷1,季羡林等校注,中华书局,2000年,第113页。

〔2〕〔唐〕玄奘、辩机:《大唐西域记注释》卷1,第125页。

〔3〕〔唐〕玄奘、辩机:《大唐西域记注释》卷1,第127页。

〔4〕马学义、马成俊编:《撒拉族风俗志》,中央民族学院出版社,1989年,第58页。

罕音转之故,后来传说中,以讹传讹而出误谬。

但这次东迁,两部并不是同时到达循化,而是先后到的。据现有史料和传说可以得知 Qaraman 部先到。不久以后 Aqman 部到达循化。在《杂学本本》中只提到 Qaraman,而没有提及 Aqman,印证了这一点。这和突厥蛮王朝的历史相符。在《骆驼泉》[1]中有类似的传说。

《循化志》[2]提出:"韩宝即为前元撒拉尔世袭达鲁花赤,洪武三年(1370年)邓大夫(愈)下归附。何以又云元年收集撒喇尔考,雍正九年(1731年)韩哈即之供明云:从哈密来,三百六十一年,溯其年份,是韩氏本哈密回人,明初始入此地,不得元时已为撒喇达鲁花赤?"的疑问,而芈一之也提出类似的疑问。实际上正好说明了撒拉族先民是分批到中国的。

20.3 撒拉族的形成

撒拉族是 Salar 的简化称谓,是自称也是他称。这个民族在 700 多年的历史过程中逐渐吸收了西域各民族以及周围藏、蒙古、回等民族的风俗习惯、语言,逐渐形成了具有共同地域、共同心理的民族共同体。这可以从现在保留的地名中反映出来。比如说循化的查汗都斯的"查汗"为蒙语,意为"白";大庄有 Manguler(蒙古村);苏志有 Hadi agil(中原村)。在撒拉语中"Had"是甘肃方言"下头"(Ha Tou)变音而来,指讲汉语的回族人。街子工有 Teke(公山羊村),在土库曼早期社会中有这个部落,他们以野山羊作为自己的图腾而得名。同"工"的 Daji 村实则为 Tazik(塔吉克)的转音,因为在阿富汗塔吉克和突厥人交叉生活。[3]Salabaq-agil(撒拉尔村)、Guziler(古吉来)、Aher(白庄乡)在中亚土库曼和阿富汗地区地名中都可以找到相应的名称。Zambuh 是藏语名称。这些实例说明撒拉族形成过程中不只是以撒罗尔部为唯一源泉组成新

---

[1]青海循化撒拉族自治县文化馆编:《撒拉族民间故事》(第1辑),第1页。

[2][清]龚景瀚编:《循化志》卷5,第222页。

[3][美]埃登·纳贝:《阿富汗的乌兹别克人》,第36页。

的民族,而是逐渐融合了中亚各族以及周围民族。这个过程中撒罗尔人占主导地位,并吸收了其他民族的优秀文化形成了统一体。

如费孝通先生说:"由许许多多分散孤立存在的民族单位,经过接触、混杂、联结和融合,同时也有分裂和消亡,形成了一个你来我去,我来你去,我中有你,你中有我,而又各具个性的多元统一体",[1]撒拉族形成过程也是如此。

(此文原刊于《甘肃民族研究》,1995年第2期,后收入马成俊,马伟主编:《百年撒拉族研究文集》,青海人民出版社,2004年,第244-247页)

---

[1]费孝通等著:《中华民族多元一体格局》,中央民族学院出版社,1989年,第3页。

第四编　民族文化研究

21　北亚民族百年研究综述

（1900—2000 年）

21.1　突厥族源、族属问题

学术界对突厥的族源、族属问题颇感兴趣。我国较早研究突厥族源问题的是王日蔚先生。他在 1936 年 10 月发表了《丁零民族史》一文[1]，认为突厥的族源是丁零，并以为丁零（丁灵）、铁勒、狄历、特勒、敕勒、"实均一音之异译"，还坚持认为丁零与匈奴同种，族属为蒙古人种。他的这一观点对后世学者产生了较大的影响，因而，研究突厥史的学者多研究丁零的历史。支持王先生观点，且较有影响的学者有谭其骧[2]、马长寿[3]、段连勤[4]，林幹[5]诸先生。但也有些学者不赞同王日蔚的看法，主要代表人物就是周连宽先生。他认为丁零的发展史应是分阶段的。在《丁零的人种语言及其与漠北诸族的关系》一文中，作者认为丁零尽管在语言、体质特征方面同突厥相近，但不能等同起来，也不能将丁零视为突厥的族源[6]，从而根本上否定了王日蔚等一批学者的看法。但 20 世纪 80 年代以来赞同周连宽之说的学者已不多，大部分坚持丁零为突厥族源说。此外，还有一些学者提出突厥源于塞种说[7]、

---

[1]王日蔚：《丁零民族史》，载《国立北平研究院史学集刊》，1936 年第 2 期，第 83-114 页。

[2]谭其骧：《论五胡元魏时之丁零》，载《益世报（重庆）文史副刊》，第 16 期，1942 年 10 月 4 日。

[3]马长寿：《突厥人与突厥汗国》，上海人民出版社，1957 年，第 1-15 页。

[4]段连勤：《我国丁零族的原始居地和北迁》，载《西北大学学报》，1979 年第 4 期，第 80-87 页。

[5]林幹：《突厥史》，内蒙古人民出版社，1988 年。

[6]周连宽：《丁零的人种和语言及其与漠北诸族的关系》，载《中山大学学报》，1957 年第 2 期，第 49-73 页。

[7]薛宗正：《突厥始祖传说发微》，载《新疆社会科学》，1987 年第 1 期，第 71-87 页。

·欧·亚·历·史·文·化·文·库·

匈奴后裔说[1]、鲜卑后裔说[2]。林幹撰文认为从人种而言,匈奴与突厥同源[3]。对突厥族源族属有较多争论,这一问题还需要进一步的探索。

21.2 突厥的社会性质和社会经济

(1)关于突厥的社会性质问题,学术界有过不少的争论,关键在于突厥是封建制还是奴隶制。由此衍生出6种主要观点。

①坚持奴隶制、封建制区分说。马长寿在《论突厥人与突厥汗国的社会变革》一文中认为六世纪突厥立国为奴隶制,"后突厥"时进入封建制,而西突厥从原始社会进入封建制[4]。

②坚持完全封建说[5]。侯尚智认为突厥并没有经过奴隶制社会,而是直接进入封建社会。

③张之毅主张初期封建社会说[6]。他认为突厥人六世纪以前是原始社会,但在6~8世纪进入初期封建社会。

④蔡鸿生主张母权奴隶制说[7]。他认为突厥存在过奴隶制,但奴隶在突厥人中所占比例不大。

⑤林幹先生主张奴隶制说[8]。他认为东突厥、后突厥均停留在奴隶制的阶段,没有迈进封建社会。上述五种观点是林幹的总结[9]。吴

〔1〕梁启超:《中国历史上民族之研究》,见《饮冰室合集(42)》。曾问吾《中国经营西域史》,上海商务出版社,1937年。

〔2〕丁谦:《蓬来轩地理学丛书》,收于《周书异域地理考证》,浙江图书馆,民国4年(1915)。

〔3〕林幹:《关于匈奴、东胡、突厥三大族系人种的探索》,载《内蒙古大学学报》,1997年第5期第1-10页。

〔4〕马长寿:《论突厥人与突厥汗国的社会变革》,载《历史研究》,1958年3-4期,第9-22页、47-69页。

〔5〕侯尚智:《试论突厥汗国封建社会的形成——兼与马长寿先生商榷》,载《兰州大学学报》,1959年第1期,第99-112页。

〔6〕张之毅:《游牧的封建社会》,载《科学通报》,1950年12月第1卷第8期,第532-534页。

〔7〕蔡鸿生:《突厥法初探》,载《历史研究》,1965年第5期,第81-98页。

〔8〕林幹:《突厥社会制度初探》,载《社会科学战线》,1981年第3期,第155-165页。《突厥史》,内蒙古人民出版社,1988年,第35-45页。

〔9〕林幹:《突厥史》,第4页。

景山先生亦赞同此说[1]。2000年吴景山先生再次撰文称,尽管在后突厥汗国时期碑文有"丧失突厥法制"的记述,结合史料看,后突厥汗国时期"法度"并没有更张,仍是军事贵族统治下的奴隶社会[2]。

⑥刘锡淦先生主张奴隶制封建制同时兼存说,但所占的比例不同。580年为界,前期以奴隶制为主导;后期以封建制为主导[3]。

实际归纳起来就是两种制度,即封建制和奴隶制。参与这一争论的还有吴疆[4]、薛宗正[5]。这一争论还在继续,孰是孰非,尚需论证。

(2)突厥社会经济、军事组织,突厥法

突厥人主要是从事畜牧业,依靠游牧生活,以毡帐为居室,食肉饮酪、身衣裘褐,披发左衽,善于骑射。突厥人的畜牧业很发达,但不稳定[6];狩猎业、手工业也占有相当重要的地位[7],并同周边的各族进行贸易[8]。张之毅[9]、吴景山[10]、吴疆[11]等先生也对突厥汗国社会经济进行了研究。蔡鸿生先生撰有《突厥汗国的军事组织和军事技术》[12],文中详细探讨了突厥汗国的兵制、装备、战术等,得出结论认为突厥人的游牧生活方式规定了他们的军事活动方式。其兵制是本部兵民合一制与属部征兵制相结合。突厥兵制的矛盾,是突厥社会各种矛盾的集中表现。部落组织和骑射技术是突厥军队的优点所在,而这又深深地根植于游牧生活之中。

---

〔1〕吴景山:《后突厥汗国时期的政治制度辨析》,载《西北民族学院学报》,1995年第4期,第38-41页。

〔2〕吴景山:《后突厥汗国时期的"法度"更张辨》,载《民族研究》,2000年第5期,第73-78页。

〔3〕刘锡淦:《论突厥汗国的社会性质》,载《新疆大学学报》,1994年第3期,第49-51页。

〔4〕吴疆:《突厥汗国社会经济史上的一些问题》,载《新疆社会科学》,1989年第4期,第72-79页。

〔5〕薛宗正:《东突厥汗国的政治结构》,载《新疆社会科学》,1986年第2期,第102-112页。

〔6〕林幹:《突厥史》,第28-29页。

〔7〕林幹:《突厥史》,第28-29页。

〔8〕林恩显:《突厥研究》,台湾商务印书馆,1988年4月。

〔9〕张之毅:《游牧的封建社会》。

〔10〕吴景山:《后突厥汗国时期的主体经济辨析》,载《中央民族大学学报》,1998年第2期,第48-53页。

〔11〕吴疆:《突厥汗国社会经济史上的一些问题》。

〔12〕蔡鸿生:《突厥汗国的军事组织和军事技术》,载《学术研究》,1963年第5期,第42-51页。

21.3 突厥人的语言、文字、习俗、宗教等问题

21.3.1 突厥人的语言、文字问题

突厥人有自己的语言。这些语言后来分成许多操突厥语诸民族的语言,多刻于石碑上,又称突厥碑文(后文进一步谈及)。19世纪末以来,学者对其语言和文字有了更深入的了解。突厥文又称"突厥鲁尼文",简称"鲁尼文"。其来源问题,学术界有两种观点:一种观点认为该文由突厥人从中亚操伊兰语系诸部族那里借用,其字母源于阿拉美字母;另一种认为是从粟特异体字转化而来的[1]。我国较早研究古突厥文的是韩儒林先生,从20世纪30年代始,在国外学者研究的基础上,把突厥碑文译成汉文,介绍给国内学者。韩先生因掌握多门外语,又谙熟中国文献,考证颇为翔实,历来为治突厥史的学者所重视[2]。后又有岑仲勉先生对突厥文做了翻译[3]。新中国成立后,耿世民先生直接对突厥文加以翻译、考定,具有较高的参考价值[4]。1992年、1995年,青年学者王远新撰写了《突厥民族数观念:计数方式的发展与突厥原始文化》[5]《突厥语族语言序数词的历史发展》[6],利用突厥文文献对数字观、原始文化进行了探索。王远新1995年著有《突厥历史语言学研究》[7],是这一领域研究有所新发现的著作,甚至有学者评论认为是集

---

[1]刘宾等编:《上古至高昌时期的文字》,新疆人民出版社,1995年,第37页。

[2]韩先生的译文最初在1935—1937年刊于《禹贡》、《国立北平研究院院务汇报》,1987年全部转载于林幹编的《突厥与回纥历史论文选集》第2册,中华书局。

[3]岑仲勉:《突厥集史》(下),中华书局,1958年。

[4]全译文见于林幹的《突厥史》附录。

[5]王远新:《突厥民族数观念:计数方式的发展变化与突厥原始文化》,载《中央民族大学学报》,1992年第6期,第89-94页。

[6]王远新:《突厥语族语言序数词的历史发展》,载《中央民族大学学报》,1995年第4期,第76-81页。

[7]王远新:《突厥历史语言学研究》,中央民族大学出版社,1995年。

大成之作[1]。1996 年刘戈著《关于〈古代突厥鲁尼文碑铭〉一些问题》[2]，对碑文译释问题做了研究。1997 年郑婕撰文比较研究了回鹘文献与突厥碑铭文献语言的差异[3]。同年杨富学著有《敦煌本突厥文 Irq 书跋》[4]，文中依据突厥文材料研究了占卜解梦等问题。2000 年耿世民、阿布都热西提亚库甫编著《鄂尔浑—叶尼塞碑铭语言研究》，该书对突厥语言的结构[5]、语音[6]、词汇[7]、词法[8]、句法[9]等做了比较详细的介绍，是近年研究古代突厥语文的总结性的著作。2000 年陈宗振著有《试论古代突厥文献语言的 rin 以及 ol 和 turtur》[10]，对相关问题做了研究。

21.3.2　突厥人的习俗、宗教问题

突厥人的习俗问题，引起了学者的充分重视。1943 年 9 月 10 日杜光简在上海《大公报》刊载了《突厥史料丛考》一文，其中一节谈到突厥劈面之俗。作者认为此俗不仅用于丧葬时表示哀痛，而且还用之送行、讼冤和请愿。1965 年蔡鸿生在《历史研究》第 5 期发表了《突厥法初探》一文[11]。文中对"畜印"习俗、婚姻习俗、收养制、寄养制、收继婚、继位法（包括继位仪式和继位程序）做了介绍。作者认为突厥人之所以保留这些古老习惯是因为它们赖以产生的社会基础尚未遭到彻底的破坏，

〔1〕李树辉：《突厥语研究的一部力作——王远新〈突厥历史语言学研究〉读后》，载《满语研究》，1996 年第 2 期，第 132–134 页。

〔2〕刘戈：《关于〈古代突厥鲁尼文碑铭〉一些问题》，载《西域研究》，1996 年第 2 期，第 54–63 页。

〔3〕郑婕：《试论回鹘文献语言和突厥碑铭文献语言差异》，载《西北民族学院学报》，1997 年第 4 期，第 89–96 页。

〔4〕杨富学：《敦煌本突厥文 Irq 书跋》，载《国家图书馆学刊》，1997 年第 4 期，第 104–105 页。

〔5〕耿世民、阿布都热西提·亚库甫编：《鄂尔浑—叶尼塞碑铭语言研究》，新疆人民出版社，2000 年，第 40–41 页。

〔6〕耿世民、阿布都热西提·亚库甫编：《鄂尔浑—叶尼塞碑铭语言研究》，第 70–71 页。

〔7〕耿世民、阿布都热西提·亚库甫编：《鄂尔浑—叶尼塞碑铭语言研究》，第 73–76 页。

〔8〕耿世民、阿布都热西提·亚库甫编：《鄂尔浑—叶尼塞碑铭语言研究》，第 93 页。

〔9〕耿世民、阿布都热西提·亚库甫编：《鄂尔浑—叶尼塞碑铭语言研究》，第 198 页。

〔10〕陈宗振：《试论古代突厥文献语言的 ärinč 以及 ol 和 turtur》，载《民族语文》，2000 年第 1 期，第 59–66 页。

〔11〕蔡鸿生：《突厥法初探》，载《历史研究》，1965 年第 5 期，第 81–98 页。

且有大量的氏族制残余。既然社会生活还与"前国家时期"有着千丝万缕的联系,那么法律观念当然也就不可能与古朴的习俗绝缘了。正因为这样,尽管突厥法的阶级烙印相当鲜明,但它渊源于习惯的原貌还是依稀可辨的。有关突厥事火的习俗,蔡鸿生先生做了比较系统的研究[1]。林幹先生也对突厥习俗宗教有全面的认识。他著《突厥的习俗与宗教》[2],见《突厥史》第8章。这些论著中林先生较详细地介绍了突厥的习俗与宗教:习俗包括择偶、收继婚、丧葬、剺面、继位等;宗教包括萨满教、祆教、景教和佛教。耿世民先生在《维吾尔族古代文化与文献概论》[3]一书中对突厥人信仰佛教的问题做了比较深入的研究。薛宗正对突厥人的宗教信仰做了研究[4]。吴景山在《突厥人的丧葬述论》一文中对突厥人的葬仪、事火、祭品、剺面、石人石棺葬做了研究,并认为匈奴、柔然、铁勒等民族的丧俗与突厥有明显的不同,且通过考古资料和碑文资料加以论证[5]。李树辉对突厥狼图腾做了专门的研究[6]。作者认为作为古代突厥文化的特质之一的狼图腾文化,始于汉乌孙、流布于蒙古高原、土耳其等地,对诸操突厥语及邻近民族有深刻影响。蔡鸿生先生著《唐代九姓胡与突厥文化》[7]一书,其中专门探讨突厥的文化,尤细述突厥事火、突厥奉佛等问题,是近年研究突厥文化的一部力作。季羡林先生评述称:"言人所不曾言。"[8]刘锡涛、刘永连撰《突厥丧葬礼俗》[9],也对突厥丧葬做了探讨。

突厥人的习俗和宗教是突厥精神文化的重要组成部分,近年来引起了学者广泛的注意,取得了一定的成果。

---

〔1〕蔡鸿生:《论突厥事火》,载《中亚学刊》,1983年12月第1辑,第145-149页。

〔2〕林幹:《突厥的习俗与宗教》,载《民族研究》,1981年第6期,第43-48页。

〔3〕耿世民:《维吾尔族古代文化与文献概论》,第30页,新疆人民出版社,1983年。

〔4〕薛宗正:《古突厥的宗教信仰和哲学思想》,载《世界宗教研究》,1988年第2期,第130页。

〔5〕吴景山:《突厥人的丧葬习俗述论》,载《西北民族研究》,1991年第1期,第239-250页。

〔6〕李树辉:《突厥狼图腾文化研究》,载《西北民族研究》,1992年第1期,第9-18页。

〔7〕蔡鸿生:《唐代九姓胡与突厥文化》,中华书局,1998年。

〔8〕蔡鸿生:《唐代九姓胡与突厥文化》,中华书局,1998年,第1页。

〔9〕刘锡涛、刘永连:《突厥丧葬礼仪》,载《喀什师范学院学报》,1999年第3期,第46-50、68页。

21.4 突厥碑文与官号研究

21.4.1 突厥碑文的研究

前文文字部分提到碑文的问题，这里主要谈及碑文研究问题。我国研究突厥碑文是从20世纪初开始的，共分3个阶段[1]：第一阶段主要是从20世纪初到1934年，重点介绍汉文碑文、文章有黄仲琴的《阙特勤碑》[2]《再谈阙特勤碑》[3]，主要介绍碑的汉文部分，并做了部分考订。1934年乐嘉藻发表了《和林三店碑纪略》，对《阙特勤碑》《毗伽可汗碑》和《九姓回鹘可汗碑》的建立年代及各碑主略做考释[4]。第二阶段是从1935年到1949年。这一工作是由韩儒林先生开始的。1935—1936年，韩先生发表了《阙特勤碑文》译注[5]、《毗伽可汗碑文》译注[6]、《暾欲谷碑》译注[7]。依据德文、英文，将三碑突厥文部分转译，并进行详细考释，从此学术界对三碑突厥文部分的内容有了全面了解。1937年韩先生又将汤姆森所著的《蒙古之突厥碑文导言》译出，发表于《禹贡》[8]。同时，1935年、1936年，韩先生分别撰写了《读阙特勤碑札记》[9]《读毗伽可汗碑札记》[10]。1937年岑仲勉先生发表了《跋突厥文阙特勤碑》[11]，该文对《阙特勤碑》进行了详细考订，并提出了一些看法，多与韩先生有所不同，但突厥文对音考证臆测者较多。1938年，王静如先生

---

[1] 此划分法主要参考了张铁山的《我国古代突厥文文献研究现状及发展设想》，载《西北民族研究》，1990年第2期，第117-121页。

[2] 黄仲琴：中山大学语言历史学研究所《周刊》1929年百期纪念刊。

[3] 黄仲琴：同上《周刊》，第10集，120期，1930年。

[4] 乐嘉藻：《河北第一博物院半月刊》，第40-59期，1934年。

[5] 韩儒林：《国立北平研究院院务汇报》，卷6第6期，1935年8月。

[6] 韩儒林：《毗伽可汗碑文》，载《禹贡》半月刊，卷6第6期，1936年11月。

[7] 韩儒林：《暾欲谷碑文》，载《禹贡》半月刊，卷6第6期，1936年11月。

[8] 韩儒林：《蒙古之突厥碑文导言》，载《禹贡》，卷7第1、2、3合期，1937年。

[9] 韩儒林：《国立北平研究院院务汇报》，卷6第6期，1935年11月。

[10] 韩儒林：《毗伽可汗碑文》，载《禹贡》半月刊，卷6第6期，1936年11月。

[11] 岑仲勉：《跋突厥文阙特勤碑》，载《辅仁学志》，卷6第1、2合期，1937年。

依据德文译本转译了属于回纥的《突厥文回纥英武威远毗伽可汗碑译释》[1]、1934年,朱延丰先生发表了《突厥暾欲谷碑铭译文笺证》一文,对碑文续有考证[2]。第三阶段是1949年以后。这一阶段逐渐摆脱了依赖外文研究突厥碑文的做法,直接研究突厥原文。20世纪50~60年代突厥文的研究仍承袭前人的做法。1958年出版的《突厥集史》(下)的三碑文译自英文[3]。1963年冯家升发表了《1960年吐鲁番新发现的古突厥文》[4]。"文革"后,突厥文和碑文的研究进入了一个新阶段。1978年耿世民先生发表了《谈谈维吾尔族的古代文字》[5]。1980年耿先生又发表了《古代维吾尔文字和文献概述》[6]《古代突厥文碑铭述略》[7]《古代突厥文主要碑铭及其解读研究情况》[8]。1981年,陈宗振发表了《突厥文及其文献》[9],1982年李经纬发表了《突厥如尼文〈苏吉碑〉译释》,该文对《苏吉碑》做了汉译和注解[10]。1983年林幹先生发表了《古突厥文碑铭札记》[11]。1988年,林幹《突厥史》附录中载录了耿世民先生《突厥文碑铭译文》,包括《暾欲谷碑》《阙特勤碑》《毗伽可汗碑》《翁金碑》《阙利啜碑》《磨延啜碑(回鹘)》,作者是直接从突厥文译成汉文的,比较准确。1994年林梅村著有《布古特所出粟特文突厥可汗纪功考》[12],著者认为该碑是20世纪突厥考古最重要的发现之一,并对碑文进行译注。同年杨富学发表了《古代突厥文〈台斯碑〉译释》,著者对该碑发现的时

〔1〕王静如:《突厥文回纥英武威远毗伽可汗碑译释》,载《辅仁学志》第7卷第1、2合期,1938年。

〔2〕朱延丰:《突厥暾欲谷碑铭译文笺证》,载《志林》,1934年第4期。

〔3〕岑仲勉:《突厥集史》(下)(《阙特勤碑》《毗伽可汗碑》《暾欲谷碑》)第857、877、908页。

〔4〕冯家升:《1960年吐鲁番新发现的古突厥文》,载《文史》第3辑,1963年。

〔5〕耿世民:《谈谈维吾尔族的古代文字》,载《图书评介》第4期,1978年。

〔6〕耿世民:《古代维吾尔文字和文献概述》,载《中国史研究动态》第3期,1980年。

〔7〕耿世民:《古代突厥文碑铭述略》,载《考古学参考资料》,第3-4期,1980年。

〔8〕耿世民:《古代突厥文主要碑铭及其解读研究情况》,载《图书评介》第4期,1980年。

〔9〕陈宗振:《突厥文及其文献》,载《中国史研究动态》1981年第11期。

〔10〕李经纬:《突厥如尼文〈苏吉碑〉译释》,载《新疆大学学报》,1982年第2期,第113-117页。

〔11〕林幹:《古突厥文碑铭札记》,载《西北史地》,1983年第2期。

〔12〕林梅村:《布古特所出粟特文突厥可汗纪功考》,载《民族研究》,1994年第2期,第64-71页。

间、碑况做了介绍,对原文做了转写、翻译、疏证[1]。1998年芮传明著《古突厥碑铭研究》[2],书中对《阙特勤碑》《毗伽可汗碑》《暾欲谷碑》《翁金碑》和《阙利啜碑》进行了译注考释,是近年来在这方面研究的新收获,具有较高的参考价值。2000年,耿世民先生、阿布都热西提亚库甫编《鄂尔浑——叶尼塞碑铭语言研究》一书,语言研究方面有新的进展[3]。这些研究为以后的研究者提供了最直接的资料,把突厥碑文研究推向了一个新阶段,但是也有不足之处。翻译碑文的学者多是语言学家,考释碑文的多是历史学家。因而没有把翻译和考释有机结合起来,还需进行深入研究。

21.4.2 突厥官号的研究

我国汉文史籍尽管记载了突厥官号名目,但大多数职掌含混不清,其名称含义更无从谈起。20世纪30年代,随着对突厥碑文研究的不断深入,学者们开始注意研究突厥碑文中的职掌问题。1934年7月朱延丰发表了《突厥职官名号考》[4],该文对突厥二十三名进行简要考证,作者称:"对于突厥职官略加论列,或为中外学者所已论及者,或未经阐发者,特撮录片断,以期就正于有道。"这是国内较早研究突厥官号的论文。1940年9月韩儒林先生撰写有《突厥官号考释》一文。韩先生说:"唐代突厥官号,多非其所固有。徒以记录简略,文献寡证,人名官号,往往难于辨识。故欲求突厥官号前后因袭之迹,一一解说,殊非易事。"所以"或介绍前人成说,或申述个人意见,不过为初步尝试而已,非敢有所奢望也"。韩先生非常谦虚,但此作影响是深远的,考释的官号包括始波罗(英贺费、沙波罗、沙钵略、乙失铁)、三大罗、哥利达于、贺兰苏尼阙,珂罗啜、索葛吐屯(匐你)热汗、安禅具泥、附邻可汗、遗可汗。韩先生又将汉文史籍和突厥文对应起来,考释颇为确当。这是文章的上

---

[1]杨富学:《古代突厥文〈台斯碑〉译释》,载《语言与翻译》,1994年第4期,第22—28页。

[2]芮传明:《古突厥碑铭研究》,上海古籍出版社,1998年。

[3]耿世民、阿布都热西提·亚库甫编:《鄂尔浑——叶尼塞碑铭语言研究》,新疆人民出版社,2000年。

[4]朱延丰:《突厥职官名号考》,载《河北女师学院期刊》,1934年7月,卷2第2期。

263

·欧·亚·历·史·文·化·文·库·

篇。文章下篇考证汗、俟斤（大俟斤）、亦都护、特勤、设、匐、梅录、啜、颉利发、吐屯等。体例如上篇,用汉文史料和突厥文一一对应,颇有参考价值。有些不可考者,阙焉[1]。这是一篇研究突厥官号的里程碑式的作品,关键在韩先生将突厥文和中国史籍有机结合起来,这一点是突破性的。1958年,岑仲勉《突厥文碑注释》中对突厥的官号多有考证,也有不少的创见,但随意联想成分比较多[2]。林干对突厥的官号等级进行了研究[3]。并对汗、特勤、设、叶护、匐、吐屯等官职的等级、管理权限做了说明,但缺憾的是他没有将汉文文献和突厥文材料有机参照起来。林恩显在《突厥研究》一书中对官号做了研究。对有些官号提出自己的看法,如"啜"（Cur）,其意为"首领"。[4]

研究突厥官号的价值在于一方面我们可以了解突厥官号的原始含义,另一方面也可以了解突厥社会政治管理体制。

21.5 突厥与周边各族各国间的关系

21.5.1 突厥与周、齐的关系

1984年芮传明发表了《六世纪下半叶突厥与中原王朝的战争原因探讨》[5],重点探索了同北周、北齐的战争起因、影响问题。1986年刘戈发表了《论突厥与北朝、隋的政治关系》[6],该文谈及突厥与北朝以及后来与隋的战和关系。林幹先生在《突厥史》中专门讨论突厥与北周和北齐的关系[7]。木杆和佗钵可汗同北周保持着和亲关系,而同北齐的关系时好时坏。林恩显认为突厥与中原之间建立正式的关系是始于545

〔1〕韩儒林:《突厥官号考释》,原刊于华西大学《中国文化研究所集刊》卷1第1期,1940年,后载于《穹庐集》,上海人民出版社,1982年,第304-325页。
〔2〕岑仲勉:《突厥集史》（下）,中华书局,1958年,第857页。
〔3〕林干:《突厥史》,内蒙古人民出版社,1988年,第46页。
〔4〕林恩显:《突厥研究》,台湾商务印书馆,1988年,第157-163页。
〔5〕芮传明:《六世纪下半叶突厥与中原王朝的战争原因探讨》,载《西北史地》,1984年第3期。
〔6〕刘戈:《论突厥与北朝、隋的政治关系》,载《新疆大学学报》,1986年第4期,第55-62页。
〔7〕林幹:《突厥史》,内蒙古人民出版社,第62-63页。

年(西魏大统十一年)。546年,土门向西魏贡方物[1]。到佗钵可汗时代,时有北周和北齐对立,两国拉拢突厥。突厥和北周建立密切的关系,北周下嫁公主于突厥。作者认为突厥、西魏、北周、北齐只是"交通""通婚",无臣属关系。刘春玲在《试论北周、隋与突厥的"和亲"》一文中认为北周前和北周时期同突厥"和亲"是拉拢突厥,加强与对手的抗衡力量,这种"和亲"只能获得暂时的安宁。而隋时"和亲"的目的是削弱突厥的力量,巩固隋朝中央集权制,也促进了突厥的封建化[2]。

21.5.2　突厥与隋唐关系

突厥与隋唐的关系是时战时和状态。隋唐是我国古代强大的封建统一王朝,而突厥又是两朝北方的劲敌。突厥与隋唐的关系历来受到史学家的重视。突厥与隋关系的研究取得一定的成果。前文提到《论突厥与北朝、隋的政治关系》一文,谈到了突厥与隋的关系。1981年藏荣撰写了《突厥与隋王朝的关系初探》[3]。文中谈到沙钵略可汗归隋,是突厥可汗成为隋的准臣民,在启明可汗"归服"和"内附"隋时,突厥与隋建立和亲关系。隋朝的道、佛教、伦理思想对突厥有较深的影响。他提出如果有人认为突厥与隋的关系是中国与外国的关系,是极端错误的。必须承认突厥是我们祖国历史上的一个少数民族,突厥与中原王朝(包括北齐、北周、隋、唐)的关系是我国内部的兄弟民族间的关系。林幹先生详细地叙述突厥与隋的战和关系。并认为统一隋是历史发展的必然趋势[4],但由于隋炀帝对突厥的错误政策,地方势力勾结突厥统治者开始反隋,且在突厥人和农民军以及地方势力的打击下隋灭亡了[5]。林恩显把突厥与隋的关系总结为"敌国关系""岳婿关系""岳婿、册立、君臣关系""国际关系"[6]。最前一项和最后一项突厥与隋的关系是实难成立的,这一点藏荣已做了说明。李大龙著《隋王朝与突厥互使

〔1〕林幹:《突厥史》,第157页。

〔2〕刘春玲:《试论北周、隋与突厥的"和亲"》,载《阴山学刊》,1994年3期,第31-37页。

〔3〕藏荣:《突厥与隋王朝的关系初探》,载《中央民族学院学报》,1981年4期,第52-57、70页。

〔4〕林幹:《突厥史》,第73页。

〔5〕林幹:《突厥史》,第76页。

〔6〕林恩显:《突厥研究》,第157-163页。

述论》[1]一文中谈及了隋王朝与北突厥的往来关系。王光照[2]、张文生[3]也探讨了隋与突厥的关系。

突厥与唐的关系是学者关注的一个重点。1929年王桐龄著《汉唐的和亲政策》[4],略谈及突厥与唐的关系。1951年,陈寅恪先生著《论唐高祖称臣于突厥事》[5],作者称"独唐高祖起兵太原时,实称臣于突厥,而太宗又为此事谋主,后来史臣颇讳饰之,以至其事之本末不明于后世",并考索史籍加以论证。1979年魏国忠撰《试论唐太宗的民族改革》[6],文中论及唐太宗对突厥在内的少数民族实行的民族政策。1980年,张雄撰《从突厥内徙看唐太宗的民族政策》[7],文中谈及突厥内徙,唐太宗设立府州、对待内徙突厥态度等问题,肯定了唐太宗的民族政策。1981年任崇岳、罗贤佑的《试论唐代的和亲政策》[8],1983年彭池的《突厥援唐兵马数考》[9],1984年樊圃的《突厥服属于唐及其重建汗国》[10],1985年崔明德的《突厥、回纥与唐关系——兼论民族关系史的几个问题》[11],1988年林幹的《突厥史》[12],1992年崔明德的《东突厥、回纥与唐关系再比较》[13]《唐与突厥的和亲述论》[14],1994年李大龙的

[1]李大龙:《隋王朝与突厥互使述论》,载《内蒙古社会科学》,1994年第5期,第50-56页。

[2]王光照:《隋炀帝大业三年北巡突厥简论》,载《安徽大学学报》,2000年第1期,第67-73页。

[3]张文生:《突厥启民可汗、隋炀帝与内蒙古》,载《内蒙古师大学报》,2000年第5期,第79-84页。

[4]王桐龄:《汉唐的和亲政策》,载《史学年报》,1929年第1期。

[5]陈寅恪:《论唐高祖称臣于突厥事》,载《岭南学报》,1951年6月,卷11第2期,第1-9页。

[6]魏国忠:《试论唐太宗的民族改革》,载《北方论丛》,1979年第5期。

[7]张雄:《从突厥内徙看唐太宗的民族政策》,载《民族研究》,1980年第3期,第43-48页。

[8]任崇岳、罗贤佑:《试论唐代的和亲政策》,载《中央民族学院学报》,1981年第1期,第47-51页。

[9]彭池:《突厥援唐兵马数考》,载《学术研究》,1983年第2期,第27页。

[10]樊圃:《突厥服属于唐及其重建汗国》,载《西北民族文丛》,1984年第1期。

[11]崔明德:《突厥、回纥与唐关系——兼论民族关系史的几个问题》,载《理论学习》,1985年第1期,第48-56页。

[12]林幹:《突厥史》,第76-91页。

[13]崔明德:《东突厥、回纥与唐关系再比较》,载《中央民族大学学报》,1993年第2期,第49-56页。

[14]崔明德:《唐与突厥的和亲述论》,载《中央民族大学学报》,1992年第3期,第23-28页。

《唐朝派往突厥的使者述论》[1]等人的论著,其内容涉及了突厥与唐的政治、经济、商业、文化、贸易、婚姻关系等问题。吴玉贵著《突厥汗国与隋唐关系史研究》[2]博采众家,极其详细地论述了突厥与隋唐关系,是近来的一部上乘之作。

21.6 其他

除了上述所列内容外,还涉及其他方面的问题,做一简要的罗列。研究突厥祖先、世系传承的有韩儒林先生著《突厥蒙古之祖先传说》[3]、芮传明著《古突厥先祖传说考》[4]、薛宗正著《突厥可汗世系新考》[5]、龚荫著《突厥可汗述略——附奚王》[6]、劳心著《东突厥汗国谱系之我见》[7]。突厥羁縻府州的著述有《唐贞观四年设置突厥羁縻府州考述》[8]。突厥与粟特、吐蕃关系的论著有《粟特人在突厥与中原交往中的作用》[9]、《关于突厥—维吾尔文献中的"吐蕃"名称问题》[10]。论述突厥部落组织的论著有《试论宗族部族汗国东突厥》[11]。

突厥与东北的契丹、室韦、西北的高昌、北边的回纥、薛延陀、黠戛

〔1〕李大龙:《唐朝派往突厥的使者述论》,载《北方文物》,1994年第4期,第53-59页。

〔2〕吴玉贵:《突厥汗国与隋唐关系史研究》,中国社会科学出版社,1998年。

〔3〕韩儒林:《突厥蒙古之祖先传说》,初刊于《北平研究院历史研究所集刊》,1940年卷4,第20-48页。

〔4〕芮传明:《古突厥先祖传说考》,载《西域研究》,1994年第2期,第51-58页。

〔5〕薛宗正:《突厥可汗世系新考》,载《新疆大学学报》,1998年第4期,第41-48页。

〔6〕龚荫:《突厥可汗述略——附奚王》,载《西南民族学院学报》,1998年第5期,第45-51、125页。

〔7〕劳心:《东突厥汗国谱系之我见》,载《新疆大学学报》,2000年第4期,第58-63页。

〔8〕樊文礼:《唐贞观四年设置突厥羁縻府州考述》,载《中国边疆史地研究》,1994年第3期,第88-94页。

〔9〕程越:《粟特人在突厥与中原交往中的作用》,载《新疆大学学报》,1994年第1期,第62-67页。

〔10〕尹伟先:《关于突厥—维吾尔文献中的"吐蕃"名称问题》,载《西北史地》,1997年第2期,第6-19页。

〔11〕杨茂盛、刘全、隋列:《试论宗族部族汗国东突厥》,载《北方文物》,2000年第3期,第59-71页。

斯等民族建立了不同层面的关系,由于篇幅的关系,不再细列有关的研究。本文只涉及国人对北亚突厥的研究,不涉及国外学者的研究,特此说明。

(此文原刊于《青海民族研究》,2006年第1期,第89-94页)

22 喀喇汗王朝名称杂考

喀喇汗王朝是建立于我国西北边疆的重要王朝。关于这一王朝的名称,学术界历来有不同的看法。王治来撰《中亚史纲》称:"哈拉汗王朝是由萨曼王朝东面今新疆地区那些信仰伊斯兰教的突厥部族建立的。""但在其存在的整个时期,并不叫做哈拉汗王朝。哈拉汗王朝这个称号是近代俄国学者格里哥里也夫(1816—1881)给加上去的。"为何采用此名,著者未做说明。但学界认为俄国学者"加上去"的这一看法影响甚广。著者又说:"伊斯兰史料称之为'汗朝'或'额费夷拉西雅卜王家',或许是根据他们的自称。"[1]同样未做进一步的解释。研究喀喇汗王朝的专家魏良弢先生提到了该王朝的诸多名称。他称,在近代西方著作中曾用"'喀喇汗王朝''伊利克—汗王朝''可汗王朝''阿弗拉西勃王朝''桃花石王朝'等"。[2]并对这些名称做了解释,使学界对这些名称有了更深的了解。鉴于汉文史著对该王朝混乱的称谓,提出用"喀喇汗王朝"称之的深刻见解[3]。今天这一名称在国内学术界基本确立下来。

但蒋其祥先生则认为该王朝的名称应称为"黑汗朝",并对其名称做了探讨[4]。同时,蒋先生还认为"哈卡尼耶"是该王朝的自称,也即该王朝的名称[5]。此论可备一说,但并非无疑问。而1995年钱伯泉先生探讨了"大石""黑衣大石""喀喇汗王朝"的关系问题[6]。后有撰文称

---

[1]王治来:《中亚史纲》,湖南教育出版社,1986年,第350页。

[2]魏良弢:《喀喇汗王朝史稿》,新疆人民出版社,1986年,第51页。

[3]魏良弢:《喀喇汗王朝史稿》,第53页。

[4]蒋其祥:《新疆黑汗朝钱币》,新疆人民出版社,1990年,第2页。

[5]蒋其祥:《新疆黑汗朝钱币》,第6页。

[6]钱伯泉:《大石、黑衣大石、喀喇汗王朝考实》,载《民族研究》,1995年第1期,第75-82页。

269

·欧·亚·历·史·文·化·文·库·

《宋史》、《辽史》和敦煌遗书中所记载的大石国、黑衣大石国和大食国，多指喀喇汗王朝"。[1]且在文中多次提及"大石国""黑衣大石国"和"大食国"即为喀喇汗王朝的说法。所说有些疑问，此说后文辨析。

22.1 喀喇汗王朝之名

尽管这个名称是近代俄国学者格里哥里也夫首次使用的[2]，但是否是随意提出的，仍需考察。其因有三：

（1）汉文史料提及的喀喇汗王朝之名。在《宋史·外国六》记载：大中祥符二年（1009 年），"其国（于阗）黑韩王遣回鹘罗斯温等以方物来贡"。同书又记，嘉祐八年（1025 年），"十一月，以其（于阗）国王为特进、归忠保顺砺鳞黑韩王"。于阗使臣罗斯温解释说："其王乞赐此号也。于阗谓金翅鸟为'砺鳞''黑韩'，盖可汗之讹也。"[3]"砺鳞"即为"čaqïr"的音译，本义为"兔鹰"，也有人译为"青鹰"[4]。《突厥语大词典》中称čaqïr"兔鹰.'兔鹰伯克'"[5]。"'黑韩'，盖可汗之讹也。"学术界对此有不同的看法。魏良弢先生认为"黑韩王"应是喀喇汗王朝（Qarakhan）的汉译。蒋其祥先生认为"黑韩王"就是"可汗王"的音译，不同意将"黑汗"译为"Kara（Qara）"（喀喇）。但有一个疑问，"黑韩"即是"可汗之讹"，那么 18 年后的于阗使臣为什么仍称"于阗国偻俩有福力量知文法黑汗王"[6]之名号。此尊号中除了"偻俩（Uluq？伟大）"和"汗"（khan）未译外，均译为汉文。有理由相信，此处的"黑"应是"Kara（Qara）"的意译，非"Khahan"的音译。关于这点，在后文还要述及。在我国的汉籍《宋史》《册府

---

〔1〕钱伯泉：《大石国史研究——喀喇汗王朝前期史探微》，载《西域研究》，2004 年第 4 期，第 37–46 页。

〔2〕《俄国考古学会研究报告》，第 17 期，1874 年。

〔3〕《宋史》卷 490，中华书局点校本，第 14107、14108 页。

〔4〕〔波斯〕拉施特主编：《史集》，余大钧、周建奇译，卷 1 第 1 分册，商务印书馆，1997 年，第 145 页。

〔5〕麻赫默德·喀什噶里：《突厥语大词典》卷 1，民族出版社，2002 年，第 444 页。

〔6〕《宋史》卷 490，第 14109 页。

元龟》《宋大诏令集》《宋会要辑稿》等中,"黑汗""黑韩"之名出现过12次以上,时间是1009—1107年,近一百年,从阿赫马德·本·阿里到阿赫马德(哈龙)·哈桑,共历12个汗王[1]。这段时间差不多是喀喇汗王朝最强盛时期,也是宋朝大发展时代,两地的交往相当频繁,相互间的了解也是深厚的,宋朝将其名称意译是完全有条件的。从中可知"黑汗""黑韩"应是所谓的"半音半译"[2]。今天将其王朝的名称还原到那个时代的自称合乎研究历史的规则。

(2)《突厥语大词典》有关"Kara(Qara)"的记述。《突厥语大词典》是当朝人书写当朝事的第一手材料。而且本书的作者出生于喀喇汗王朝王都哈什哈儿,按照穆斯林著述者的习惯自称"Qashgari",意为哈什哈儿之地的人。汉译本《突厥语大词典》译"喀什噶里",仅采字不同而已。依据作者本人的叙述,他几乎踏遍了突厥诸族生活之地,调查他们的语言,最后在塞尔柱统治下的巴格达完成了这部不朽的著作。本书著者称:"Karardi,发黑,变黑。"[3]作者明确称:"Kara"就是"黑的",而且说"哈喀尼耶的汗王们都被冠以Kara这一称号"。"像说'Buqra Kara-hakan(布格拉喀喇可汗)'那样",并列举了"Kara"的各种用法和含义[4]。从材料来看,"Kara Khakan"字面意为"黑可汗"。这在阿拉伯文史料中也有反映。在《马卫集论中国、突厥、印度》一书中,作者摘录了《突厥诸王史》(*Ta'rikh Mulūkal-Turk*)的内容,称突厥国王"首先有了Qara-khan的称号,在他之前无有此号。它的意思是'黑可汗'。他的声明是伟大的。因此从他以后,所有突厥人都希望将国王号称'Qara-khan'而荣耀。突厥语中'Qara'意为'黑',khahan意为'至尊的统治

[1]魏良弢:《喀喇汗王朝史稿》,第240-241页。

[2]魏良弢:《喀喇汗王朝史稿》,第52页。

[3]麻赫默德·喀什噶里:《突厥语大词典》卷2,第74页。

[4]麻赫默德·喀什噶里:《突厥语大词典》卷3,第217页。

者'"[1]。很难确定此处的"Qara-khan"所指的是哪个突厥王朝[2]，但14到16世纪的文献里提到"Qara-khan"的称号[3]。从上述资料来看，"Kara"本义或字面上的含义为"黑"，引申或实际的意义可能发生了较大的变化[4]。因此，魏良弢先生认为"Kara"有"大""总"的意思[5]，可能有一定的理由，但在《突厥语大词典》中对该词未做如此的解释。从麻赫默德·喀什噶里的记述看，称该王朝应为"喀喇汗王朝"，因在喀喇汗王朝出土的文书中称"喀喇可汗（Qara Haqan）"[6]，但喀什噶里却将这一王朝称为"哈喀尼耶（Haqaniyah）"，即可汗朝[7]。为何如此称法，学术界还在探索，但笔者揣测可能将尊号省去了。这种现象在我国或他国历史中是常见的，如"大宋"可称为"宋"，或"本朝"。

（3）阿拉伯史料已提到喀喇汗王朝。Abul-'Abbas Ahmadb 'Ali Al-Qashanioral-Qashi在1108年完成了他的著作 *Kitab Ra'mal An-nadim*，书中有一章专门记述哥疾宁王朝的历史，并在提到该王朝的对外关系时，述及喀喇汗王朝。其称："他（马合木）关注着新头（今印度）事务（即劫掠），并且同时也密切关注着河中的喀喇汗王朝（Qarakhanids）。"[8]马合木在位时间为388—421年/998—1030年，是哥疾宁王朝最强盛的时期，其国土已和喀喇汗王朝接壤，而萨曼王朝就在他继位的第二年被喀喇汗王朝所灭。此时，喀喇汗王朝的卡迪尔汗统治河中地

---

〔1〕*Sharaf al-Zaman Tahir Marvazi on China, the Turks and India,* translated and commented by V.Minorsky, The Royal Asiatic Society, London, 1942, pp.55–56.

〔2〕从书名来看，应该是十一世纪马吉杜金·穆罕默德·伊本·阿德浓所著，见〔苏联〕加富罗夫：《中亚塔吉克史》，肖之兴译，中国社会科学出版社，1985年，第228页。

〔3〕〔波斯〕拉施特主编：《史集》卷1第1分册，第132–134页。又见阿不哈齐《突厥世袭》对喀喇汗的叙述。

〔4〕O.Pritsak, *Qara studie zur Türkischen rechtssym Bolik,* Zur velidi Toqan's, Armğan, Istanbul, 1955.

〔5〕魏良弢：《喀喇汗王朝史稿》，第52–53页。

〔6〕牛汝极：《莎车出土的喀喇汗朝阿拉伯语法律文书与〈福乐智慧〉研究》，载《西域研究》，1999年第3期，第99–104页。

〔7〕麻赫默德·喀什噶里：《突厥语大词典》卷1，第14、33、500页等。

〔8〕Clifford Edmund Bosworth, *The Later Ghaznavids Splendour and Decay,* Edinburgh University Press, 1977, p.136.

区,并和哥疾宁王朝订立了盟约,来加强诸方面的合作[1],并联姻[2]。良好关系也反映在历史记载之中,也证明当时的历史学家在记录相关事件时,并不像有些穆斯林史家那样传抄前史或记述传闻,造成名称、年代上的混乱[3],而Qashani的记载差不多是当朝人记载当朝事,有一定的可信度。马卫集(马儿瓦兹)也提到了"Qarakhan"的称号[4]。再从阿拉伯、波斯史料看,有些穆斯林王朝用称号或封号来称呼其王朝,如和喀喇汗王朝同时代的哥疾宁王朝(Ghaznavids)又称"Yaminiah"(叶米尼耶,意为右手、右臂)。如此称法是因为哥疾宁马合木的封号(laqab)为"Yaminiah-ud-Daulah"(国家的右臂)[5]。那么,阿拉伯、波斯史家以尊号来称喀喇汗王朝不足为奇。当然喀喇汗王朝还有其他称号。这也反映在穆斯林史料之中,所以该王朝的名称在穆斯林史籍中有很多种,像"伊利克汗王朝""可汗王朝""阿弗喇西雅卜王朝"等。由此可知,将这一王朝称为喀喇汗王朝(Qarakhanids)是有一定历史依据的[6],而且"喀喇汗王朝"之名只是众多名称的一种。这在出土的阿拉伯语文书中已有反映[7]。

因此,笔者以为"喀喇汗王朝"之名并不完全是后人给他们添加的,而是该王朝诸多名称中的一种,而且是较为有影响的王朝名称。

〔1〕The Maulana, Minhaj-ud-Abu-; umar-I-usman, *The Tabaḳat-I-Nāsīrī: A General Histoty of the Muhammadan Dynasyies of Asia, Including Hindustan, from A. H. 194[810A.D], To A. H. 658 [1260A.D.]* ,vol-I , translated by Major H. G. Raverty, London, 1881, p.84.

〔2〕麻赫默德·喀什噶里:《突厥语大词典》,卷1,第500页。

〔3〕[阿拉伯]伊本·胡尔达兹比赫:《道里邦国志》,宋岘译,中华书局,1991年,张广达序言,第20页。

〔4〕*Marvazi on China, The Turks and India,* pp.55-56。

〔5〕*The Tabaḳat-I-Nāsīrī,* p. 67.

〔6〕宋岘:《阿拉伯文古钱及其在中国的流传》一文中称:"相当于中国的北宋年间,中国新疆的西部出现了由我国少数民族维吾尔人建立的伊斯兰王朝,首府在今喀什市。阿拉伯著名的史书——《伊本·阿西尔史》称之为'喀喇汗'(Qarakhan,波斯语读作Gharakhan)朝。我国史书称之为黑汗(Khaqan,波斯语读作Khaghan)。"《西域研究》,1993年第3期,第101-108页。宋先生的提法值得关注,但需要进一步查实。

〔7〕M.Cronke: "The Arabic Yarkand documents", *Bulletin of the School of Oriental (and African) Studies*(BSOAS), XLIX, 3, 1986, London, pp.455-507.

22.2　阿弗喇西雅卜（Āfrāsiyāb）王朝之名称辨析

　　将喀喇汗王朝称阿弗喇西雅卜（Āfrāsiyāb）王朝，又是一个较有名的称法。研究喀喇汗王朝的学者一般会提及这一名称。魏良弢先生称："阿弗拉西亚勃（阿弗喇西雅卜）是来源于波斯语的《王书》（即《列王纪》）中吐兰—突厥英雄阿弗拉西亚勃（Afrasiyab）的名字。"[1]王治来先生称："'额弗拉西雅卜王家'或许相据是他们的自称。"[2]王先生后又撰文说："这个王朝的首领自称Afrasiyab王族，在波斯的史诗中，这个Afrasiyab，乃是古代'土兰'的国王。"[3]我国学者对喀喇汗王朝为什么被称为"阿弗喇西雅卜（Āfrāsiyāb）"，或"阿弗喇西雅卜之族（ĀL-i-Āfrāsiyāb）"未做深入的研究。俄国学者巴托尔德认为随着费尔多西（菲尔多西）的《帝纪》（《列王纪》）的出版、弘布，把伊朗和涂兰（Turan）之间的战争提高到重要位置。"在涂兰这方面，作战的英雄被提升为突厥统治者的高位，虽然他们有纯伊朗的名字。""哈拉汗朝不但受到伊斯兰教的影响，而且还受到伊朗史诗的影响，涂兰传说的君主名字被称为ĀL-i-Āfrāsiyāb（阿夫拉西也布之家），虽然这一名字完全是非突厥的名称。"[4]巴托尔德的意见在一定程度上是正确的，但为什么纯伊朗王族被"突厥"的喀喇汗王朝王族所接受呢？回答这个问题之前，首先要解决阿弗喇西雅卜为何人？其实阿弗喇西雅卜是古代伊朗神话传说中涂兰[5]人的领袖，与古代伊朗人进行连年不断的战争，在《阿维斯陀》中称他为"弗兰格拉西安"。而《阿维斯陀》的《咖泰》和《耶什特》（颂神赞歌）

　　[1]魏良弢：《喀喇汗王朝史稿》，第51页。

　　[2]王治来：《中亚史纲》，第350页。

　　[3]王治来：《论中亚的突厥化与伊斯兰化》，载《西域研究》，1997年第4期，第17—27页。

　　[4]〔苏联〕威廉·巴托尔德：《中亚突厥史十二讲》，罗致平译，中国社会科学出版社，1984年，第89页。

　　[5]涂兰（Turan）之名由来不是"突厥之地"，而是因费里丹（Ferindun）将中亚的土地赐给图尔（Tur涂尔），后有其名。见〔英〕H.裕尔撰：《东域纪程录丛》，〔法〕H.考迪埃修订，张绪山译，云南人民出版社，2002年，第8页。

在公元前12—前10世纪在口头流传,《温迪达特》(又称《温迪达德》,即《驱魔法典》)、《维斯普拉特》(又称《维斯雷特》,即《颂神之书》)等在公元前4世纪已相继成书[1]。这说明关于阿弗喇西雅卜的传说至少在公元前4世纪已存在了,而此时突厥诸族还尚未登上历史舞台,认其为先祖显然是不可能的。但在菲尔多西的《列王纪》中也专章叙述阿弗喇西雅卜,称:"千万不能对阿夫拉西亚伯(阿弗喇西雅卜)言讲,阿夫拉西亚伯是鲁斯塔姆的死敌,他治下的土兰(涂兰)百姓都愁苦忧郁。"[2]"这中国[3]的统帅阿夫拉西亚伯,有一群土兰的勇士把他辅佐。"[4]上文中的鲁斯塔姆(Rustam,Rotastahm,意为勇士)在《阿维斯陀》中未提及,但在5世纪的粟特文片段中有此人之名[5]。在《列王纪》中他有一子苏赫拉布效力于阿弗喇西雅卜,后他因不知情而杀死了自己的儿子。由此可知,鲁斯塔姆可能生活在5世纪以前,或者是和阿弗喇西雅卜同时代的传说人物。从上述内容看,可以基本肯定在回鹘西迁前,喀喇汗王朝未建之时,阿弗喇西雅卜的传说已在伊朗人中流传[6]。据说阿弗喇西雅卜共活了400年[7]。另一方面说,菲尔多西之前已有五部《王书》问世,其中三部为散文体,两部为诗歌体[8]。菲尔多西是在综合前人的基础上写就《列王纪》的。说明这个故事在菲尔多西之前,广有影响。由此说,阿弗喇西雅卜是反击伊朗的英雄,而且在《列王纪》中不时加进许多突厥、中国的内容,使他更具有传奇色彩和英雄风尚,但他和突厥、中国无任何血脉关系[9]。

现在就要回答阿弗喇西雅卜之名如何被冠为喀喇汗王朝王族之名的问题。这其中涉及文化转型的问题。回鹘人西迁前已有相当发达的

---

〔1〕魏庆征编:《古代伊朗神话》,北岳文艺出版社、山西人民出版社,1999年,第2页。

〔2〕〔波斯〕菲尔多西:《列王纪选》,张鸿年译,人民文学出版社,1994年,第171页。

〔3〕阿拉伯文献中所指"中国",含义有二:一是中国腹地;二是指我国西北边疆的割据王朝。

〔4〕《列王纪选》,第235页。

〔5〕魏庆征编:《古代伊朗神话》,第439页。

〔6〕〔美〕希提:《阿拉伯通史》(上),马坚译,商务印书馆,1995年,第459页。

〔7〕〔古代阿拉伯〕马苏第:《黄金草原》,耿昇译,青海人民出版社,1998年,第291页。

〔8〕《列王纪选》,第3页。

〔9〕《东域纪程录丛》,第8页。

文化,且对波斯文化并不陌生[1],但相对于发达的波斯农耕文化而言,草原游牧文化要逊色很多,那么较后进的文明被较高文明异化是较普遍的现象。回鹘人进入波斯文化流行的中亚地区,大力吸收当地文化,相反却逐渐遗失了原有的文化。此外,崇尚高贵血统是上层社会普遍存在的现象。这在中亚的苏非派圣裔中得到最好的例证。这些圣裔自称是先知穆罕默德或阿里的后裔,其实他们均是纯粹的当地人,和圣裔无任何瓜葛[2]。之所以如此,无非就是抬高身价,神化血统[3]。而喀喇汗王朝王族放弃了自己的先祖先王之后,投靠到波斯英雄名下,实为贵显其本,并逐渐在传述中已忘却了喀喇汗王朝的正统血脉,而另攀先祖,但实则其与阿弗喇西雅卜家族并无任何血脉的关联。因此,巴托尔德认为喀喇汗王朝的突厥人由于受到波斯影响,已经忘记自己的祖先古代突厥人的历史[4]。他还说,伊朗地区的突厥统治者,仍然说突厥语,用突厥文,用突厥的姓名和称号。突厥语甚至在伊朗人中传播,但受过教育的突厥人还是忘记了突厥的历史[5]。这种说法未免有些武断,但喀喇汗王朝王族高攀波斯贵胄却是实在的,所以造成了喀喇汗王朝王族之争纷起。巴托尔德称:"哈拉汗朝只自称为'突厥人'和'阿夫西也布(阿弗喇西雅卜)家族'在突厥民族中没有一个占特别优越的地位,没有任何历史资料说到这一王朝本身是来源于哪一个民族。"[6]

阿弗喇西雅卜作为喀喇汗王朝王族或王朝名[7]在穆斯林史料中常

---

〔1〕这在唐以后汉籍中了解到粟特商人在回鹘人活动相关内容,回鹘文的出现和他们有关。回鹘信仰摩尼教是来源于波斯,并通过回鹘摩尼僧向唐腹地传播。见《中亚突厥史十二讲》,第48-51页。

〔2〕佚名,崔维歧译,宝文安、王守礼校:《大霍加传》(内部刊印),刊于《新疆宗教研究资料》(第十二辑),新疆维吾尔自治区社会科学院宗教研究所,1986年3月,第2-3页。

〔3〕韩中义:《新疆苏非圣徒崇拜初探》,载《西域研究》,2003年第2期,第64-72页。

〔4〕有关古代突厥先祖的传说,可参阅芮传明著的《古突厥先祖传说考》,载《西域研究》,1994年第2期,第51-58页。

〔5〕[苏联]巴托尔德:《巴托尔德文集》,卷2第2部分,莫斯科,1963年,第203页。

〔6〕[苏联][威廉·巴托尔德:《中亚突厥史十二讲》,中国社会科学出版社,1984年,第111页。

〔7〕 *The Tabaḳat-I-Nāsīrī*, p.84.

被提及,但目前,所遇目的多是9世纪末10世纪初以后的史料[1]。《突厥语大词典》中有关阿弗喇西雅卜的传说大致可分两类:一是阿弗喇西雅卜与喀喇汗王朝王族无关的传说。这一传说中明显带有祆教的痕迹,甚至有些传说则是望文生义的解释,《突厥语大词典》中称:"Kaz是阿夫拉斯亚甫(阿弗喇西雅卜)的女儿的名字。'Kazwin(喀孜温)'城是她兴建的。"[2]所谓的"喀孜温"城应是"哥疾宁"城,我国的史籍较早提到该城[3]。它的建立和突厥人是无关的,当然也和喀喇汗王朝无关了。但这其中就透露了波斯文化的信息。二是和喀喇汗王朝王族有关的传说。《突厥语大词典》中说:"kənt,城市、城镇。据此称喀什噶尔,ordkənt(ordūkand)。意思是'国王居住的城市'。因为这个城市气候宜人,阿夫拉斯亚甫曾经在这里居住过。"[4]还说,巴楚是"阿夫拉斯亚甫所建的城市"。[5]喀喇汗王朝的有些职官为阿弗喇西雅卜家族专有。作者解释"汗"时说:"han,国王。突厥人最大的国王。阿夫拉斯亚甫的儿子也被称作han。阿夫拉斯亚甫本人被称作hakan(khaqan)。"[6]"突厥人的伟大可汗阿夫拉斯亚甫被称作'toŋaalpər',是说'是象豹子一样强有力的英雄人物'。"[7]"Tarïm"[8]"特勤""可敦"均是阿弗喇西雅卜后裔的称号,他人是不能随意使用的[9]。在《突厥语大词典》中有关阿弗喇西雅卜的传说出现过20多次,足见其影响。在穆斯林史籍《黄金草原》[10]

---

〔1〕〔古代阿拉伯〕马苏第:《黄金草原》,第174页称:"其(葛逻禄)可汗之一是突厥人艾费拉西亚卜(费拉西亚卜,阿弗喇西雅卜),他是波斯的征服者。"青海人民出版社,1992年。

〔2〕麻赫默德·喀什噶里:《突厥语大词典》,卷3,第144页。

〔3〕〔宋〕赵汝适:《诸蕃志》(合刊本),杨博文校释,中华书局,2000年,第112、113页。

〔4〕麻赫默德·喀什噶里:《突厥语大词典》卷1,第362页。

〔5〕麻赫默德·喀什噶里:《突厥语大词典》卷1,第400、492页。

〔6〕麻赫默德·喀什噶里:《突厥语大词典》卷3,第152页。

〔7〕麻赫默德·喀什噶里:《突厥语大词典》卷3,第358页。

〔8〕麻赫默德·喀什噶里:《突厥语大词典》卷1,第416页,称:"对特勒(勤)、出身于阿夫拉西亚普王族的可敦们及其各代子孙们的专用词。"其他人不能使用这一词。有学者认为泛指君主之子。见〔法〕J·R·哈密顿:《五代回鹘史料》,耿昇、穆根来译,新疆人民出版社,1982年,第172页。

〔9〕麻赫默德·喀什噶里:《突厥语大词典》卷1,第432、437页。

〔10〕〔古代阿拉伯〕马苏第:《黄金草原》,第297页中称:艾夫赖西叶卜(阿弗喇西雅卜)"这位突厥人是所有突厥人的先祖,据说他是杜鲁赛卜的后裔,后者是费里敦的儿子"。

《治国策》[1]《世界征服者史》[2]《名人传记》(Tabaḳat-I-Nāsīrī)[3]《苏拉赫词典补编》[4]《中亚蒙兀儿史》[5],均提到阿弗喇西雅卜,有时还认其为突厥的先祖,影响甚远。但仔细考察,阿弗喇西雅卜和突厥或喀喇汗王朝并无关联。因而将喀喇汗王朝称为阿弗喇西雅卜王朝是不恰当的。而其中所反映的波斯文化的影响是显然的[6]。在《突厥语大词典》中说:"无塔特不会有突厥,无头颅不会有帽子。其含义,如同是没有头不会有帽子一样,没有波斯人也就不会有突厥人了。"[7]所以波斯文化对喀喇汗王朝,或突厥诸族的影响是不应忽视的。

22.3 "阿萨兰回鹘"或"回鹘阿萨兰"之名

考察喀喇汗王朝与辽朝的关系时,发现一个有趣的现象,即在所能查找到的史料中将该王朝只称"阿萨兰回鹘",或"回鹘阿萨兰",不称"黑汗""黑韩"等,其中必有缘由。"阿萨兰"是"Arslan",即狮子的音译,是喀喇汗王朝的称号之一,也用于国王之名。《突厥语大词典》说:"Ar-

---

〔1〕Nizām al-Mulk: *The book of government ; or, rules for kings*(《治国策》), p.10 称:王族和贵族一代代上溯到先祖阿弗喇西雅卜。阿弗喇西雅卜之名还见于该书 pp.178, 186。translated by Hubert Darke, London, 1961。

〔2〕〔伊朗〕志费尼:《世界征服者史》(上),何高济译,翁独健校订,内蒙古人民出版社,1981年。第62页称:畏吾儿人"这样过了五百年才出现不可汗(Buqu Khan)。现在,有人说不可汗就是阿甫剌昔牙卜(Afrasiyab)(阿弗喇西雅卜)",又第417页称:巴剌撒浑的"君王是一个把他的先祖追溯到阿甫剌西牙卜、但无能无力的人"。

〔3〕*The Tabakat－I-Nasiri*, vol-I, p.67.

〔4〕《苏拉赫词典补编》中称:"萨图克布格拉汗'圣战勇士'阿卜杜·卡里姆·本·巴兹尔阿斯兰汗·本·伽阙卡迪尔汗出自阿甫剌西牙卜·本·别禅克·阿斯特·本·鲁思坦家族。"引文见华涛:《西域历史研究》(八至十世纪),上海古籍出版社,2000年,第219页;原文见《蒙古入侵时代的突厥斯坦》卷1,1898年,第128-152页。

〔5〕米儿咱·马黑麻·海答儿:《中亚蒙兀儿史——拉失德史》(第2编)第214页称:"关于哈实哈儿地方的坟墓,首先要讲的是额弗剌昔牙卜(阿弗喇西雅卜)族的沙兔克·波格拉汗的坟墓,他是亦速甫·喀的儿汗和速檀·伊尔克·马吉的先祖。"新疆社会科学院民族研究所译,王治来校注,新疆人民出版社,1983年。

〔6〕华涛:《喀喇汗王朝祖先传说的历史解读》,载《历史研究》,2005年第6期,第108-118页。

〔7〕麻赫默德·喀什噶里:《突厥语大词典》卷2,第290页。

slan,狮子。特别用于国王的名字。"[1]这是中亚、西亚诸王朝,尤其是操突厥语的诸族王朝惯用的名称[2]。但大有疑问的是喀喇汗王朝与辽朝交往时,为什么只用"阿萨兰"的名号? 回答这一问题,有几条值得注意的材料,就是《辽史·兵卫志》《辽史·百官志》将"阿萨兰回鹘"列为"属国"[3],说明两者的关系。从历史地理环境分析,喀喇汗王朝同辽朝交往更直接,通过草原丝绸之路,可以到达辽地,而同宋的交往则要经过西夏、吐蕃等地,路途不宁,造成较多困难。因而,同宋相比,它同辽朝的交往更加便利。由此,辽朝同喀喇汗王朝不仅保持着密切的商业往来[4],而且保持着婚姻关系。太平元年(公元1021年)三月,"大食国王复遣使请婚,以王子班郎君胡思里女可老封公主,降之"。[5]但在之前的统和十四年(公元996年)十一月,"回鹘阿萨兰遣使为子求婚,不许"。[6]原因不得而知。这次"复遣使请婚"成功说明两朝关系进一步加深。众所周知,按伊斯兰教的传统原则,伊斯兰教徒和非伊斯兰教徒是不能通婚的。而此时喀喇汗王朝已经完全伊斯兰化,但文化上的差异并没有阻隔两朝的关系,相反通过联姻,加强了固有的关系。但在中国传统观念中,公主嫁人,为"下嫁",以示其尊贵,因此上文用"降之"之语。这应是传统史撰者的固有观念所致,实际是否如此,难以定论。从另一方面说,穆斯林王朝并不存在公主"下嫁"的问题,而是维持统治的一种手段[7]。但两朝业已存在的婚姻关系,结出了果,重熙十六年(公元1047)十二月,"阿萨兰回鹘王以公主生子,遣使来告"。[8]此时正是

〔1〕麻赫默德·喀什噶里:《突厥语大词典》卷3,第404页。

〔2〕Taqi-al-Din Ahmad al-Maqrizi, *A History of the Ayyūbid Sultans of Egypt,* translated by R. J. C. Broadhurst, Boston 1980, pp.62,79,179.

〔3〕《辽史·兵卫志》卷36,第431页;《辽史·百官志》卷46,第757、759页,中华书局点校本。

〔4〕郁速甫·哈斯·哈吉甫:《福乐智慧》(维吾尔文),新疆社会科学院民族研究所编,民族出版社,1984年,第914页。

〔5〕《辽史·属国表》卷70,第1156页。

〔6〕《辽史·圣宗本纪》卷13,第148页。

〔7〕Carla L. Klausner, *The Seljuk vezirat:A Study of Civil Administration 1055—1194,* Harvard University press 1973 , p.29.

〔8〕《辽史·属国表》卷70,第1163页。

阿尔斯兰(阿萨兰)汗苏来曼·本玉素甫统治东喀喇汗王朝时期。

通过婚姻,一方面加强了两地的关系,另一方面,也有助于东喀喇汗王朝同周边,尤其同西喀喇汗王朝的抗衡,以利其国稳固。因此,至少从汉文史料看,喀喇汗王朝较早被辽朝所熟知。加之,语言上有一定的亲缘关系,辽朝称其为"阿萨兰回鹘",或"回鹘阿萨兰",而不称其他名称,如此称法一定程度上将其和其他回鹘区别开来[1]。

22.4 "大石国"指称"喀喇汗王朝"辨析

2004年钱伯泉先生发表的《大石国史研究——喀喇汗王朝前期史探微》一文中称:"大石国"是指"西回鹘喀喇汗王朝"。此观点看似不误,但细细品味起来,仍有探讨之余地。其实,大食(大石)本为泛称,尤其在阿拔斯王朝后期,王权旁落,名义或实际上的藩国纷起,各国均可自称大食。《岭外代答》称:"大食者,诸国之总名也。"[2]《宋史·大食传》也说:"其(大食,引者注)国部属各异名。""然皆冠以大食。"[3]而大食之名较早见于唐之史籍,有"大食""大寔""多氏"等,即为"Tajik""Tazik"的音译,是波斯人曾对阿拉伯人的称呼[4],但十一世纪以后含义发生了变化,指波斯人,或信仰伊斯兰教的诸族[5]。其演变为指特殊群体。在《突厥语大词典》中,麻赫默德对"Tazik"列有专门的词条[6],是指波斯人,和该词基本对应的词就是"Tat"[7]。而且麻赫默德将波斯(Tazik)人

〔1〕在《辽史》中将诸地的回鹘较明确地区分开,有"和州回鹘"(即"高昌回鹘",多称"回鹘")、"甘州回鹘""沙州回鹘""阿萨兰回鹘"。还有"师子",这应是"Arslan"的音译,可能是"阿萨兰回鹘"。

〔2〕〔宋〕周去非:《岭外代答》卷3,杨武泉校注,中华书局,1999年,第99页。

〔3〕《宋史》卷490,第14118页。

〔4〕张星烺编:《中西交通史料汇编》(第2册),朱杰勤校订,中华书局,2003年,第677页。

〔5〕Michal Biran *Qarakhanid studies: A view from the Qara Khitai Edge*, Cahiers D'Asie Centrale N° 9, 2001, pp.77–89.

〔6〕麻赫默德·喀什噶里:《突厥语大词典》卷1,第407页。

〔7〕麻赫默德·喀什噶里:《突厥语大词典》卷1,第41、479页;卷2,第289页;卷3,第284页。

和突厥人区别开来[1]。和麻赫默德同时代的郁速甫·哈斯·哈吉甫也将其区分开,他说:"阿拉伯语、塔吉克(Təzik大食)语(书写)的书记甚多,而用我们自己的语言(突厥语)书写的,只有此作。"[2]在《史集》中解释"突厥蛮"时,说由于自然环境的因素,他们"逐渐变成近似于大食人(tazik)的容貌。但因为他们不是真正的大食人,所以大食人称他们为突厥蛮,意即类似于突厥者"。[3]说明尽管波斯人和突厥人均是信仰伊斯兰教的民族,但两者是有差别的[4]。汉籍中称:"大食国本波斯之别种。"[5]大食"本波斯之别种,在波斯国之西,其人目深,举体皆黑"。[6]"大食之地甚广,其国甚多,不可悉载。"[7]而《旧唐书·大食传》称:"大食国本在波斯之西。"[8]《新唐书·大食传》说:"大食本波斯地。"[9]《通典·大食国传》也云:"其国在波斯之西。"[10]看来,"大食本波斯之别种"之说不确,但可以断定波斯和大食有区别。这在19世纪末发现喀喇汗王朝阿拉伯、突厥语文书时进一步得到实证[11]。

从上可知,大食既是泛称,又为特指。前者指所有信仰伊斯兰教的诸国,或诸族;后者仅指波斯人,或阿拉伯人。那么,钱先生文中所谓的大石(大食)被有些史料称"喀喇汗王朝"的提法,需斟酌。为何大石(大食)不能指他国呢?因《辽史·天祚四》称:耶律大石到寻思干时"西域诸国"举十万,号忽儿珊,拒大石,结果败北,"回回国王来降"[12]。这个国

〔1〕麻赫默德·喀什噶里:《突厥语大词典》卷2,第115页。

〔2〕郁速甫·哈斯·哈吉甫:《福乐智慧》(维吾尔文),第20页。

〔3〕〔波斯〕拉施特主编:《史集》卷1第1分册,第139页。

〔4〕〔伊朗〕志费尼:《世界征服者史》(上)第39页称:"……突厥人、大食人和印度人,都名载史册。"还见第136、139、199页。

〔5〕《宋史·大食传》卷490。

〔6〕〔宋〕庞元英:《文昌杂录》卷1,雅雨堂藏本,乾隆刊本。

〔7〕〔宋〕周去非:《岭外代答》卷2,第75页。

〔8〕《旧唐书·大食传》卷198,中华书局点校本,第5315页。

〔9〕《新唐书·大食传》卷221,中华书局点校本,第6262页。

〔10〕《通典·大食国传》卷193,中华书局点校本,1988年。

〔11〕M. Cronke: *The Arabic Yarkand documents,* BSOAS, XLIX, 3, 1986, pp. 455-507; and M. Fadal: *The Turkish Yarkand documents,* (BSOAS), XLVII, 2, 1984, pp.260-301.

〔12〕《辽史·天祚四》卷30,第356页。

王就是西喀喇汗王朝的统治者。大石称帝后,统治地西至起儿漫。其统治地域达到古儿王朝和塞尔柱王朝领土的一部分[1]。可见,大食并非指喀喇汗王朝一国,而是"诸国"。在《辽史·部族表》中称:"回回大食部"在寻思干和起儿漫[2]。这已超出了喀喇汗王朝的故地。况且在《辽史·音乐志》中有"大食调""小食调"[3],如何解?同时,翻译和田文书时,刻意将"Tazik"译为"大石",为何不译为"大食",或其他名称呢?钱先生又将"耶律大石"之"大石"与"大食"或"大实"联系之,似不妥。"大石"应为"Dash"或"Tash",意为"石头",引申为"坚强",常用于人名[4],不应是"大食"(Tajik、Tazik),当然此名也和"大食""大石"或"大实"无关。

由此,笔者以为汉籍中的"大食""大寔""大石""大实",即指信仰伊斯兰教的同一文化群体,或指特定的人群,如阿拉伯人、波斯人、突厥人等,并非因音译取字,或敦煌文书中采用俗字而发生指称变化。因此,所谓"宋初的'大石''大食'即为西回鹘喀喇汗王朝"的立论在狭义,或特指时,需要仔细斟酌,但广义或泛称指"大石""大食"为喀喇汗王朝还勉强说得通。

22.5　喀喇汗王朝其他名称辨析

"伊利可汗王朝"之名在一些穆斯林著作中经常提到。对于这一名称巴托尔德在其《文集》和莱登版的《伊斯兰百科全书》中做过详尽的解释,有兴趣的学者可参阅之。"桃花石王朝"之名是依据该王朝的称号,在《突厥语大词典》中,提到这一称号[5]。在《长春真人西游记》中指汉

---

[1]魏良弢:《西辽史研究》,宁夏人民出版社,1987年,第128页。

[2]《辽史·部族表》卷69,第1123页。

[3]《辽史·乐志》卷54,第889页。

[4]〔伊朗〕志费尼:《世界征服者史》(下册),第805、806页,

[5]麻赫默德·喀什噶里:《突厥语大词典》卷1,第479页。

人或中原人[1]。"可汗王朝"在《突厥语大词典》中被提到几次,为何如此称法,著者未做解释,学术界也有不同的看法,但笔者怀疑是否是一种略称,对此还需进一步研究。而所有上述名称,现代学术著作中绝少采用。因此,笔者未对这些名称做详尽的探索。

22.6　小结

这一称雄西域的王朝名称是学术界长期讨论的问题,其正名如何称法,学术界有不同的看法。笔者在前人研究的基础上,结合阿拉伯、突厥、汉文文献,对该王朝的名称做了初步的辨析,并认为"喀喇汗王朝(Qarakhanids)"应是较合适的名称。这一名称不仅已被国内国际学术界所接受,而且也较符合历史实际。

此文得到了陕西师范大学西北民族中心周伟洲教授、王欣教授的赐教,并提出了诸多修改意见,特致谢。

(此文原刊于《中国历史地理论丛》,2006年第4期,第137-145页)

---

[1]《长春真人西游记校注》卷上第31页称:"土人惟以瓶取水戴而归,及见中原汲器,喜曰:'桃花石诸事皆巧。'桃花石,谓汉人也。"邱处机述,李志常记,王国维校注,收入《王国维遗书》第13册,上海古籍书店,1983年。《突厥语大词典》卷1,第479-480页也称:"'桃花石'就是秦人。"也指突厥人。

23 西安市少数民族流动人口基本状况的田野调查

23.1 性别比例

在流动人口性别比例上,男性一直占据着主导地位。西安市少数民族流动人口性别比例也不例外。调查显示西安市少数民族流动人口中,男性占有绝对优势。在调查的 101 个样本中,女性样本只占到 20个,占总样本的 20% 还弱。但在实际的少数民族流动人口中,女性的比例可能还要小,因为在课题组调查过程中,为了了解女性的整体情况,课题组有意增加了女性样本的数量。女性在少数民族流动人口中数量甚微有诸多原因。

一方面,西安市大部分少数民族流动人口都来自于偏远、贫穷的农村地区和民族地区。通过调查可以看出,81.2%的少数民族流动人口来源于农村,农村有较强的男女性别限制,其原因是"男主外,女主内"的思想起着重要作用。另一方面,由于未婚农村女性外出涉足社会常不被农村的传统道德习惯所接受,而已婚的少数民族女性则要负责在家中照顾老人和小孩,忙于家务和农活。另外,少数民族流动人口所从事的行业也是造成女性流动人口数量较小的原因之一。根据调查了解,西安市少数民族流动人口从事的职业大多以体力劳动为主,这给少数民族女性流动人口来西安务工造成了较大障碍。

这一整体情况因民族成分的不同也有所差异。在20个女性样本中,回族女性样本占了15个,其中有11个样本未婚。这在一定程度上反映了回族较高的城市化水平。维吾尔族流动人口中女性比例也比较小,而不同的是维吾尔族女性流动人口以已婚出来务工的案例较多。课题组成员沙吉丹牧的调查数据表明,全市样本为93人,其中维吾尔族男性73人,占78.5%;女性20人,占21.5%。维吾尔族男性比例远远高于女性。她认为西安市维吾尔族流动人口的性别构成主要是由维吾尔族文化中的性别规范决定的。大多数维吾尔族来自南疆的农村,其性别角色规范较为严格。她得出结论认为最初来内地从商的大多数是男性,女性则留在家乡忙于家务或照看孩子。

其他东乡、保安、撒拉等民族流动人口数量有限,女性流动人口较少,主要是随丈夫一起外出打工,而单独打工的人员鲜见。总体而言,西安女性少数民族流动人口数量较少,比整体流动人口的男女比例更为悬殊。这是少数民族流动人口区别于其他流动人口的重要特征之一。

23.2　来源地构成

前文已述,西安市少数民族流动人口大多来自于偏远的农村和少数民族地区。具体而言,少数民族流动人口来源地则更为集中于特定的省区或县市。首先从省份上来说,西安市少数民族流动人口大多来自新疆维吾尔自治区(以下简称新疆)、甘肃、宁夏回族自治区(以下简称宁夏)、青海、内蒙古自治区(以下简称内蒙古)、西藏自治区(以下简称西藏)等省区,而其他省区流入西安市的少数民族务工人员人数相对较少。如个别的湖南等土家族在西安市从事特色餐饮,销售茶叶等行业。其次,具体到每个省份而言,其流出地点也呈现出一定的集中性。课题组调查,从甘肃流出的主要集中在镇宁、平凉、张家川回族自治县(以下简称张家川);宁夏主要集中于泾源;新疆少数民族流动人口主要来自喀什、伊犁、阿克苏、和田、哈密等地,主要是维吾尔族;课题组成员

沙吉丹牧调查发现,西安市维吾尔族流动人口的来源地有明显的地域特色,如表23-1所示:

表23-1　西安市维吾尔族流动人口来源地构成表(单位:人)[1]

地区	喀什	和田	伊犁	哈密	阿克苏	吐鲁番	库尔勒
人数	39	22	25	2	3	1	1
百分比	41.9%	23.7%	26.9%	2.2%	3.2%	1.1%	1.1%

调查者还发现和田地区的维吾尔族大多数来自墨玉县乡镇;喀什地区的维吾尔族大多数来自疏勒县和疏附县的乡镇;伊犁地区的维吾尔族大多数来自伊宁县潘津乡。

青海的循化、玉树等地是少数民族流动人口最为集中的流出地。流出地的少数民族流动人口存在一定的民族差异。例如甘肃的平凉、镇宁、张家川和宁夏的泾源等地主要是回族流动人口,并构成了西安市回族流动人口的主体。以西安市回民街的回族流动人口为例,餐厅服务人员基本是由甘肃平凉、张家川和宁夏泾源的未婚青年组成;人力三轮车大部分由张家川和平凉的青壮年回族经营;而从事小本经营的大部分为这些地区的回族已婚妇女;来自于平凉的回族还多从事屠宰业和大型餐饮业。河湟地区民族成分较为复杂,也是少数民族流动人口的重要来源地,其中循化则是撒拉族流动人口最集中的来源地,伊犁少数撒拉族流动人口也从业于西安市;维吾尔族流动人口大部分来自于南疆和北疆等地的农村;藏族流动人口从西藏流出的较少,大部分来自于青海的玉树、甘肃甘南藏族自治州等地;甘肃临夏回族自治州是东乡族和保安族流动人口较主要的流出地。来源地集中现象很好地印证了"推拉理论"[2]。在少数民族的人口流动中仍然存在。

---

〔1〕所有图表和访谈材料均为本课题组调查所得,特此说明。

〔2〕推拉理论认为少数民族人口流向城市是由于作为流出地的民族地区相对城市而言,经济条件差,收入低,就业空间有限,从而对少数民族流向城市产生一种推力。同时,这种推力在国家改革开放政策实施以来的全国人口流动的背景下成为一种不可阻挡的潮流。李吉和《近年来城市少数民族流动人口研究综述》,载《西北第二民族学院学报》(哲学社会科学版),2008年第3期,第11页。

表 23-2　调查对象来源地组成表

民族	所占样本数量(总101)	主要来源地
回	73	平凉、张家川、镇宁、泾源
撒拉	10	循化、伊犁
保安	0	积石山撒拉族东乡族保安族自治县
东乡	5	东乡族自治县
维吾尔	10	喀什、和田、伊犁、阿克苏
藏	3	玉树、甘南藏族自治州

课题组认为,西安市少数民族流动人口来源地较为集中直接原因在于:

第一,少数民族流出地相应都有大量的少数民族聚居,这是形成西安市少数民族来源地集中的一个前提条件。

第二,来源地集中地区多是经济较落后的少数民族地区,通过外出务工的方式可以获得更好的经济收入。

第三,大量的剩余劳动力无法在农村自行消解,外出务工成为这些剩余劳动力的重要谋生手段之一。

第四,西安市少数民族流动人口的就业方式是造成其来源地集中的关键因素。

第五,西安市交通便利,经济发展较快,且有少数民族较集中的回民街,有助于吸引外地的少数民族流动人口。

此外,课题组调查时发现,外出务工的少数民族流动人口很少是通过中介或者政府安置的途径就业的,除了个别出来自谋营生外,很大部分是通过已在外就业的老乡、朋友、亲人介绍等方式谋取就业机会,并实现就业的。通过这种渠道就业的人数占总样本的51.5%以上,而通过中介和政府安置的方式就业的只占了3%。这种就业方式必然造成少数民族流动人口来源地集中的现象。

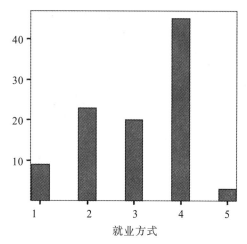

图23-1　西安市少数民族流动人口就业方式

(其中1为老乡,2为朋友,3为亲人,4为自己找,5为中介)

来源地集中的特征给西安市少数民族流动人口提供了较为舒适的微观环境。"熟悉的人、熟悉的语言、熟悉的关系网络"等使其适应西安市城市环境的步伐明显加快;但另一方面,相对狭隘的交际网络也阻碍了其对社会资源的获取,也很难使他们真正融入西安市的城市生活。

23.3　年龄构成

从年龄特征上而言,西安市少数民族流动人口以30岁以下的青少年为主。在全部样本中,30岁以下的流动人口样本为65个,占总数的64.4%。30岁以上的流动人口集中在30~50岁之间,有34个样本,占总数的33.6%。课题组成员沙吉丹牧对西安市维吾尔族流动人口年龄结构进行了调查,如表23-3所示,年龄在20~40岁之间的青壮年为流动人口的主体,样本中20~40岁之间的人数占73.1%。她认为这与流动人口的年龄结构相符合,说明流动到内地大城市的维吾尔族同样趋于年轻化。

表 23-3　西安市维吾尔族流动人口年龄结构表

年龄组(岁)	20以下	20~30	30~40	40~50
人　数	20	44	24	5
百分比	21.5%	47.3%	25.8%	5.4%

值得注意的是西安市少数民族流动人口中,年龄在20岁以下的适学龄青少年占了较大部分,占总数的30.7%。上表3维吾尔族20岁以下的年轻人占21.5%。

其原因在于:

首先,年轻人在少数民族流动人口中占有绝对优势,在西安市中表现得更加突出。年轻人是农村剩余劳动力中最为活跃的群体,他们外出务工具有身体素质和知识水平上的先决条件。而现在信息传递的终端能快速抵达农村地区,这也使他们对城市的生活有所了解甚至是向往,继而在同乡、朋友、亲人的介绍下陆续加入了外出务工赚钱的热潮之中。西安市的这一部分少数民族流动人口,大多从事于劳动链底端的服务行业,生活水平即便是有所改善,但收入微薄。

其次,上述群体中,比较特殊的是20岁以下的少数民族流动人口。他们之所以特殊是因为其外出的动机具有很大的盲目性和较为浓厚的"闯天下"意识。他们在家庭中的负担较小,既不用养家糊口也不用接济他人,出来务工只是赚钱与消费。年仅17岁的MLM在西安市已打工3年,他谈道:

> 书念不下去了,嘿嘿……考试考不好,英语和数学我就啥都不会。上到初三就不念了,我姐姐还念着哩,人家学习好,明年考大学呢。(调查者:家里一共有几个娃?)我们家一共有四个娃呢,我是老小,前面三个都是女子。我们是农民种地的,家里没钱,有钱我就做生意去了,谁还跑到这里看人家的脸色呢。现在种地也赚不了钱,泾源的地也不多,我们家六个人才四亩地,根本就不够吃。(调查者:那你为什么不到其他地方打工?)我也到银川和兰州打过工,都不好,老乡太少了。西安的老乡多,有事情也方便,光我们这个店里就有20几个泾源的。

一般而言,20岁以下的青年正值学习阶段,他们初中、高中毕业后,不能顺利继续入学,或者是中途辍学之后,很难在农村找到其他合适的职业,而传统的农耕生活方式并不为他们所接受。如维吾尔族烤肉老板 Adl 讲述他的经历时说:

> 我的家乡在乡下,生活条件很差,靠种地为生。初中毕业后,我在电影院门口卖瓜子,生意还可以。后来我又到煤矿上买煤,拉到伊犁市卖。为了赚一车煤的钱要三天。我个子小,拉不动,吃了很多苦,受别人嘲笑,很辛苦。16岁多的时候,听人说乌鲁木齐是个很大很漂亮、挣钱很容易的城市。所以,没有告诉家人就和朋友偷偷跑到乌鲁木齐,但是只是一种兴趣。到了乌鲁木齐以后,我们在一家餐厅打工为生,我当时很聪明,师傅很喜欢我。我负责倒茶,来的客人要我买烟,去很远的地方给他们买烟回来,他们给我一、两元跑路费。师傅怕我很快学会,就故意不教我。但是我自己就有了强烈的(挣)钱的意识,所以我平时观察师傅的举动,把他做饭的方式记下来,自己学习。学了一点以后,我朋友和我分开了,他们去了烤包子铺,我留下了。(后来乘火车到西安)在西安转了几天。在西北大、西工大附近看见那里有个大市场,是夜市,晚上很热闹。我以前就听过也见过维吾尔族在口里(内地)卖烤肉,所以我也想干干这行。当时我身上只有200元,我就从一个汉族人那里买了个烤肉架,但是没有地方住。我去找一个汉族房东,给他求情。他让我赊账先住下,又给我借了400元让我开始做生意。第一次我买了200元的肉,卖了400多元。我对自己有了信心,觉得做生意还是有信心的。后来我联系家人,把我弟弟也接到了西安,我们两个一起做。记得有一天我们卖完烤肉回来,弟弟骑车,我坐在后面因为太累睡着了,弟弟找不到地方迷了路。慢慢地有了做生意的门路,就一直在那个市场卖烤肉。我们有个小录音机,放着维吾尔音乐,也吸引了不少人。

鉴于此,大量少数民族农村地区的贫困学生,只要走出校门就会出来打工。从他们自身而言,这样既可以避免艰苦的农村生活或者学习,又可以养活自己。课题组在调查中发现,13~17岁的未成年人在少数民族流动人口中有时也出现,由于他们年龄太小甚至无法胜任自己的工作。至于他们的工资也仅限于吃喝零用,而他们对于资金积累几乎未予以考虑。

可以说30岁是西安市少数民族流动人口的分水岭。30岁以下的流动人口多从事餐厅服务业、人力车、家具收购、小本生意等行业;而30岁以上的少数民族流动人口相对富裕,这一群体多以自己经营餐厅(饭馆)和其他较大的生意为主。总之,西安市少数民族流动人口的年龄结构整体上更加趋于年轻化。年轻人在适应城市的过程中有诸多的便利,熟练运用的语言、活跃的社会交往和较为淡薄的宗教观念等,这使得他们对异质的文化和不同的环境在接受能力方面有明显的优势,加速了其城市适应的过程。

(本文收入《遭遇——调适"现代化背景下的城市穆斯林"学术研讨会文集》,甘肃民族出版社,2012年10月,第134-140页。作者:韩中义,沙吉丹牧,马翔)

第五编　别录

24　文化理解与文化对话的
百年进程
—— 第四次文明对话国际学术研讨会综述

2010年6月11-14日,以"文化理解与文化对话的百年进程"为主题的第四次文明对话国际学术研讨会在南京召开。此次会议由南京大学和哈佛大学哈佛—燕京学社共同主办,所讨论的核心问题是"回儒对话",即伊斯兰教与中国传统儒家思想的对话。参会者包括中国、美国、德国、法国、意大利等国在内的几十所高校和学术机构的80多位专家学者,共收到论文43篇。

开幕式由南京大学民族与边疆研究中心华涛教授主持。南京大学校长助理、人文社会科学高级研究院院长周宪教授,哈佛大学燕京学社社长斐义理(Elizabeth Perry)教授,中国伊斯兰教经学院副院长高占福研究员,南京大学—霍普金斯大学中美研究中心主任杨凯里(Jan Kiely)教授致辞。宁夏社会科学院回族伊斯兰教研究所所长马平研究员做了题为"不同信仰间的'文化理解'与中国回儒对话范式"的发言。他认为根据当今世界格局,大有必要发扬历史上曾经出现过的"回儒对话"精神,为世界和平提供经验,提倡不同文明间的和谐相处。云南大学副校长肖宪教授回顾了2006年在云南大学召开的第三次文明对话会议的情况,并做了题为"中国穆斯林与文化自觉"的发言。美国石溪(Stony Brook)大学村田幸子·柴提克教授做了题为"刘智在回儒对话中的意义"的发言。他从对凯拉姆学、伊斯兰哲学和苏菲主义三者的比较入手,引出了刘智所著的《天方性理本经》,并对其做了精辟的分析。

华涛先生总结了十年以来四次文明对话之所以成功的三个主要原因:第一,不是单方面说教,而是对话双方共同努力、相互学习、相互提

·欧·亚·历·史·文·化·文·库·

携的结果;第二,对话没有像国内或国际上的一些其他工作一样去做大肆的宣传或舆论的炒作,而是采取了一种耐心的、低调的态度,争取的是一种长期的相互学习、批评和理解;第三,中国的伊斯兰文化认同表现出新的时代特点。

"宗教与中国问题研究"研讨会由中国社会科学院伊斯兰教研究室主任周燮藩研究员主持。复旦大学徐光启—利玛窦文明对话研究中心魏明德(Benoit Vermander)教授做了题为"智慧的危机与跨宗教对话"的发言。他认为,宗教交流是使全球化能够变得更有人性的一个极好的方式,全球化的世纪是宗教交流的世纪,不同宗教的信众因发展出对其信仰与他人信仰的新理解,变得更加相互了解并可以建立国际网络。宗教传统间的对话与合作有助于我们应对全球共同的挑战。此外,中美文化中心魏亚当副教授、南京大学杨德睿教授、上海外国语大学中东研究中心朱威烈教授分别做了题为"儒回对话与原初天道观的意义""近年来道教研究的趋势观察""深入理解伊斯兰,推动文明多样性"的发言。高占福研究员和姚大力教授分别做了评论。

专题讨论分为五个部分:中国历史上的回儒对话、回儒对话的现代思考、伊斯兰在中国的发展、文明对话的理论探索、文明对话的前瞻等内容。

"中国历史上的回儒对话"专题讨论由中央民族大学杨桂萍教授主持。江苏省行政管理学院米寿江教授阐述了包括刘智、王岱舆、马注等人在内的金陵学派的影响及当代意义;中央民族大学博士研究生董萝贝(Roberta Tontini)通过对刘智《天方性理》的研究,认为伊斯兰教法在引入中国之后,不但没有消失,而且通过了一个本土化的根本的重新解释过程。其教法观点,虽然受到了中国儒家思想的大量影响,但仍然和伊斯兰教的逊尼派思想能够保持基本的吻合及相同的道统。清真书局编辑曼素尔·穆萨从刘智著述中的"本然"这一范畴和《真一三品图传》入手,对伊斯兰认主学进行了独到的分析,并指出汉文化对于构建伊斯兰认主学的意义。中国社会科学院世界宗教研究所马景博士从清代官方文献出发,对刘智及其著作的介绍或评论做了有益的探讨,揭示了儒家知识分子眼中的刘智。此外,宁夏社会科学院研究院助理研究员金贵和仇王军也做了发言。

"回儒对话的现代思考"专题讨论由南京理工大学教授季芳桐主持。宁夏大学任军教授以"当代'回儒对话'中的'传统'与'现代'之争"为题,对当代伊斯兰哲学家纳塞尔与新儒家代表人物刘述先之间的一场争论进行了回顾和总结。西北民族大学伊斯兰文化研究所马明良教授对伊斯兰文明与儒家文明的人生价值观进行了比较,认为伊斯兰文明与儒家文明是传承千年、博大精深、影响深远的两大东方文明,二者的对话与交流对于构筑"多元共存,和而不同"的全球文明格局具有现实意义。宁夏社会科学院回族伊斯兰教研究所丁克家研究员认为,在当今全球化时代,人类的多样性文明之间,不同民族之间,不同的利益群体之间,都需要沟通和理解,需要彼此由浅入深地学习、交流和对话,文明对话显得日益紧迫而重要。另外,江苏省行政学院尤佳教授、兰州大学丁士仁副教授也从各自不同的角度对这一问题进行了讨论。西北民族大学马效佩副教授进行了点评。

"伊斯兰在中国的发展"专题讨论,由陕西师范大学西北民族研究中心韩中义研究员主持。上海师范大学哲学学院王建平教授以"论中国伊斯兰教的'忠孝'观"为题,从《古兰经》和"圣训"中有关忠孝的教导、中国穆斯林学者对忠孝观的阐述、穆斯林群众对忠孝观的实践等角度分析了中国伊斯兰教的"忠孝观"的正负两方面的作用以及中国伊斯兰教与中国宗教在维系社会秩序和等级制度上的类同性。南京理工大学季芳桐教授以伊斯兰教"普慈特慈"的慈善观与佛教"大慈大悲"的慈善观作为观察点,对回佛慈善观进行了比较学阐述。他认为伊斯兰教的普慈特慈与佛教的大慈大悲对于提高全社会的道德水准、道德境界都有积极作用,也是社会精神文明建设不可或缺的精神财富或遗产。此外,吉林师范大学副教授许淑杰、南京大学历史学系博士生纳巨峰、宁夏大学副教授刘莉、上海市民族与宗教事务委员会副研究员张志诚等也参与了讨论。兰州大学副教授丁士仁做了点评。

"文明对话的理论探索"专题讨论,由陕西师范大学西北民族研究中心哈宝玉副教授主持。上海社会科学院研究员葛壮以"'文明冲突'与'和合共处'"为题,讨论了不同宗教相处的模式问题,并认为不同信仰的宗教之间是能够也应该和合共处的,这对全人类社会达到和谐的理想境界,具有积极的示范效应。陕西师范大学西北民族研究中心研究员韩中义以"软冲突:文明的悖论及其归宿"为题,通过对亨廷顿"文明冲突论"的深层剖析,阐释了各种文明的关系与结构,并认为无论多么强大的文明都需要不断进行自身调节,要学会与不同文明和谐相处的技能,才会有可能与不同文明进行深入交流。另外,兰州大学周传斌教授、西北民族大学丁俊教授也发了言。西北民族大学马明良教授做了点评。

"文明对话的前瞻"专题讨论由兰州大学周传斌教授主持。宁夏大学王峰研究员对当前伊斯兰世界面临的内外严峻挑战及其未来态势做了较为深入的分析。他认为从某种意义上讲,伊斯兰世界是否稳定,关系到世界的和平与发展,伊斯兰世界的前途和命运,关系到全人类的前途与命运。北京大学沙宗平副教授以"仇必和而解"为题,阐述了"文明冲突"与"文明和谐"的关系,认为,所谓"文明的冲突",就是"仇必仇到底",至于"文明的和谐",则是"仇必和而解"。我们的态度,应当是"执其两端,用其中于民"。此外,西北民族大学副教授马效佩、兰州大学副教授马明贤也参与了本场讨论。江苏省行政学院教授尤佳做了点评。

"文化理解与文化对话的百年历程"专题讨论由上海社会科学院葛壮研究员主持。中国伊斯兰教经学院研究员高占福从刘智所著的《天方典礼》展示的"以儒诠经"思想出发讨论了伊斯兰教在中国的本土化,认为"以儒诠经"是伊斯兰教在中国本土化的一次思想文化探索,奠定了回族伊斯兰教哲学思想的基础,其贡献具有传世的积极意义。陕西师范大学西北民族研究中心马强副教授结合自己在马来西亚田野工作中的切身体会,对马来西亚华人穆斯林这一特殊群体进行了深入的探讨。他认为尽管华人穆斯林目前还不能完全承担华人和马来人、华人文化和伊斯兰文化之间的整合力量,但对于其未来在建构马来西亚的国家认同和族群融合方面所发挥的功能不可忽视。此外,南京师范大学社会学系白莉副教授、南京大学历史学系杨晓春副教授、日本敬和学园大学松本真澄教授等参与了本场讨论。

在6月12日晚,举行了一场以"民族、宗教与'中国性'"为主题的学术沙龙。复旦大学姚大力教授,北方民族大学丁万录教授、丁明俊教授,南京大学华涛教授,石河子大学龙群副教授,陕西师范大学哈宝玉副教授分别做了发言。

闭幕式由南京大学华涛教授主持,由中国伊斯兰教经学院副院长高占福研究员、美国哈佛大学裴义理(Elizabeth Perry)教授以及主持人华涛先生做学术总结。

此次会议在南京大学和哈佛—燕京学社的共同努力下,取得了圆满成功。在会议过程中,所讨论的问题既涉及理论构架,也涉及现实层面。整个会议安排紧凑,短短2天时间,进行了6场专题讨论、一场特邀发言和一场学术沙龙,共有60多位学者发言。

文明对话必将成为21世纪甚至以后更久的历史时期内一个世界性的主题。正如一位与会学者所说:"只要人类文明的进程不中断,那么各个宗教之间、各个文明之间的对话将会是人类社会面临的主要论题之一"。

（此文原刊于《中国穆斯林》,2010年第6期,第56-58页。作者:唐智,韩中义,马丽静）

25 生存与发展

——长沙市清真餐饮业初步调查分析

25.1 长沙市区回族分布概况

　　长沙市辖五区（岳麓区、芙蓉区、天心区、开福区、雨花区）、1个县级市，总面积为1.18万平方公里，其中，主城区面积598平方公里，县级市浏阳，面积5007方公里。主要居住人口为汉族，同时杂居各少数民族。"据1990年第四次全国人口普查，回族人口为93205人，占全省总人口的1.53%，占全省少数民族人口数的2.8%。长沙市有回族2517人，80%在城市。"[1]根据2000年第五次人口普查，长沙地区少数民族主要为土家、苗、侗、瑶、回、壮和白族，人口有48564人。明初，回族人始居湖南长沙市，距今有六百余年。如明洪武年间，马成忠任长沙校尉，后落籍为民。此后，又有一批回族陆续从北京、南京、陕西、云南以及省内常德、邵阳等地迁入，也有随李自成、张献忠起义转战到长沙落籍的。至清末民初，湖北地区河阳发生水灾，大量回族南下入湘，回族人口再次增加。辛亥革命后，提倡五族共和，长沙、湘潭等地相继兴建了清真寺。现今位于该市开福区捞刀河镇的汉回村是长沙唯一的少数民族——回族聚居地。其姓氏有徐、兰、马、丁、李、成等。

---

　　[1]国家统计局人口和社会科技统计司、国家民族事务委员会经济发展司编：《1990年人口普查中国民族人口资料》，民族出版社，1993年，第218-219页。

25.2　长沙清真餐饮业的发展

长沙清真餐饮业经营方式主要以各种类型的清真饭店、小吃摊点为主,多数集中在人口稠密的商业中心、交通中转站以及高校周边。长沙市清真餐饮业由于受经营者教育程度、消费群体的差异及餐饮文化的影响,抑制了清真餐饮业的快速发展,在主流的餐饮业市场中处于从属地位。原因在于:第一是清真餐饮业品种创新意识不强,花样单一,不足以吸引消费者;第二是经营者原始资本投入不足,起点低,微利经营,难以扩大再生产;第三是服务对象大多为低端消费群体,很少有高端消费群体涉足;第四是多数经营者受教育程度较低,思想保守,存在小富即安的心理。

综上所述,有必要进一步加强对长沙清真餐饮业历史、现状及发展趋势的研究,这对于促进长沙市清真餐饮业的发展,具有十分重要的现实意义。

25.3　长沙清真餐饮类型及经营状况的分析

经过对清真餐饮业部分经营主体的各级人员及摊贩的访谈,笔者将结合5个典型案例对长沙清真餐饮的经营状况进行剖析,进一步研究分析制约清真餐饮业发展的问题。此次访谈对象情况见表25-1所示。

25.3.1　中档清真餐饮业的经营现状

在长沙,没有大型的清真餐饮企业,所以笔者只能从中等规模清真餐饮业着手进行调查分析。该市中等规模的清真饮食企业在主流市场没有多大影响,即使有人来此消费,也是图新鲜。

表25-1 调查对象概况表

调查对象	经营规模	被访人员
咖希穆餐厅	中档	分店管理者1名,员工2名
巨州清真餐厅	中档	管理者1名,员工1名
新疆穆斯林餐厅	中档	管理者1名,员工1名
新锦麟家菜馆	中档	管理者1名,员工1名
清真李和盛	中档	管理者1名,员工2名
兰州正宗牛肉拉面馆(窑岭大中华)	低档	管理者1名
兰州正宗牛肉面(沙子塘)	低档	管理者1名,员工3名
兰州牛肉面	低档	经营者1名
西湖源	低档	经营者1名
兰州正宗牛肉面	低档	经营者1名
烤养肉摊位	个体户	摊主1名

个案一:清真咖希穆餐厅,MF,女,新疆人,维吾尔族,餐厅经营者。

我最早在铁道学院附近开牛肉面馆,主要卖牛肉面及炒饭。那会儿整个店上下仅有十多张小桌子和八九个店员,虽然当时规模很小,但位置好,我们的价格又实惠,来吃饭的学生很多。2004年我在五一路开了第一家咖希穆餐厅,2008年在侯家塘也开了分店。刚开第一家咖希穆那会儿,长沙人还没有接受清真菜,因为长沙人误认为"清真"就是清淡,其实这个词来源于宗教,是伊斯兰教哲学的最高概括,含有幽静、高洁的意思。现在由于其口味加入了长沙人喜爱的辣,已为越来越多的人接受。我们店的特色主要是烤羊肉和酸奶,我们的牛羊肉全是从新疆空运过来的,一只烤全羊88元,重八公斤,十几个人也吃不完。而且我们的烤全羊一定要先用洋葱、胡萝卜、盐腌制5小时,再用中火挂烤5小时。五一路最多时有三家清真菜馆,但现在就剩我们一家了。我感觉长沙的饮食业比较"霸蛮",少数民族饮食在长沙的发展空间不是很大。想要站得住脚,就必须要有自己的特色,但又不能过于坚持传统。我们店除了清真菜外,我就着重渲染新疆民族文化,比如店内的装饰就带有浓郁的新疆特色;另外每晚还有节目,由一支新疆特色的表演

302

团体演奏传统乐曲,并配有舞蹈。侯家塘的店也突出伊斯兰风情,这是我们的优势。经(《古兰经》)里要禁烟酒,但做生意就要学会变通,你不卖人家就自己买,你总不能不许人家喝吧。在斋月的时候我们肯定戒斋,做礼拜要看时间,有时间肯定做。

个案二:新疆穆斯林餐厅,SHY,男,新疆人,回族,餐厅经营者。

我们店主营新疆清真菜,是以牛、羊肉为主,其原料都是新疆空运过来的,地道的维吾尔族厨师,菜式正宗。五一路这边人流量很大,生意还不错,我还打算找机会再把店装修一下。来长沙7年了,我觉得想要把生意做好,定位很重要,清真菜不会有太高端的客源,大家来吃饭就图个方便实惠。我们店的特色是胡一羊蹄,全用新鲜的羊蹄烹制,选料也精细,一般都是常客来吃。我们做生意也不容易,要做上档次的菜吧,成本高,而且你还不能把价定高了,要不就没人来了;普通菜又说你没特色。面食、盖饭最省事,备料方便,赚得也多。我们店不卖酒,但也不反对客人喝,那是人家的事,我们自己不喝就行。我们尽量找时间做礼拜,斋月肯定戒斋。

通过分析上述两个案例以及对参与观察资料的总结,笔者将长沙中档清真餐厅的特点分析如下:首先,长沙清真餐饮采取"船小好调头"的经营策略,突出民族风情,以民族特色取胜。其次,大多清真餐馆在经营之初,就定位于低端,以追求市场的短期回报为目的,经营项目以"短、平、快"为主。由于长沙清真餐饮业对清真菜肴的创新及发展缺乏长远的谋划,其经济实力和经营规模也远不及主流湘菜。由此之故,在餐饮业竞争如此激烈的今天,长沙清真餐饮很难与长沙湘菜相抗衡。最后,经营品种少于长沙湘菜,清真餐馆是传统清真小吃及方便食品的集合体;而本土的湘菜无论种类还是菜式,丰富多样,发展成熟,这是清真菜系所不及的。笔者认为长沙中等档次的清真餐厅在硬件设施上,如用餐环境或厨房设备等条件都比较好;但是在"湘菜围城"的长沙,很难进入主流市场。

·欧·亚·历·史·文·化·文·库·

25.3.2 低档清真餐馆的经营现状

低档的清真餐馆多分布于商业区、交通枢纽、高校周边等人流活动频繁之地。其经营的食品也偏重于方便快捷的速食。

个案三:兰州牛肉面馆(火车站),MLG,男,甘肃人,回族,餐厅临时经理。

> 我们店2004年就开了,在经济景气时老板还在其他地段拥有同样规模的5个店,但由于今年的经济危机老板把那五个店打(易主)了。开店就是为了赚钱,长沙这边的生意不好做,物价太高,听老乡说,和上海的物价一样。今年生意更不成(不好)了,原来五块的牛肉面吃的人挺多,现在客人嫌贵,不来了。来我们店吃饭的基本都是临时客人,很少有固定客源,但因为地方好(地处火车站金苹果大市场旁),客源还比较充足。我们店打出的招牌是兰州牛肉面,其实我们是甘肃临夏回族自治州(临夏县)安坡乡的(人)。兰州牛肉面出名,你这么写吃的人多。我们店地方小,好在老板在外面又辟出了一些空间,要不人多了都坐不下。我们主要卖各种清真面食,还有炒饭,方便省事。我们用的牛羊肉都是从家里(甘肃)空运来的,这边牛羊肉贵,吃起来感觉也不一样,空运每星期一次,方便便宜。夏天晚上我们生意最旺,能达到一天24小时客流不断,所以我们在这附近租了两间房,十几个人轮班,方便照看生意。我们最近不打算再开别的店,我们就想挣够了钱回家做别的生意。现在主要面临的问题是经济不景气,生意没有前几年好做。

从上述案例不难看出,业主的经营理念仍停留在初级的数量激增上,而非质量的增长。

个案四:兰州牛肉面(沙子塘),MB,男,甘肃人,东乡族,餐厅经理。

> 我们2007年才来的长沙,生意勉强还行。我们店里的人都是一个村子的,大家在家呆着也没啥事,还不如出来赚点钱,也没啥要学的,做饭拉面在家就会。我们主要就卖面食,再卖点炒饭和小炒。来吃饭的都是附近上班的,我们店的收入比较稳定。我也不

想呆太久,赚点钱就回家,家里呆着更舒服。我们用的牛羊肉从老家空运,这边的太贵了,空运还方便。

通过参与观察以及访谈总结,笔者认为长沙低档清真餐饮存在以下问题:

第一,属于小作坊式经营模式。首先,经营方式方便、灵活,其员工大多是家庭的成员或亲戚。管理体系不完善,主要以家长的权威来维持。其次,产品品质没有保证。原料的选择、储存和加工等各个环节缺乏规范、标准、科学的管理,主要以低价位来吸引消费者。经营者兼厨师、管理、采购、销售于一身,事必躬亲,没有明确的职责分工。

第二,就餐环境差。此类餐馆大小不一,多为几个平方米的小店,就餐环境不整洁、各项基础设施较差,经营者服务意识不强。

第三,烹调技术优劣不一。虽然每个面馆牛肉拉面用料基本一致,但口味好坏主要取决于调汤师傅的手艺高低,出于市场竞争的考虑,调汤手艺被业内视为商业秘密,因此客观上造成了不同地段的面馆在口味方面存在较大差异,没有统一的行业食品标准。

第四,缺乏资金。绝大多数面馆档次较低,"一间铺面,两口锅,几张板凳,几张桌"就足以开店经营,其原因就在于投资者的资本实力弱,店面小、资金不足,这已经成为此类餐馆发展上的瓶颈。

这类餐馆同质性较高,甚至有些餐馆连店名都是相同的,且经营种类也极为相似,缺乏自己的特色,经营理念仅限于盈利赚钱,很多店主比较安于现状,没有把生意做大做强的意识,更没有连锁经营的理念。未能摆脱"一间小作坊、一锅老汤、一手技术、一种配方"的传统经营模式,仅仅停留在小富即安的认识水准上,即使壮大也只是简单地分家,另立门户,其目的就是实现量的增加而非质的提升。从调查结果说明无论经营者还是消费者均将牛肉拉面看作低廉、实惠的大众食品,特别是经营管理者将注意力放在经济性和方便性上,而没有强化品牌意识,因此价格长期在低位运行状态,店铺因陋就简,档次普遍较低,结果导致了此类餐馆缺乏规模化经营和持续性发展,其关键原因在于经营者观念陈旧、品牌意识薄弱,由此制约了此类餐馆快速发展。

·欧·亚·历·史·文·化·文·库·

25.3.3　个体摊点的经营现状

此类经营主体在市场里摆摊或在繁华街道经营,能根据外部环境的变化迅速转变经营项目。笔者以其经营品种的独特性和对外部影响所持态度、对策作为调查重点。长沙夜市内小吃摊点非常多,笔者选择的案例位于大学附近,经营者是一位经营新疆烤羊肉的摊主。

个案五:新疆烤羊肉,AYM,男,新疆人,维吾尔族,业主。

> 我卖烤羊肉才一个月,之前也没经验,就试着做。我以前打过临工,没赚多少钱,刚够生活。后来听老乡说卖吃的赚得多,我就开始卖烤肉了。在家我就会一点,没有太多技术含量。主要就是放料的时候把口味调重,多放辣椒。暂时赚得比打工时多,但没有旁边几家烧烤摊子好。人家干得久,(经营)种类又多,还有坐着吃的位子,来人一烤,就是十几块钱的;我这最多也就一次卖五六块钱(一元一串)。不过就我一个人,赚得也够生活,我还是挺满足的。先看吧,干得好再把摊位扩大。

这类小摊,虽然经营烧烤,但经营品种少,主要卖烤羊肉。此类经营主体的主要经营目的是为了养家糊口,经营者一般都身兼数职(经营者、厨师、采购、销售),工作非常辛苦,经营条件差,都是露天作业,没有遮蔽灰尘的设施。这类业主没有长久的经营目标,只有"走一步,看一步"的心态。

25.4　长沙清真餐饮业面临的困境多维分析

结合访谈资料分析,长沙清真饮食业的原料以牛羊肉为主,成品为各种面食和炒菜,由于长沙的清真菜品种单一,特色菜不多,所以市场定位为低端,尽管方便实惠,但长沙清真餐饮业经营仍面临着诸多困境,主要为:

25.4.1　经营理念的陈旧

首先,长沙清真餐饮业没有形成规模化发展,根本原因就在于清真餐饮业故步自封,没有主动与长沙口味相适应,实现对接。

其次,长沙清真餐饮业仍保持着传统、粗放的烹饪技艺,仍停留在感性的经验认知阶段。笔者对长沙清真餐饮企业从原材料的选择到成品的加工,从顾客买单到营业结束的全过程进行了分析。结果发现其几乎全部采用手工操作,是完全的劳动密集型工作。而手工操作难以实现饮食标准化、产品质量不稳定、失误多、效率低下,不利于长沙清真餐饮业的规模化发展。此外,在硬件设施上,没有适合传统清真餐饮的生产加工设备,这也是限制清真饮食烹饪标准化的又一瓶颈。

第三,经营环境问题。多数小型清真饭店设施陈旧、就餐环境差。中型饭店相对好一些,但经营者很少考虑到餐厅设计的实用性、合理性、协调性及畅通性,所以在服务流程中总是或多或少地出现一些问题。厨房是餐饮企业直接创造价值的场所,但很多清真餐饮业主在资金投入上,只注重店面装修,轻视厨房环境、基础设备、卫生条件的投入,操作间设计不科学,过度压缩操作空间,导致效率低、出错率高等诸多问题。

25.4.2 制度层面的文化要素

首先,长沙清真餐饮业经营规模小,所有权、经营权和决策权集中在最高层;员工大部分专业化、正规化程度低。穆斯林民族十分勤劳,并善于创业,但他们的经营理念落后于时代发展速度,缺少长期发展的战略思考,固守作坊式的经营模式,难以实现规模化经营效应。

其次,服务意识淡薄。清真餐饮业整体服务意识较弱,不能主动地与市场进行融合,没有将客人的需要放在首位,且员工流动性大,彼此间的合作意识差。员工没有经过系统培训,更没有一家餐饮企业有国际大型餐饮企业那样的服务说明书,以至于工作难以进入良性循环,从而阻碍了长沙清真餐饮业的长远发展。

最后,管理制度不健全。长沙清真餐饮业中绝大部分是家族式管理,缺乏先进、科学的管理方式和运行机制。在创业初期,大多数门店的原始积累依靠家族的资本和个人努力,获得了第一次创业的成功。

然而,当门店壮大之后,家族式的经营管理体制开始暴露出先天缺陷,如家族观念、亲情关系、产权不清晰、财务关系混乱和家族势力严重,这些都限制了长沙清真餐饮业的发展。

25.4.3 精神层面的文化要素

马克斯·韦伯(Max Weber)曾指出:"在任何一项事业的背后,必然存在一种无形的精神力量,尤其重要的是这种精神力量一定与该项事业的社会文化背景有着密切渊源。要了解整个社会的结构和性质,可以先把这个社会的特质寻找出来。"[1]同样地,要研究清真餐饮业,就要先找出它的特质。伊斯兰教就是清真餐饮业的特质,是其形成和发展的源泉。正是因为有了伊斯兰教的饮食律例,才形成了清真饮食的特色[2],清真饮食特色是伊斯兰餐饮经营的立足之本。伊斯兰教在传入中国后,在本土化的过程中与传统的儒家文化思想相结合,形成了独特的文化。传统文化精神和非正式制度在一定程度上调节了伊斯兰教信仰者在经济生活中的各种关系,减少了经济交往和商品交换中的交易成本。穆斯林商人常常组成商帮和商业团体,依靠群体力量,同舟共济,共担风险,从事商业活动,这使伊斯兰多种经营虽历经坎坷,却能不断恢复、发展。在调查中,笔者发现这种商业互助形成了长沙清真餐饮业在地域分布上聚集经营的独特现象,如长沙高校周边的清真餐馆经营者基本都是来自青海化隆,而市区的小型清真餐馆经营者则来自甘肃临夏安坡乡,他们来长沙经营是一种集体互助的结果,为了保证各自的客源,他们有"直走700米,转弯500米不得有相似餐馆"的约定。但是,在经济生活中,仅仅依靠口头的约定来约束和规范同业者的行为,很难达到预想的效果。

作为精神层面的传统文化,伊斯兰宗教文化既是推进清真餐饮业发展的动力,又是现代化的阻力。由于对宗教教义的误读,使多数清真餐馆从业人员消极地认为"今生的一切是暂时的,后世才是永恒的,今

---

〔1〕〔德〕马克斯·韦伯:《新教伦理与资本主义精神》,李修建、张云江译,中国社会科学出版社,2009年,第132页。

〔2〕《古兰经》,马坚译,中国社会科学出版社,1983年。

世钱只要够用就行了",所以在经营过程中满足于"小富即安",在主观上缺少开拓进取的积极意识,不思发展。久而久之,形成了清真饮食经营者小商贩式的经营意识,使其只顾眼前利益,忽视长远发展,他们的眼光主要集中在商品的流通上,忽视商品的生产和深加工环节,不以提高产品的附加值来增强市场竞争力,获得更多的收入。

总之,清真饮食业从发展上来看民族文化是其经济发展的源泉。清真餐饮业根植于产生它的清真饮食文化,这种文化又决定了清真餐饮业发展的价值取向。因此,在考察清真餐饮业发展的相关问题时,必须重视非经济因素在经济行为中的作用和影响,从其立足的文化基点上进行分析,探索其内在发展规律,增强其发展的内在动力。

(此文原刊于《中国回商文化》,宁夏人民出版社,2010年,第447-454页。作者:钟文佳,韩中义)

26　关于正确认识和处理新形势下新疆宗教问题的调查报告

中共新疆维吾尔自治区委组织部课题组

新疆是我国多宗教、信教群众较多且较集中的一个地区。随着对外开放的逐步扩大和改革的深入,新疆宗教也出现了一些值得注意的新情况、新问题。要把中国特色社会主义建设事业推向21世纪,就必须研究与解决宗教和宗教工作中遇到的各种问题。

26.1　新疆宗教现状及宗教界政治面貌的基本估计

26.1.1　新疆各民族宗教信仰状况及其分布

在新疆,伊斯兰教、佛教、基督教、天主教、东正教和道教等6大宗教目前均有数量不等的信众,萨满教在民间也有一定影响。伊斯兰教为维吾尔、哈萨克、回、柯尔克孜、乌孜别克、塔吉克、塔塔尔、东乡、保安、撒拉等10个民族所信仰,人口总数逾千万,约占全疆总人口的60%。新疆的佛教为蒙古、藏族和一部分汉族、锡伯族所信奉。其中,蒙古、锡伯、藏族主要信奉藏传佛教,人口10余万。部分汉族群众信仰汉传佛教,目前正式皈依的约有万余人,主要分布在乌鲁木齐市和昌吉州。基督教、天主教和道教信徒主要是汉族。其中,基督教信徒约3万人,全疆都有分布,但集中分布在北疆铁路沿线和伊犁、阿克苏地区;天主教徒约3000人,主要分布在乌鲁木齐市和伊宁市;道教信徒约100余人;东正教为俄罗斯族所信奉,目前经常参加宗教活动的仅100多人。

目前伊斯兰教的宗教活动情况是:(1)做礼拜。北疆的穆斯林群众每天坚持做乃玛孜(礼拜)的主要是老年人,中年男子主要是星期五做居玛(聚礼)。南疆的宗教氛围较浓,穆斯林群众做礼拜较为普遍。在农村,除党员外,男性成年人几乎每天做一次乃玛孜。(2)封斋。每年斋月,除了党员、干部和教师外,南疆穆斯林群众大部分都封斋,北疆穆斯林群众封斋者相对较少。(3)朝觐。除了党员、干部和教师外,其他社会成员一般都希望能去朝觐。1984年以来,全疆通过各种途径去朝觐者达3万多人,超过"文化大革命"前全国朝觐总数的150倍。目前新疆经批准登记的宗教活动场所约2.4万余处,其中伊斯兰教2.39万余处,佛教40处(其中喇嘛庙34处),基督教121处,天主教15处,东正教2处,道教1处。大部分都是80年代以后修、扩、改建的。南疆尤其是喀什、和田农村,基本保持每个生产小组1个小礼拜寺,每村1个居玛寺(聚礼寺)。

全疆宗教教职人员约2.9万人,其中,伊玛目以上的伊斯兰教教职人员约2.85万余人,佛教教职人员约300人,基督教神职人员11人,其中牧师2人,天主教神甫1人。全区已建立各级爱国宗教团体90多个。

26.1.2 目前新疆宗教界政治面貌的基本估计

中华人民共和国建立以后,经过深刻的社会变革和宗教制度改革,新疆的天主教、基督教摆脱了帝国主义的控制,伊斯兰教、佛教废除了宗教封建特权,宗教由原来反动统治阶级利用的工具变为广大信教群众的思想信仰。通过贯彻党的宗教政策,依法管理和积极引导,广大信教群众和宗教界人士把爱国爱教统一起来,积极参加"双文明"建设。从近年来各地一年一次的宗教人士爱国守法、维护祖国统一、民族团结和为"双文明"做贡献的民主考核情况看,好的和比较好的基本上保持在95%以上。例如,1997年2月5日,伊宁市发生利用宗教进行的严重打砸抢骚乱事件,宗教人士无一人参加。因此,宗教界总的面貌是好的,具体表现在:

一是爱国教职人员和绝大多数信教群众拥护党的领导和社会主义制度,维护祖国统一和民族团结。全疆有4700多名宗教人士担任各级人大代表、政协和青联委员,代表广大信教群众参政议政、行使管理国家的权力。1995年8月,喀什地区伊斯兰教协会第二次代表会议形成了《认真贯彻党的宗教政策,依法从事宗教活动》的决议,对喀什地区长期存在的一些宗教问题提出解决办法。大会还通过了号召穆斯林勤俭办"婚娶丧葬"的《决议》和《倡议书》,在社会上产生了积极影响。2000年8月,我们对宗教人士下发了35份问卷,在问及"当《古兰经》教义和国家法律相矛盾时你的看法"时,回答"服从《古兰经》"的仅2人,占5.7%,回答"服从国家法律"的32人,占91.4%。疏附县伯什克然木乡15村是一个多民族杂居村,汉族农民主要靠生产瓜果蔬菜致富。一段时间,该乡维吾尔族农民突然不买汉族农民种的瓜果蔬菜,原来是有人散布流言:"汉族人种的东西不能吃。"当地一位爱国宗教人士出面向群众解释:"太阳是胡大(安拉)的,土地是胡大的,水也是胡大的,胡大的阳光、水和土地上生长的瓜果蔬菜为什么不能吃?"在他的带动下,汉族农民种的瓜果蔬菜又畅销了。

二是贯彻党的富民政策,带头走脱贫致富之路。到1990年,喀什地区约有2000名宗教人士靠家庭劳动致富,其中有300多户是万元户和万斤粮户。这些劳动致富的教职人员对广大群众很有影响力。墨玉县城镇一宗教人士让自己儿子到新疆农大学习人工授精法培育家禽家畜优良品种的技术,不仅自己走上了致富之路,还把技术传授给周围的群众,带领群众走共同富裕的道路。

三是积极支持社会公益事业。伊宁市24座清真寺集资9125元,为居民区修建石子路1.5万多米,柏油路900米,修复水泥桥27座。洛浦县327名宗教教职人员曾一次资助学校8800元,许多辍学儿童因宗教人士的宣传和帮助而重新入学就读。

四是宗教宽容有了大的发展。喀什地区一个伊协常委、市伊协副会长的儿子、女儿、女婿都是党员或国家干部。他说:"我们家无神论、有神论都有,处得很好。"许多宗教人士对自己的子女入党、当干部,不仅不反对,而且引以为荣。这次对南北疆35位宗教人士的问卷中,希望儿子当宗教人士的仅3位,占8.6%。有些宗教人士千方百计要让子女上大学学现代科学,并不因为他们上了大学可能成为唯物主义者而阻拦。事实表明,党在引导宗教与社会主义社会相适应方面很有成效。

26.2 宗教方面的主要问题

新疆宗教方面总的形势是好的,但是由于种种原因,目前也还存在不少问题,有的问题还相当严重。这突出地表现在以下4个方面:

(1)不信教的自由得不到保障。

宗教信仰自由包括信教的自由和不信教的自由。对于新疆各少数民族来说,除了极个别情况外,信教自由都能得到保障。但是,人们不信教的自由在许多地方则没有保障,强迫他人信教的问题较为突出。维吾尔等民族历史上是全民信教的,但时至今日,除了党团员外,还有一部分群众已经不信教了。但是,不少人对不信教者采取"六不主义",即"见面不握手,有病不看望,有事不帮忙,过节不拜访,死后不送葬,相互不结亲"。这就使一些不信教的党员群众感到孤立和压抑。不少人因坚持不参加宗教活动,受到儿女不能结婚、断绝父子关系和夫妻关系的"惩罚"。阿瓦提县伯西艾里克乡的一位农民去看望生病的孙子,儿子却说:"他不做乃玛孜,是牲口!""不给他饭吃。"在这种压力下,许多人,包括一部分党团员、干部、教师又被迫参与宗教活动。

(2)宗教发展混乱无序给政府依法管理造成困难。

在改革开放的条件下,多数宗教组织和信众是执行党的宗教政策、遵守有关宗教法规的,但也有个别宗教组织和信众不能很好地服从政府对宗教事务的依法管理。主要表现在:

一是某些宗教发展失控。基督教(新教)、天主教在新疆发展迅速。基督教由"文化大革命"前的1000余人发展到1996年的3万余人,天主教也由几百人发展到1996年的3000余人,均呈成倍增长态势。一些"自封传道人"加紧活动,经常是一次性为数十人"洗礼",使"两教"盲目发展。

二是擅自修、扩、改建寺庙。一些穆斯林认为,在人间修一座清真寺,安拉就在"天堂"为他建造一座宫殿。因此,对修、扩、改建礼拜寺抱有极大热情,往往不考虑经济承受能力,竞相攀比,修得越来越大,越来越豪华,而且要修在城镇最繁华、乡村人口最集中的地段。政府依法进行管理,教民不愿意,往往引发纠纷。

三是违法私办经文学校(班、点)。20世纪80年代以来,一些思想反动的人私办经文班,向青少年灌输民族仇视和分裂思想。鉴于此,政府严禁私办经文班、点。但是,许多教民出于宗教感情,对私办经文班、点大多抱同情和支持态度,因而使私办经文班、点屡禁不止,并逐年增多。以喀什地区为例,1996年至2000年6月的3年半内,学经人员增加了8.84倍,年均递增2.5倍。其中年龄最小者仅3岁,90%为在校学生。

四是利用讲经、传教进行蛊惑人心的宣传。穆斯林获取宗教知识主要靠听讲经。经讲好了,可引导人走正道;经讲歪了,就会把人引向邪道。一般来说,爱国宗教人士讲经,是让人多做善事。但也有极少数伊玛目利用讲经煽动宗教狂热和民族仇视,攻击党和政府。1994年喀什市蔬菜市场清真寺的哈提甫利用讲经机会讲了32个问题,大多是煽动宗教狂热和仇视、攻击政府的内容。

(3)宗教内部的矛盾凸现。

20世纪80年代以来,新疆伊斯兰教内部滋生出一股原教旨主义思潮。这股思潮和分裂主义合流,形成宗教极端势力。它以伊斯兰"改革派"的面目出现,在中下层群众、商人和一部分知识分子中有较大影响,与伊斯兰教传统爱国力量的裂痕加深,双方争夺教民和教权的冲突不断加剧,造成新疆伊斯兰教内部的分裂和思想混乱。分裂主义势力则利用宗教极端思想,猖狂进行分裂和暴力恐怖活动。宗教极端思想严重的骨干分子人数虽不多,但能量较大。这一势力以宗教面目出现,在信教群众中有一定影响,宗教问题和政治问题紧密交织,处理难度较大。

(4)境外敌对势力对宗教的利用。

近年来,我国对外开放逐步扩大,宗教的国际交流对于推进我国的外交工作和民间交往起到了积极作用。但同时,境外宗教对我传教的力度也越来越大,境外敌对势力利用宗教对我国的政治渗透更为加强。如在我国周边地区设立广播电台,进行空中传教;利用各种渠道,向我国境内偷运宗教宣传品;利用来华旅游、探亲、经商、讲学等机会开展传教活动;直接、间接提供经费修建教堂寺庙;插手干涉我国宗教事务,培植地下势力,同我国爱国宗教组织争夺信教群众;支持宗教界极少数分裂主义分子搞分裂祖国、破坏民族团结的活动;新疆境内外民族分裂主义分子打着伊斯兰教的旗号进行分裂祖国的活动。达赖集团也在培植藏传佛教界的分裂势力。"藏独""新独"分子利用宗教之名,行分裂祖国之实,已不再是单纯的宗教问题,而是严重的政治问题,不能不引起高度的警惕。

以上诸多矛盾,大多数是两类不同性质的矛盾交织。例如:强迫他人信教,有的是出于宗教感情或法制观念淡薄,有的是别有用心;私办经文班(点),有的是怕宗教"断层"、传授一点宗教知识,有的是借此培植分裂主义骨干;利用讲经机会散布错误言论,有的是离开经典的时代背景照本宣科地宣讲一些不利于民族团结和社会稳定的话,有的则是为了煽动群众;"两教"信仰无疑属于人民内部矛盾,但受境外某些敌对势力支配,就很难说其中没有政治因素。

26.3 新形势下新疆宗教问题出现的原因

宗教和宗教工作中出现上述诸多新矛盾,主要有以下几个方面的原因:

(1)国际大气候的影响和境外敌对势力利用宗教搞渗透。

20世纪80年代以来,世界范围的伊斯兰复兴浪潮席卷全球,因地缘关系,新疆在我国首当其冲。在中西亚和新疆之间双向流动的人员,每年以朝觐、探亲、经商、学经、学术文化交流等方式,把国际伊斯兰复兴思潮的信息不断传递到新疆。国际宗教势力还通过其他手段对新疆宗教界人士施加影响。例如,国外某伊斯兰组织一次就向新疆赠寄《古兰经》十余万册,资助数百名青少年到境外学经,每年向新疆寄发朝觐邀请函数千份。截至1990年,就资助修建清真寺和办经文学校(班、点)折合人民币近200万元;对叶城、和田的几位大毛拉,以"对伊斯兰教贡献卓著"为名每人寄送数千至1万美元不等的奖金;国际敌对势力和境外分裂主义势力不断加大利用宗教进行政治渗透和分裂活动的力度,使宗教矛盾有增无减。

(2)宗教管理工作中的不足影响了宗教政策的落实。

党和国家关于宗教问题的政策是正确的。但是,在落实宗教政策的过程中,由于一些地方工作上的不足,也带来不少问题。

一是不能正确理解宗教工作中的"落实政策",放松对宗教事务的管理。80年代初,在落实宗教政策和平反宗教界冤假错案的工作中,一部分领导和从事宗教工作的干部对党的宗教政策理解上出现偏差,把保护宗教信仰自由误认为是发展宗教,对宗教发展放任自流,甚至自觉不自觉地帮助宗教发展,导致持续的宗教热,极少数别有用心的人趁机利用宗教大搞非法活动。

二是违背宗教政策,干涉宗教信仰自由。个别基层干部不懂宗教政策,用简单粗暴的方式对待和处理宗教问题,伤害了宗教人士和信众的宗教感情,激发了他们的"护教心理",也给极少数人煽动宗教狂热以口实。

三是在正确认识与处理宗教信仰自由政策和科学无神论教育的关系上不能够把握好度。既要贯彻宗教信仰自由政策,又要对群众进行科学的世界观,特别是无神论教育。在这些方面,一些地方不能全面正确地理解与把握政策,工作中出现了一些偏差,放松了无神论的宣传教育。其结果是,一些党团员、干部、教师和广大青少年学生也在浓厚的宗教氛围中被迫参与宗教活动。另一方面,也有在进行科学无神论的宣传教育时不注意方式、场合和方法,不考虑宣传的对象与对象的承受能力,重犯对宗教的"左"的错误做法。

(3)干部队伍素质不能适应党的宗教工作的需要。

加强党对宗教工作的领导是做好宗教工作的根本保证。但是,由于种种原因,一些地方对宗教工作一度存在着领导不力、管理不善的现象,抓宗教工作时紧时松。个别地方没有把宗教工作的大事列入党政机关的议事日程。各地宗教事务管理的大量工作主要靠统战部门和宗教工作部门去做,但这些部门的职能发挥程度以及干部素质与党对宗教工作的要求,与宗教工作的实际需要,还不相适应。有的工作人员年龄偏大,准备过渡几年就退休,因而缺乏工作热情;有的业务知识缺乏,对马克思主义宗教观、宗教政策、宗教法规、《古兰经》常识、宗教历史等相关知识知之不多,对宗教"不会管理";还有少数人怀有"宗教情结",对宗教不愿管、不敢管。一些干部由于待遇低、提拔机会少、工作条件差等原因而不安心工作。不少县级宗教工作部门工作条件相当差,宗教工作难以正常开展。

(4)宗教教职人员的培养有待加强。

宗教教职人员素质不高,年轻爱国宗教教职人员的培养跟不上实际需要。目前,新疆宗教教职人员60岁以上者超过1/3,70岁以上者约占20%,年高体弱。伊宁市170多名宗教教职人员中经文学识比较高的仅4名,他们中的绝大部分只能念经不能讲解,不能结合时代变迁做出新的阐发,难以解开教民思想上的诸多困惑。年轻的宗教教职人员培养工作跟不上,宗教界后继乏人。由于爱国宗教教职人员队伍素质不高,所以难以从宗教内部遏制宗教极端势力发展,难以揭露他们利用宗教搞非法活动的伪装。

26.4　正确处理宗教问题的对策与建议

江泽民同志指出:"没有民族问题、宗教问题的正确解决,就没有国家的团结、稳定和统一。"[1]正确处理宗教问题,是把中国特色社会主义全面推向21世纪的需要,是实现国家安定团结的需要,也是宗教健康发展的需要。正确处理宗教问题,需要做好以下几项工作:

(1)加快西部经济发展,为解决宗教问题奠定物质基础。

贫穷和愚昧是宗教问题的深刻根源。只有彻底消除贫困与愚昧,

---

[1]江泽民同志在2000年12月召开的全国统战工作会议上的讲话,《人民日报》,2000年12月05日第1版。

才能为解决宗教问题创造条件。毛泽东说过:"宗教的本质是崇拜超自然力,认为超自然力支配个人、社会及世界。""生产发达,对自然力逐渐理解得多,宗教发生的第一个根源渐渐失去。"[1]江泽民同志也指出:"我们解决宗教问题的根本途径只能是发展社会主义的物质文明和精神文明,逐步消除宗教赖以存在的社会根源……经济建设搞不上去,人的科学文化素质提不高,就宗教谈宗教是解决不了问题的。"[2]只有经济发展了,人民生活水平提高了,与外界的交往有了扩大,教民的注意力才能逐步从宗教方面移开,充分享受世俗生活的乐趣。久之,世俗的东西在他们脑子里多了,"超自然"的、"天国"的东西必然会在脑子里日趋淡化。这是最深刻的无神论教育,也是解决宗教问题的根本途径。目前,国家在积极推进西部大开发,发展西部经济。在西部经济发展中,要把国家对民族地区的开发与这些地区的发展繁荣和少数民族群众的具体利益结合起来,让少数民族和民族地区真正得到实惠,并从物质上的解放逐步发展到精神上的解放。

(2)坚持政治上团结合作,信仰上相互尊重,巩固和扩大宗教界的爱国统一战线。

李瑞环同志最近指出:"统一战线工作的根本任务就是争取人心、凝聚力量,为实现党和国家的宏伟目标而团结奋斗。进入新世纪,党对统一战线的基本要求是:高举爱国主义、社会主义旗帜,团结一切可以团结的力量,调动一切积极因素,化消极因素为积极因素,为建设有中国特色社会主义的经济、政治、文化服务,为维护安定团结的政治局面服务,为实现祖国完全统一服务,为维护世界和平与促进共同发展服务。"[3]这既是新时期统战工作的根本指针,也是做好新时期宗教工作的根本指针。贯彻这个根本指针,要积极引导宗教与社会主义社会相适应,诚挚热心地带领广大信教群众和宗教界人士积极投入社会主义

〔1〕中央文献研究室编:《毛泽东哲学批注集》,中央文献出版社,1988年,第214-215页。

〔2〕《新时期宗教工作文献选编》,宗教文化出版社,1995年,第200页。

〔3〕1993年李瑞环在全国性宗教团体领导人迎春座谈会上的讲话,《新时期宗教工作文献选编》,宗教文化出版社,1995年,第256-260页。

现代化建设事业中去,使宗教成为推动建设中国特色社会主义的积极因素,使宗教自身的发展与社会主义社会的发展目标协调一致。宗教人士特别是宗教界上层人士对宗教的发展有着极为重要的影响,要特别重视做好他们的工作。一是要争取、团结和教育宗教界人士,鼓励他们爱国进步。二是充分发挥爱国宗教团体的作用,支持、帮助他们加强自身建设,按照自身特点和规章自主开展活动,充分调动他们的积极性。三是要支持和帮助爱国宗教团体办好宗教院校,有计划、有组织地培养一支爱党、爱国、爱社会主义,维护祖国统一和民族团结,密切联系群众的宗教教职人员队伍。如果我们能在较短时间内培养出一批政治上可靠,又有较高宗教学识的新一代教职人员,就能从宗教内部分化宗教极端势力并遏止其思想的蔓延,把广大教民引导到爱国守法和积极为"双文明"建设做贡献的道路上来,使其真正发挥党和政府联系广大教民的桥梁作用。

(3)全面贯彻党的宗教政策,依法管理宗教事务。

"正确处理好宗教问题,最重要的是正确理解和全面贯彻党的宗教政策。"[1]为此,一要完善相关的法规及实施细则,做到有法可依,有章可循,把宗教事务管理真正纳入法制轨道。二要充分尊重和依法保护宗教信仰自由。要依法保护寺庙教堂的合法权益,保护宗教教职人员正常的教务活动,保护信教群众正常的宗教活动,同时也要保护不信教的自由。三要厉行法治,坚决取缔非法活动。对一般性的违法宗教活动,如非法举办经文班(点),违规修、改、扩建寺庙教堂等,要依法加强管理,及时予以纠正;对违法且已构成犯罪的非法活动,如煽动宗教狂热,破坏社会生产、生活秩序,利用宗教干预国家行政、教育、司法的,要查清事实,辨明主从,区别性质,依法予以严惩。四要对宗教人士加强法制政策教育。教育他们绝不能把宗教凌驾于国家法律之上,当教义和法律相矛盾时,应无条件地服从法律,而不是相反。教育他们做守法的公民,不能以"精神导师"和"安拉的代言人"自居而高踞于法律之上。五要正确区分两类性质不同的矛盾。充分认识社会主义市场经济

---

[1]《新时期宗教工作文献选编》,宗教文化出版社,1995年,第209—210页。

319

条件下宗教问题的长期性、复杂性。要划清敌人利用宗教和宗教被利用的界限,避免混淆敌我,把宗教当作打击对象。那些披着宗教外衣,秘密组织反动组织,欺骗教众,破坏国家统一和民族团结,分裂祖国和颠覆政府,危害国家安全的行为,已不再是什么宗教活动,也不再是一般的违法犯罪活动,而是严重的政治斗争,必须依法严厉打击,决不姑息纵容。

(4)加强领导,建设高素质的宗教工作干部队伍。

一是各级党政领导要高度重视本地的宗教工作,宜未雨绸缪,把宗教工作列入党委、政府的重要议事日程。把工作做在前头,做在平时,防患于未然。

二是要加强县级统战部门的职能。统战工作部门对协调有关部门做好宗教工作十分重要,为了充分发挥协调职能,建议凡信教群众多、宗教问题突出、工作量大面广的县,可考虑由县委常委兼任统战部长。

三是加强干部队伍建设。统战、宗教工作队伍是维护我区稳定的重要力量。他们的对象特殊,工作任务繁重,要求他们具有较高的马克思主义理论水平与宗教政策水平。首先必须强调政治立场坚定,在反对分裂主义和非法宗教活动、维护祖国统一的大是大非问题上立场坚定、旗帜鲜明。同时要掌握一定的民族宗教知识,熟悉当地情况,乐于吃苦,勇于奉献。必须采取切实可行的措施建设一支高素质的统战宗教干部队伍。要把年富力强、政治坚定、理论政策水平高,懂得宗教常识的干部充实到统战部和民族宗教工作部门去。要大胆提拔经过统战、宗教工作部门锻炼的优秀干部,使宗教工作部门成为民族地区优秀干部成长的摇篮。要提供基本的物质条件,为他们正常开展工作创造宽松的环境。

(5)加强基层党组织建设,充分发挥党组织的战斗堡垒作用和党员的先锋模范作用。

基层党组织是党的全部战斗力的基础,基层党组织的作用发挥如何,直接关系到党的政策的贯彻和政府政令的畅通。我区信教群众主要分布在广大农牧区,因此,搞好基层党组织建设,尤其是广大农牧区的党组织建设,充分发挥其作用,是做好宗教工作的重要保证。实践证明,凡是基层党组织有战斗力的,宗教工作均有成效。

宗教问题较突出的地方,基层党组织大多软弱涣散。当前宗教工作中遇到的大量问题,不是政策不好、方向不对,而是基层党组织建设滞后,作用不能充分发挥,对存在的问题不能及时发现、及时解决等原因造成的。因此,宗教工作要从基层做起,要把问题解决在基层,解决在内部,解决在萌芽状态。必须花大力气搞好基层党组织的自身建设,提高基层党组织和基层政权的整体战斗力,保证党和政府的各项政策包括宗教政策得到全面有效地贯彻执行。

（本文原刊于《马克思主义与现实》,2001年第2期,第39-44页。主要执笔:刘仲康,参与撰稿:韩中义、古丽夏）

27 蒙古时期鞭刑略探

　　鞭刑是一种古老的刑罚形式,早在夏之前,业已存在。《国语·鲁语》(上)载:"大刑用甲兵,其次用斧钺,中刑用刀锯,其次用钻笮,薄刑用鞭扑,以威民也。"[1]这说明夏朝之前的黄帝时代已有鞭刑之名目,并作为惩罚的方式之一。鞭刑惩罚到了西周中期[2],更加严密,并有大量文献记载相关方面的内容。隋代之前,鞭刑作为法定刑存在,而且是一种常用的刑罚手段,同时也是一种附加刑和刑讯手段;而隋朝以后,鞭刑被笞杖之刑所代替,并在以后的各朝很少使用鞭刑,但鞭刑并未被废除,如在刑讯中仍使用[3]。

　　1206年大蒙古国建立之前,鞭刑业已存在,并广泛适用于当时的社会中,相关的内容反映于《史集》《出使蒙古记》《世界征服者史》《多桑蒙古史》等文献中。关于鞭刑,前人研究并不多,主要有张秋华著的《中国古代鞭刑考》[4]、鸟山正郎、潘昌龙著的《蒙古法中刑罚的变迁》[5]、乔伟

---

　　[1]《国语》,中华书局,2007年。

　　[2]鞭刑早在黄帝时就已存在,但作为有实体文字的记载的刑罚,则出现在西周中期。西周的刑罚基本上沿袭了前朝的奴隶五刑,同时又相继增加了"赎、鞭、扑、流"等四种刑罚,故历史上又称这几种刑罚为西周九刑,即《左传·昭公六年》叔向语云:"周有乱政而做九刑。"此处所谓九刑就包括鞭刑。

　　[3]例如:辽代创立了鞭烙法,是为刑讯手段,该法鞭与烙同时使用,也可以折算,"凡烙三十者,鞭三百,烙五十者,鞭五百"(《辽史·刑法志》卷61)。元代初年,鞭刑肆虐,不少人被鞭挞至死。至元二十九年(1292年),元世祖忽必烈下诏禁止鞭背,但未能煞住这股风,元英宗至治三年(1323年)又重申禁止去衣鞭背的法令,但仍然未能根除。明清时,许多酷暴的官吏还在经常使用鞭扑。拷问中只对盗窃重犯用笞杖拷打,其余只用鞭扑等轻刑。

　　[4]张秋华:《中国古代鞭刑考》,载《社会科学战线》,2005年第6期,第226-229页。

　　[5]鸟山正郎、潘昌龙:《蒙古法中刑罚的变迁》,载《蒙古学资料与情报》,1991年第2期,第24-34页。

著的《五刑沿革考》[1]、薛菁著的《封建制五刑沿革初探》[2]、王立民著的《古代东方刑罚论》[3]等。这些著述从不同侧面考察了鞭刑的相关问题,笔者在前人研究的基础上,进一步探讨这一问题,并求教于各位方家。

27.1　蒙古时期的鞭刑与传统社会习惯法

蒙古社会中,鞭刑最早出现于何时并不十分清楚,但它作为一种惩罚方式而存在,与蒙古族习惯法的发展变化息息相关。蒙古族习惯法大致经历了三个阶段:一是蒙古族正式形成之前或蒙古社会进入阶级社会以前。当时那些没有文字记载,符合全体成员利益,并被全体成员认可和遵循的习惯行为规范,被称之为"合波(heb)"或"约孙(yusun)",其意所指为旧俗、风俗、道理、习惯、规格、规矩、规则、标准等。随着蒙古族习惯法的形成,这一多义词便专指习惯法,并在蒙古文献中有诸多记载[4]。二是大约公元5至12世纪,也即大蒙古国建立之前。此时蒙古社会对相沿已久的"习惯行为规范"予以承认,并成为具有统治阶级

---

〔1〕乔伟:《五刑沿革考》,载《山东大学学报(哲学社会科学版)》,1988年第2期,第57-67页;1989年第2期,第51-63页。

〔2〕薛菁:《封建制五刑沿革初探》,载《闽江学院学报》,2006年第1期,第65-70页。

〔3〕王立民:《古代东方刑罚论》,载《华东师范大学学报(哲学社会科学版)》,1994年第2期,第64-70页。

〔4〕蒙古早期的法律,是由两部分组成:一为传统的约孙(Yosun),其义为道理、规矩、缘故,即社会上长期以来形成的习惯法规。《华夷译语》:理曰"约孙"。它是蒙古人评判是非标准,调整社会关系的准则和遵守社会秩序的行为规范;一为札撒(单数jasag,或yasa、yasaq),也读作"札撒黑"(yasaqha,是札撒的复数),义为法令,即由大汗所发布的禁令。我国史料中较早出现于《元朝秘史》中(卷5第153节),当时成吉思汗统一蒙古高原之际,"号令诸军,若战胜时,不许贪财,既定之后均分,若军马退动至原排阵处,再要翻回力战,若至原排处,不翻回力战者,斩"。(《元朝秘史》)文中"号令"一词,蒙古语旁的汉字标音即写作"札撒黑",旁注汉义小字曰"军法",是蒙古人在战争即将开始之前进行誓师动员时由军队统帅发布的命令,故汉译为"军法";波斯史料较早见于拉施特主编的《史集》,伊斯兰教历599年(公元1203年),成吉思汗打败了强大的克烈部王罕,获得了独立的汗位,"他取得了如此伟大的胜利,王业已定,各部落便从四面八方来向他请降、求和……他于订立完善和严峻的法令(yasaqha)以后,幸福地登上了汗位"。文中"法令"即为札撒的复数(yasaqha)。《史集》卷1第2分册第185页,余大钧、周建奇译,商务印书馆,1983年。

意志的习惯法,蒙古人仍称之为"约孙",但不称"合波",这说明习惯法随着蒙古社会的发展,得到了进一步的完善和发展。值得注意的是这一时期已出现了"命令""札撒"[1]"法典"和"刑具名称"的记载和其他禁止性规定。三是成吉思汗于1206年召开大"忽里勒台"宣告成立大蒙古国至建元。这一时期习惯法逐渐渗透到蒙古族成文法之中,并逐渐走向消亡[2]。在这三个发展阶段中,鞭刑与习惯法保持着密切的关系。

这种关系主要体现在以下几个方面:

(1)用鞭刑保护蒙古习惯法中的禁忌和习惯。众所周知,蒙古族习惯法并不是凭空产生的,而是来源于蒙古社会中业已存在的各种禁忌和习惯。离开了传统习惯,蒙古族的习惯法便无从谈起,所以"禁忌和习惯成为原始社会唯一的社会约束力,是人类以后社会中家族、道德、文字、宗教、政治、法律等所有带有规范性质的禁制的总源头"。[3]当某一特定群体成员"开始普遍而持续地遵守某些被认为具有法律强制力的管理和习惯时,习惯法便产生了"。[4]蒙古族习惯法就是由禁忌和习惯演变而来的,所以鞭刑也体现在禁忌中,并成为一种惩罚方式,由此约束蒙古社会各成员,使其遵守习惯法,来维持社会的正常运行。众所周知,蒙古社会处于氏族和部落时代,并没有成文法规,但有传统习

---

〔1〕关于"札撒",见文注释。

〔2〕这里的消亡,并不是指鞭刑的彻底消失,而是它随着习惯法的消失,逐渐退出刑罚舞台。世祖建元后,鞭刑在元初作为私刑,还常常被使用。《元典章》载:"罪人毋得鞭背"一条"至元二十九年二月中书省,据御史台呈:河北、河南道肃政廉访司申准,怀孟路分司签事赵朝列牒,据怀孟路录事司在城住坐人户刘阿韩,口告十月内蒙河内县差委男刘跷前去万善店营盘搭盖小薛大王扫里,有本路笑薛同知,因事於男刘跷背上打讫一十七下,身死等事,除另行追问外,卑职尝读《唐贞观政要》所载:'太宗因阅铜人,见人之五脏近於背,诏天下勿鞭背'。可谓仁君,知爱民之本,为万世之龟鉴也。今朝廷用刑自由定制,有司不详,科条辄因暴怒,滥用刑辟,将有罪之人脱去衣服,於背上栲讯,往往致伤人命,深负圣上有好生之德,若不禁治,事关至重。都省准呈,遍行合属,禁治施行"。(《元典章·刑部二·典章四十》,中国广播电视出版社原刊影印本,1998年,第1474页)说明,元代鞭刑从法理学角度分析,已不是完整意义上的习惯法,而仅仅是习惯、风俗的残遗。

〔3〕王学辉:《从禁忌习惯到法起源运动》,法律出版社,1997年,第137页。

〔4〕博登海默:《法理学—法哲学及其方法》,华夏出版社,1987年,第131页。

惯。蒙古人在日常劳动生产、生活中,敬仰长生天[1]和自己的祖先。久而久之,他们在劳动、生产和生活中形成了自己一整套习俗惯例,成为人们的行为规范。这些规范具有普遍的约束力,任何人违犯了这些规范都会受到惩罚。为了保护这些习惯,鞭刑就出现在蒙古社会中。很可惜,我们无法找到关于早期的蒙古鞭刑的详细记载,但根据此后记载,可以反映出早期蒙古鞭刑的相关内容,如《出使蒙古记》记载:

> 她们从来不洗她们的衣服,因为她们说那样就会使上帝发怒,如果她们把衣服挂在外面晾干,上帝[2]就会打雷。她们甚至鞭打那些洗衣服的人,并把他们驱逐出去。[3]

所以鞭打那些洗衣服的人,正是因为她们触犯了蒙古族习惯和禁忌,更重要的是她们亵渎了蒙古人对长生天的信仰,而引来雷电,造成灾难。还记载:

> 蒙古人有这样的习惯:春天和夏天,任何人都不在光天化日之下坐于水中,不在河中洗手,不用金银器汲水,也不把湿衣服铺在草地上,因为按他们的见解,这样会引来雷电大劈,而他们对此非常害怕。[4]

如果违背了上述习俗,就破坏了蒙古族禁水[5]的习惯,而遭到上苍的惩罚。《黑鞑事略》称:"鞑人每闻雷霆,必掩耳屈身至地,若躲避

---

〔1〕中华民族多以"苍天"为永恒的最高神,北方民族的敬天思想被蒙古族发展为了"长生天"理论。"长生天"在蒙古族萨满教教义中的意义是主管众神的神,也就是最高的、最伟大的、唯一的神旨,其认为天是长生者,应予信赖,故称天为"长生天"(tenggeri),在蒙古语中读作"腾格里",《〈成吉思汗法典〉及原论》,第31页。

〔2〕在这里,文中所说的上帝,并不是指耶稣,而是蒙古民族对天的信仰。因为该书的记述者约翰·普兰诺·加宾尼是一个忠诚的基督教徒,所以他认为蒙古民族对长生天的崇拜,就是对上帝的信仰。

〔3〕[英]道森编:《出使蒙古记》,吕浦译,周良宵注,中国社会科学出版社,1983年,第121页。

〔4〕[波斯]拉施特主编:《史集》卷2,1983年,第85、86页。

〔5〕蒙古族关于水的禁忌,一直作为习惯法为蒙古人所遵守。蒙古人认为水是纯洁的神灵,忌讳在河流中洗手或沐浴,更不许洗脏衣服或向河流中扔脏物。《史集》(卷2,第85页)记载:"有一次,窝阔台和察合台一起出去打猎。他们看到一个木速蛮(伊斯兰教徒)坐在水中洗澡,在习俗上不放过[一点]细节的察合台,想要杀掉这个木速蛮"。

状。"[1]约翰·普兰诺·加宾尼曾出使蒙古国并目睹,记载称:

> 仲夏的时候,当别的地方正常地享受着很高的热度时,在那里却有凶猛的雷击和闪电,致使很多人死亡。[2]

所以为了保护社会中其他成员的利益,避免灾难,就必须惩罚那些试图破坏或违反蒙古族传统习俗的行为。[3]由此,鞭刑开始具备了惩罚的基本功能。通过鞭打那些触犯禁忌的人,进而利用其身体上的疼痛,来惩罚其所犯的错误,并使其认知自己所触犯的禁忌与习俗,同时也弥补了其他社会成员的心理痛苦[4]。更为重要的是通过鞭打触犯禁忌的人,来预防其他成员犯类似的错误。在习惯法发展的初期,鞭刑的适用显然是任意性的。这种任意性的惩罚主要体现于量刑的任意性,即实施鞭打的次数、程度、部位、轻重、长短并没有详细的规定,而很大程度上取决于鞭刑执行主体的自身好恶,因而"未有定数"。蒙古早期氏族、部落社会,其制度的维护主要是依靠成员之间对习惯的遵守来实现的,所以也就造成了执行鞭刑主体的任意性和执行对象的任意性。在古代蒙古社会,如任何人故意触犯了具有共同约束力的习惯,便意味着对社会秩序(包括公共利益与私人利益)的破坏,也是对人们长期奉行、遵守"约孙"的违反,那么不论任何人都有权对其他成员进行鞭打,加以惩罚,来维护社会业已存在的秩序。所以蒙古早期鞭刑的最大特点就是惩罚的任意性。

(2)随着习惯法的发展,鞭刑除了保护习惯和禁忌外,维护统治者的禁令,也成为其重要的内容之一。当习惯法发展到一定阶段,统治者

---

[1][宋]彭大雅撰,徐霆疏证:《黑鞑事略》,上海古籍出版社,1995年。

[2][英]道森编:《出使蒙古记》,吕浦译,周良霄注,中国社会科学出版社,1983年,第6页。

[3][英]道森编:《出使蒙古记》,吕浦译,周良霄注,中国社会科学出版社,1983年,第11—12页记载:有些传统还包括"拿小刀插入火中,或甚至拿小刀以任何方式去直接触火,或用小刀到大锅里取肉,或在火旁拿斧子砍东西,这些都被认为是罪恶,因为他们相信,如果做了这些事,火就会被砍头。同样的,倚靠在鞭打马的马鞭上(他们不用踢马刺,而用马鞭),用马鞭去接触箭……也都被认为是罪恶"。

[4]蒙古时期的很多习惯,深入人心,几乎妇孺皆知、人人明白,具有较强的约束力。在自觉地守法方面,比起后来的成文法典,强制性小而自觉性大,在生活中,如果有人破坏了任何习惯,无疑伤害了社会其他成员的利益和感情,必然遭到其他成员的谴责或者鞭打。

开始规定各种禁令,虽然这些禁令只是口头的,没有以文字的形式加以记录,但统治者已规定对违反其禁令的人处以鞭打惩罚。所以鞭刑的内容也就上升到了统治阶级的意志层面。文献记载称:

> 现今皇帝的父亲窝阔台汗(Occodai Chan)遗留下一片小树林,让它生长,为他的灵魂祝福,他命令说,任何人不得在那里砍伐树木。我们亲眼看到,任何人只要在那里砍伐一根小树枝,就被鞭打、剥光衣服和受到虐待。[1]

此时,鞭刑开始成为国家统治者和管理者用以惩罚犯罪的一种强制方式。虽然它的内容还是涉及一些习惯法的规定,但这种规定已上升为统治阶级的意志。于是,统治者的命令就变成了法律,这样鞭刑转变为统治者的一种工具,来保护统治阶级的利益。其功能不仅在于给触犯禁令的人带来痛苦,使其感受生理上的疼痛,更重要的是它已经作为一种统治工具,具有威慑功能。这种威慑主要体现于:①统治者在口头上规定什么样的行为应该受到鞭打,使潜在的犯罪人望而生畏。②通过鞭打犯罪人,使意图破坏禁令的人因目击他人受刑而得到警戒,从而保护了统治阶级的利益,起到司法威慑的作用。在上述记载中,鞭刑既是对私有财产的保护,又是对守护蒙古民族祖先之灵的保护。蒙古族习惯法中有许多调整生产和分配关系,草牧场占有权、占有方式、使用权、界限等所有权和债务的规定。而这片树林就是统治阶级的财产,如果随意损害树林,就是侵占了他人的财产。更为重要的是,由于这片树林的特殊性,如果谁砍伐或破坏树林,就等于触犯了祖先的灵魂,那么就要施以鞭责,这正是体现了蒙古族的祖先崇拜。所以统治者对祖先灵魂保护的命令,上升到了法律层面,由此反映了习惯法中的统治阶级的意志。

习惯法中体现统治阶级意志的内容,屡见不鲜。如随便走进墓地,也要受到鞭打。文献记载:

> 在他们的国家里,有两个墓地。一个是埋葬皇帝们、首领们和一切贵族的地方……另一个墓地是埋葬在匈牙利战死的人……如

---

[1]〔英〕道森编:《出使蒙古记》,第13页。

果任何人走进这些墓地,他就被捉住、剥光衣服、鞭打并受到严厉的虐待。[1]

这些未经允许而随便进入墓地的人,被处以鞭打,说明他们违背了统治者的禁令而受到了惩罚。又记载:

> 贵由皇帝的帐篷有两个门,"一个门只有皇帝有权进入,虽然门开着,却没士兵看守,因为没有人敢从这个门出入。所有获准进入的人都从另一个门进去,这个门有手执剑和弓箭的卫兵看守。如果任何人走近帐幕进入规定的界限之内,如被捉住,就要被鞭打"。[2]

上述材料都说明鞭刑是对那些违反统治者禁令或者损害了统治阶级利益的人进行的惩罚。而鞭打的定罪、量刑都由统治阶级明确规定,完全反映了统治阶级的意志。

随着蒙古习惯法的发展,鞭刑也出现了新特点。由于社会经济的发展、财富的不断积累、阶级的分化,统治阶级的意志代表着社会公共秩序,统治阶级用强制手段要求那些已达成社会共识的"习惯"上升为调整社会关系、维护社会利益的行为规范。于是,鞭刑维护长久以来的习惯,并体现着统治者的价值观念。此时鞭刑的主体是国家统治者,并朝制度化、规范化、常态化方向发展,而任意性成分在弱化。但鞭刑的任意性仍有影响,因此鞭打轻重的量刑并不是取决于违法的严重程度,而是取决于可汗的意志。故通过鞭刑,统治者维护了自身的利益,并在维持习惯法的背景下调节阶级关系与社会秩序。

(3)随着习惯法逐渐渗透到成文法中,鞭刑也被纳入国家的正式刑罚。成吉思汗于1206年建立帝国后,在继承约孙的基础上,颁布了著名的"成吉思汗大札撒"。这部法典经过1210年、1218年两次忽里勒

---

[1]〔英〕道森编:《出使蒙古记》,第14页。

[2]〔英〕道森编:《出使蒙古记》,第60页。

台[1]的增补,在成吉思汗西征花剌子模前予以完善。[2]这时的大札撒并不是原来蒙古习惯法——约孙之集成,而是在承认习惯法的基础上颁布的一部内容详备的帝国成文法。其颁布后被严肃认真地贯彻执行,如有不遵循札撒条款者,不服从成吉思汗命令者,就要发出警告,若仍不改正,就会被施以处罚。对这一问题后文要继续讨论。

27.2 鞭作官刑与治军、刑讯

(1)大蒙古国建立以后,鞭刑最大的特点就是"鞭作官刑",对此孔颖达疏为:"鞭作官刑,以鞭为治官事之刑。"[3]因此,此时的鞭刑具有两层含意:

①用于国家正式的惩罚。大蒙古国建立后,成吉思汗重新确定关于治理国家、训练军队、整顿社会秩序等的种种"训言"和以前的"札撒",并命令将此"训言"和"札撒"用畏兀儿字写于卷帙上,是为《大札撒》。这部法典的内容囊括了根本大法、军事战争法、民法、国际法、经济法、商法、交通驿站法、宗教法律、婚姻法、刑法[4]。所以统治者对鞭刑的惩罚范围也做了详细规定。于是,鞭刑就具有了完备的法律效力,并被纳入国家的正式刑罚之中。普兰诺·加宾尼记载:

> 鞑靼人(他们作为统治者和主人生活在这些民众中间)把所有最好的工匠挑选出来,并使用他们来为自己服务……被认为是俘虏,因为虽然他们被算作是鞑靼人的一员,但是他们永远不能受到

---

〔1〕"忽里勒台",蒙古语音译,又作"库里勒台"或"忽里台",原是蒙古部落或部落联盟的首领参加的一种议事制度,也即部落议事会,是蒙古族在社会进化过程中军事民主制的一种残余,主要用于推举首领,决定征战等大事,是大蒙古国的最高权力机关。

〔2〕关于成吉思汗《大札撒》的颁布时间,学术界始终未有定论。主要有两种观点:第一种观点认为成吉思汗生前没有颁布成文的《大札撒》,它是由成吉思汗的次子窝阔台后整理编纂而成;第二种就是目前学术界的主流观点,认为成吉思汗在1206年的忽里勒台上就颁布了《大札撒》,在此后至1227年一直不断增补、修改,最后由于成吉思汗的离世而终止。

〔3〕〔唐〕孔颖达等疏证,《尚书·舜典》,四部要籍注疏丛刊,中华书局,1983年。

〔4〕内蒙古典章法学与社会学研究所编:《〈成吉思汗法典〉及原论》,商务印书馆,2007年,第28页。

鞑靼人享有的那样的尊敬,而被作为奴隶来对待……如果他们在任何事情上触犯了主人,或者不服从一道命令,他们就象驴一样地被鞭打。[1]

虽然大蒙古国已建立,但奴隶制的生产关系并没有完全退出历史舞台,相反,统治者还通过鞭刑等方式来维护着这种生产关系。蒙古西征中,掠夺战俘为奴就是体现这种关系的一个很好的例证。由此成吉思汗制定法律来管理这些奴隶,并采用鞭打的方式惩罚那些违抗命令的奴隶,原因就是奴隶既是能够创造财富的劳动力,又是重要的政治、军事力量。所以奴隶只要不是以逃亡[2]等形式反抗统治者或主人,则对其施以鞭刑,加以惩罚,这样既维护了统治者的利益,又减少性命的损失,进而让他们为统治者继续服务。对违抗命令的奴隶实施鞭打这种较轻刑罚的目的,除了使他们生理上感到痛苦外,最重要的是对其他的奴隶起到警示作用。

再比如对赋税,成吉思汗也做了详细的法律规定。《多桑蒙古史》称:

> 会阿尔浑(Argoun)奉命证西方贡赋,携伊斯兰教掾会属多人之阿美尼亚,待遇甚基督民甚苛。阿美尼亚史家云:"阿尔浑命命阿美尼亚人十岁以上者,各纳六十钱。其不能纳者,严刑拷索,土地没收,妻子卖作奴婢;有不幸而逃亡者,则执其人鞭挞之,然后以饲猛犬。"[3]

当大蒙古国建立后,部落民转化为臣民,并彻底摆脱了往日那种以部落或部族为单位的社会结构,而且与部落首领之间的依附关系逐渐松弛,向首领缴纳的财产、为其劳动等义务,相应地就转变为对国家的赋税义务。在西征过程中,那些被征服国家的民众,也必须要对大蒙古国纳税。征收赋税是实现国家职能的需要,也是为了维护国家权力,如

---

[1]〔英〕道森编:《出使蒙古记》,第41页。

[2]奴隶逃亡,破坏了成吉思汗建立的户籍制度的稳定性,影响了国家兵役、赋税等制度的实行,针对这种现象,成吉思汗规定:有违反该命令的,迁移者要当众被处死,收容的人也要受严惩。《柏朗嘉宾蒙古行记·鲁布鲁克东行记》,第56页,耿昇、何高济译,中华书局,1985年。

[3]〔瑞典〕多桑:《多桑蒙古史》(下册),冯承钧译,中华书局,2004年,第458—459页。

果有人违反法律,不承担赋税义务,鞭刑就成了一种必要的惩罚方式。

②鞭刑用作治军、治吏刑,具有行政处罚的性质。成吉思汗建立大蒙古国,这与他对军队严格的管理制度是分不开的。典型的例子就是怯薛[1]军,相关文献反映了鞭刑惩罚的内容,《蒙古秘史》记载:

> 护卫有的人班脱了呵,那班脱了的护卫的行三条子教导者。只扈卫有的再第次班脱了呵,七条子,教导者。再只那人身体病无班的官人每行商量,无再只扈卫有的三次班脱了呵,三十七条子,教导了咱行,行的自的行作难有来。[2]

新近出版的《〈成吉思汗法典〉及原论》一书中,第三十八条又载:

> 怯薛军违反管理制度的,免死。初犯的,处鞭刑三下;再犯的,处鞭刑七下;第三次违犯的,处鞭刑三十七下;仍不悔改的,处流刑。四位怯薛长[3]不传达上述罚则的,予以严厉惩罚。没有成吉思汗的命令,怯薛长不得擅自处罚怯薛军,违者对其处以同样的刑罚。怯薛长不服的,可向成吉思汗申诉,由成吉思汗做出最后的决定。[4]

从上述记载来看对怯薛军的惩罚工具似有不同。笔者赞同《〈成吉思汗法典〉及原论》一书中条子即为鞭的说法,因此对怯薛军的惩罚,采

[1]怯薛(Kesllig),又叫护卫军,是蒙古大汗的亲兵。成吉思汗令他最亲信的那可儿博尔忽、博尔术、木华黎、赤老温四家世袭担任四怯薛之长。蒙古国时期的护卫人员称怯薛歹,偶数作怯薛丹。正在执行任务的护卫人员叫怯薛者,从事宫廷服役的怯薛歹称为怯薛执事。怯薛歹是从万户官、千户官、百户官、十户官及自由民的儿子中挑选,这说明成吉思汗十分注意保障这支队伍的可靠性。

[2]额尔登泰、乌云达赉校勘,《蒙古秘史》(校勘本),内蒙古人民出版社,1980年,第637-638页。"若有合入班的人。不入者。笞三下。第二次又不入者。笞七下。第三次无事故又不入者。笞三十七下。流远方去者。"第1024页

[3]"四怯薛:太祖功臣博尔忽、博尔术、木华黎、赤老温,时号掇里班曲律,犹言四杰也,太祖命其世领怯薛之长。怯薛者,犹言番直宿卫也。凡宿卫,每三日而一更。申、酉、戌日,博尔忽领之,为第一怯薛,即也可怯薛。博尔忽早绝,太祖命以别速部代之,而非四杰功臣之类,故太祖以自名领之。其云也可者,言天子自领之故也。亥、子、丑日,博尔术领之,为第二怯薛。寅、卯、辰日,木华黎领之,为第三怯薛。巳、午、未日,赤老温领之,为第四怯薛。赤老温后绝,其后怯薛常以右丞相兼之。"(《元史·兵志二》),中华书局本,第2524页。由此可知,成吉思汗对宿卫怯薛尤其重视。

[4]内蒙古典章法学与社会科学研究所编:《〈成吉思汗法典〉及原论》,商务印书馆,2007年,第7页。

用的工具是鞭而非笞或者杖。理由为:首先,鞭刑可以说是蒙古社会中最方便的处罚方式,由于以畜牧经济为主的蒙古社会里,马鞭是人们最常用的工具。其次,鞭刑一般不伤及筋骨,其在处罚怯薛军的同时,还能较好地保留怯薛军的战斗力。由此可知,成吉思汗对怯薛军的惩罚,从程度上来讲,是比较轻的。违纪的怯薛军,成吉思汗采用鞭打责罚,很少伤及性命,这样就给予他们悔改的机会,使其不再犯同样的错误。通过这样的措施,成吉思汗有效地保障了怯薛的人身权利,也使其更加衷心地服侍于他,效忠于他。故鞭刑也是惩治渎职官吏使用的一种方式。而杖刑则主要针对的是一些犯罪情节较重的主体,惩罚的程度远重于鞭刑,不适于怯薛军。由此可以看出,惩罚的轻重主要由过错的大小决定,这也体现了成吉思汗的罪刑法定思想。所以,对怯薛军的处罚方式采用鞭刑,而非杖刑,符合了当时的条件。

值得注意的是,对怯薛的鞭打自三下至三十七下不等,正体现了鞭刑的惩罚裁量。初犯,鞭打三下,以示警示;再犯,即为累犯,鞭打数量会增加,但其目的仍是以警告为主;三犯,则从重处罚三十七下。成吉思汗针对怯薛怠慢职责的惩罚从轻到重不等,并不是随意决定的,而是根据其犯错误的程度。鞭刑的功能主要以警告为主,惩罚为辅。尤其是因为怯薛军的身份并不仅仅是普通的士兵,《蒙古秘史》记载:"再太祖皇帝圣旨做在外每千户每的官人行我的护卫有的在上有也者。在外每百户每的十每的官人行我的护卫有的的伴当在上有也者。我的护卫每的行在外的每千户每同等每做着,比肩我的护卫的行开殴呵。千户每的人行罪咱么道圣旨。"[1]

由此可知,怯薛的地位高于在外的千户长,在外的千户长和怯薛斗殴的,严厉惩罚千户长。作为成吉思汗的亲军,怯薛享有很高的地位和特权,一名普通的怯薛军人,其地位甚至高于其他军队的千户长。这也说明成吉思汗十分注意保障这支队伍的可靠性。成吉思汗规定,怯薛

---

[1]额尔登泰、乌云达赍校勘:《蒙古秘史》(校勘本),内蒙古人民出版社,1980年,第641页。成吉思汗还说:"我的护卫散班。在在外千户的上。护卫散班的家人。在在外百户牌子的上。若在外千户。与护卫散班做同等相斗争呵。将在外的千户要罪过者(第1024页)。

军的主要职责有三项：一是护卫大汗的金帐；二是"战时在前为勇士"，充当大汗亲自统率的作战部队；三是分管汗廷的各种事务。因此可以说，成吉思汗建立的怯薛军既是由大汗直接控制的常备武装，又是一个分管中央日常事务的行政组织。所以对怯薛的惩罚，成吉思汗采用的是比较轻的鞭刑[1]，只是对屡犯不改的怯薛军，才处以流刑。而且对怯薛军的惩罚，成吉思汗规定只能由他亲自领导和处置，其他任何人都没有这样的权利，即使是位高权重的怯薛长也是如此。"有违了号令的。依前例要罪者。掌管护卫的官人。不得我言语。休将所管的人擅自罚者。凡有罪的必奏闻了。将该斩的斩。该打的打。若不依我言语。将所管的人用条子打的。依旧教条子打他。用拳打的。依旧用拳打他。"[2]故对怯薛长和怯薛军一样，都主要使用鞭打这种刑罚。正是成吉思汗在军队中的这种刑罚体制，决定了它严格的军纪，巩固了中央军权的统一。

此外，《世界征服者史》记载：

> 成吉思汗极其重视狩猎，他常说，行猎是军队将官的正当职司，从中得到教益和训练时士兵和军人应尽的义务。[3]

在围猎中"如果出乎意料有一头破阵而出，那么要对出事原因做仔细的检查，千夫长、百夫长和十夫长要因此受杖，有时甚至被处极刑。如果（举个例说）有士兵没有按照线路（蒙古人称之为捏儿格（nerge）行走，或前或后错走一步，就要给他严厉的惩罚，决不宽恕"。[4]

关于这段史料中的杖，笔者认为也应是鞭，因"关于围猎中实行过失问责制度。对围猎中怠慢的士兵以及使猎兽逃出围猎圈的处以鞭刑或死刑"。[5]笔者赞同这一说法。鞭刑在军队中，对军士、将领的惩罚，是最常见的。在军队中，如果士兵渎职，千夫长，百夫长，十夫长则要受

---

〔1〕对怯薛军的量刑，采用鞭刑是比较轻的。成吉思汗采用鞭打的目的，主要是警示怯薛，防止他们犯类似的错误，来更好地维护成吉思汗建立的军事制度。

〔2〕额尔登泰、乌云达赉校勘：《蒙古秘史》（校勘本），第1024页。

〔3〕〔伊朗〕志费尼：《世界征服者史》（上），何高济译，第29-30页。

〔4〕〔伊朗〕志费尼：《世界征服者史》（上），何高济译，第30页。

〔5〕内蒙古典章法学与社会学研究所编：《〈成吉思汗法典〉及原论》，第97页。

到鞭打,其原因也许是因为成吉思汗认为千夫长应当为他们所管理的士兵负责。成吉思汗所选出的千夫长们,"智勇兼备者,是之典兵"。[1]所以,士兵渎职,成吉思汗亦认为是千夫长们的责任,对他们施以鞭打。此外,在大蒙古国围猎不仅是一种获取生产、生活资料的手段,更是一种军事训练方法,它不仅锻炼军士的意志和战斗力,同时也训练军官和士兵的协调能力和将官的指挥才能。行猎时,鞭责使猎兽逃跑的军士不仅是因为猎兽的数量减少,更是因为围猎本身就是军事训练,更强调纪律的严明。故通过鞭刑,使士兵、将领都不再犯类似的错误。其目的就是要求军士恪守职责,培养他们遵守纪律的习惯。

此外,鞭刑除了适用于一般的百姓、军事将领,也适用于黄金家族。根据成吉思汗对军队那颜的训诫可知:

> 万夫长、千夫长和百夫长们,只要在年初和年终时前来聆听成吉思汗的训诫(必里克)后回去,就可以统帅军队。如果他们住在自己的营盘里,不听训诫(必里克),就像石头沉没在深水中,箭射入芦苇丛里般地消逝得无影无踪。这样的人就不适于当首长![2]

所以根据成吉思汗建立的怯薛制度,那些对违反制度的人,他们的身份即使属于黄金家族,也要处以鞭刑,以示惩戒。

(2)除了上文所讨论的内容外,在中国历史上,鞭刑最为重要的功能之一就是审讯或者询问。鞭刑的目的就是在刑讯审判中获得口供,大蒙古国时期也不例外。成吉思汗的札撒中规定:

> 除当在场被抓获或自己认罪外,一般不得处以刑罚,但当有人被许多人控告时,其又不承认的,可以用拷打的办法使其认罪。[3]

所以大蒙古国定罪处罚机制包括两部分:一是直接定罪处罚;二是刑讯定罪处罚。对于既非现行犯又不自认其罪行的嫌疑人,就采用鞭打的方式,获取口供定罪。

---

[1]〔瑞典〕多桑:《多桑蒙古史》(上),冯承钧译,上海书店出版社,2001年,第168页。

[2]〔波斯〕拉施特主编:《史集》卷1第2分册,余大钧、周建奇译,商务印书馆,1983年,第355页。

[3]内蒙古典章法学与社会学研究所编:《〈成吉思汗法典〉及原论》,第197页。

大蒙古国时期,口供被视为最具说服力的证据,只有获取口供,才可做判案,然后交付执行。为获取口供,司法官就要对被告施以鞭刑。蒙古国时期鞭打的具体量刑规定并不清楚,但有一条记载称:

> 贵由有一个兄弟,名叫失烈门(Siremon),由于贵由的妻子和他的部下的劝告,他举行了盛大的仪式,启程出发,似乎是要去朝见蒙哥的样子。但是,事实上他是企图去杀死蒙哥,并把蒙哥的整个朝廷消灭掉。当他们行至距离蒙哥只有一两天行程的地方时,他的一辆车子坏了,停在路上。在赶车的人修理车子时,蒙哥的一个部下前来帮助他。这个人对他们的旅行询问了如此之多的问题,以致赶车的人泄漏了失烈门企图做的事情……当蒙哥控告他的罪过时,他立即供认了。于是他被处死刑,贵由的长子和三百名鞑靼贵族也一同被处死。他们的妻子也被捉起来,以燃烧着的木条鞭打她们,使她们招供。当她们供认了时,她们也被处死。[1]

此外,《世界征服者史》中关于忙哥撒儿那颜(Mengeser Noyan)审问八剌谋叛蒙哥一案中,也载:

> 亦都护仍然坚持不承认,不肯招供……忚理伽忽底受到了种种刑罚,也说出了实话,承认有罪,剩下来两三个人,分别受到了拷问;他们吃够鞑靼粗暴鞭笞之苦头后,吐露实言,讲出心理隐藏的东西。[2]

从中可知,鞭刑通过拷打那些不承认自己罪行的人,来获得口供。这就体现了在当时不成熟的司法环境下对口供的重视。对口供的过分依赖与当时的司法技术不发达有着直接的关系。《柏朗嘉宾蒙古行纪鲁布鲁克东行纪》称:"除了当场被抓住或者自己认罪外,他们对任何人不施以大刑。当有人被许多人控告时,他们折磨他直到他招认。"[3]如上文所记载,当蒙哥控告失烈门的罪时,失烈门立即招供。所以,他没

〔1〕〔英〕道森编:《出使蒙古记》,第165-166页。

〔2〕〔伊朗〕志费尼:《世界征服者史》(上),第57页。

〔3〕耿昇、何高济译:《柏朗嘉宾蒙古行纪鲁布鲁克东行纪》(另一种《出使蒙古记》译本),中华书局,1985年,第219页。

有受到鞭打,而是直接被判刑处死。而鞭打他们的妻子则是为了收集更多的证据,由于口供的获得方法相比其他证据的收集比较简单,在当时可以定罪的证据也只能是口供了。并且从心理上来讲,人们认为亲口承认的就是真实可靠的、值得相信的。更何况对那些嫌疑人进行严刑拷打的前提是有"许多人"的控告且嫌疑人自己又不承认。所以,当那些妇女被施以鞭打招供后,也被处以死刑。蒙古民族是具有诚实品格的民族,除非有人目睹了所发生的犯罪外,就要依据口供来判断事件的曲直,这就决定了鞭刑在刑讯中的普遍应用。

27.3　小结

成吉思汗统一蒙古诸部,后建立大蒙古国,并迅速成为世界性的大帝国,究其原因,在很大程度上依赖于其法律制度的建立与完善。在这一法律体系中,鞭刑在维护早期的蒙古习惯、禁忌以及蒙古帝国的统治秩序中发挥着重要作用。同时了解早期蒙古社会的法律体系,也大有裨益。

(此文原刊于《西部蒙古论坛》,2008 年第 3 期,第 32-42 页,作者:牛嘉,韩中义)

28　中国史书上记载的巴格达

28.1　巴格达之名

中国史书记载有关阿拉伯的历史,在唐以前就有,到唐时才称阿拉伯为大食。根据笔者的看法,记载巴格达之名始于宋代。周去非的《岭外代答》称"白达国","系大食诸国之京师也"。[1]赵汝适的《诸蕃志》也称"白达国",其"系大食之一都会"。[2]实际上,宋人所说的"白达国",非国,而是阿巴斯王朝的都城,即为 Baghdad 的别音。Baghdad 是"Bagh"和"dad"复合而成。按照马金鹏先生翻译的著名旅行家伊本·白图泰有关对巴格达记载的注释中说:前者意为"花园";后者意为"神",合之为"神之花园"。[3]从上述中国史记看,宋代或宋以前中国和阿拉伯阿巴斯王朝,尤其是巴格达有比较密切的交往。

到元朝时,随着成吉思汗的西征,疆土的扩大,蒙元帝国直接和阿巴斯王朝发生了包括政治、经济、文化的关系。于是,元人较宋人更了解巴格达。元人刘郁在《西使记》中称元是"丁巳岁取报达"。"报达"即为"巴格达"。[4]明人撰的《元史·宪宗本纪》中载"命诸王旭烈兀及兀良合台等帅师征西域哈里发八哈塔等国"。[5]《元朝秘史》续集卷2第270段云:"有巴(黑)塔(惕)种的王合里伯。"同书274段又云:"绰儿马罕巴

---

〔1〕〔宋〕周去非:《岭外代答校注》,杨武泉校注,中华书局,2000年,第100页。

〔2〕〔宋〕赵汝适:《诸蕃志校释》(合刊本),杨博文校释,中华书局本,2000年,第109页。

〔3〕〔阿拉伯〕伊本·白图泰:《伊本·白图泰游记》,宁夏人民出版社,1985年,第176页。

〔4〕〔元〕刘郁:《西使记》,见《王国维遗书》,第13册,上海古籍书店,1983年,第10页。

〔5〕《元史·宪宗本纪》卷3,中华书局校点本,第47页。

·欧·亚·历·史·文·化·文·库·

（黑）塔（惕）种其种归附了。"[1]清人李文田注诠道："巴（黑）塔，即巴达二字对音。"看来在元朝人的史记中虽然对"巴格达"有不同的音译法，但对它的了解有所加深。

中国明朝是比较发达的封建帝国，国力较强大，疆土亦为辽阔，而且同周边国家保持良好的关系，同巴格达的关系也相当密切。《明史》卷326《列传·外国七》中称巴格达为"白葛达"，而且在宣德元年（1426年）遣使入贡，以示两地间的友好关系[2]。明人马欢的游记中也间接提到巴格达的情况。

上述是对巴格达之名的不同记述。尽管记载的名称有差异，但反映了千年的交往史。

28.2　巴格达的规模和社会生活

阿巴斯王朝是地跨欧亚非的大帝国，巴格达在社会生活的各个方面扮演着重要角色，在中国史料中也有比较多的反映。

28.2.1　巴格达的规格与富庶

宋朝赵汝适在《诸蕃志》中说巴格达"国极强大，军马器甲甚盛"，[3]周去非的《岭外代答》中也有相同的记述[4]。看来当时人们认为巴格达是西边极为强盛的国度。刘郁记载更详，说报达国，"南北二千里，其王曰合法里（应为哈里法），其城有东西，城中有大河"。[5]这里所说的大河就是底格里斯河。清人李文田误注为"阿拉勒富海"，即波斯湾。由于巴格达城分为东西，上有浮桥，以便通行。《伊本·白图泰游记》中说："巴格达有两座浮桥……人们不分男女，无论昼夜都可过河，人们在桥上就象游山逛景一样。巴格达有供举行聚礼和讲演的清真寺共十一

---

〔1〕《元朝秘史》（校勘本），额尔登泰，乌云达赉校勘，内蒙古人民出版社，1980年，第1048、1051页。

〔2〕《明史·外国七》，中华书局校点本。

〔3〕《诸蕃志》（合刊本），第109~110页。

〔4〕〔宋〕周去非：《岭外代答校注》，第100页。

〔5〕〔元〕刘郁撰：《西使记》，见《王国维遗书》第13册，第10页下。

座,八座在西岸,三座在东岸。其他清真寺极多,学校也是如此,但多已颓败。"[1]当时巴格达两岸之间交通便行,可见一斑。说到巴格达城的坚固、富庶时,刘郁在《西使记》中说:"西城无壁垒",即无城墙,是一座不设防的城市。"东城固,固之以甃甓。"[2]也就是说拥有用砖石筑起的坚固的城墙,其固若金汤,易守难攻。西方旅行家马可·波罗也提到其城的坚固[3]。这一内容我们还可以从拉施特的《史集》做进一步的了解。为此,此城成为和平之都,富庶之邦。《西使记》中说:"其国俗富庶,为西域冠,宫殿皆以沉檀、乌木、降真为之,壁皆黑白玉为之,金、珍珠、贝,不可胜计。其后妃皆汉人。"[4]至于后妃是否是汉人暂且存疑,但巴格达之富庶、华丽、奢侈程度其他阿拉伯伊斯兰世界之城是无法比拟的。当时的巴格达城分为许多的区,隶属于巴格达。这样更增添其魅力。所以有这样的记载:"其辖大城数十,其民富实。"看来当时的巴格达已经有不少的卫星城,和首都连成一体,构成一个大巴格达。

28.2.2 物产、民俗、宗教与艺术

巴格达位于两河流域,是四大文明古国的发源地之一。很早以前这里就形成了发达的农业社会,不久以后又出现高度发展的城市文明。物产自然是相当丰富的,盛产大米、小麦、沉香、海枣、金、银、玉之类。根据白寿彝先生的统计,在唐代以大食之名朝贡中国共有36次,时间从651年到798年。[5]中国唐代史书上将以巴格达为首都的阿巴斯王朝称为"黑衣大食"。从这些贡品中可以看出当地产名马、珠宝之类。到宋代,我国史书对巴格达物产的记录开始翔实起来。《岭外代答》记载巴格达"多物珍奇""产金银、碾花上等琉璃、白越诺布、苏合

---

[1]〔阿拉伯〕伊本·白图泰:《伊本·白图泰游记》,第178页。

[2]〔元〕刘郁撰:《西使记》,见《王国维遗书》第13册,第10页。

[3]《马可波罗行纪》第83页称:"报达(Bagdad)是大城,世界一切回教徒之哈里发(Caliphe)居焉。同罗马之基督教教皇之驻所者无异。有一极大河流通过此城,由此河可至印度海。"马可波罗著,A.J.H.Charignon注,冯承钧译,党宝海新注,河北人民出版社,1999年。

[4]〔元〕刘郁撰:《西使记》,见《王国维遗书》第13册,第10-11页。

[5]白寿彝:《中国伊斯兰史存稿》,宁夏人民出版社,1983年,第93-97页。

油"。[1]《西使记》载:"所产大珠曰太岁强(弹)、兰石、瑟瑟、金刚钻之类,带有直千金者。""所产马'脱必察'",即阿拉伯名马。[2]还产檀香木、珍珠、贝类、水稻、鱼、羊、牛、驼之类。

自四大哈里发时期,两河流域就归于阿拉伯帝国版图。于是,巴格达地区也随之伊斯兰化。巴格达的伊斯兰教信仰情况,在我国史书上有所反映。称为"大食法""大食教度"。杜环的《经行记》中载:"大食法者,以弟子亲戚而作判典,纵有微过,不至相累。不食猪、狗、驴、马等肉;不拜国王、父母之尊,不信鬼神,祀天而已。"[3]这种理解到宋代没有多少改变,只是把"天"换为"佛"而已。宋人以为所有宗教信仰皆可称为"佛"。同时,把伊斯兰教的创始人穆罕默德误称为"麻霞勿"[4]。《诸蕃志》称:"王乃佛麻霞勿直下子孙,相袭传位,至今二十九代,经六七百年。"[5]尽管如此,宋人清楚地记载了伊斯兰教的基本礼仪,"一日五次礼拜天,遵大食教度,以佛之子孙",基于这样的原因,"诸国归焉"[6]。这种记述和唐人基本相似。记曰:"无问贵贱,一日五时礼天,不食作斋,以不杀生为功德。""又有礼堂,容数万人。每七日,王出礼拜,登高坐为众说法。"[7]五时拜是伊斯兰教的基本内容之一,也是"五功"之一。七日一聚,就是伊斯兰教的聚礼——主麻日。"登高坐为众说法"就是讲"虎图白"和"卧兹"——布道。说明唐宋人在一定程度上对伊斯兰教有直观的了解,但深度不够。

有关包括巴格达在内的大食人的民俗,在唐代就有记录,说:"其俗每七日一假,不买卖,唯饮酒谑浪终日。"[8]"从此至西海以来,大食、波斯参杂居止。其俗礼天,不食自死肉及宿肉,以香油涂发。"[9]伊斯兰教

---

〔1〕〔宋〕周去非:《岭外代答校注》,第100页。

〔2〕〔元〕刘郁撰:《西使记》,见《王国维遗书》第13册,第11页。

〔3〕〔唐〕杜环:《杜环经行记》,见《王国维遗书》第13册,第4页。

〔4〕〔宋〕周去非:《岭外代答校注》,第100页。

〔5〕《诸蕃志》(合刊本),第109-110页。

〔6〕《诸蕃志》(合刊本),第110页。

〔7〕〔唐〕杜环:《杜环经行记》,见《王国维遗书》第13册,第2页。

〔8〕〔唐〕杜环:《杜环经行记》,见《王国维遗书》第13册,第4页。

〔9〕〔唐〕杜环:《杜环经行记》,见《王国维遗书》第13册,第3页。

基本经典——《古兰经》中对饮食要求和禁忌都是有明确规定的,特别是禁饮酒[1]。史书称"唯饮酒谑浪终日"是不准确的。对此白寿彝先生也持怀疑态度。[2]到了宋代,中国人对巴格达有了进一步的了解,对其饮食习俗、衣着等方面的记载也比前代多了。谈到衣食习俗时,载道:"少米鱼菜,人食饼肉酥酪。"[3]这和巴格达以及其他阿拉伯人的基本生活方式相吻合,也和当地的自然条件相适应。因阿拉伯地处热带沙漠地区,干旱少雨,又以游牧为生,所以多吃奶制品,少食蔬菜是情理之中的。也因气候炎热,多风沙,故而,国人尚白,"皆相尚以好雪布缠头"。[4]"即回鹘之类。"[5]雪布即为白布,多为真丝。丝织物是阿拉伯人喜爱的珍品。直到今天这种习俗尚相延以继。宽大的白袍是阿拉伯人的象征。作为穆斯林的阿拉伯人是喜爱清洁的民族,每日必小净,每七天一大净,所以有"七日一次,削发剪爪甲"之说。记载王者出朝的威仪也是相当翔实的。《诸蕃志》中写道:"王出张皂盖,金柄,其顶有玉师子,背负一大金月,闪耀如星,虽远可见。"[6]所谓的"皂盖""金柄""玉师子"都是王者的权力象征。而"金月"则是伊斯兰教的象征,说明当时的统治者哈里发将政权和神权握于手中。即所谓哈里发既是"穆民的领袖",又是"穆民的教长",是典型的政教合一的政权统治者,并用象征文化表现出来。阿巴斯王朝在十世纪开始出现动荡,甚至在北非,呼罗珊等地建立了地方性的割据政权,但名誉上仍然将巴格达的哈里发奉为最高的统治者。哈里发在无计可施的情形下,原则上承认地方小政权的合法性,但形式上还保留着相互的宗主关系。所以史书上记载的哈里发奢靡的仪礼,反映了当时帝王外在奢华、讲究排场的实情。

阿拉伯民族是能歌善舞的民族。他们在世界音乐史上占有显要的位置,曾经出现过许多杰出的舞蹈家和音乐大师,而且创作多种独具魅

---

〔1〕可参阅马坚译《古兰经》有关章节,中国社会科学出版社,1983年。

〔2〕白寿彝:《中国伊斯兰史存稿》,第14页。

〔3〕《诸蕃志》(合刊本),第110页。

〔4〕〔宋〕周去非:《岭外代答校注》,第100页。

〔5〕〔元〕周致中,《异域志》(合刊本),第37页,中华书局,2000年。

〔6〕《诸蕃志》(合刊本),第110页。

力的乐器,在人类器乐史上占有特殊的地位。作为首都的巴格达,在艺术领域独领风骚,别具一格。在《西使记》中记载这样的一个故事:最初,琵琶为三十六弦,有次哈里发患了头痛病,久治不愈。此时,有一个艺人"新作琵琶七十二弦,听之立解"。于是,当地人"相传报达诸朝之祖",[1]各地咸服。这故事暂不论真伪,说明巴格达人具有特殊的创造力。根据中国史书记载,当时阿拉伯特别是巴格达的舞伎、乐伎已输入中国宫廷。阿拉伯人创造了十二木卡姆,意为大型套曲,通过巴格达传入我国新疆,经过新疆维吾尔族等民族的不断改造和丰富,成为我国音乐艺术的一部分。还有像绘画、刺绣、织毯等艺术亦传入我国,特别是对我国世居的穆斯林各民族有比较深的影响。

28.3　巴格达与中国的朝贡关系

前文提及公元752年后,巴格达作为黑衣大食的首都,曾经多次派使到中国朝贡。这种朝贡不仅是一种商业行为,而且也是一种外交活动。天宝十一载(公元752年)十二月己卯,"黑衣大食谢多诃密,遣使来朝,授左金吾卫员外大将军,放还蕃"[2]。天宝十二载(公元753年)七月辛亥,记曰:"黑衣大食遣大酋望二十五人来朝,并授中郎将,赐紫袍金带鱼袋。"[3]同年十二月,"黑衣遣使献马三十匹"[4]。"乾元元年(公元758年)五月壬申朔,回纥使多亥阿波八十人,黑衣大食酋长阁之等六人并朝见,至阁门争长,通事舍人乃分为左右,从东西门并入。"[5]到公元798年,黑衣大食共来朝十五次,可谓多矣。对此,阿拉伯历史学家马苏第在其著《黄金草原》中也有记述。宋代时,我国与阿巴斯王朝的联系有所加强。商业交往相当频繁。公元968年2月开始,大食向宋进贡方物,到1168年,共朝贡49次,贡物有花锦、越诺、拣香、白龙脑、白砂糖、

〔1〕〔元〕刘郁撰:《西使记》,见《王国维遗书》第13册,第10页。

〔2〕〔宋〕王钦若:《册府元龟》卷975《外臣部·褒异第三》,中华书局影印本,1960年。

〔3〕〔宋〕王钦若:《册府元龟》卷975《外臣部·褒异第三》。

〔4〕〔宋〕王钦若:《册府元龟》卷971《外臣部·朝贡第四》。

〔5〕〔后晋〕刘昫:《旧唐书·回纥》卷195,中华书局点校本,1975年,第5200页。

蔷薇水、琉瑙器、象牙、千年珠、葡萄、瓶香、琥珀、无名异、绣丝红丝、碧黄、细越诺、红驼毛间金丝璧衣、碧白琉璃酒器、千年枣、金线、珊瑚、金装山子笔格、龙脑、真乳香、水晶、锦蔚、药物、珍珠、白龙黑龙涎香、猛火油、通犀、五味子、白鹦鹉、花蕊布、兜罗锦、毯、锦稷、蕃花簟、玻璃、金锦寿带、连环罄、臂钩、金珠、镔铁、玛瑙等物[1]。这些物品多是通过海上运往我国东南沿海地区,如福州、广州、泉州等地。这里成为阿拉伯巴格达商人云集之地。此地还专门成立了管理外国商人,尤其是阿拉伯波斯商人的机构——市舶司。史载:"除不系禁物税讫给付外,其系禁物即封堵,差人押赴随近市舶司勾收抽买。"[2]看来市舶司的权限比较大,有权处理货物的留存。随着市舶司的设立,对来自包括巴格达在内的穆斯林商人加以管理。同时,对他们的人身安全加以保护。

从元朝到明朝初期,我国陆路交通大开,巴格达商人通过古丝绸之路将各种货物运到中国,并从中国运去茶叶、真丝、瓷器等奢侈品,从而使两地间加强了商业交流。同时,也促进政治、文化和其他方面的交流,进而加深了相互间的了解。

中国史书对巴格达的记录,说明中国人对巴格达乃至阿拉伯世界的了解是相当深的。今天,随着改革开放的不断深入,我国同巴格达乃至整个亚非的交流会不断深入。撰写这篇文章的意蕴也在于此。

（此文原刊于《海交史研究》,2000年第1期,第50-54页）

---

〔1〕白寿彝:《中国伊斯兰史存稿》,第104-169页。

〔2〕〔清〕徐松辑《宋会要·职官四四·市舶司》,中华书局本。

参考文献[1]

〔阿〕大伊玛目·艾布哈尼发. 大学[M]. 满俩·阿里·贾利,注. 伊德,译. 北京:中国社会科学出版社,2002.

〔阿拉伯〕穆罕默德·舍里夫丁·蒲绥里. 清真诗经译讲[M]. 校勘影印本. 马良骏,译. 天津:天津古籍出版社,1992.

〔阿拉伯〕伊本·白图泰. 伊本·白图泰游记[M]. 银川:宁夏人民出版社,1985.

〔阿拉伯〕伊本·胡尔达兹比赫. 道里邦国志. 宋岘,译. 北京:中华书局,1991.

〔古代阿拉伯〕马苏第. 黄金草原[M]. 耿昇,译. 青海:青海人民出版社,1998.

〔埃及〕穆斯塔发·本·穆罕默德艾玛热. 布哈里圣训实录精华[Z]. 北京:中国社会科学出版社,2004.

〔波斯〕菲尔多西. 列王纪选[M]. 张鸿年,译. 北京:人民文学出版社,1994.

〔波斯〕拉施德. 史集[M]. 余大钧,周建奇,译. 北京:商务印书馆,1983.

〔波斯〕盖耶速丁·纳哈昔. 海屯行记鄂多立克东游录沙哈鲁遣使中国记[M]. 何高济,译. 北京:中华书局,2002.

〔德〕马克斯·韦伯. 新教伦理与资本主义精神[M]. 李修建,张云江,译. 北京:中国社会科学出版社,2009.

〔法〕哈密顿. J.R. 五代回鹘史料[M]. 耿昇,穆根来,译. 乌鲁木齐:新疆人民出版社,1982.

---

[1]收入专集的论文、文献资料本参考文献中未系数单独列出,但文中做了详尽注释。

〔法〕列维·布留尔. 原始思维[M]. 北京:商务印书馆,1985.

〔法〕沙畹. 西突厥史料[M]. 冯承钧,译. 北京:中华书局,2004.

〔美〕希提. 阿拉伯通史[M]. 马坚,译. 北京:商务印书馆,1995.

〔美〕摩尔根. 古代社会[M]. 杨东莼,马雍,马巨,译. 商务印书馆,1983.

〔日〕真人元开. 唐大和尚东征传[M]. 北京:中华书局,1979.

〔瑞典〕多桑. 多桑蒙古史[M]. 冯承钧,译. 北京:中华书局,2004.

〔瑞士〕索绪尔. 普通语言学教程[M]. 北京:商务印书馆,1980年.

〔苏联〕埃·捷尼舍夫. 突厥语言研究导论[M]. 程鹏,译. 北京:中国社会科学出版社,1983.

〔苏联〕巴托尔德. 巴托尔德文集:第2卷[M]. 莫斯科:[出版社不详],1963.

〔苏联〕符拉基米尔佐夫. 蒙古社会制度史[M]. 刘荣峻,译. 北京:中国社会科学出版社,1980.

〔苏联〕加富罗夫. 中亚塔吉克史[M]. 肖之兴,译. 北京:中国社会科学出版社,1985.

〔苏联〕威廉·巴托尔德. 中亚突厥史十二讲[M]. 罗致平,译. 北京:中国社会科学出版社,1984.

〔苏联〕维·维·巴尔托里德. 中亚简史[M]. 耿世民,译. 乌鲁木齐:新疆人民出版社,1980.

〔苏联〕伊凡诺夫. 伊朗史纲[M]. 李希泌,孙伟,汪德全,译. 上海:三联书店,1958.

〔乌兹别克斯坦〕艾哈迈多夫. 16—18世纪中亚历史地理文献[M]. 陈远光,译. 昆明:云南人民出版社,2002.

〔伊朗〕志费尼. 世界征服者史[M]. 何高济,译. 翁独建,校订. 呼和浩特:内蒙古人民出版社,1981.

〔意大利〕马可波罗. 马可波罗行纪[M]. CharignonAJH,注. 冯承钧,译. 党宝海,新注. 石家庄:河北人民出版社,1999.

345

〔印度〕阿世格. 归真总义[M].〔清〕张中,译. 民国十二年(1923)刊本.

〔英〕裕尔H. 东域纪程录丛[M].〔法〕考迪埃H,修订. 张绪山,译. 昆明:云南人民出版社,2002.

〔英〕道森. 出使蒙古记[M]. 吕浦译,周良宵,注. 北京:中国社会科学出版社,1983.

〔俄〕科兹洛夫. 蒙古、安多和故城哈拉浩特[J]. 陈柄应,译//西夏文物研究. 银川:宁夏人民出版社,1985:485-508.

〔美〕埃登·纳贝. 阿富汗的乌兹别克人[J]. 韩琳,译. 民族译丛,1989(3):67-70.

〔唐〕长孙无忌. 唐律疏议[M]. 刘俊文,点校. 北京:法律出版社,1998.

〔唐〕杜环. 经行记[M]//王国维遗书:第13册. 上海:上海古籍书店.

〔唐〕玄奘,辩机. 大唐西域记注释[M]. 季羡林等,校注. 北京:中华书局,2000.

〔唐〕杜佑:通典[M]. 点校本. 北京:中华书局.

〔后晋〕刘昫. 旧唐书[M]. 点校本. 北京:中华书局.

〔北宋〕程颢,程颐. 二程遗书[M]. 王孝鱼,点校. 北京:中华书局,1981.

〔宋〕陈彭年. 宋本广韵[M]. 影印本. 南京:江苏教育出版社,2002.

〔宋〕庞元英. 文昌杂录[M]. 雅雨堂藏版. 乾隆刊本.

〔宋〕司马光. 资治通鉴[M]. 北京:中华书局,1996.

〔宋〕王钦若. 册府元龟[M]. 影印本. 北京:中华书局,1960.

〔宋〕赵汝适. 诸蕃志[M]. 杨博文,校释. 合刊本. 北京:中华书局,2000.

〔宋〕周敦颐. 太极图说[M].《周子通书》附录. 上海:上海古籍出版社,2000.

〔宋〕周密. 癸辛杂识[M]. 北京:中华书局,1997.

〔宋〕周去非. 岭外代答[M]. 杨武泉,校注. 北京:中华书局,1999.

〔宋〕彭大雅. 黑鞑事略[Z]. 徐霆疏,证. 上海:上海古籍出版社,1995.

〔宋〕岳珂. 桯史[M]. 北京:中华书局,1997.

〔元〕刘郁. 西使记[M]//王国维遗书:第13册. 上海:上海古籍书店.

〔元〕王士点,商企翁. 秘书监志[M]. 高荣盛,点校. 杭州:浙江古籍出版社,1992.

〔元〕周致中. 异域志[M]. 合刊本. 北京:中华书局,2000.

〔元〕邱处机,述. 李志常,记. 长春真人西游记校注[M]. 王国维,校注//王国维遗书:第13册[M]. 上海:上海古籍书店,1983.

〔明〕李贽. 焚书　续焚书[M]. 北京:中华书局,1975.

〔明〕施耐庵. 水浒传[M]. 北京:人民文学出版社,1972.

〔明〕无名氏. 杨家府演义[M]. 上海:上海古籍出版社,1980.

〔明〕西周生. 醒世姻缘传[M]. 黄肃秋,校注. 上海:上海古籍出版社,1981.

〔清〕傅恒. 钦定西域同文志[M]. 四库全书本.

〔清〕傅恒. 西域图志校注[M]. 钟兴麒等,校注. 乌鲁木齐:新疆人民出版社,2002.

〔清〕龚景瀚. 循化志[M]. 西宁:青海人民出版社,1980.

〔清〕金天柱. 清真释疑[M]. 银川:宁夏人民出版社,2002.

〔清〕蓝煦. 天方正学[M]. 民国十四年(1925). 北京清真书报社.

〔清〕刘智. 天方典礼[M]. 民国十一年(1922)刊本. 北京清真书报社.

〔清〕刘智. 天方性理[M]. 民国十二年(1923)刊本. 北京清真书报社.

〔清〕刘智. 五功释义[M]. 民国二十年(1931)刊本.

〔清〕马复初. 大化总归[M]. 民国十一年(1922)刊本.

〔清〕七十一. 西域总志[M]. 文海出版社. 1966.

〔清〕徐松. 宋会要辑稿[M]. 北京:中华书局.

〔清〕徐松. 西域水道记[M]∥王锡祺编. 小方壶斋舆地丛钞. 光绪铅印本.

〔清〕赵灿. 经学系传谱[M]. 西宁:青海人民出版社,1989.

〔清〕魏源. 勘定回疆记[M]∥王锡祺编. 小方壶斋舆地丛钞. 光绪年铅印版.

北史[M]. 点校本. 北京:中华书局.

辽史[M]. 点校本. 北京:中华书局.

明史[M]. 校点本. 北京:中华书局.

宋史[M]. 点校本. 北京:中华书局.

元史[M]. 点校本. 北京:中华书局.

国语[M]. 点校本. 北京:中华书局本.

新唐书[M]. 点校本. 北京:中华书局.

佚名:山塔[M]. 上下两册合订本. 民间印本.

尚书[M].〔唐〕孔颖达等,注疏∥四部要籍注疏丛刊. 北京:中华书局,1983.

董诰,阮元,徐松,等. 全唐文[M]. 北京:中华书局.

清穆宗实录[M]. 影印本. 北京:中华书局,1986.

佚名:经海拾贝[M]. 民间印行.

佚名:开达尼(KaidānKitāb)[M]. 上海:上海穆民经书公司,1954.

《撒拉族简史》编写组. 撒拉族简史[M]. 西宁:青海人民出版社,1981.

曾问吾. 经营西域史[M]. 上海:上海商务出版社,1937.

陈云芳,樊祥森. 撒拉族[M]. 民族出版社,1988.

陈慧生. 中国新疆地区伊斯兰教史[M]. 乌鲁木齐:新疆人民出版社,2000.

岑仲勉. 突厥集史[M]. 北京:中华书局,1958.

白寿彝. 回民起义[M]. 上海:神州国光社,1952.

白寿彝. 回族人物志[M]. 银川:宁夏人民出版社,2000.

白寿彝. 中国伊斯兰史存稿[M]. 银川:宁夏人民出版社,1983.

蔡鸿生. 唐代九姓胡与突厥文化[M]. 北京:中华书局,1998.

大元圣政国朝典章[M]. 影印本. 台北故宫博物院,1972.

丁宏. 东干文化研究[M]. 北京:中央民族大学出版社,1999.

丁谦. 周书异域地理考证[M]. 浙江图书馆. 民国4年(1915).

佚名:东热那岁黑乃(DurutAl-nasihin,意为"劝告者的珍珠")[M].
马继良,译. 民间印本.

额尔登泰,乌云达赉,校勘. 蒙古秘史[M]. 校勘本. 呼和浩特:
内蒙古人民出版社,1980.

费孝通. 中华民族多元一体格局[M]. 北京:中央民族大学出版
社,1989.

冯家升,程溯洛,穆广文. 维吾尔史料简编[M]. 北京:民族出版
社,1955.

陈垣. 明季滇黔佛教考(外宗教史论著八种)[M]. 河北教育出版
社,2000.

耿昇,何高济,译. 柏朗嘉宾蒙古行记·鲁布鲁克东行记[M]. 北
京:中华书局,1985.

耿世民,阿布都热西提亚库甫. 鄂尔浑——叶尼塞碑铭语言研究
[M]. 乌鲁木齐:新疆人民出版社,2000.

耿世民. 维吾尔族古代文化与文献概论[M]. 乌鲁木齐:新疆人
民出版社,1983.

韩中义. 西域苏非主义研究[M]. 北京:中国社会科学出版社,
2008.

胡振华,胡军. 回回馆译语[M]. 东洋文库影印本. 中央民族大
学东干研究所内部印,2000.

华涛. 西域历史研究(八至十世纪)[M]. 上海:上海古籍出版社,
2000.

蒋其祥. 新疆黑汗朝钱币[M]. 乌鲁木齐:新疆人民出版社,1990.

金宜久. 王岱舆思想研究[M]. 北京:民族出版社,2008.

金宜久．伊斯兰教的苏非神秘主义［M］．北京：中国社会科学出版社，1995.

金宜久．中国伊斯兰教探秘［M］．北京：东方出版社，1999.

李兴华，秦惠彬，冯今源，沙秋真．中国伊斯兰教史［M］．北京：中国社会科学出版社，1998.

梁启超．饮冰室合集［M］．北京：中华书局，1989.

梁向明．刘智及其伊斯兰思想研究［M］．兰州大学出版社，2004.

林恩显．突厥研究［M］．台北：台湾商务印书馆，1988.

林干．突厥与回纥历史论文选集［M］．北京：中华书局，1987.

林干．突厥史［M］．呼和浩特：内蒙古人民出版社，1988.

刘宾．上古至高昌时期的文字［M］．乌鲁木齐：新疆人民出版社，1995.

刘照雄．东乡语言简志［M］．北京：民族出版社，1981.

刘正寅，魏良弢．西域和卓家族研究［M］．北京：中国社会科学出版社，1998.

刘春园，马保山，译．耳目德汉译精华（Sharih alowfaayah ghim dahal-ra'ayah）［M］．天津：天津清真南寺．西历穆圣迁坛1332年（1913年）.

麻赫默德·喀什噶里．突厥语大词典［M］．北京：民族出版社，2002.

马长寿．突厥人与突厥汗国［M］．上海：上海人民出版社，1957.

马继良，译．穆安比哈其（Munabbihat，意为"被预告的"）［M］．回历1209（1989）年.

马坚，译．古兰经［M］．北京：中国社会科学出版社，1983.

马俊民．维汉词典［M］．乌鲁木齐：新疆人民出版社，2000.

马克思恩格斯选集［M］．北京：人民出版社，1997.

马明达，陈静．中国回回历法辑丛［M］．甘肃北京：民族出版社，1996.

马通．中国伊斯兰教派与门宦制度史略［M］．银川：宁夏人民出版社,1995.

马学义,马成俊. 撒拉族风俗志[M]. 北京:民族出版社,1989.

马有林. 择要注解杂学[M]. 北京:中国伊斯兰教协会研究部影印光绪清真堂新刊本.

马自祥,马兆熙. 东乡族文化形态与古籍文存[M]. 兰州:甘肃人民出版社,2000.

北京满文书院,编. 满文讲义[M]. 1984.

米儿咱·马黑麻·海答儿. 中亚蒙兀儿史——拉失德史[M]. 新疆社会科学院民族研究所,译. 王治来,校注. 乌鲁木齐:新疆人民出版社,1983.

芈一之. 撒拉族社会政治史[M]. 黄河文化出版社,1990.

穆根来,汶江,黄倬汉,译. 中国印度闻见录[M]. 北京:中华书局,2001.

内蒙古典章法学与社会学研究所,编.《成吉思汗法典》及原论[M]. 商务印书馆,2007.

泉州回族谱牒资料选编[M]. 油印本. 泉州历史研究会编. 1979.

泉州伊斯兰教石刻[M]. 泉州海外交通史博物馆. 银川:宁夏人民出版社,1984.

芮传明. 古突厥碑铭研究[M]. 上海:上海古籍出版社,1998.

青海循化撒拉族自治县文化馆,编. 撒拉族民间故事[M].

沙宗平. 中国的天方学[M]. 北京:北京大学出版社,2004.

宋岘. 回回药方考释[M]. 影印. 北京:中华书局,2000.

苏北海. 哈萨克族文化史[M]. 乌鲁木齐:新疆大学出版社,1996.

苏拉赫词典补编[M]//蒙古入侵时代的突厥斯坦:第1卷. 1898:128-152.

唐孟生. 印度苏非派及其历史作用[M]. 北京:经济日报出版社,2002.

佚名:碗子哈勒苏勒(卧兹)[M]. 抄本. 郑州:河南郑州北大寺女寺杜淑贞藏.

王岱舆. 正教真诠·清真大学·希真正答[M]. 余振贵,点校. 银川:宁夏人民出版社,1988.

王洪祥. 伟噶业前两册带序字典[M]. 开封,1937.

王力. 汉语史稿[M]. 北京:中华书局,1980.

王俊荣. 天人合一物我还真——伊本·阿拉比存在论初探[M]. 北京:宗教文化出版社,2006.

王治来. 中亚史纲[M]. 长沙:湖南教育出版社,1986.

王学辉. 从禁忌习惯到法起源运动[M]. 北京:法律出版社,1997.

魏良弢. 喀喇汗王朝史稿[M]. 乌鲁木齐:新疆人民出版社,1986.

魏良弢. 西辽史研究[M]. 银川:宁夏人民出版社,1987.

魏良弢. 叶尔羌汗国史纲[M]. 哈尔滨:黑龙江教育出版社,1998.

吴玉贵. 突厥汗国与隋唐关系史研究[M]. 北京:中国社会科学出版社,1998.

新时期宗教工作文献选编[M]. 北京:宗教文化出版社,1995.

许寿椿. 文字比较研究——电脑化时代的新观察[M]. 北京:中央民族大学出版社,1993.

杨怀中,余振贵. 伊斯兰与中国文化[M]. 银川:宁夏人民出版社,1995.

杨克礼. 中国伊斯兰百科全书[M]. 成都:四川辞书出版社,1994.

杨增新. 补过斋文牍[M]. 新疆驻京公寓初版.

杨占武. 回族语言文化[M]. 银川:宁夏人民出版社,1995.

耶稣会士金尼阁(Nicelas Trigault). 西儒耳目资[M]. 北京:文字改革出版社,1957.

甘肃民族研究所编. 伊斯兰教在中国[M]. 银川:宁夏人民出版社,1982.

亦邻真. 亦邻真蒙古学文集[M]. 呼和浩特:内蒙古人民出版社,2001.

佚名. 回教必遵[M]. 小经汉文对照本. 民间印行.

佚名. 回教基础[M]. 河南郑州北大寺女寺杜淑贞藏本.

佚名. 正教基础[M]. 河南郑州北大寺女寺杜淑贞藏.

佚名. 开达尼[M]. 民间印本.[出版时间不详].

佚名. 全本杂学[M]. 民间印行.

佚名. 探比海(*Tanbīhal-ghāfilīn*,意为"惩罚的忽视")[M]. 民间印本.

佚名. 元朝秘史[M]. 额尔登泰,乌云达赉,校勘. 校勘本. 呼和浩特:内蒙古人民出版社,1980.

马自祥等. 中国东乡族[M]. 兰州:甘肃人民出版社,1999.

张文德. 中亚苏非主义史[M]. 北京:中国社会科学出版社,2002.

中央文献研究室,编. 毛泽东哲学批注集[M]. 北京:中央文献出版社,1988.

北京大学阿拉伯语教研室. 阿拉伯语汉语词典[Z]. 北京:商务印书馆,1966.

佚名. 哎布则的道路是古教[Z]. 胡门内部油印本. 1988.

北京大学东方语言文学系波斯语教研室,编. 波斯语汉语词典[Z]. 北京:商务印书馆,1981.

布哈里,辑录. 布哈里圣训实录全集[Z]. 康有玺,译. 北京:经济日报出版社,1999.

国家统计局人口和社会科技统计司,国家民族事务委员会经济发展司,编. 1990年人口普查中国民族人口资料[Z]. 北京:民族出版社,1993.

黄启辉. 土汉字典[Z]. 台北:台湾正中书局,1976.

李泽,刘仲康. 正确认识和处理新形势下的民族宗教问题——新疆民族宗教问题调查报告[Z]. 正确认识和处理新形势下新疆民族宗教问题. 新疆社会科学院民族所、宗教所编印,2000.

邱树森. 中国回族大词典[Z]. 南京:江苏古籍出版社,1992.

田玉祥. 波文之源[Z]. 虎嵩山,题. 同心清真北大寺,1988.

杨克礼. 中国伊斯兰教百科全书[Z]. 成都:四川辞书出版社,1994.

佚名. 阿帕克霍加传[Z]. 新疆社会科学院宗教所译编. 油印本. 1980.

本土知识的全球意义:文明对话国际学术研讨会论文集[C]. 内部资料. 昆明:2006.

马长寿. 同治年间陕西回民起义历史调查记录[C]. 陕西文史资料:第26辑. 西安:陕西人民出版社,1993.

青海省循化撒拉族自治县民间文学套集成办公室,编. 民间谚语[C].

陕西师范大学西北民族研究中心,编. 陕西师范大学民族学论文集[C]. 西安:陕西师范大学出版社,2001.

佚名. 大霍加传[C]. 崔维歧,译. 宝文安,王守礼,校. 内部刊印//新疆宗教研究资料:第12辑. 新疆维吾尔自治区社会科学院宗教研究所,1986.

安继武.《忾达尼》与回族语言文字[J]. 回族研究,1995(4):80-82.

安继武. 小儿锦——回族的一种拼音文字[J]. 新疆教育学院学报,1989(1):109-112。

安瓦尔·巴依图尔. 略论阿帕克和卓[J]. 民族研究,1982(5):41-47.

白剑波. 经堂口语译天经　古朴典雅经学风——初读马振武阿訇经堂语译《古兰经》[J]//伊斯兰文化论丛. 西安市伊斯兰文化研究会编. 宗教文化出版社,1997:145-157.

蔡鸿生. 论突厥事火[J]. 中亚学刊,1983(1):145-149.

蔡鸿生. 突厥法初探[J]. 历史研究,1965(5):81-98.

蔡鸿生. 突厥汗国的军事组织和军事技术[J]. 学术研究,1963(5):42-51.

藏荣. 突厥与隋王朝的关系试探[J]. 中央民族学院学报,1981(4):52-57,70.

岑仲勉. 跋突厥文阙特勤碑.[J]. 辅仁学志,1937,6(1/2).

陈寅恪. 论唐高祖称臣于突厥事[J]. 岭南学报,1951,11(2):1-9.

陈元龙. 东乡族的"消经"文字[J]//甘肃文史资料选辑:第50辑. 兰州:甘肃人民出版社,1999:87-90.

陈元龙. 回族"消经"文字体系研究[J]. 民族语文,1992(1):25-32.

陈宗振. 试论古代突厥文献语言的ärinč以及ol和turtur[J]. 民族语文,2000(1):59-66.

陈宗振. 突厥文及其文献[J]. 中国史研究动态,1981(11).

程越. 粟特人在突厥与中原交往中的作用[J]. 新疆大学学报,1994(1):62-67.

崔明德. 东突厥、回纥与唐关系再比较[J]. 中央民族大学学报,1993(2):49-56.

崔明德. 唐与突厥的和亲论述[J]. 中央民族大学学报,1992(3):23-28.

崔明德. 突厥、回纥与唐关系——兼论民族关系史的几个问题[J]. 理论学习,1985(1):48-56.

段连勤. 我国丁零族的原始居地和北迁[J]. 西北大学学报,1979(4):80-87.

樊圃. 突厥服属于唐及其重建汗国[J]. 西北民族文丛,1984(1).

樊文礼. 唐贞观四年设置突厥羁縻府州考述[J]. 中国边疆史地研究,1994(3):88-94.

冯家升. 1960年吐鲁番新发现的古突厥[J]. 文史,1963(3).

冯增烈."小儿锦"初探——介绍一种阿拉伯字母的汉语拼音文字[J]. 阿拉伯世界,1982(1):37-47.

耿世民. 古代突厥文碑铭的发现和解读研究[J]. 图书评介,1980(4).

耿世民. 古代突厥文碑铭述略[J]. 考古学参考资料,1980(3/4).

耿世民. 古代维吾尔文字和文献综述[J]. 中国史研究动态,1980(3).

耿世民. 谈谈维吾尔族的古代文字[J]. 图书评介,1978(4).

龚荫. 突厥可汗述略——附奚王[J]. 西南民族学院学报,1998

（5）：45-51，125.

顾颉刚. 尚书的版本源流与校勘[J]. 中国典籍与文化论丛，2000（5）.

韩儒林. 蒙古之突厥碑文导言[J]. 禹贡，1937，7（1/2/3）.

韩儒林. 毗伽可汗碑文[J]. 禹贡，1936，6（6）.

韩儒林. 突厥蒙古一祖先传说[J]. 北平研究院历史研究所集刊，1940，4：20-48.

韩中义. 文明的本土化及其传承载体——中国阿拉伯字母体系汉语拼音"小经"文字历史演变考论[J]. 南京大学学报：哲学·人文科学·社会科学版，2006（3）：57-65.

韩中义. 小经拼写体系及其流派[J]. 西北第二民族学院学报，2005（3）：10-16.

韩中义. 新疆苏非圣徒崇拜初探[J]. 西域研究，2003（2）：64-72.

韩中义. 新疆宗教现状与预测分析[J]. 2001年新疆社会形势分析与预测. 新疆社会科学院编印，2001.

侯尚智. 试论突厥汗国封建社会的形成——兼与马长寿先生商榷[J]. 兰州大学学报，1959（1）：99-112.

虎隆. 也谈"消经"《开以达尼》[J]. 回族研究，2007（1）：119-123.

华涛. 喀喇汗王朝祖先传说的历史解读[J]. 历史研究，2005（6）：108-118.

劳心. 东突厥汗国谱系之我见[J]. 新疆大学学报，2000（4）：58-63.

李大龙. 隋王朝与突厥互使述论[J]. 内蒙古社会科学，1994（5）：50-56.

李大龙. 唐朝派往突厥的使者述论[J]. 北方文物，1994（4）：53-59.

李得贤. 关于撒拉回[J]. 西湘通讯. 1948，2（1）：144//中国伊斯兰教史参考资料选编. 银川：宁夏人民出版社.

李吉和. 近年来城市少数民族流动人口研究综述[J]. 西北第二

民族学院学报:哲学社会科学版,2008(3):11.

李经纬.突厥如尼文《苏吉碑》译释[J].新疆大学学报,1982(2):113-117.

李树辉.突厥狼图腾文化研究[J].西北民族研究,1992(1):9-18.

李树辉.突厥语研究的一部力作——王远新《突厥历史语言学研究》读后[J].满语研究,1996(2):132-134.

李兴华.经堂教育与伊斯兰教在中国的学说化[J]//伊斯兰文化研究.西安伊斯兰文化研究会编.银川:宁夏人民出版社,1998:1-20.

林干.古突厥文碑铭札记[J].西北史地,1983(2).

林干.关于匈奴、东胡、突厥三大族系人种的探索[J].内蒙古大学学报,1997(5):1-10.

林干.突厥的习俗与宗教[J].民族研究,1981(6):43-48.

林干.突厥社会制度初探[J].社会科学战线,1981(3):155-165.

林梅村.布古特所出粟特文突厥可汗纪功考[J].民族研究,1994(2):64-71.

林松.抚今追昔 继往思开来——纪念胡登洲太师归真400年[J]//伊斯兰文化研究.西安市伊斯兰文化研究会编.银川:宁夏人民出版社,1998:60-72.

刘春玲.试论北周、隋与突厥的"和亲"[J].阴山学刊,1994(3):31-37.

刘戈.关于《古代突厥鲁尼文碑铭》一些问题[J].西域研究,1996(2):54-63.

刘戈.论突厥与北朝、隋的政治关系[J].新疆大学学报,1986(4):55-62.

刘锡淦.论突厥汗国的社会性质[J].新疆大学学学报,1994(3):49-51.

刘锡涛,刘永连.突厥丧葬礼仪[J].喀什师范学院学报,1999(3):46-50,68.

刘迎胜."小经"文字产生的背景——关于"回族汉语"[J].西北民

族研究,2003(3):61-70.

刘迎胜.《回回馆杂字》与《回回馆译语》研究序[J]. 元史及民族史研究集刊:第15辑. 南方出版社,2002:208-225.

刘迎胜. 从回回字到"小经"文字[J]//元史及民族史研究集刊. 南京大学民族研究所,暨南大学中国文化史籍研究所,香港教育学院社会科学系,编. 南方出版社,2001,14:153-165.

刘迎胜. 关于我国部分穆斯林民族中通行的"小经"文字的几个问题[J]. 回族研究,2001(4):20-26.

刘迎胜:《回回馆课集字诗》回回文研究[J]//文史,1999年第2辑. 北京:中华书局,1998:287-305.

刘正寅. 清朝统一西域进程中白山派和卓的活动与影响[J]. 西北民族研究,1997(1):99-113.

马长寿. 论突厥人与突厥汗国的社会变革[J]. 历史研究,1958(3/4):9-22/47-69.

马克勋. 谈借用"消经"注音识字的可行性——在甘肃一些少数民族中扫盲的一个措施[J]. 甘肃民族研究,1986(4):72-75.

马汝珩. 略论新疆和卓家族势力的兴衰[J]. 宁夏社会科学,1984(2/3):52-59(上)/55-60(下).

马士年. 周密杂著所记回族史、伊斯兰教史资料初探[J]//中国伊斯兰教研究. 西宁:青海人民出版社,1987:9-43.

马通. 赫达叶通拉黑与马守贞[J]. 青海民族学院学报,1986(1):33-44.

穆罕默德·萨迪克·喀什噶里. 和卓传[J]. 陈俊谋,钟美珠,译. 民族史译文集:第8辑. 中国社会科学院民族研究所主办. 1980.

纳国昌. 经学先河　源远流长——纪念胡登洲忌辰400年[J]//伊斯兰文化研究. 西安市伊斯兰文化研究会编. 银川:宁夏人民出版社,1998:73-90.

鸟山正郎,潘昌龙. 蒙古法中刑罚的变迁[J]. 蒙古学资料与情报,1991(2):24-34.

牛汝极. 莎车出土的喀喇汗朝阿拉伯语法律文书与《福乐智慧》研究[J]. 西域研究,1999(3):99-104.

潘向明. 清代新疆伊斯兰教教派问题刍议[J]. 清史研究,2004(3):59-66.

彭池. 突厥援唐兵马数考[J]. 学术研究,1983(2):27.

钱伯泉. 大石、黑衣大石、喀喇汗王朝考实[J]. 民族研究,1995(1):75-82.

钱伯泉. 大石国史研究——喀喇汗王朝前期史探微[J]. 西域研究,2004(4):37-46.

乔伟. 五刑沿革考[J]. 山东大学学报:哲学社会科学版,1988(2):57-67;1989(2):51-63.

秦惠彬. 论王岱舆的宗教伦理思想[J]. 中国社会科学院研究生院学报,1984(3):31-36.

任崇岳,罗贤佑. 试论唐代的和亲政策[J]. 中央民族学院学报,1981(1):47-51.

芮传明. 古突厥先祖传说考[J]. 西域研究,1994(2):51-58.

芮传明. 六世纪下半叶突厥与中原王朝的战争原因探讨[J]. 西北史地,1984(3).

赛发生. 中国经堂教育的形成、发展及其特点[J]. 伊斯兰文化论丛,1997:207-215.

宋岘. 阿拉伯文古钱及其在中国的流传[J]. 西域研究,1993(3):101-108.

谭其骧. 论五胡元魏时之丁零[J]. 益世报(重庆)文史副刊,1942(16).

王光照. 隋炀帝大业三年北巡突厥简论[J]. 安徽大学学报,2000(1):67-73.

王怀德. 伊斯兰教育民族化刍议[J]//伊斯兰文化研究. 西安市伊斯兰文化研究会编. 银川:宁夏人民出版社,1998:112-124.

王静如. 突厥文回纥英武威远毗伽可汗碑译释[J]. 辅仁学志,

欧·亚·历·史·文·化·文·库

1938,7(1 / 2).

王立民. 古代东方刑罚论[J]. 华东师范大学学报:哲学社会科学版,1994(2):64-70.

王日蔚. 丁零民族考[J]. 国立北平研究院史学集刊,1936(1):83-114.

王桐龄. 汉唐的和亲政策[J]. 史学年报,1929(1).

王欣,蔡宇安. 新疆和卓之乱与清朝的治乱[J]. 陕西师范大学学报,2005(1):11-19.

王远新. 突厥历史语言学研究[J]. 北京:中央民族大学出版社,1995.

王远新. 突厥民族数观念、计数方式的发展变化与突厥原始文化[J]. 中央民族大学学报,1992(6):89-94.

王远新. 突厥语族语言序数词的历史发展[J]. 中央民族大学学报,1995(4):76-81.

王治来. 论中亚的突厥化与伊斯兰化[J]. 西域研究,1997(4):17-27.

魏国忠. 试论唐太宗的民族政策[J]. 北方论丛,1979(5).

魏庆征. 古代伊朗神话. 太原:北岳文艺出版社,1999.

吴疆. 突厥汗国社会经济史上的一些问题[J]. 新疆社会科学,1989(4):72-79.

吴景山. 后突厥汗国时期的“法度”更张辨[J]. 民族研究,2000(5):73-78.

吴景山. 后突厥汗国时期的政治制度辨析[J]. 西北民族学院学报,1995(4):38-41.

吴景山. 后突厥汗国时期的主体经济辨析[J]. 中央民族大学学报,1998(2):48-53.

吴景山. 突厥人的丧葬习俗述论[J]. 西北民族研究,1991(1):239-250.

薛菁. 封建制五刑沿革制度[J]. 闽江学院学报,2006(1):65-70.

薛宗正. 东突厥汗国的政治结构[J]. 新疆社会科学,1986(2):102-112.

薛宗正. 古突厥的宗教信仰和哲学思想[J]. 世界宗教研究,1988(2):130.

薛宗正. 突厥可汗世系新考[J]. 新疆大学学报,1998(4):41-48.

薛宗正. 突厥始祖传说发微[J]. 新疆社会科学,1987(1):71-87.

杨富学. 敦煌本突厥文 Irq 书跋[J]. 国家图书馆学刊,1997(4):104-105.

杨富学. 古代突厥文《台斯碑》译释[J]. 语言与翻译,1994(4):22-28.

杨茂盛,刘全,隋列. 试论宗族部族汗国东突厥[J]. 北方文物,2000(3):59-71.

寅住. 经堂语与小儿锦[J]. 中国伊斯兰研究. 北京:中华书局,1996:150-153.

尹伟先. 关于突厥—维吾尔文献中的"吐蕃"名称问题[J]. 西北史地,1997(2):6-19.

郁速甫·哈斯·哈吉甫. 福乐智慧[J]. 新疆社会科学院民族研究所编. 北京:民族出版社,1984.

张继禹. 践行生活道教 德臻人间仙境——关于道教与现实社会生活的探讨[J]. 中国道教,2000(6):8-15.

张秋华. 中国古代鞭刑考[J]. 社会科学战线,2005(6):226-229.

张铁山. 我国古代突厥文文献研究现状及发展设想[J]. 西北民族研究,1990(2):117-121.

张文生. 突厥启民可汗、隋炀帝与内蒙古[J]. 内蒙古师大学报,2000(5):79-84.

张雄. 从突厥内徙看唐太宗的民族政策[J]. 民族研究,1980(3):43-48.

张之毅. 游牧的封建社会[J]. 科学通报,1950,1(8):532-534.

赵元任,吴宗济,赵新那. 赵元任语言学论文集[M]. 北京:商务印书馆, 2002.

郑婕. 试论回鹘文献语言和突厥碑铭文献语言差异[J]. 西北民族学院学报, 1997(4): 89-96.

周连宽. 丁零的人种和语言及其与漠北诸族的关系[J]. 中山大学学报, 1957(2): 49-73.

朱延丰. 突厥暾欲谷碑铭译文笺证[J]. 志林, 1934(4).

朱延丰. 突厥职官名号考[J]. 女师学院期刊, 1934, 2(2).

穆宏燕.《玛斯纳维》, 伊朗文化的柱石[N]. 环球时报, 2005-06-03.

张星烺. 中西交通史料汇编[G]. 朱杰勤, 校订. 北京: 中华书局, 2003.

Fauz annajāt nāme [M]. 甘肃平凉巴凤英女阿訇藏.

Haqāyiqu[M]. 郑州: 北大寺书社, 1993.

常志美. Minhāj al-talab—kuhan tarī dastūr zabān fāsī(《寻求之路——最古老的波斯语法》)[Z]. 伊斯法罕: 1981.

Abul'l-Fazil Beyhaqi. The History of Beyhaqi(the History of Sultan Mas'ud of Ghazna, 1030—1041)VII. Bosworth C. E, Translated. Ashtiany M, revised. Harvard University, 2011.

aqi-al-Din Ahmad al-Maqrizi. A History of the Ayyūbid Sultans of Egypt. Broadhurst, R.J.C., translated. Boston: 1980.

Biran M. Qarakhanid studies: A view from the Qara Khitai Edge. Cahiers D'Asie Centrale NO 9, 2001.

Bosworth C. E. The Later Ghaznavids Splendour and Decay. Edinburgh University Press, 1977.

Carla L.Klausner. The Seljuk vezirat: A Study of Civil Administration 1055-1194.Harvard University press, 1973 .

Cronke M. The Arabic Yark and Documents [J]. Bulletin of the School of Oriental (and African) Studies. 1986, XLIX (3): 455‐507.

Darke H, translated. The book of government; or, rules for kings,

Nizām al-Mulk, London: [s. n.], 1961.

E.J. Brill. The Encyclopedia of Islam. Leyden: 1978.

Fadal M. The Turkish Yarkand documents[J]. Bulletin of the School of Oriental (and African) Studies, 1984, XLVII(2):260 - 301.

Forsyth T D. Report a Mission to Yarkund in 1837. Calcutta: Foreign Department Press, 1875.

Hughes T. P. Dictionary of Islam. New Delhi: Cosmo Publications, 1978.

Minorsky V, translated and commented. Sharaf al-Zaman Tahir Marvazi on China,The Turks and India. London: The Royal Asiatic Society, 1942.

Minorsky, Vladimir, transtlated. Hudūd al-`lam. London: 1970.

Pritsak O.Qara studie zur Türkischen rechTssym Bolik.Zur velidi Toqan's.Armǧan.Istanbul: 1955.

Schwarz H. G.The Khwajas of Eastern Turkestan. Central Asia Journal. 1976, 20.

The Maulana, Minhaj-ud-Abu-umar-I usman, The Tabaḳat-i-Nāsīrī: A General Histoty of the Muhammadan Dynasyies of Asia, Including Hindustan, from A.H.194 (810A.D), To A.H.658 (1260A.D.), Major H G R, translated. London: 1881.

后　记

　　这本集子是笔者从1993年发表的第一篇学术处女作到2013年的心得,恰好20年了,事情如此凑巧,也许是一种机缘吧。这个机缘的获得最感谢的就是我攻读博士学位期间的指导老师刘迎胜先生,是他将我的研究成果和我要打算出集子的愿望介绍给中国社会科学院历史研究所的余太山先生,并且刘师多次通过电话或其他方式催促我与余先生加快取得联系,对此我感激不尽。于是我十分莽撞地给余先生去了电子邮件,当日就收到他肯定的回音,并寄来了合同样本,这一意想不到的收获,让我铭记于心,也特别感激这位令人尊敬的前辈。余先生要我和兰州大学出版社的编辑施援平先生联系,同样也很快得到答复,并签订了合同,因此将出版集子提上日程,但中间出现了一点小插曲,稿子占用了一些时日。

　　这部集子是从1993年到2012年在各类刊物上独立或合作发表的论文28篇,30余万字,共分五个部分,第一部分主要是研究小经文字文献,这一内容得到了国家社会科学基金项目"伊斯兰教民间小经文献研究"(批号:12XZJ012)的资助;第二部分主要是研究宗教文化方面的内容;第三部分主要研究撒拉族文化;第四部分主要研究了民族文化方面的内容;第五部分主要是非第一作者,也就是合作者发表的论文。这五部分是按照大致的专题划分的,但实际上各部分之间的疆界不明显。尔后,就是参考文献和索引。

　　这部集子中收录的论文在保留基本原貌的前提下,做了如下的工作:1.补充一些材料。2.除个别文章注释做了适当调整外,基本保留原刊注释风格,因此注释方式差异较大。3.完善了注释,增加了新内容。4.修订了语句、措辞。5.补充了参考文献、索引以及前言后记。

这部集子修订过程中，我的学生徐磊先生、蔡万海先生、谭振超先生、王嘉瑞女士、杨月娇女士参与收集资料、核对文献、打印文稿等工作，感谢他们的辛勤劳动。

还要感谢陕西师范大学西北民族研究中心（中国西部边疆研究院）所有同事，尤其感谢周伟洲先生。也感谢张雪宁女士出色的编辑工作。

这本集子的面世，给感兴趣的读者提供了方便，但里面仍有很多不尽人意之处，愿读者提出更多的批评意见。

2013 年 12 月 28 日星期六于西安雁塔校区寓所

索引

---

[1] adam,撒拉语,洗净礼用的唐瓶。

[2] 'aqāyid,思想、意识形态。

---

[1]'Ilm,知识。

[2]hatib,负责领导教民念经。

[3]Allah,真主。

---

〔1〕Allāh ta`ali`清高的真主。

〔2〕Balā'，灾难。

〔3〕不幸，灾难，灾祸。

〔4〕Balkh，巴里黑或巴尔赫。

〔5〕bāmdād，晨礼。

〔6〕bandi，板代；奴隶，仆人，鄙人。

---

〔1〕biliq,训诫,原义为知识,突厥语。

〔2〕Bukhārā,今乌孜别克斯坦的布哈拉。

〔3〕清代汉文文献对柯尔克孜的称呼。

---

[1]tenggeri,腾格里。

[2]焉耆县。

[1]dunyā;敦亚;今世,世界。

[2]du shanbe,星期一。

[3]du'a,都阿,杜阿义,意为祈祷。

[1]dūzakh,地狱。

[2]'almi,即'ilm,知识。

[3]Fariza,义务,必须。

[4]非哎里faʿal执行,做,干办。

---

〔1〕qadi,法官之意。

〔2〕qalam,笔。

〔3〕ghīyrī即 ghiyr,在……之外。

〔4〕qiyāmat,复活,复身。

---

[1]khāniyyat,不忠诚,背叛。

---

[1]khalifa,哈里发。

[2]蒙古语 Heb 是音译,意为旧俗、风俗、道理、习惯、规格、规矩、规则、标准等。

---

〔1〕juma',主麻,聚礼。

〔2〕Kasan,渴塞。

[1]又称塔什干本。

刘智
　22,92,93,97,101,162,169,183,
　185,193,295-298,347,350

浏阳　300

琉璃器　343

柳公砌　56

龙王庙　138

龙眼堡　144,145

卢家　234

卢氏　219

鲁米　167,168

鲁尼文　258

鲁斯塔姆　275

鲁忒法刺·艾勒·那色费·艾勒·法底
　勒·艾勒·开达尼　78,79,83

鲁邑　249

吕浦　346

仑德大学　78,79

伦敦大学亚非学院　79

罗斯温　270

罗贤佑　266,359

罗致平　345

洛浦县　312

M

麻赫默德·喀什噶里　272,350

麻霞勿　340

麻札　187

马保山　350

马步芳　237

马长寿
　43-45,255,256,350,354,356,
　358

马成俊　242,251,351

马成忠　300

马伏(福)海　83-85

马复初　347

马哈麻　54,70,73

马合木　272,273

马赫迪[1]　135,160

马赫迪和卓[2]　159

马化龙　37

马欢　338

马继良　349,350

马骥　81

马家　234,240

马坚　345,350

马进西　81

马景　296

马巨　345

马开能　169

马可·波罗　339

马克斯·韦伯　308,344

马克勋　8,358

马来西亚　298

马良骏　344

马龙　45

马明达　350

马明良　297,298

马明贤　298

马平　295

〔1〕救世主。

〔2〕阿帕克的幼子。

[1]Mayyit,尸体。

[2]mazār,坟墓。

[3]mollah,学经生。

[1]nerge,未按规定路线行走。

[2]zikr或Dhikr,背记、记忆。

R

S

撒得格　23

撒尔特　247,248

撒拉
　3,65,73,182,184,204-206,285,
　310,356

撒拉尔村　250

撒拉族
　9,49,182,184,187,189,201,
　203-230,232-238,240-243,
　245-251,286,348,351,354,364

撒喇　250

撒鲁尔　212-215,248

撒马儿罕
　59,72,150,153,155,246

撒瓦布　104

萨迪　100,159

萨尔塔克台　247

萨尔塔乌勒　247

萨满教　187,260,310

萨曼甘　249

萨曼王朝　244,269,272

塞尔柱人　244,245

塞尔柱王朝　244,245,282

赛德[1]　33

赛发生　359

赛莱菲耶派　189

赛叶特扎拉里丁　151

三大罗　263

三元县　42

色德克　151,152

沙波罗　263

沙钵略　263,265

沙哈鲁　10,70,344

沙皇　37,80,81

沙吉丹牧　285,288,291

沙里雅忒　101

沙秋真　350

沙畹　345

沙伊赫和卓　151

山东　36,54,75,359

闪萨丁·M·艾勒·库黑思滩·艾勒·
　撒马答尼　79

陕西回民起义　37,45,46,354

陕西派　24,58,75

陕西派小经
　24,25,30,31,37,38,41,72,73,
　74-76,115,118-120,125

陕西师范大学西北民族研究中心
　297,298,354,365

商企翁　347

上城门　137

上川　137

上海穆民经书社　83,84

上海社会科学院　298

上海师范大学哲学学院　297

上海市民族与宗教事务委员会
　297

上海外国语大学中东研究中心
　296

少数民族
　8,10,63,151,182,265,266,284-
　291,300,302,313,318,356,358

---

[1]sayyid,圣裔。

[1]Sharī'at,教乘。
[2]Sufi,修道者。

---

[1]指成吉思汗。

387

[1]又作潼关。

[2]指地图。

---

［1］yar,朋友、同伴、情人、助手。

〔1〕实为地名和国名,即今也门。

---

［1］dhāti,自身,本质。

---

[1]即左宗棠。

欧亚历史文化文库

已经出版

林悟殊著:《中古夷教华化丛考》 定价:66.00元

赵俪生著:《弇兹集》 定价:69.00元

华喆著:《阴山鸣镝——匈奴在北方草原上的兴衰》 定价:48.00元

杨军编著:《走向陌生的地方——内陆欧亚移民史话》 定价:38.00元

贺菊莲著:《天山家宴——西域饮食文化纵横谈》 定价:64.00元

陈鹏著:《路途漫漫丝貂情——明清东北亚丝绸之路研究》

定价:62.00元

王颋著:《内陆亚洲史地求索》 定价:83.00元

〔日〕堀敏一著,韩昇、刘建英编译:《隋唐帝国与东亚》 定价:38.00元

〔印度〕艾哈默得·辛哈著,周翔翼译,徐百永校:《入藏四年》

定价:35.00元

〔意〕伯戴克著,张云译:《中部西藏与蒙古人

——元代西藏历史》(增订本) 定价:38.00元

陈高华著:《元朝史事新证》 定价:74.00元

王永兴著:《唐代经营西北研究》 定价:94.00元

王炳华著:《西域考古文存》 定价:108.00元

李健才著:《东北亚史地论集》 定价:73.00元

孟凡人著:《新疆考古论集》 定价:98.00元

周伟洲著:《藏史论考》 定价:55.00元

刘文锁著:《丝绸之路——内陆欧亚考古与历史》 定价:88.00元

张博泉著:《甫白文存》 定价:62.00元

孙玉良著:《史林遗痕》 定价:85.00元

马健著:《匈奴葬仪的考古学探索》 定价:76.00元

〔俄〕柯兹洛夫著,王希隆、丁淑琴译:

《蒙古、安多和死城哈喇浩特》(完整版) 定价:82.00元

乌云高娃著:《元朝与高丽关系研究》 定价:67.00元

杨军著:《夫余史研究》 定价:40.00元

梁俊艳著:《英国与中国西藏(1774—1904)》 定价:88.00元

〔乌兹别克斯坦〕艾哈迈多夫著,陈远光译:

《16—18世纪中亚历史地理文献》(修订版) 定价:85.00元

成一农著:《空间与形态——三至七世纪中国历史城市地理研究》

定价:76.00元

杨铭著:《唐代吐蕃与西北民族关系史研究》 定价:86.00元

殷小平著:《元代也里可温考述》 定价:50.00元

耿世民著:《西域文史论稿》 定价:100.00元

殷晴著:《丝绸之路经济史研究》 定价:135.00元(上、下册)

余大钧译:《北方民族史与蒙古史译文集》 定价:160.00元(上、下册)

韩儒林著:《蒙元史与内陆亚洲史研究》 定价:58.00元

〔美〕查尔斯·林霍尔姆著,张士东、杨军译:

《伊斯兰中东——传统与变迁》 定价:88.00元

〔美〕J.G.马勒著,王欣译:《唐代塑像中的西域人》 定价:58.00元

顾世宝著:《蒙元时代的蒙古族文学家》 定价:42.00元

杨铭编:《国外敦煌学、藏学研究——翻译与评述》 定价:78.00元

牛汝极等著:《新疆文化的现代化转向》 定价:76.00元

周伟洲著:《西域史地论集》 定价:82.00元

周晶著:《纷扰的雪山——20世纪前半叶西藏社会生活研究》

定价:75.00元

蓝琪著:《16—19世纪中亚各国与俄国关系论述》 定价:58.00元

许序雅著:《唐朝与中亚九姓胡关系史研究》 定价:65.00元

汪受宽著:《骊靬梦断——古罗马军团东归伪史辨识》 定价:96.00元

刘雪飞著:《上古欧洲斯基泰文化巡礼》 定价:32.00元

〔俄〕Т.Б.巴尔采娃著,张良仁、李明华译:

《斯基泰时期的有色金属加工业——第聂伯河左岸森林草原带》

定价:44.00元

叶德荣著:《汉晋胡汉佛教论稿》 定价:60.00元

王颋著:《内陆亚洲史地求索(续)》 定价:86.00元

尚永琪著:

《胡僧东来——汉唐时期的佛经翻译家和传播人》 定价:52.00元

桂宝丽著:《可萨突厥》 定价:30.00元

篠原典生著:《西天伽蓝记》 定价:48.00元

〔德〕施林洛甫著,刘震、孟瑜译:

　《叙事和图画——欧洲和印度艺术中的情节展现》　　定价:35.00元

马小鹤著《光明的使者——摩尼和摩尼教》　　　　定价:120.00元

李鸣飞著《蒙元时期的宗教变迁》　　　　　　　　定价:54.00元

〔苏联〕伊·亚·兹拉特金著,马曼丽译:

　《准噶尔汗国史》(修订版)　　　　　　　　　　定价:86.00元

〔苏联〕巴托尔德著,张丽译:《中亚历史——巴托尔德文集

　第2卷第1册第1部分》　　　定价:200.00元(上、下册)

〔俄〕格·尼·波塔宁著,〔苏联〕B.B.奥布鲁切夫编,吴吉康、吴立珺译:

　《蒙古纪行》　　　　　　　　　　　　　　　　定价:96.00元

张文德著《朝贡与入附——明代西域人来华研究》　定价:52.00元

张小贵著《袄教史考论与述评》　　　　　　　　　定价:55.00元

〔苏联〕K.A.阿奇舍夫、Г.A.库沙耶夫著,孙危译:

　《伊犁河流域塞人和乌孙的古代文明》　　　　　定价:60.00元

陈明著:《文本与语言——出土文献与早期佛经词汇研究》

　　　　　　　　　　　　　　　　　　　　　　　定价:78.00元

李映洲著《敦煌壁画艺术论》　　定价:148.00元(上、下册)

杜斗城著《杜撰集》　　　　　　　　　　　　　　定价:108.00元

芮传明著《内陆欧亚风云录》　　　　　　　　　　定价:48.00元

徐文堪著《欧亚大陆语言及其研究说略》　　　　　定价:54.00元

刘迎胜著《小儿锦研究》(一、二、三)　　　　　　定价:300.00元

郑炳林著《敦煌占卜文献叙录》　　　　　　　　　定价:60.00元

许全胜著《黑鞑事略校注》　　　　　　　　　　　定价:66.00元

段海蓉著《萨都剌传》　　　　　　　　　　　　　定价:35.00元

马曼丽著《塞外文论——马曼丽内陆欧亚研究自选集》　定价:98.00元

〔苏联〕И.Я.兹拉特金主编,М.И.戈利曼、Г.И.斯列萨尔丘克著,

　马曼丽、胡尚哲译:《俄蒙关系历史档案文献集》(1607—1654)

　　　　　　　　　　　　　　　　定价:180.00元(上、下册)

华喆著《帝国的背影——公元14世纪以后的蒙古》　定价:55.00元

П.К.柯兹洛夫著,丁淑琴、韩莉、齐哲译:《蒙古和喀木》　定价:75.00元

杨建新著《边疆民族论集》　　　　　　　　　　　定价:98.00元

赵现海著《明长城时代的开启

　——长城社会史视野下榆林长城修筑研究》(上、下册)　定价:122.00元

·欧·亚·历·史·文·化·文·库·

李鸣飞著:《横跨欧亚——中世纪旅行者眼中的世界》　　定价:53.00元
李鸣飞著:《金元散官制度研究》　　定价:70.00元
刘迎胜著:《蒙元史考论》　　定价:150.00元
王继光著:《中国西部文献题跋》　　定价:100.00元
韩中义著:《欧亚与西北研究辑》　　定价:78.00元

敬请期待

贾丛江著:《汉代西域汉人和汉文化》
王永兴著:《敦煌吐鲁番出土唐代军事文书考释》
薛宗正著:《西域史地汇考》
徐文堪编:《梅维恒内陆欧亚研究文选》
李锦绣编:《20世纪内陆欧亚历史文化研究论文选粹》
李锦绣、余太山编:《古代内陆欧亚史纲》
李锦绣著:《裴矩〈西域图记〉辑考》
李艳玲著:《田作畜牧
　　——公元前2世纪至公元7世纪前期西域绿洲农业研究》
许全胜、刘震编:《内陆欧亚历史语言论集——徐文堪先生古稀纪念》
张小贵编:《三夷教论集——林悟殊先生古稀纪念》
杨林坤著:《西风万里交河道——明代西域丝路上的使者与商旅》
林悟殊著:《摩尼教华化补说》
王媛媛著:《摩尼教艺术及其华化考述》
李花子著:《长白山踏查记》
芮传明著:《摩尼教敦煌吐鲁番文书校注与译释研究》
马小鹤著:《霞浦文书研究》
〔德〕梅塔著,刘震译:《从弃绝到解脱》
郭物著:《欧亚游牧社会的重器——鍑》
王邦维著:《华梵问学集》
李锦绣著:《北阿富汗的巴克特里亚文献》
孙昊著:《辽代女真社会研究》
王永兴著:《唐代土地制度研究——以敦煌吐鲁番田制文书为中心》
尚永琪著:《古代欧亚草原上的马——在汉唐帝国视域内的考察》
石云涛著:《丝绸之路的起源》
青格力等著:《内蒙古土默特金氏蒙古家族契约文书整理研究》
尚永琪著:《鸠摩罗什及其时代》
石云涛著:《魏晋南北朝时期的外来文明》

淘宝网邮购地址:http://lzup.taobao.com